Rudolf H. Strahm

Warum wir so reich sind

der bildungsverlag
www.hep-verlag.ch

Rudolf H. Strahm
Warum wir so reich sind
Wirtschaftsbuch Schweiz
ISBN 978-3-03905-576-0

Bibliografische Information der Deutschen Nationalbibliothek:
Die Deutsche Nationalbibliothek verzeichnet diese Publikation in der Deutschen Nationalbibliografie; detaillierte bibliografische Angaben sind im Internet unter http://dnb.d-nb.de abrufbar.

2., erweiterte und aktualisierte Auflage 2010

hep verlag ag
Brunngasse 36
CH-3011 Bern

www.hep-verlag.ch

Rudolf H. Strahm

Warum wir so reich sind

Wirtschaftsbuch Schweiz

2., erweiterte und aktualisierte Auflage
mit 133 farbigen Grafiken

hep der bildungsverlag

Dieses Buch ist gewidmet

allen Berufsfachschullehrern und Berufsfachschullehrerinnen,
allen Lehrmeistern und Lehrmeisterinnen,
allen Berufsberatern und Berufsberaterinnen.

Dieses Buch wurde mit grossem Engagement lektoriert von meiner Partnerin Monika Urech sowie von meinem Verleger Peter Egger und von Geraldine Blatter, Lektorin beim hep verlag.
Die Grafiken wurden von Joel Kaiser gestaltet.
Edith Güntensperger von der Seco-Bibliothek Bern machte mir die zahlreichen offiziellen nationalen und internationalen Statistikquellen zugänglich.
Ich bin ihnen zu grossem Dank verpflichtet.

Inhalt

Hinweise zum Sprachgebrauch

Mit dem neuen Berufsbildungsgesetz BBG wurden durch die Zusammenfassung bisher unterschiedlicher Berufsbildungstraditionen (gewerblich-industrielle und kaufmännische Berufe, Gesundheitsberufe, Sozialberufe, landwirtschaftliche Ausbildung) neue, abstraktere Begriffe eingeführt, die verwirren und von der gewohnten Umgangssprache abweichen. Wir halten die bisher gebräuchlichen Begriffe nicht für überholt und benützen in diesem Buch sowohl die umgangssprachlichen Bezeichnungen als auch die neue, amtssprachliche Terminologie des Berufsbildungssystems synonym und gleichwertig.

Dagegen empfehlen wir, die neuen Berufsbezeichnungen tatsächlich anzuwenden, damit sich eine standardisierte Gebrauchssprache im Bildungs- und Arbeitsmarkt herausbildet. Die männliche und weibliche Sprachform gilt immer als gleichwertig.

Umgangssprache	**Amtssprache**
Lehrling	Lernende, Lernender
Berufsbildung	Berufliche Grundbildung (mit eidg. Fähigkeitszeugnis)
Berufsbildung (Anlehre)	Berufliche Grundbildung mit Attest
Berufsschule	Berufsfachschule
Lehrmeister/-in	Berufsbildner/-in
Berufsschullehrer/-in	Berufsfachschullehrer/-in, Lehrperson
Lehrstelle/Lehrbetrieb	Anbieter der Bildung in beruflicher Praxis
Berufsverbände, Arbeitnehmer- und Arbeitgeberverbände	Organisationen der Arbeitswelt

Alte Berufsbezeichnung	**Neue Berufsbezeichung**
Servicefachangestellte/-r	Restaurationsfachfrau/-mann
Detailhandelsangestellte/-r	Detailhandelsfachfrau/-mann
Verkäufer/-in	Detailhandelsassistent/-in (Attest/EBA)
Automechaniker/-in	Automobil-Mechatroniker/-in
Elektromonteur/-in	Elektroinstallateur/-in
Arztgehilfe/-in	Medizinische/-r Praxisassistent/-in
Kaufmännische/-r Angestellte/-r	Kauffrau/-mann

Vorwort

Über den Zweck dieses Buches

Ökonomische Lehrbücher, die definitorisches Wissen und Modelle weit weg von der Wirtschaftswirklichkeit vermitteln, gibt es zur Genüge. Dieses Wirtschaftsbuch Schweiz gehört nicht zu dieser Kategorie. Vielmehr vermittelt es das Verständnis über die Zusammenhänge der realen schweizerischen Wirtschaft.

Dieses Buch will dem Bürger, der Bürgerin und den Lehrern auf verständliche Art aufzeigen, warum wir zum Club der reichsten Länder gehören und warum unsere Exportwirtschaft trotz ihrer hohen Löhne und Preise auf den Weltmärkten so stark ist. Alle Hauptfaktoren unseres Reichtums – die hohe Produktivität, die hohe Erwerbsbeteiligung der Bevölkerung und die internationale Konkurrenzfähigkeit mit hoher Exportkraft – hängen nämlich mit unserem Berufsbildungssystem zusammen. Unser System der praktisch ausgerichteten beruflichen Ausbildung ist der entscheidende historische Erfolgsfaktor, welcher die «Swissness», die schweizerische Qualitätsarbeit, und die hohe Wertschöpfung der Wirtschaft ausmacht.

Ich pflege meinen Berufskollegen der Ökonomenzunft etwa folgende Frage zu stellen: Wie erklären Sie das ökonomische Paradox, dass die Schweiz in den Neunzigerjahren bis in unser Jahrzehnt hinein von allen Industriestaaten das tiefste Wirtschaftswachstum und trotzdem die tiefste Arbeitslosigkeit und die höchste Erwerbsbeteiligung der Bevölkerung hatte und immer noch hat? Nach gängiger Lehrbuchökonomie müsste nämlich tieferes Wachstum zu höheren Arbeitslosenquoten führen – ein Paradox zwischen Theorie und Wirtschaftswirklichkeit.

Keines der akademischen Modelle der Wirtschaft vermag dieses Paradox zu erklären. Es hängt zusammen mit dem schweizerischen Berufsbildungssystem, das besser als in andern Ländern die Arbeitsmarktintegration fördert. Die Besonderheit der schweizerischen Berufsbildung mit der dualen Ausbildung in Betrieb und Schule ist den universitären Fachleuten nicht vertraut, obschon in der Schweiz fast 70 Prozent aller Jugendlichen ihren Berufseinstieg mit einer Berufslehre beginnen. Was die Hochschulökonomen nicht kennen, existiert in ihren formalisierten Modellen einfach nicht.

Mit diesem Buch zeige ich den Wert des Berufsbildungssystems für die hohe Erwerbsquote im internationalen Vergleich, für die tiefe Arbeitslosigkeit und die hohe Produktivität und Konkurrenzfähigkeit des schweizerischen Werkplatzes.

Ich zeige auch den Wert der Arbeit und die Bedeutung der Qualitätsarbeit für die produzierende Wirtschaft und für den Wohlstand in der Schweiz.

Mit diesem Buch möchte ich die ökonomische Bedeutung der schweizerischen Berufslehre zur Geltung bringen und die Gefahren der schleichenden, arbeitsmarktfernen Akademisierung des Bildungssystems, etwa der Formalisierung durch das Bologna-System, aus ökonomischer Sicht aufzeigen. Ich möchte auch jener Wirtschaftspublizistik ein Gegengewicht entgegensetzen, die vor lauter Finanzmarktkennziffern und Börsenoptik die produzierende, reale Wirtschaft vergisst.

Die Darstellungen in diesem Buch sollen auch ein wenig die bösen Geister der Angst vor der Globalisierung vertreiben. Die sozialen Probleme, die die Globalisierung schafft, werden hier nicht verdrängt; aber die schweizerische Wirtschaft ist gerade trotz hoher Löhne wegen ihrer Qualitätsarbeit international konkurrenzfähig und Globalisierungsgewinnerin.

Was haben wir in den letzten Jahren und Jahrzehnten nicht alles an Sinnestäuschungen und Alarmismus der Mainstream-Ökonomie erlebt! Noch vor wenigen Jahren wurde von Ökonomen und Thinktanks der Untergang der schweizerischen Wirtschaft und der baldige Bankrott des Staates gepredigt. Was haben wir nicht alles an wechselnden ökonomischen Lehrmeinungen, geldpolitischem Fundamentalismus, modernen Management-Doktrinen und praxisfernen Wirtschaftsrezepten gehört. Und wie haben uns die Finanzmarktökonomen mit komplexen Bewertungsverfahren, Wertsteigerungsstrategien, Asset-Wealth-Theorien und Shareholder-Value-Doktrinen bombardiert. Für eine kurze Zeit beherrschten solche Modetheorien jeweils die Publizistik, um dann lautlos in der Versenkung zu verschwinden. Aus langjähriger Erfahrung in der Wirtschaftspolitik warne ich deshalb auch ein bisschen vor dem Imponiergehabe mit ökonomischen Theorien und scheinexakten ökonometrischen Modellen.

Ich verschweige in diesem Buch auch die Schwächen der schweizerischen Wirtschaft nicht: Die Konjunkturrisiken, die von den Finanzmärkten und vom starken Finanzplatz ausgehen, die Risiken und historischen Fehlleistungen in der Nationalbankpolitik, die Konjunkturschwankungen auf dem Weltmarkt. Die Finanzmärkte stellen für die Realwirtschaft in der historischen Betrachtung das grösste Konjunkturrisiko dar. Aber so schwach, wie die Realwirtschaft von einigen Ökonomen und Thinktanks sowie von offiziellen Stellen dargestellt worden ist, war sie eben nie. Vielleicht ist sie auch nicht so tadellos, wie sie sich in der Hochkonjunktur zeigte.

In diesem Buch spiegeln sich meine langen Erfahrungen in der schweizerischen Wirtschaftspolitik und im Ausbildungsbereich. Ich habe eine Berufslehre als Laborant, eine Ingenieurschule als Chemiker und eine Universitätsausbildung als Nationalökonom durchgemacht. Fünf Jahre Industriepraxis, zwanzig Jahre leitende Funktionen in Verbänden, sieben Jahre Wirtschaftsberatung, dreizehn Jahre im eidgenössischen Parlament als Wirtschaftspolitiker und vier Jahre in der Verwaltung als Preisüberwacher inspirierten mich zum Anliegen, das wirtschaftliche Grundwissen stärker auf die praktizierte Wirtschaftspolitik und die Arbeitswelt in der Realwirtschaft auszurichten. Die Darstellungen in diesem Buch fliessen auch aus den langjährigen Lehraufträgen bei der Ausbildung von Berufsberatern und -beraterinnen und von Berufsfachschullehrern.

Die Vision für die Schweiz, die mir vorschwebt, ist ein gemeinsames nationales, konsensfähiges Projekt für die Wirtschaftszukunft der Schweiz: Dieses Projekt wäre ein langfristiger Investitionspakt der namhaften politischen und wirtschaftspolitischen Kräfte für die Bildung, Berufsbildung, Weiterbildung und Forschung. Denn die gezielte Förderung der Spitzenstellung in den beruflichen Fähigkeiten, im Wissens- und Innovationsbereich ist die einzig mögliche Strategie, mit der sich ein hoch entwickeltes und teures Industrieland wie die Schweiz im Zeichen der Globalisierung in der Weltwirtschaft wird behaupten können.

Vor mehr als zwei Jahrzehnten habe ich, damals in Entwicklungsökonomie spezialisiert, das Buch «Warum sie so arm sind» verfasst, das in viele Sprachen übersetzt und europaweit zum Bestseller wurde; ich verweise auf meinen Epilog am Schluss jenes Buches. Nun präsentiere ich hier quasi unsere Kehrseite der Medaille.

Dass die Leserinnen und Leser unseren eigenen Reichtum in der Schweiz verstehen und die wirtschaftlichen Zusammenhänge selber beurteilen können, ist das Ziel dieses Wirtschaftsbuchs. Es richtet sich an jene, die sich mit Berufsbildung befassen, an Berufs- und Mittelschulen wie auch für interessierte Medienschaffende und Bürgerinnen und Bürger, welche die Arbeitswelt und den Werkplatz als zentralen Wohlfahrtsfaktor betrachten. Dieses Buch ist als Anerkennung jenen gewidmet, die mit der Berufsbildung und Weiterbildung und mit Lernenden zu tun haben.

Rudolf H. Strahm
Herrenschwanden, im März 2008

Vorwort zur 2. Auflage

Was an der zweiten Auflage neu ist

Diese zweite Auflage enthält eine breite Aktualisierung der Daten der ersten Ausgabe von Mitte 2008. Sie ist ergänzt durch eine wirtschaftspolitische Aufarbeitung der Wirtschafts- und Finanzkrise, die in der ersten Ausgabe erst in den Anfangsphasen beschrieben werden konnte.

Seit der ersten Auflage ist der Autor für weit über hundert Vorträge in allen Landesteilen von Gewerbekreisen, Wirtschaftsverbänden und der Berufsfachschul- und Berufsberatungsszene eingeladen worden, die sich über die wirtschaftspolitische Bedeutung der Berufsbildung Gedanken machen. In der Zwischenzeit haben auch heftige bildungspolitische Auseinandersetzungen um die Berufsbildung stattgefunden, zum Beispiel ausgelöst durch das hoch umstrittene «Weissbuch» der Akademien der Wissenschaften Schweiz. Im Zusammenhang mit meiner Vortragstournee in Indien über das schweizerische Berufsbildungssystem ist auch eine teilweise englische Übersetzung im Blick auf entwicklungs- und industriepolitische Anliegen dieses Schwellenlandes erstellt worden.

Die Mehrzahl der Grafiken ist aufgrund neuer Statistiken aktualisiert worden. Ausnahme bilden jene Strukturdaten, die eine wirtschaftshistorische Erklärung liefern oder aus den Sonderauswertungen der inzwischen eingestellten Volkszählungen entstammen.

Insbesondere das Kapitel 11 über die Finanzmärkte ist aufgrund der offiziellen Aufarbeitung der Finanzmarktkrise stark aktualisiert und erweitert worden. Ebenso das Kapitel 12 über die Wachstums- und Konjunkturfragen.

Der hep-Bildungsverlag stellt für Lehrzwecke die 133 Grafiken auch aus dieser zweiten Auflage auf einer CD-Rom, einzeln im PDF-Format abgespeichert, zur Verfügung.

Rudolf H. Strahm
Herrenschwanden, im März 2010

KAPITEL 1

Ländervergleiche: Die Schweiz im Club der Reichsten

Das Kapitel im Überblick

In diesem einleitenden Kapitel stellen wir einige ökonomische und nichtökonomische Eckwerte für den Wohlstand und die Wohlfahrt der Schweiz im internationalen Vergleich dar.

Die Schweiz bewegt sich im Club der wirtschaftlich Reichsten dieser Welt. Dieser Befund steht im Gegensatz zum Verarmungslamento mancher Ökonomen der Neunzigerjahre, wir würden in die zweite oder dritte Liga der Wirtschaftsnationen absteigen.

Gemessen am Bruttoinlandprodukt pro Kopf findet man die Schweiz in der Spitzengruppe der Länder. Gemessen an den Ausfuhren pro Kopf gehört sie zu den Export-Weltmeistern. Sie erwirtschaftet Jahr für Jahr hohe Ertragsbilanzüberschüsse im Wirtschaftsverkehr mit dem Ausland. Dies ist ein Ausdruck der internationalen Konkurrenzfähigkeit der schweizerischen Wirtschaft, die sich trotz dem hohen Lohn- und Preisniveau auf dem Weltmarkt behaupten kann.

Die Wohlfahrt lässt sich nicht nur an ökonomischen Kennziffern messen. In diesem einleitenden Kapitel wird gezeigt, dass sich die Schweiz auch im internationalen Index des subjektiven Glücksempfindens an der Spitze positioniert.

Zur Beurteilung und Bewertung des Reichtums gehört auch die Betrachtung der unbezahlten Ökonomie. Erste Pilotstatistiken des Bundesamts für Statistik zeigen, dass in der unbezahlten Ökonomie mit Hausarbeit, Betreuungsarbeit und Freiwilligenarbeit vorwiegend von Frauen annähernd so viel Produktionswert erzeugt wird, wie durch die gesamte bezahlte Arbeit in der Volkswirtschaft.

Schliesslich wird gezeigt, dass die Klein- und Mittelunternehmen KMU zusammen mehr als zwei Drittel aller Arbeitsplätze anbieten und beschäftigungsmässig das Rückgrat der Wirtschaft in der Schweiz ausmachen. Die Bedeutung der Banken wurde demgegenüber in der Wahrnehmung massiv überschätzt.

Die Schweiz gehört zu den reichsten, exportstärksten und konkurrenzfähigsten Ländern der Welt. Bei fast allen ökonomischen Vergleichsgrössen liegt sie vorn. Zum Reichtum tragen vor allem auch die kleinen und mittleren Unternehmen KMU bei. Zum Reichtum und zur Wohlfahrt gehört aber auch die nicht entschädigte Haus- und Betreuungsarbeit, die als unbezahlte Ökonomie oft vernachlässigt wird.

Im Club der wirtschaftlich Reichsten

Die Schweiz gehört zum Club der reichsten, exportkräftigsten und konkurrenzfähigsten Länder der Welt. Dies trotz der Tatsache, dass sie ein Hochpreis- und Hochlohnland ist. Gemäss den Marktgesetzen des Lehrbuchs müsste sie wegen der hohen Preise ihrer Exportgüter längst zurückgefallen sein. Wir stellen in diesem Kapitel die Wohlstands- und Wohlfahrtssituation im internationalen Vergleich vor, um dann in späteren Kapiteln den tieferen Ursachen unseres Reichtums auf den Grund zu gehen.

Gemessen am Bruttoinlandprodukt BIP pro Kopf der Bevölkerung figurierte die Schweiz im Jahr 2008 im 3. Rang aller reichen Länder. Vor der Schweiz liegen statistische Sonderfälle, nämlich der Kleinstaat Luxemburg mit seinem Finanzplatz und das Erdölexportland Norwegen. → **Grafik 1.1**

Wenn man die Länder nach ihrer Kaufkraft pro Kopf der Bevölkerung vergleicht, rangiert die Schweiz auf Platz 7 aller reichen Länder. Wenn beim Vergleich die sogenannten Kaufkraftparitäten berücksichtigt werden, bedeutet dies, dass auch das Preisniveau in die Umrechnung einbezogen wird. Die Rangierung verändert sich von Jahr zu Jahr leicht wegen der Wechselkursverschiebungen bei der Umrechung der nationalen Währungen. → **Grafik 1.1**

Schwarzmalerei

In den Neunzigerjahren, ja bis etwa 2003, war die Schweiz fest im Griff der wirtschaftspolitischen Schwarzmaler. Die Wachstumsschwäche der schweizerischen Wirtschaft und die Defizite der öffentlichen Hand wurden, verbunden mit Schuldzuweisungen, politisch ausgeschlachtet: man machte von rechts die wachsenden Staatsausgaben verantwortlich, von Arbeitgeberseite die mangelnde Arbeitsmarktflexibilität oder von links die Produktionsverlagerungen ins Ausland. Das Seco beklagte in einem Wachstumsbericht von 2002 das tiefe Wachstum der Arbeitsproduktivität und plädierte für eine «Gesundungskur» mit Staatsabbau und Deregulierung.[1] Gewiss hatte die Wachstumsschwäche der 1990er-Jahre etwas mit den Fehlleistungen der Nationalbank und mit Anpassungsmechanismen an die globale Konkurrrenz zu tun; diese Ursachen beschreiben wir am Schluss in Kapitel 12.

Bei den Export-Weltmeistern

Wenn man die Warenausfuhren pro Kopf der Bevölkerung vergleicht, gehört die Schweiz zu den Export-Weltmeistern. Vor der Schweiz liegen Irland und die beiden Warentransitländer mit Seehäfen, Belgien und Holland. (Beim Vergleich der absoluten Exporterlöse sind allerdings die Wirtschaftsmächte Deutschland und China die Spitzenexporteure der Welt). ➔ **Grafik 1.2**

Als wichtigste und objektive Kenngrösse für den Ländervergleich hinsichtlich der eigenen Ertragskraft im Verkehr mit den andern Ländern gilt die sogenannte *Zahlungsbilanz (Ertragsbilanz).* Sie ist die Gegenüberstellung aller Einnahmen und Ausgaben der Volkswirtschaft gegenüber dem Ausland. Die Schweiz gehört zu den Ländern mit dem höchsten Zahlungsbilanzüberschuss. Gemessen am Bruttoinlandprodukt BIP 2007 stand sie mit diesem nach Singapur, Hong Kong, China und den Niederlanden an vierter Stelle. ➔ **Grafik 1.3.**

Die schweizerische Zahlungsbilanz – in der schweizerischen Statistik mit Ertragsbilanzüberschuss bezeichnet – erreichte 2007 einen Überschuss von 47 Milliarden Franken. Das bedeutet, dass die Schweiz 47 Milliarden mehr aus dem Export von Waren, Dienstleistungen und Ausleihungen eingenommen hat als sie für Importe bezahlt hat. Diese Summe wurde (definitionsgemäss) im Ausland zusätzlich angelegt. Dies kann auch so interpretiert werden, dass die Schweiz selber zu wenig konsumierte oder im Inland investierte. Im Jahr 2008 fiel der Ertragsbilanzüberschuss finanzkrisenbedingt auf 11 Milliarden Franken, erholte sich aber im Jahr 2009 wieder auf 45 Milliarden Franken.

Spitzenstellung in der Konkurrenzfähigkeit

Obwohl die internationalen Ratings für die Konkurrenzfähigkeit der Länder auch durch Modeströmungen und weltanschauliche Beurteilungen beeinflusst sind, sei auch auf die Ranglisten der Wettbewerbsfähigkeit verwiesen: Nach dem World Economic Forum

Beurteilung der Wirtschaftskraft hängt von der Messgrösse ab

Wenn man nicht das Bruttoinlandprodukt BIP als Messgrösse des Wirtschaftswachstums zugrunde legt, sondern das Bruttosozialprodukt BSP, dann ist das reale Einkommen in den letzten Jahrzehnten in der Schweiz durchschnittlich um 1 Prozent pro Jahr stärker gewachsen als mit der Messgrösse BIP. Das BSP berücksichtigt auch das Wachstum der schweizerisch beherrschten Wirtschaft im Ausland, also den Zuwachs der schweizerischen Privatinvestitionen und der Arbeitsplätze im Ausland, die in Zukunft auch Erträge für die Schweiz abwerfen.[2] Das Urteil über das Wirtschaftswachstum und den Reichtum ist also auch eine Frage der Messgrössen und es ist immer auch ideologisch aufgeladen. ➔ **Kapitel 12**

WEF war die Schweiz 2009 im 1. Rang des «Global Competitiveness Report» und nach dem «IMD World Competitiveness Yearbook» im 4. Rang. → Grafik 1.4 Angesichts der hohen Exportkraft der schweizerischen Wirtschaft, die ein objektiverer Indikator ist als diese Sammelindices, scheint mir diese Rangierung realistisch.

Man könnte weitere vergleichende Indikatoren für die Wirtschafts- und Innovationskraft beiziehen. Durchwegs liegt die Schweiz auf den Spitzenrängen: Beim Innovationsindex, bei den Patentanmeldungen, bei der Internet-Infrastruktur und der Breitband-Abdeckung, beim Globalisierungsgrad, auch bei der Einschätzung der Korruptionsfreiheit durch Transparency International.[3]

Im Club der Glücklichen

Wirtschaftliche Indikatoren beschreiben nicht die ganze Lebenswelt. Denn das Wohlbefinden der Menschen hängt auch von nichtmateriellen Lebensumständen ab.

Im Index für die Lebenszufriedenheit der Völker positioniert sich die Schweiz an der Spitze von 95 untersuchten Nationen. Dieser «Index des Glücklichseins» basiert auf der «World Data Base of Happiness» der Erasmus-Universität von Rotterdam. → Grafik 1.5

Diese «Datenbank über das Glücklichsein» will bewusst eine korrigierende oder ergänzende Position zur rein ökonomistischen Betrachtung anbieten. Sie erfasst 21 Indikatoren der Lebensqualität, jeder ist in Teilindikatoren unterteilt. Beispielsweise werden unter dem Indikator «Konsum» auch der Alkoholkonsum, der Tabakkonsum, der ökologische Fussabdruck, der Energieverbrauch und die Gesundheitsausgaben der Länder verglichen. Als weitere objektive Indikatoren gelten auch das kulturelle Klima, die Kriminalitätsraten, die Bildungsdaten, die Kennziffern für Freiheit, für Gleichheit/Ungleichheit, die Qualität der öffentlichen Institutionen, die soziale Sicherheit oder die Gesundheitssituation der Menschen; kurz: all das, was wir als Menschen für menschenwürdig halten und was nicht nur in Franken und Dollar messbar ist. – Ich halte die Messung und Bewertung solcher Glücks- und Lebensqualitätsindikatoren – obschon von den Ökonomen oft als «Soft-Faktoren» belächelt – für eine ernsthafte und nützliche Forschungstätigkeit. Das Bundesamt für Statistik hat im Auftrag des Bundesrats begonnen, sogenannte Sozialindikatoren auch für die Schweiz offiziell zu erfassen und zu publizieren.[4]

Auch unbezahlte Ökonomie schafft Reichtum

Das Bruttoinlandprodukt BIP misst nur die Güter, die einen Marktwert haben, und diese werden stets zu Marktpreisen bewertet. Das BIP errechnet sich aus der sogenannten Volkswirtschaftlichen Gesamtrechung VGR oder Nationalen Buchhaltung.

Diese ist eine Standardmethode, die von allen OECD-Ländern gleich angewandt wird (wobei auch hier noch Methodenunterschiede zwischen den USA und europäischen Ländern bestehen). Es misst aber nur jene Güter, die einen Marktwert haben; zum Beispiel bewertet es nur die bezahlte Arbeit.

Wer 10 Kilo Tomaten für den Eigengebrauch produziert, leistet keinen Beitrag am BIP; wenn er sie aber kauft oder verkauft, ist dies ein positiver BIP-Beitrag. Wer einen Verkehrsunfall baut, erhöht damit das Bruttoinlandprodukt, weil die Reparatur des Autos und die Pflege im Spital einen positiven BIP-Beitrag darstellen. Wenn ein Professor seine Haushälterin heiratet, senkt er das Bruttoinlandprodukt seines Landes, denn die Hausarbeit einer verheirateten Person wird im BIP nicht berechnet. Als Arbeit im ökonomischen Sinne gilt nur auf dem Markt erbrachte, bezahlte Arbeit.

Ausgehend von der sogenannten *Genderökonomie* (Ökonomie der Geschlechter) hat das Bundesamt für Statistik BFS mit einem Pilotversuch für die Schweiz ein «Satellitenkonto Haushaltproduktion» zur Volkswirtschaftlichen Gesamtrechnung erstellt. Das BFS bewertete erstmals offiziell die unbezahlte Ökonomie, die in die Standardberechnung des BIP nicht einfliesst, aber dennoch eine wichtige Funktion für die Wohlfahrt und Lebensqualität ausübt. Ich widerspiegle hier diesen Befund, weil es gerechtfertigt erscheint, den Aspekt der unbezahlten Ökonomie in die Reichtums- und Wohlfahrtsdiskussion einzubeziehen (obwohl ich diesen Gesichtspunkt in den folgenden Kapiteln oft nur begrenzt berücksichtigen kann). → **Grafik 1.6**

Die Volkswirtschaftliche Gesamtrechung erfasste im Jahr 2000 rund 6,7 Milliarden an geleisteten und bezahlten Arbeitsstunden in der Schweiz. 65 Prozent davon wurden von Männern und 35 Prozent von Frauen erbracht. In der unbezahlten Ökonomie wurden aber in Form von Hausarbeit, Familien- und Betreuungsarbeit und Freiwilligenarbeit in Vereinen, Institutionen und Nachbarschaft etwa 8 Milliarden an unbezahlten Arbeitsstunden geleistet. Diese unbezahlte Arbeit im «informellen Sektor», auch als «Care Ökonomie» bezeichnet, teilten sich die Geschlechter im umgekehrten Verhältnis: 65 Prozent entfielen auf die Frauen und 35 Prozent auf die Männer.

Zur geldmässigen Bewertung (Monetarisierung) der unbezahlten Arbeit verwendete das Bundesamt für Statistik den sogenannten Spezialistenansatz: Es setzte jenen Lohn ein, der für die Hausarbeit, Kinderbetreuung etc. bezahlt werden müsste, wenn diese Arbeiten durch dafür ausgebildete Personen (zum Beispiel Hauspflege, Kleinkindererzieherin etc.) erbracht würden. Die monetäre Bewertung der unbezahlten Arbeit war mit 248 Milliarden Fr. im Jahr 2000 annähernd gleich hoch wie die gesamten Arbeitnehmerentgelte der bezahlten Arbeit in der Volkswirtschaft (252 Mrd. Fr.). Die unbezahlte Ökonomie ist also eine Quelle des Reichtums und der Wohlfahrt, die man neben dem Bruttoinlandprodukt zu berücksichtigen hat. → **Literaturquellen zur Grafik 1.6**

Nicht nur die grossen Firmennamen zählen

Zum Schluss dieses einleitenden Kapitels, mit dem wir einige Eckwerte des Reichtums abstecken, müssen wir noch einen Blick auf die Firmenstruktur in der Schweiz werfen. Der Reichtum der Schweiz hängt nicht nur von den grossen Firmennamen der 1000 Grossunternehmen mit über 250 Beschäftigten ab. Im Gegenteil: Rund 300 000 Klein- und Mittelunternehmen, die KMU (sie machen 99,6 Prozent aller Unternehmen aus), stellen 63 Prozent aller Arbeitsplätze bereit. Sie tragen mit rund 80 Prozent aller Lehrstellen mit einem überproportionalen Anteil zur Berufsbildung bei.[5] Die 0,4 Prozent Grossunternehmen stellen nur etwa 37 Prozent aller Beschäftigten. → **Grafik 1.7**

Die grossen, meist im internationalen Wettbewerb stehenden Unternehmen sind zwar wertschöpfungsintensiv und wirken als Besteller bei unzähligen kleinen Zulieferern der KMU-Szene. Aber nur von den Grossen zu sprechen und nur die grossen börsenkotierten Firmen zu beleuchten, verfälscht das Bild des Reichtums der Schweiz.

Oft vermittelt die Wirtschaftspublizistik den Eindruck, die Schweiz sei reich und reich geworden dank der Banken – dieses Bild wird im Ausland noch klischeehaft weiter kolportiert. In der Wirtschaftswirklichkeit umfasste 2007 vor der Finanzkrise der Bankensektor 132 000 durchschnittlich sehr gut bezahlte Beschäftigte, was 3,3 Prozent aller schweizerischen Beschäftigten ausmachte (entspricht 109 000 vollzeitäquivalenten Beschäftigten). Dem Finanzsektor zuzurechnen sind zudem 52 000 Beschäftigte in der Versicherungsbranche (1,4 Prozent) und 25 000 mit den Kreditinstituten und Versicherungen verbundene Beschäftigte (0,7 Prozent). Im Vergleich dazu umfasste etwa die Maschinen-, Elektro- und Metallindustrie MEM (Swissmem) 2007 rund 275 000 Beschäftigte.[6] Der Bankensektor trug 2007 gemäss volkswirtschaftlicher Gesamtrechnung (VGR) 9,2 Prozent zum Bruttoinlandprodukt bei. Im Krisenjahr 2008 ist dieser Wertschöpfungsanteil der Banken auf schätzungsweise 7 Prozent gesunken. Bei aller Wertschätzung und Bedeutung der Finanzwelt, der Reichtum der Schweiz ist mehr als das Resultat des Finanzplatzes. → **Grafik 1.8**

1.1 Die Schweiz im Club der reichsten Länder

Bruttoinlandprodukt (BIP) in US-Dollar pro Kopf, 2008

Rangierung mit Wechselkursen gerechnet

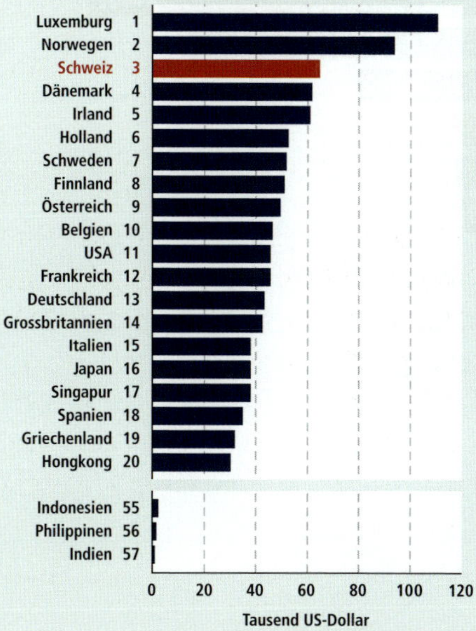

Rangierung nach Kaufkraft verglichen

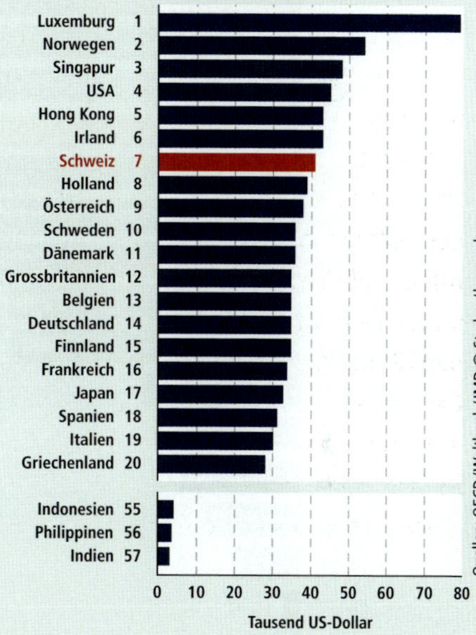

Quellen: OECD/Weltbank/IMD © Strahm/hep verlag

Die Schweiz gehört, gemessen am Bruttoinlandprodukt BIP pro Kopf, zu den reichsten Ländern der Welt. Im Jahr 2008 lag sie mit dem BIP pro Kopf zu Wechselkursen umgerechnet im 3. Rang und mit der Kaufkraft verglichen im 7. Rang. Die Rangierung wechselt von Jahr zu Jahr leicht je nach Wechselkursen. Einige vor der Schweiz rangierte Länder sind statistische Sonderfälle (Kleinstaat Luxemburg, Erdölland Norwegen).

1.2 Die Schweiz bei den Export-Weltmeistern

Warenausfuhr in Dollar pro Kopf der Bevölkerung, 2008

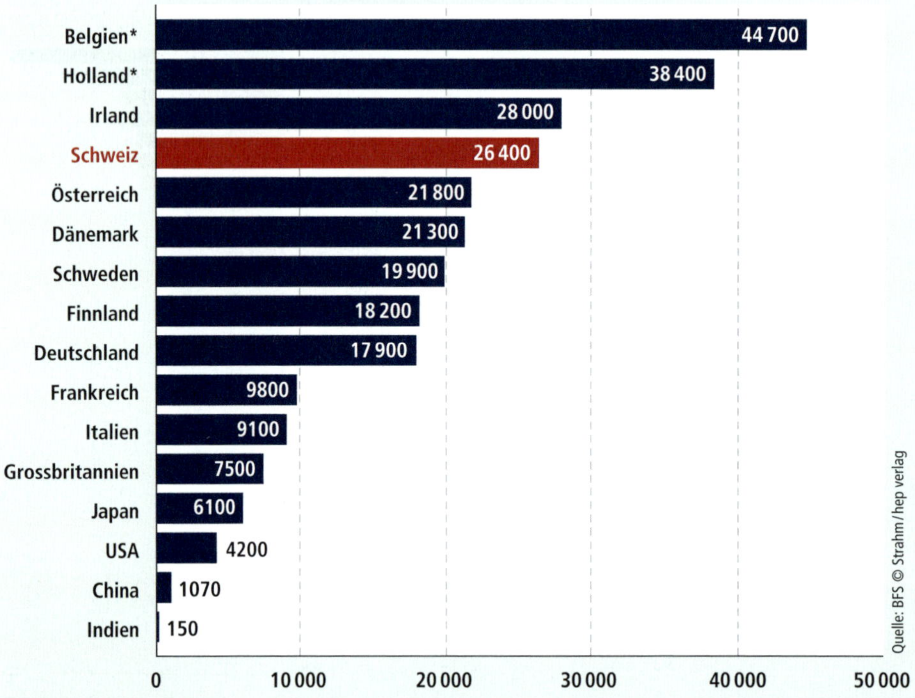

*Seehafen-Transitländer

in Dollar

Pro Kopf der Bevölkerung gehört die Schweiz zu den exportstärksten Ländern der Welt. Abgesehen von den beiden Sonderfällen Holland und Belgien, die wegen ihrer Seehäfen teilweise als Transitländer wirken, ist die Schweiz nach Irland im 2. Rang aller Exportländer. Die Schweizer Wirtschaft ist exportkräftig und bereits stark globalisiert.

1.3 Die Schweiz in der Spitzengruppe der Zahlungsüberschuss-Länder

Zahlungsbilanz-Überschuss / -Defizit in Prozent des Bruttoinlandprodukts, 2007

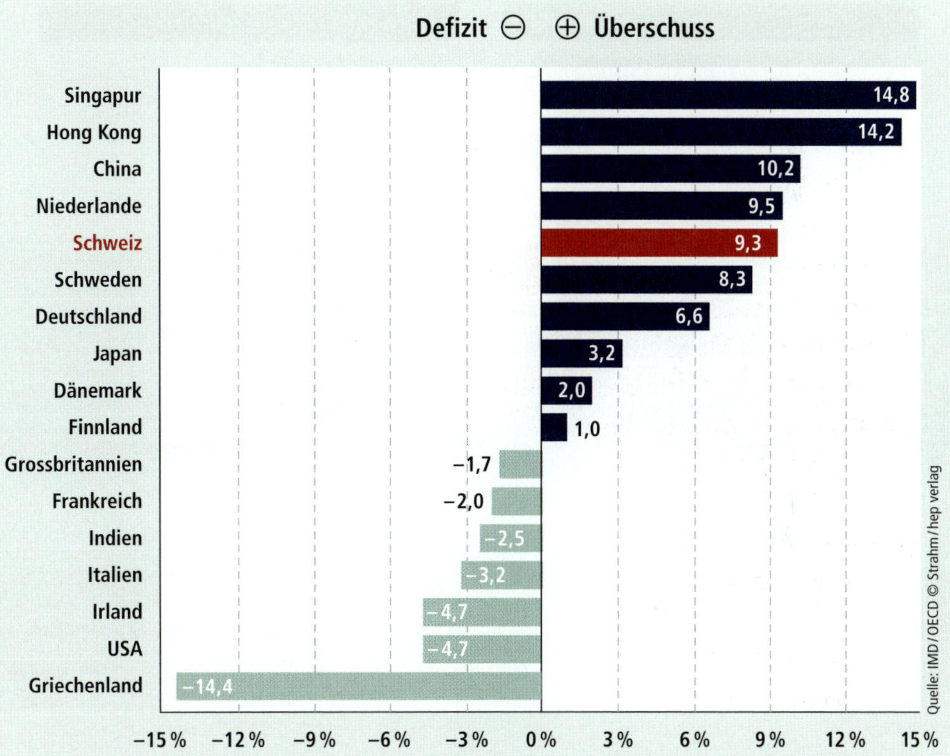

Die Schweiz hat neben drei asiatischen Exportstaaten und Holland die Volkswirtschaft mit dem höchsten Zahlungsüberschuss. Der Zahlungsbilanzüberschuss ist der wohl aussagefähigste Indikator für die internationale Wettbewerbsposition. Er sagt aus, wie viel Waren und Dienstleistungen in einem Jahr mehr exportiert als importiert wurden. Dieser Überschuss – in der Schweiz als Ertragsbilanzüberschuss erfasst – erreichte 2007 mit rund 50 Mrd. Franken rund 9 % des Bruttoinlandprodukts. Dies bedeutet, dass wir 50 Mrd. Franken im Ausland anlegen mussten. 2009 betrug der Ertragsbilanzüberschuss der Schweiz 45 Milliarden Franken.

1.4 Die Schweizer Wirtschaft in den Spitzenrängen der internationalen Konkurrenzfähigkeit

Ranglisten der internationalen Konkurrenzfähigkeit, 2009

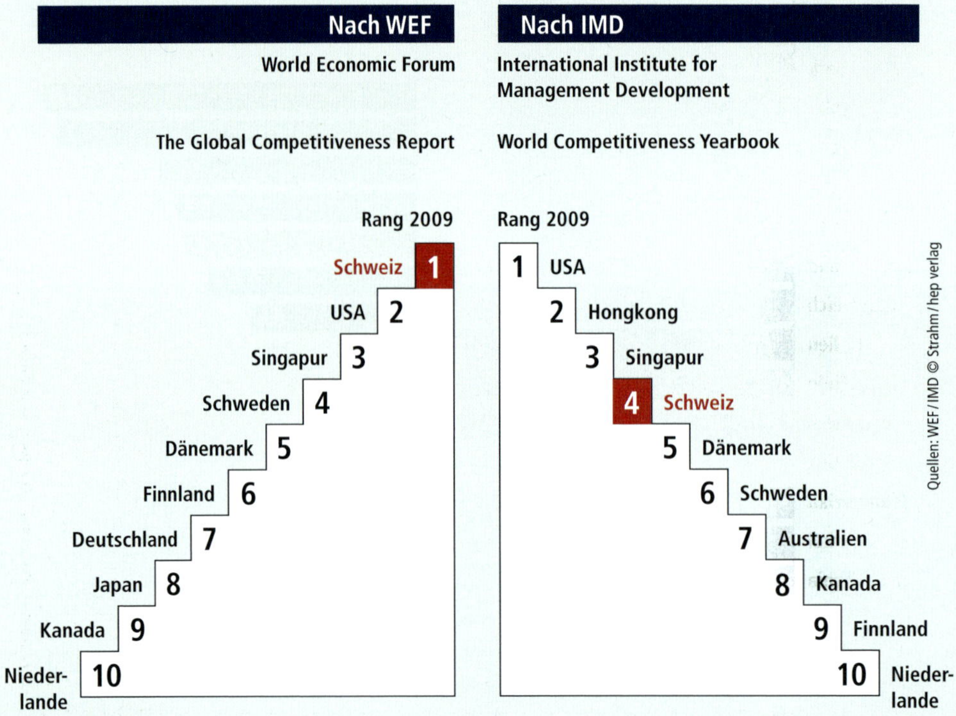

Die schweizerische Wirtschaft wird vom Business zu den wettbewerbsfähigsten Volkswirtschaften der Welt gezählt. Sowohl in der Rangliste des World Economic Forum WEF (Genf und Davos) als auch in jener des International Institute for Management Development IMD (Lausanne) figuriert sie ständig in der Spitzengruppe. Die Rangierung wechselt von Jahr zu Jahr leicht aufgrund von subjektiven Einschätzungen der befragten Manager und von Veränderungen des Mainstreams (der Modemeinungen).

1.5 Die Schweizer Bevölkerung unter den Glücklichsten dieser Welt

Sammelindikator für Lebenszufriedenheit der Bevölkerung, 2004

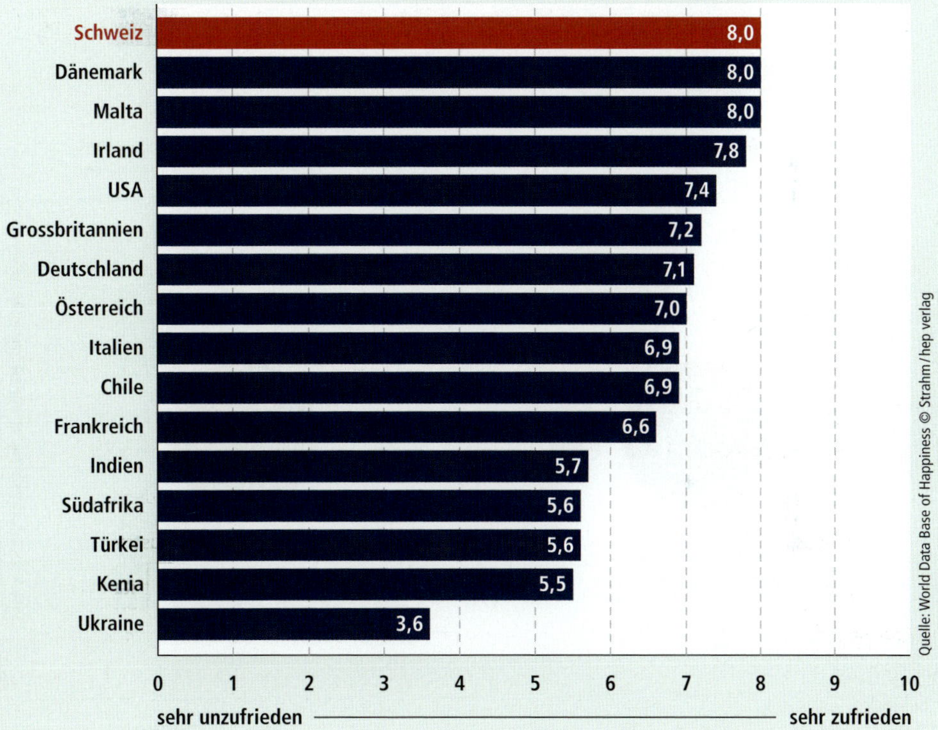

Die Schweiz gehört zu den Ländern mit der höchsten Lebenszufriedenheit der Bevölkerung. Das Bruttoinlandprodukt ist allein noch kein Massstab für die Lebensqualität, denn es bewertet nur die wirtschaftlichen Güter und diese zu Marktpreisen. Hier ist die Rangliste des Glücksempfindens mit dem Sammelindex der «World Data Base of Happiness» der holländischen Erasmus-Universität richtungsweisend. Diese vergleicht 95 Länder aufgrund von Zahlen-Indikatoren über die Wohlfahrt und die Lebensqualität.

1.6 Die bezahlte Ökonomie ist nicht der ganze Reichtum – die unbezahlte Arbeit schafft auch Lebensqualität

Volkswirtschaftliche Gesamtrechnung (VGR) und Satellitenkonto Haushaltsproduktion, Pilotversuch Bundesamt für Statistik, 2000

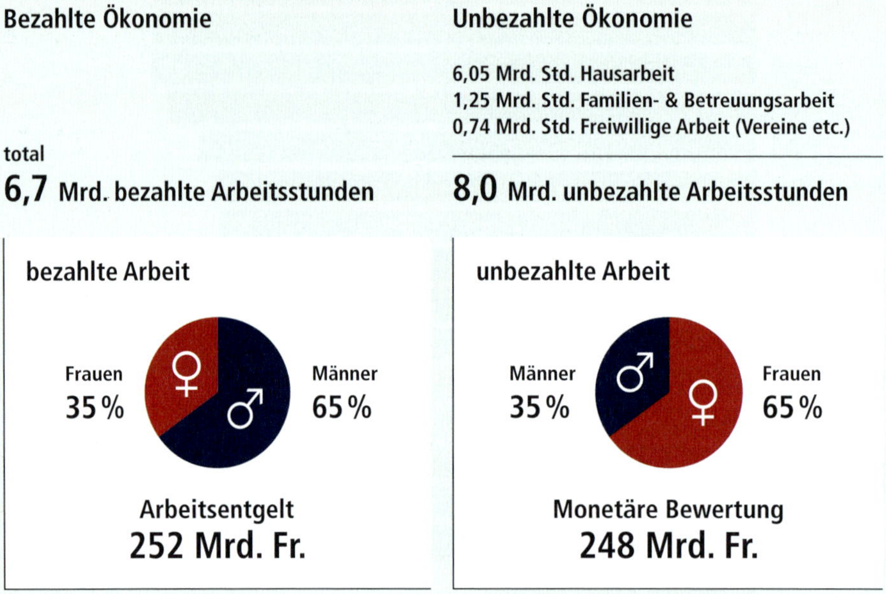

Quelle: BFS – Volkswirtschaftliche Gesamtrechnung und Satellitenkonto © Strahm/hep verlag

Der Reichtum der Schweiz ist nicht nur aufgrund der bezahlten Ökonomie in der Volkswirtschaftlichen Gesamtrechung erfassbar. Auch die unbezahlte Ökonomie (sogenannter informeller Sektor) muss berücksichtigt werden: Neben den 6,7 Milliarden bezahlten Jahres-Arbeitsstunden – zu 65 % von Männern erbracht – werden zusätzlich 8 Milliarden unbezahlte Arbeitsstunden aufgewendet – und zwar gerade umgekehrt zu 65 % von Frauen geleistet. Monetär bewertet sind die Haushaltproduktion, Familien- und Betreuungsarbeit, Freiwilligenarbeit (sogenannte «Care Ökonomie») etwa gleich viel wert wie die Arbeitsentgelte aus der bezahlten Arbeit.

1.7 Kleine und mittlere Unternehmen (KMU) als Rückgrat der Schweizer Wirtschaft

Verteilung der Unternehmenszahl und der Beschäftigten nach Unternehmens-Grössenklassen, 2008

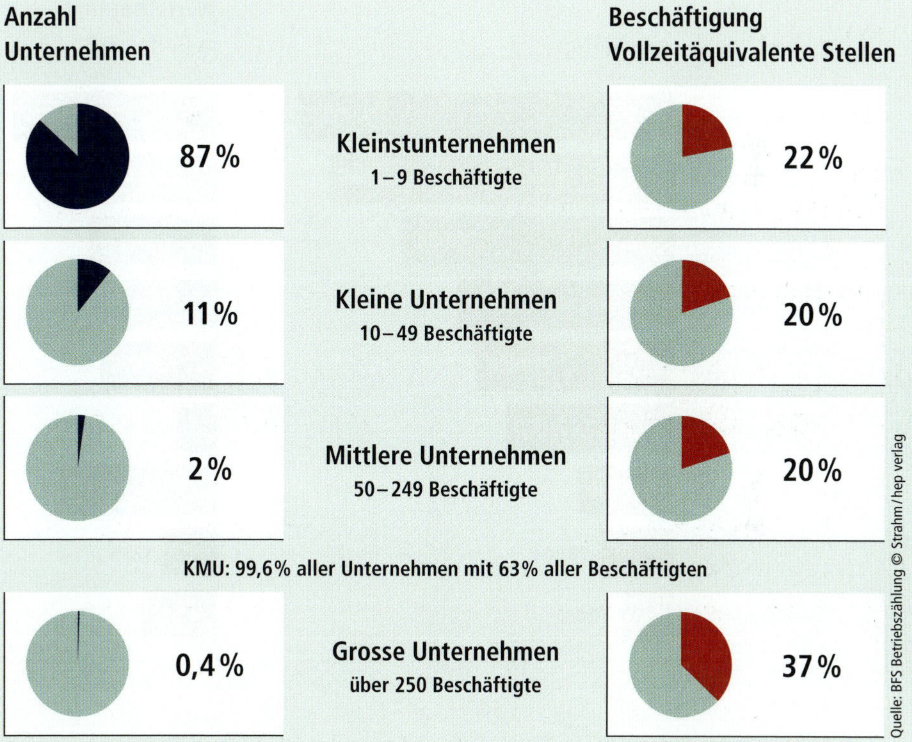

Die landläufige Berichterstattung über die Wirtschaft wird stark auf die grossen, an der Börse eingetragenen Konzerne fokussiert. Beschäftigungsmässig stellen aber die kleinen und mittleren Unternehmen KMU das Rückgrat der schweizerischen Wirtschaft dar. 99,6 % aller Unternehmen sind KMU mit 1 – 249 Beschäftigten. Die KMU umfassen 63 % aller Beschäftigten (80 % aller Lehrstellen) in der Schweiz. Die 0,4 % Grossunternehmen mit über 250 Arbeitsplätzen beschäftigen bloss etwas mehr als ein Drittel der Beschäftigten, sind aber oft wichtige Auftraggeber für die KMU.

1.8 Der Reichtum der Schweiz kommt nicht nur von den Banken

Starke Branchen nach Zahl der Beschäftigten (2008) und Wertschöpfung als Anteil am Bruttoinlandprodukt (BIP) (2007).

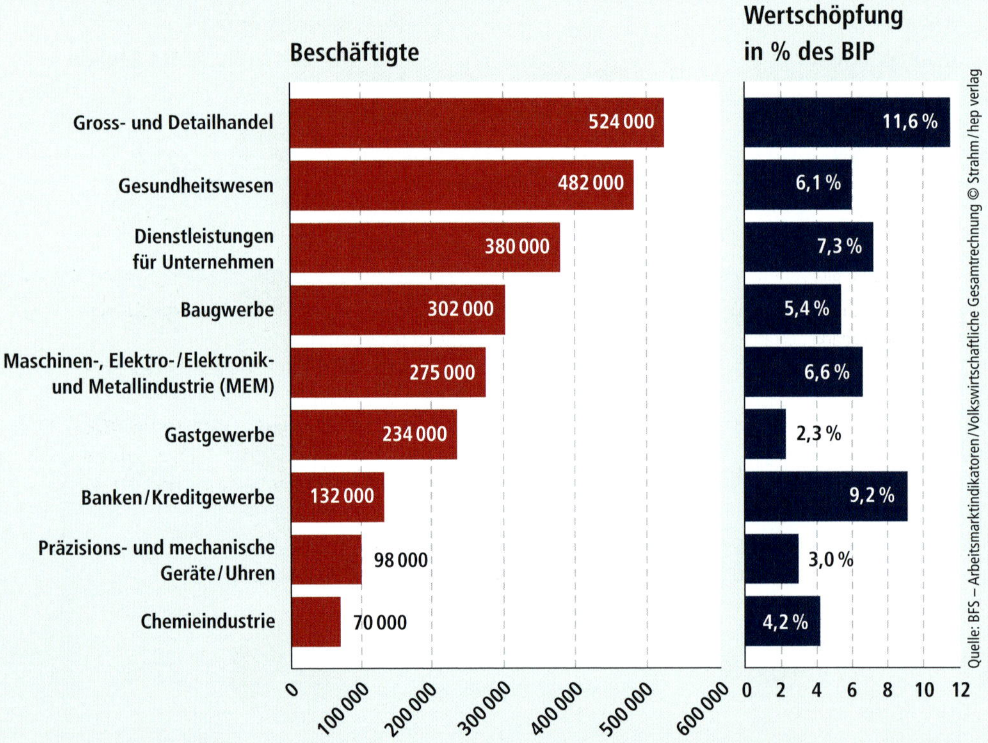

Die Schweiz ist reich wegen der Banken, lautet das Cliché über die schweizerische Volkswirtschaft, das sowohl im Ausland als auch in der Schweiz gepflegt wird. Der Bankensektor (ohne Versicherungen) hatte in der Spitze vor der Finanzkrise 3,3 % aller Beschäftigten und trug 9,2 % zur volkswirtschaftlichen Wertschöpfung bei. Der Wertschöpfungsanteil der Banken am BIP fiel 2008, bedingt durch die Finanzkrise, auf 7,6 %. Die schweizerische Wirtschaft ist stark, weil sie nicht einseitig ausgerichtet ist und weil viele Branchen zum Reichtum beitragen. → siehe auch Grafik 11.2

Quellen Kapitel 1

Die Literaturquellen zu den im Text erwähnten Daten aus den Grafiken werden hier nicht separat, sondern jeweils unter den Quellen zu den Grafiken aufgeführt.

[1] EVD. Wachstumsbericht des EVD vom 18./19.11. Bern 2002.

[2] Ulrich Kohli (SNB): Switzerland's Growth Deficit: A real Problem – but only half as bad as it looks. In: Steinmann, Lukas/Rentsch, Hans: Diagnose Wachstumsschwäche, Avenir Suisse. Verlag Neue Zürcher Zeitung, Zürich 2005, S. 67.

[3] Transparency International: TI 2007 Corruption Perceptions Index (PCI). www.transparency.org

[4] Bundesamt für Statistik BFS/Bundeskanzlei: Indikatoren als strategische Führungsgrössen für die Politik. Neuchâtel 2005.
BFS: Nachhaltige Entwicklung. 17 Schlüsselindikatoren zeigen den Fortschritt. Neuchâtel 2005.

[5] Mühlemann, Samuel, Wolter, Stefan C. et al.: Lehrlingsausbildung – ökonomisch betrachtet. Ergebnisse der zweiten Kosten-Nutzen-Studie. Schweiz. Koordinationsstelle für Bildungsforschung SKBF. Verlag Rüegger, Zürich und Chur 2007, S. 145.

[6] BFS: Arbeitsmarktindikatoren 2009. T 18, S. 86, Neuchâtel 2009.

- **Grafik 1.1** – IMD: World Competitiveness Yearbook 2009. Lausanne 2009. Tab. 1.1.21 und 1.1.22, S. 303.
- **Grafik 1.2** – IMD: World Competitiveness Yearbook 2009. Lausanne 2009. Tab. 1.2.07 und 4.1.07, S. 311, 416.
- **Grafik 1.3** – IMD: World Competitiveness Yearbook 2009. Lausanne 2009. Tab. 1.2.02, S. 308.
- **Grafik 1.4** – World Economic Forum WEF: The Global Competitiveness Report 2009–2010. Genf 2008. Table 4, S. 13. www.weforum.org
  IMD/International Institute for Management Development: IMD World Competitiveness Yearbook 2009. Lausanne 2009. S. 10. www.imd.ch
- **Grafik 1.5** – Erasmus-Universität Rotterdam: World Data Base of Happiness. Data 2000–2004. http://worlddatabaseofhappiness.eur.nl.
- **Grafik 1.6** – Unbezahlte Ökonomie: BFS: Satellitenkonto Haushaltsproduktion. Pilotversuch für die Schweiz. Neuchâtel 2004. S. 22, 35, 56.
  Arbeitsentgelt: BFS: Volkswirtschaftliche Gesamtrechnung. Resultate 1998 bis 2003. Neuchâtel 2006. T 3c, S. 30.
- **Grafik 1.7** – BFS: Betriebszählung 2008. Industrie und Dienstleistungen. Medienmitteilung BFS vom 29.9.2009. T 3, S. 5.
- **Grafik 1.8** – BFS: Arbeitsmarktindikatoren 2009. Neuchâtel 2009. T 18, S. 86.
  BFS: Volkswirtschaftliche Gesamtrechnung VGR. Produktionskonto nach Branchen 2007. Bruttowertschöpfung zu laufenden Preisen. T 3a.3 (Mitt. Schiess 17.7.2009).

Bild S. 13: Keystone, Gaetan Bally

KAPITEL 2

Ein Paradox: Geringstes Wachstum und trotzdem tiefste Arbeitslosigkeit

Das Kapitel im Überblick

In der schweizerischen Volkwirtschaft liegt ein Paradox vor, das die ökonomische Theorie nicht erklären kann:

In den Neunzigerjahren hatte die Schweiz im internationalen Vergleich das geringste wirtschaftliche Wachstum. Ein Jahrzehnt lang lag unser Land am Schluss der Rangliste der OECD-Länder.

Doch trotz tiefstem Wirtschaftswachstum im Inland hatten wir von allen OECD-Ländern die tiefste Arbeitslosigkeit – tiefer noch als die als beispielhaft dargestellten Wachstumsländer England und USA. Und gleichzeitig hatten wir auch die höchste Erwerbsquote, also den höchsten Anteil der Aktivbevölkerung, die in einem Arbeitserwerb steckten.

Wie erklärt sich dieses Paradox? Folgt man der Lehrbuch-Ökonomie, müssten wir nämlich im internationalen Vergleich eine hohe Arbeitslosigkeit gehabt haben oder heute noch haben.

Die Länder mit einer Berufslehre nach dem Dualsystem sind in Bezug auf die Arbeitsmarktfähigkeit der Jugend und der Jugendarbeitslosigkeit den Ländern mit vollschulischen Bildungsgängen eindeutig überlegen.

Wir zeigen in den nachfolgenden Kapiteln (3 und 4), dass ein klärender Schlüssel im unterschiedlichen Berufsintegrationssystem der Länder liegt: Das schweizerische Berufsbildungssystem bringt mehr Leute in die Berufsbildung und in den Arbeitsmarkt. Weil es praxisnaher, arbeitsmarktbezogener und qualitativ besser ist als die rein schulischen Systeme.

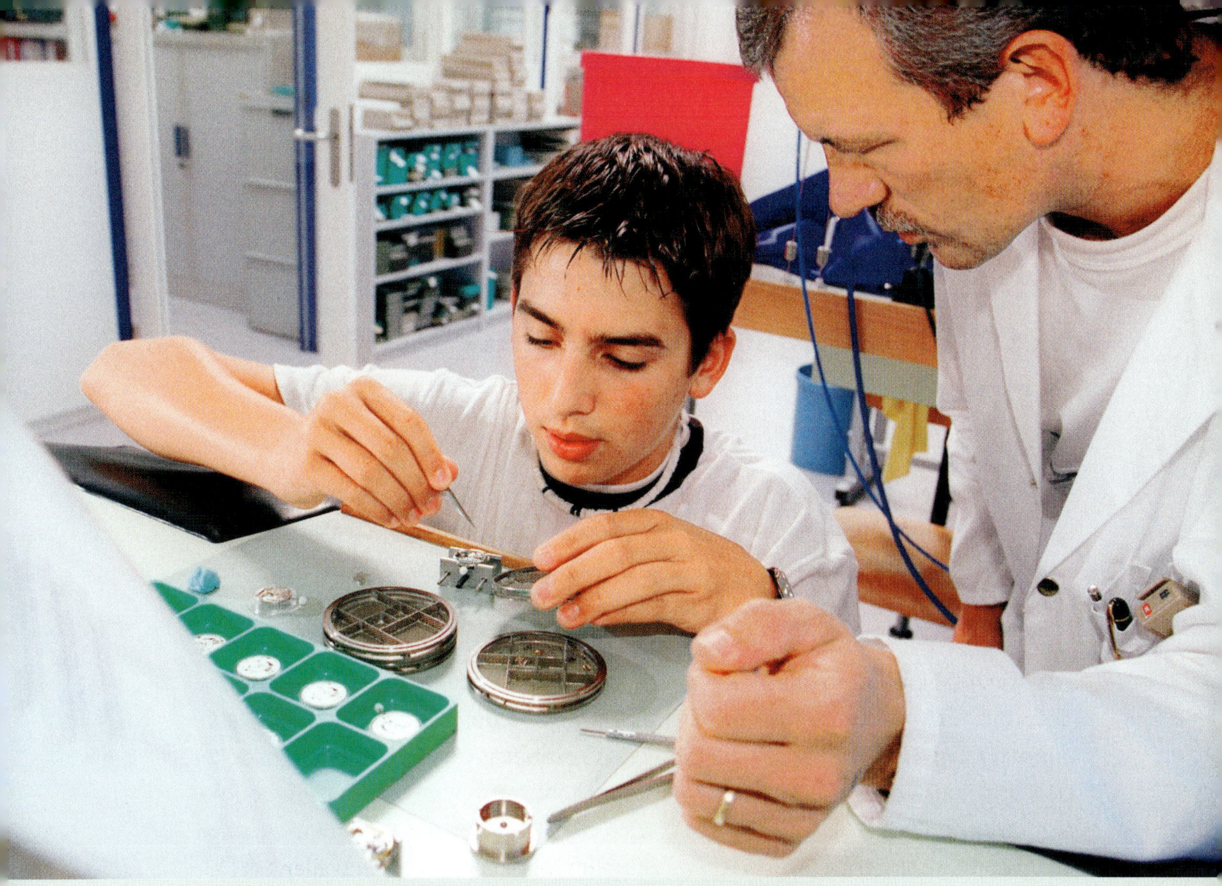

Wie kommt dies zustande? Die Schweiz hatte unter den Industrieländern lange Zeit das tiefste Wirtschaftswachstum – und trotzdem die tiefste Arbeitslosigkeit und die höchste Erwerbsquote. Der Schlüssel für diese scheinbar paradoxe Situation liegt im Berufsbildungssystem, welches mehr Menschen erwerbsfähig macht und in den Arbeitsmarkt integriert.

Tiefes Wachstum – trotzdem hoher Beschäftigungsgrad und tiefe Arbeitslosigkeit

Die Schweiz gehörte während mehr als eines Jahrzehnts zu den Schlusslichtern in der Rangliste des wirtschaftlichen Wachstums. Von allen Industrieländern (OECD-Ländern) hatte sie in den 1990er-Jahren das tiefste Wirtschaftswachstum. Das wirtschaftliche Wachstum wird mit dem Zuwachs des realen Bruttoinlandprodukts (BIP) gemessen. Von 1992 bis 2005 betrug das BIP-Wachstum bloss durchschnittlich 1 Prozent pro Jahr. Erst seit 2004 gibt es höhere Wachstumsraten. → **Grafik 2.1**

Trotz ihrer Wachstumsschwäche hatte die Schweiz im Durchschnitt der 1990er-Jahre und auch nach 2000 die tiefste Arbeitslosenquote, sogar tiefer als die Wachstumsländer USA und England. Dies gilt auch für die sogenannte strukturelle Arbeitslosenquote, also den Grundsockel der Arbeitslosen nach der Korrektur der Konjunkturschwankungen. → **Grafik 2.2**

Hoher Beschäftigungsgrad der Bevölkerung

Auch mit dem Blickwinkel auf eine andere wichtige Grösse, auf die Erwerbsquote, fällt die Schweiz aus dem Rahmen: Die Erwerbsbeteiligung war und ist in der Schweiz unter den Industrieländern am höchsten. Die Erwerbsquote ist eine Kennziffer für die Beteiligung der Menschen am Arbeitsmarkt: Es ist der Anteil der Personen mit mindestens sechs Wochenstunden bezahlter Arbeit in Prozent aller Erwachsenen zwischen 15 und 64 Jahren.[1] Mit durchschnittlich 83 Prozent Erwerbsquote lag die Schweiz im Zeitraum von 1994 bis 2005 – selbst in den Zeiten der grössten Wachstumsschwäche – dennoch an der Spitze aller OECD-Länder. Auch wenn viele Erwerbstätige nicht vollzeitlich arbeiten oder arbeiten können, belegen diese Zahlen, dass sie zum Eintritt in den Arbeitsmarkt und zur Erwerbstätigkeit befähigt sind. → **Grafik 2.3**

Ein Paradox – wie erklärbar?

Gemäss ökonomischer Theorie gilt der Zusammenhang: Höheres Wirtschaftswachstum schafft Arbeitsplätze; Rezession oder Stagnation bringt Arbeitslosigkeit. Weil die

Arbeitskraft ständig durch Rationalisierung und Automation (Produktivitätssteigerung) ersetzt wird – man kann es auch anders sagen: Wenn die Produktivitätssteigerung grösser ist als der Produktionszuwachs – führt dies zur Freisetzung von Arbeitskräften. Im Falle der Schweiz wirkt sich diese Formel offensichtlich nicht gleich aus. Im Gegensatz zur Lehrbuch-Doktrin hatten wir mehr als ein Jahrzehnt lang tiefstes Wachstum und dennoch hohe Beschäftigung. Wir haben auch eine tiefere Sockelarbeitslosigkeit als andere Staaten.

Die Schlüsselantwort zu diesem Paradox finden wir in den Unterschieden beim Bildungssystem und in der arbeitsmarktlichen Integrationsfähigkeit der schweizerischen Berufsbildung. Die Tatsache, dass fast 70 Prozent der jungen Bevölkerung eine Berufslehre absolvieren oder die Karriere mit einer Berufslehre beginnen, macht sie arbeitsmarktfähiger. Sie sind dank der berufspraktischen Ausbildung befähigt, den technischen Wandel der Berufe besser zu bewältigen oder notfalls auch eine selbständige Erwerbstätigkeit aufzunehmen. Die Berufsberater sprechen von besserer «Employability».

Die Jugendarbeitslosigkeit ist ein zuverlässiger Indikator für die Integrations- und Leistungsfähigkeit eines Bildungssystems. Die fünf Länder Europas, die eine Art Berufslehre kennen, haben eindeutig tiefere Jugendarbeitslosenquoten, und zwar vor der Wirtschaftskrise (2008) wie auch in der Krise (2009). Diese fünf Länder sind die Schweiz, Deutschland (West), Österreich, Niederlande und Dänemark. → **Grafiken 2.4 und 2.5**

Innovationstätigkeit: Ein weiteres Paradox

Dem Wirtschaftsbeobachter fällt ein weiteres Paradox auf, wenn man die Hochschulbildung in der Schweiz mit der Innovationsaktivität der Wirtschaft vergleicht: Die Schweiz liegt in der Statistik der Bildung auf Tertiärstufe (also der Hochschul- und Fachhochschulabsolventen in Prozent der Gesamtbevölkerung im aktiven Alter von 25 bis 64 Jahren) recht weit hinten in der Rangliste der Industrieländer. Bei der Statistik der Neuabsolventen hat sie allerdings etwas aufgeholt. → **Grafik 2.6** Hingegen liegt sie

Was heisst Sockelarbeitslosigkeit?

Unter dem Arbeitslosigkeits-Sockel verstehen wir die Quote an Arbeitslosen, die auch bei höheren Wachstumsraten oder beim Wachstum über dem Potenzialwachstum von ca. 2 Prozent pro Jahr nicht in den Arbeitsmarkt integrierbar sind. Weiteres über das wirtschaftliche Wachstum und die Konjunkturabhängigkeit der Beschäftigung findet sich in Kapitel 12: Die Arbeitslosenquote ist auch bei uns konjunkturabhängig, aber auf einem viel tieferen Niveau.

an der Spitze, wenn wir in der gleichen Länderliste jenen Anteil von kleinen und mittleren Unternehmen (KMU) vergleichen, die selber Innovation betreiben. → **Grafik 2.7**

Diese Ländervergleiche stammen aus dem Europäischen Innovationsanzeiger, der von der Europäischen Kommission (EU) herausgegeben wird.[2] Nach der etwas anders gegliederten, von der KOF ETH publizierten Länderrangliste über den Anteil der Firmen, die selber Innovation betreiben, ist die Schweiz 2004 im *zweiten Rang* der europäischen Staaten (nach Deutschland) platziert.[3]

Woher kommt denn die vergleichsweise hohe Innovationsfähigkeit bei den kleineren und mittleren Unternehmen (KMU), die in der Schweiz 99,7 Prozent aller Unternehmen ausmachen? Viele KMU im Industrie- und Gewerbebereich beschäftigen keine oder wenige Akademiker, und trotzdem liegen sie in der Spitzengruppe der Innovation.

Auch diese Spitzenstellung bei der betrieblichen Innovation hat sehr stark mit dem Berufsbildungssystem zu tun: Die Schweiz hat weniger Akademiker als andere OECD-Staaten, aber dafür betreiben die Unternehmen Berufsbildung und eine ständige betriebsnahe Aus- und Weiterbildung. Sie beschäftigen Absolventen Höherer Fachschulen HF (Meister, Techniker) und Absolventen von Fachhochschulen FH, die in der Regel ebenfalls eine vorangehende berufliche Grundbildung absolviert hatten. Mit ihnen erreichen auch kleine und mittlere Betriebe ihre Spitzenstellung in der Innovation. In der Länder-Rangliste, die die Teilnahme der Erwachsenen an Aus- und Weiterbildungsmassnahmen zeigt, ist die Schweiz nach Schweden und Island an dritter Stelle, bei den Forschungs- und Entwicklungsaufwendungen der Privatwirtschaft an vierter Stelle.

Würde man bloss die OECD-Rangliste der Tertiärbildung als Indikator für die Innovation zu Rate ziehen, liesse sich die hohe Innovationskraft und internationale Konkurrenzfähigkeit der schweizerischen Wirtschaft nicht erklären. Der Erklärungsschlüssel liegt eben nicht allein in der formalen schulischen Bildung, sondern im qualitativ anders orientierten, arbeitsmarktnahen Berufsbildungssystem.

Zukunft erfordert mehr hoch Qualifizierte

Der hier dargestellte Befund zum gegenwärtigen Zustand darf nicht dazu verleiten, das bestehende Manko an Absolventen der Tertiärstufe für die Zukunft zu unterschätzen. Mit einem Anteil an neuen Absolventen der Tertiärstufe von 27 Prozent der betreffenden Altersgruppe liegen wir im internationalen Vergleich deutlich unter dem OECD-Durchschnitt von 37 Prozent, auch wenn die statistische Abgrenzung zwischen den einzelnen Stufen (Tertiär A und Tertiär B) die Vergleichbarkeit beeinträchtigt.[4] Insbesondere die Ausbildung in den Fachhochschulen FH (heute mit einer Abschlussquote von nur 9–10 Prozent) und in den Höheren Fachschulen HF müsste verstärkt werden. – Wenn die Schweiz in Zukunft die höhere Bildung auf allen Stufen nicht weiter ausdehnt, wird die wissensorientierte Wirtschaft das nötige Fachpersonal im Ausland rekrutieren. Die Folgekosten des Ingenieurmangels sind beträchtlich. Aufgrund von Expertenbefragungen (Delphi-Umfrage) bei Exponenten der Schweizer Wirtschaft gehören der Kampf um Talente und die Durchsetzung von Innovationen – neben der Sorge um Firmenübernahmen durch Raider und andere – zu den grössten Sorgen und Herausforderungen der Zukunft.[5] → **Weiteres siehe auch Grafiken 5.13, 8.5, 8.9**

In Zukunft werden auch die KMU mehr hoch qualifiziertes Personal und vor allem einen Know-how-Austausch mit den Fachhochschulen und den ETH benötigen. Neben der Ausbildung von praktisch orientierten Abgängern der Fachhochschulen ist auch der Wissensaustausch und die Forschungs- und Enwicklungs-Zusammenarbeit (F & E) zwischen KMU und Hochschulen von grosser Bedeutung.

2.1 Die Schweiz mit dem tiefsten Wirtschaftswachstum in den neunziger Jahren

Durchschnittliche jährliche Wachstumsraten des Bruttoinlandprodukts BIP von 1992 bis 2005 (14 Jahre)

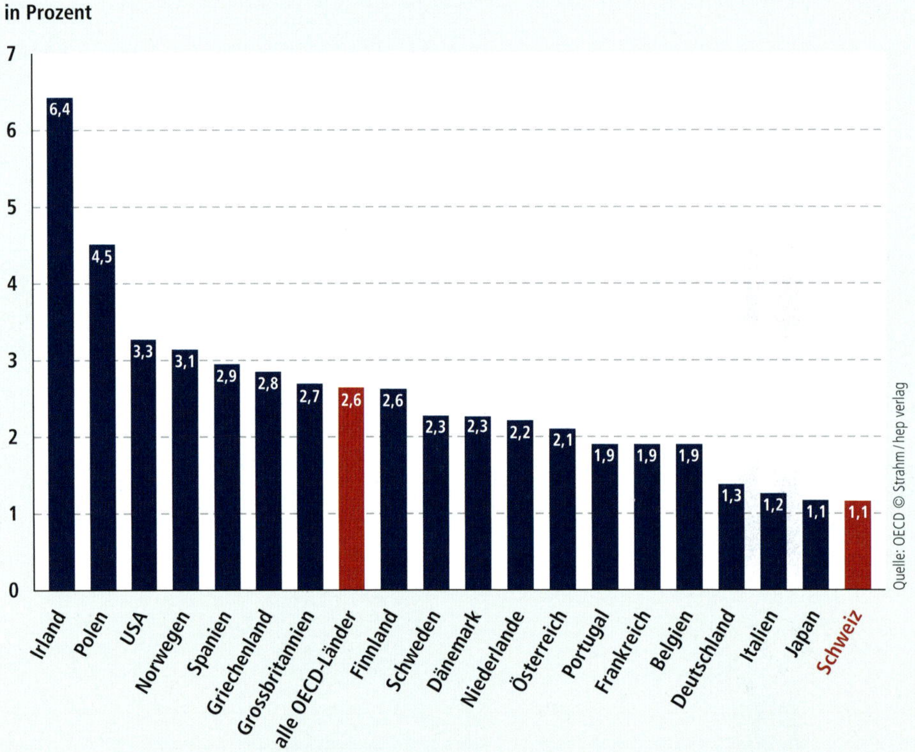

Von allen vergleichbaren Industriestaaten der OECD bildete die Schweiz mit dem BIP-Wachstum während 14 Jahren das Schlusslicht. Ein Teil des tiefen Wirtschaftswachstums in der Schweiz war bedingt durch Produktionsverlagerungen ins Ausland. Erst seit 2003 stiegen die Wachstumsraten. → Vergleichen Sie die Grafiken 2.1, 2.2 und 2.3 miteinander.

2.2 Die Schweiz hatte trotz tiefem Wachstum die niedrigste Arbeitslosigkeit

Durchschnittliche Arbeitslosenquote von 1992 bis 2005 (14 Jahre)

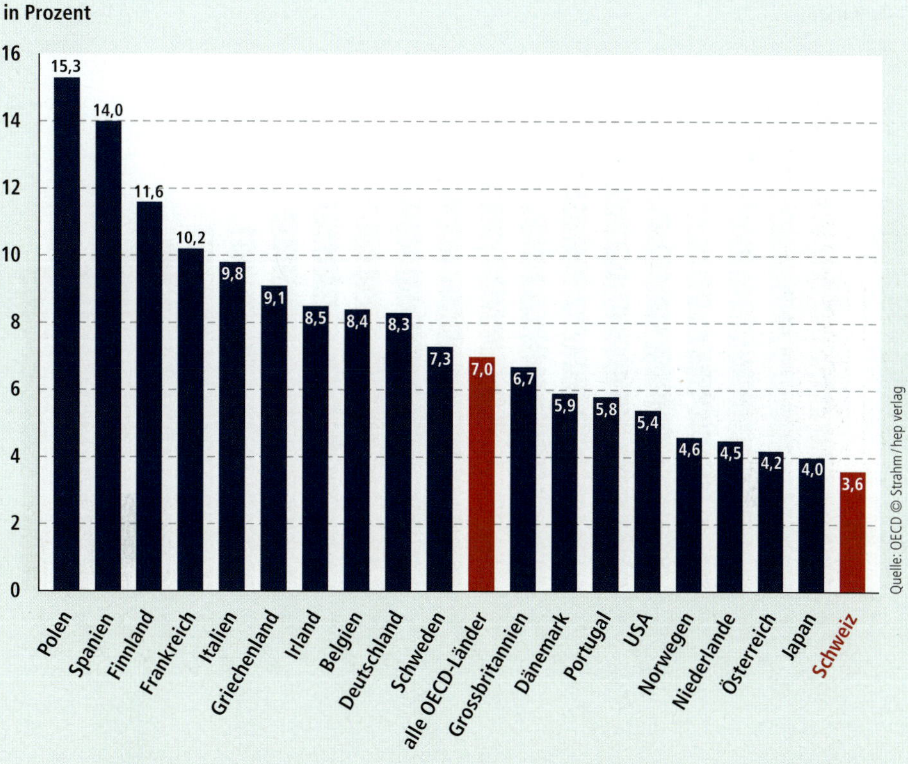

Ein Paradox: Trotz tiefem Wirtschaftswachstum hatte die Schweiz in den Neunzigerjahren von allen vergleichbaren OECD-Ländern die tiefste Arbeitslosigkeit. Die Erklärung liegt im arbeitsmarktnahen Berufsbildungssystem. Die Arbeitslosenquoten sind von der OECD standardisiert, das heisst vergleichbar gemacht: Gemessen wurden die registrierten Arbeitslosen in Prozent der Erwerbsbevölkerung (15–64 Jahre).

2.3 Trotz tiefem Wirtschaftswachstum waren in der Schweiz am meisten Menschen im Erwerbsleben

Durchschnittliche Erwerbsquote im Zeitraum 1994 bis 2005 (12 Jahre)

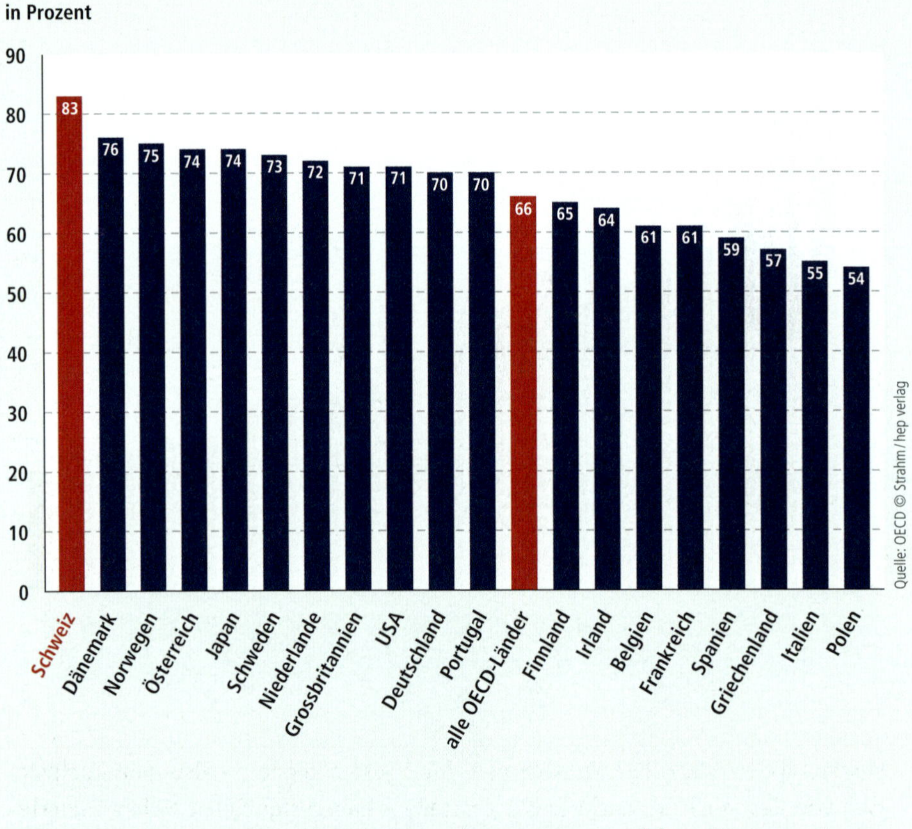

Ein Paradox: Trotz tiefem Wirtschaftswachstum hatte und hat die Schweiz von allen OECD-Ländern den höchsten Anteil der Bevölkerung zwischen 15 und 64 Jahren, welcher einem bezahlten Erwerb nachgeht. Das schweizerische Berufsbildungssystem verhilft zur Arbeitsmarktfähigkeit. In der Erwerbsquote werden von der OECD alle Erwerbstätigen erfasst, ungeachtet ob es sich um Vollzeit- oder Teilzeiterwerb handelt.

2.4 Die Länder mit Berufslehre hatten tiefere Jugendarbeitslosigkeit vor der Krise

Erwerbslosenquoten von Jugendlichen zwischen 15 und 24 Jahre (Jugendliche, die nicht mehr in Ausbildung stehen), 2008, vor der Krise

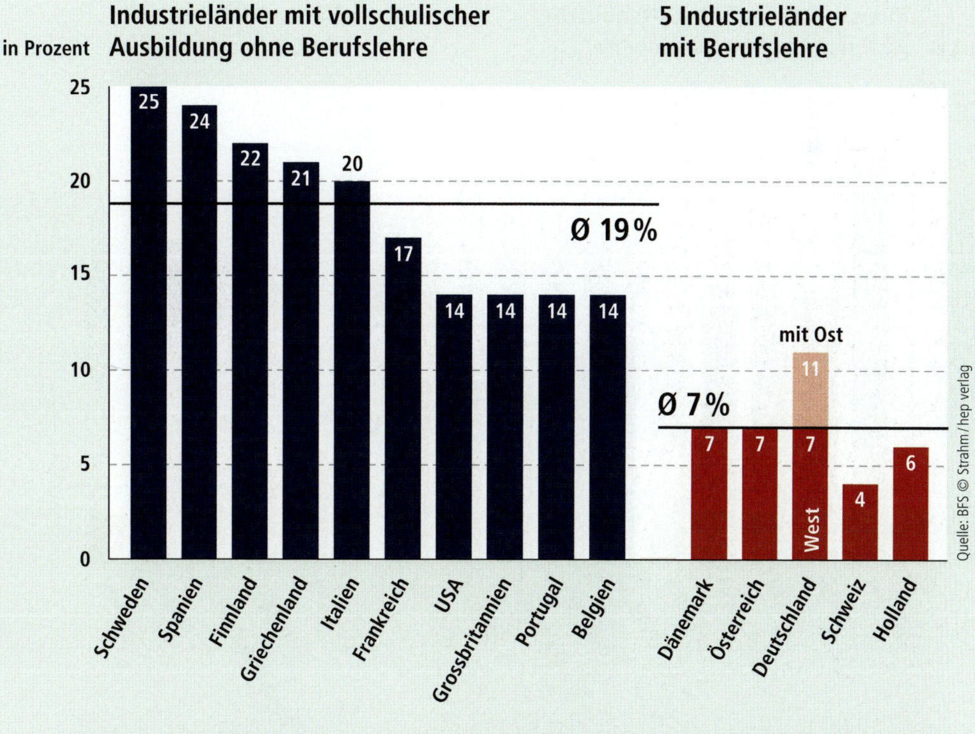

Länder, die eine Berufslehre nach dem Dualsystem kennen – also eine Kombination von Betriebslehre und Berufsfachschule – haben signifikant tiefere Erwerbslosenquoten bei Jugendlichen. Zu den Berufsbildungsländern gehören die Schweiz, Österreich, Deutschland (West), Dänemark und Holland. Die betriebliche und schulische Berufsausbildung fördert die praktische Intelligenz und sie ermöglicht eine bessere Arbeitsmarktorientierung in der Ausbildung. Bei vollschulischen Bildungsgängen fallen mehr Jugendliche aus dem sozialen Netz. Die Jugendlichen in Ausbildung sind hier bei der Berechnung der Arbeitslosenquoten ausgenommen.

2.5 Berufsbildungsländer haben tiefere Jugendarbeitslosigkeit auch in der Krise

Arbeitslosenquoten von Jugendlichen zwischen 15 und 24 Jahren (Jugendliche, die nicht mehr in Ausbildung stehen), Herbst 2009, in der Krise

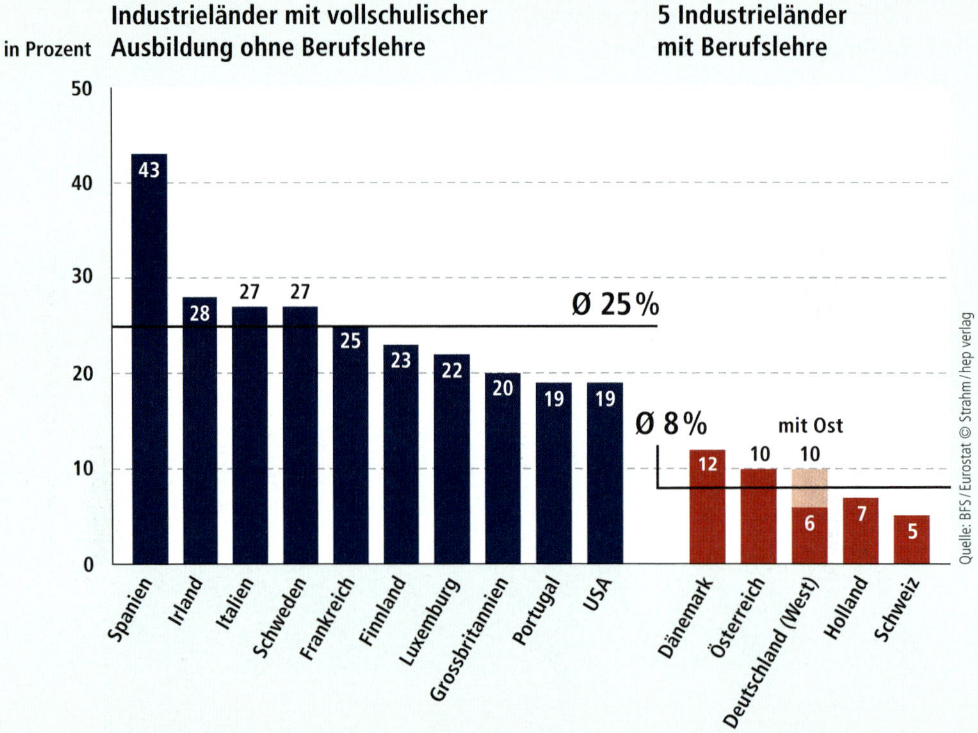

Die Berufsbildung nach dem Dualsystem erweist sich auch in der Wirtschaftskrise in Bezug auf die Arbeitsmarktfähigkeit überlegen. Die fünf Industrieländer mit einem dualen Berufsbildungssystem hatten auch im Höhepunkt der Rezession (zweite Jahreshälfte 2009) deutlich tiefere Jugendarbeitslosenquoten, während in den lateinischen und angelsächsischen Staaten mit ihren vollschulischen Bildungsgängen viel mehr Jugendliche aus dem Arbeitsprozess gedrängt wurden.

2.6 Die Schweiz hat einen relativ tiefen Bevölkerungsanteil mit Hochschulabschluss

Personen mit Tertiärabschluss einer Hochschule oder Fachhochschule. Anteil an der 25- bis 64-jährigen Bevölkerung, 2005

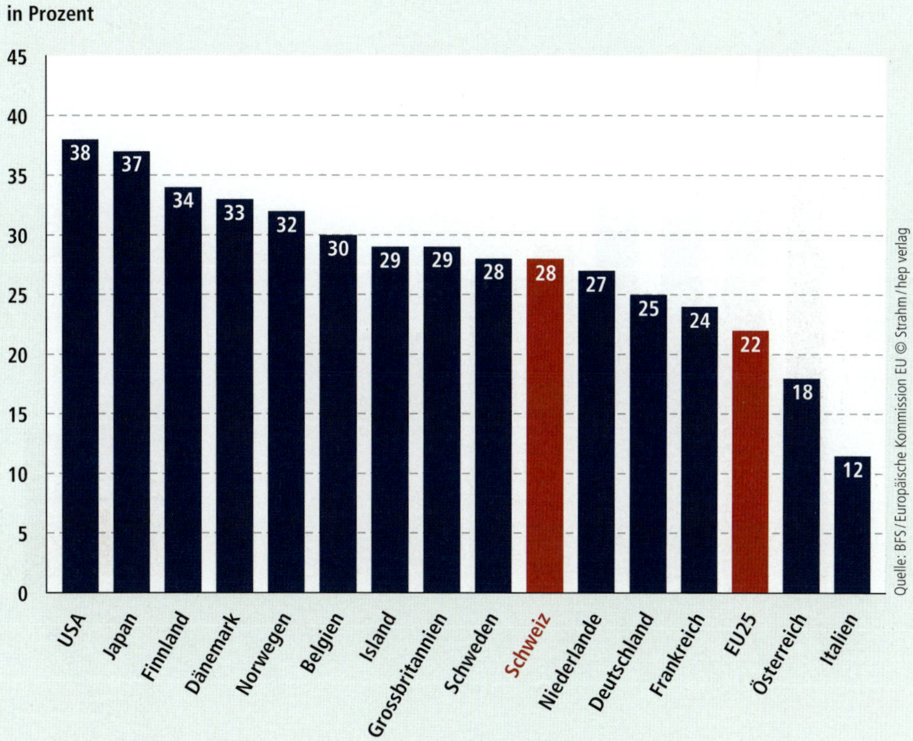

Die Schweiz hat im Vergleich zu den andern OECD-Industriestaaten einen eher kleinen Bevölkerungsanteil mit einer höheren Ausbildung der Tertiärstufe (Universität, ETH, Fachhochschule). Demgegenüber hat sie mit der Berufslehre einen hohen Anteil an Erwerbstätigen mit berufspraktischer Spezialisierung (Berufslehre, Höhere Fachschule) und an Personen, die während des Berufslebens an Weiterbildungsaktivitäten teilnehmen.

2.7 Trotz weniger Hochschulabsolventen höchster Anteil innovativer Unternehmen

Anteil der kleinen und mittleren Unternehmen, die selber Innovation betreiben, 2002/2005

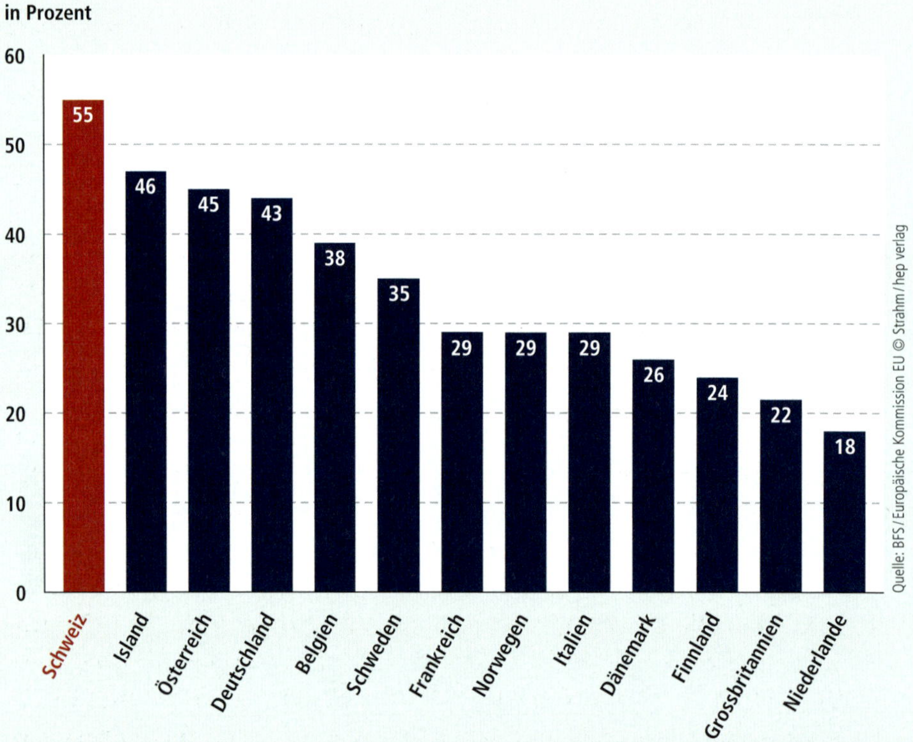

Ein Paradox: Obschon die Schweiz weniger Hochschulabsolventen aufweist, liegt sie mit ihrem Anteil an kleinen und mittleren Unternehmen (KMU), die selber Innovation betreiben, an der Spitze der europäischen Länder. Die Erklärung liegt im Berufsbildungssystem. Dieses versorgt die kleineren Unternehmen mit berufspraktisch ausgebildeten Fachspezialisten, welche die Innovation mittragen. Eine wichtige Rolle spielt auch der hohe Anteil an Erwachsenen, die an einer Aus- oder Weiterbildung teilnehmen (Schweiz: 3. Rang in Europa). → Vergleichen Sie mit Grafik 2.6

Kommentar zum Paradox

Das Paradox: Tiefes Wirtschaftswachstum und trotzdem tiefere Arbeitslosigkeit

Nach dem ökonomischen Lehrbuch beurteilt, besteht, wie in diesem Kapitel aufgrund der Statistik dargestellt, eine paradoxe Situation: Ein Industrieland, das wie die Schweiz derart lange Zeit so tiefes Wirtschaftswachstum ausweist und gleichzeitig eine Industrie mit hoher Produktivität unterhält wie die Schweiz, müsste viel mehr Arbeitslose haben, jedenfalls eine grössere Arbeitslosenquote als die Wachstumsländer wie die USA, England und Irland. Wie ist das Paradox zu erklären? Was macht den Unterschied zwischen der Schweiz und den andern aus?

Ich habe namhafte Ökonomen mit folgender Frage konfrontiert: Wie können Sie dieses Paradox erklären? Die Reaktionen waren meist Ratlosigkeit oder hilflose Erklärungsversuche, etwa die: Die Ursache liege bei verfälschenden statistischen Messproblemen der Arbeitslosenziffern; oder: es sei der angeblich tiefe Produktivitätszuwachs; oder: der Arbeitsmarkt Schweiz sei liberaler als anderswo – und so fort. Aber eigentlich konnte keiner die Antwort aus seinem makroökonomischen Verständnis ableiten.

Meine Antwort ist die – und ich werde in Kapitel 3 und 4 eine Fülle von Beweisen aufzeigen –: Der entscheidende Unterschied liegt im System der Arbeitsmarktintegration, also konkret beim Berufsbildungs- und Weiterbildungssystem.

Wenn ich die in der Praxis tätigen Wirtschaftsleute und Betriebschefs befrage, bestätigen mir alle unisono: Ja, die Berufsbildung ist ein entscheidender Faktor, der den Unterschied zu andern Arbeitsmärkten im Ausland erklärt. Die Berufsbildung ist durchaus entscheidend für die Erwerbsfähigkeit und die Integration in den Arbeitsmarkt. Von der Intuition her ist die These von der zentralen Rolle der Berufsbildung durch und durch akzeptiert, aber in der Lehrbuch-Ökonomie existiert sie nicht.

Modell-Ignoranz

Bei der ökonomischen Analyse gilt: Was man nicht kennt, das misst man nicht. Weil man in der akademischen Wirtschaftswissenschaft – mit einigen Ausnahmen[6] – das Berufsbildungssystem nicht kennt, findet es nicht Eingang in die Modelle. Ein

Modell ist der Versuch der Abbildung der Wirklichkeit. Was der Ökonom nicht kennt, findet man auch nicht in seinen formalen Modellen.

Statistik-Ignoranz

Es gibt nur einen rudimentären internationalen Standard zur Bewertung und differenzierenden Erfassung der Berufsbildung. Die OECD betont in ihren Arbeitsmarktanalysen zwar ständig, eine gute Arbeitsmarktintegration sei entscheidend. Aber in ihrem System der Bildungsindikatoren figuriert die Berufslehre erst seit kurzem. Viele Jahre musste die Schweizer Delegation in den OECD-Gremien dafür kämpfen, dass die Berufslehre mindestens als eine Kategorie der Sekundarstufe II (neben der gymnasialen Maturität, dem Baccalauréat, usw.) Eingang findet. Die Mehrzahl der OECD-Staaten kennt die Berufslehre nach dem schweizerischen Dualsystem nicht. Wir werden dies in Kapitel 5 näher ausführen.

Politische Ignoranz

Es ist auffallend, dass selbst im eidgenössischen Parlament die Berufsbildung weniger Beachtung und Rückhalt geniesst (Ich kann dies aus eigener Parlamentserfahrung bestätigen)[7]. Nur eine Handvoll Parlamentarier und Parlamentarierinnen hat selber eine Berufslehre absolviert, bildet Lehrlinge aus oder ist in der Berufsbildung aktiv. Und deshalb haben beim Bund und in den Kantonen die akademischen Bildungsgänge (Maturität mit Universitäten und ETH) prestigemässig einen stärkeren politischen Rückhalt und damit auch mehr Finanzen zur Verfügung. Wir werden in Kapitel 4 zeigen, dass der Arbeitsmarkt in den meisten Branchen diese Bewertung nicht teilt, sondern die berufspraktische und arbeitsmarktlich orientierte Berufsbildung ebenso gut bewertet oder gerade bevorzugt.

Berufsbildungssystem wird ignoriert

Kein einziges der makroökonomischen Modelle für die schweizerische Wirtschaft hat die Berufsbildung als Variable oder Wachstumsfaktor eingebaut. (Die fünf wichtigsten Prognosemodelle werden vom KOF ETH, von der Credit Suisse, von der UBS, vom Créa an der Universität Lausanne und von der BAK-Konjunkturforschung Basel angewandt; das Seco macht jeweils eine Synthese davon, und die SNB erstellt eher Kurzzeitmodelle.) Zwar kennen die makroökonomischen Modelle auch Wachstumsfaktoren wie zum Beispiel die Bildungsausgaben oder Humankapital- und Forschungsinvestitionen, aber eine separate und differenzierte Betrachtung des Berufsbildungssystems mit einer Valorisierung der Berufslehre fehlt bei ihnen.

Entscheidend für die Erwerbsfähigkeit

Wir belegen später in Kapitel 3 und 4 mit einer ganzen Reihe von Zusammenhängen und Korrelationsüberlegungen, dass das Berufsbildungssystem mit der schweizerischen Berufslehre und dem Dualsystem für den Arbeitsmarkt entscheidend ist. (Das Dualsystem bedeutet eine Berufsausbildung mit einer Kombination von betrieblicher Praxis und schulischer Bildung in einer eidgenössisch anerkannten Berufsfachschule). Mit dem schweizerischen Berufsbildungssystem ist ein grösserer Anteil der Menschen erwerbsfähig und damit erwerbstätig (wenn oft auch nur in Teilzeitarbeit), ist die Arbeitslosenquote trotz magerem Wirtschaftswachstum tiefer als in andern OECD-Ländern, ist die berufliche Mobilität besser und werden die Produktivitätsentwicklung und der Strukturwandel besser bewältigt. Ja, man kann die Wirkungen noch breiter fassen: *Das Berufsbildungssystem ist ein zentraler Faktor der Produktivität und Konkurrenzfähigkeit. Es ist aber auch das wichtigste Moment der sozialen Integration, des gesellschaftlichen und nationalen Zusammenhalts und der Verhinderung oder zumindest Begrenzung der Armut. Das Berufsbildungssystem ist ein Wohlfahrtsfaktor, er ist eine wichtige Quelle des Reichtums.*

Entscheidend für den Wirtschaftsstandort Schweiz

Die Lehrlinge (Männer und Frauen) aus der Schweiz gehören immer wieder zu den Spitzenreitern an den Berufsweltmeisterschaften. So belegten sie – in der Schweiz kaum zur Kenntnis genommen – in den Jahren 2003 und 2005 den ersten, im Jahr 2007 den dritten und im Jahr 2009 den zweiten Platz in der Gesamtwertung der internationalen Berufsolympiade.

Dies wird allerdings von praktisch orientierten Wirtschaftsvertretern durchaus zur Kenntnis genommen und gewürdigt. Stellvertretend für viele gleich denkende Firmenchefs lasse ich hier den promovierten Physiker und Generaldirektor von

---

Deutsche Autoren würdigen Berufsbildungssystem der Schweiz

Gewiss haben mehrere Faktoren Einfluss auf das Beschäftigungsniveau respektive auf den Sockel der Arbeitslosigkeit. Deutsche Autoren führen in einem Dreiländervergleich zwischen Deutschland, Österreich und der Schweiz Faktoren an wie: Arbeitsmotivation, Erwerbsneigung, Engagement am Arbeitsplatz, Innovations- und Risikobereitschaft, Bewältigung des liberalisierten Arbeitsmarkts. Solche «soft factors» sind von Bedeutung, doch sie sind ihrerseits natürlich ein Resultat des wirksamen Systems der frühen arbeitsmarktlichen Integration durch die Berufslehre. Die Autoren des Dreiländervergleichs sagen es so: «Die geringere Beschäftigung und höhere Arbeitslosigkeit in Deutschland sind auch darauf zurückzuführen, dass das deutsche Bildungssystem den Anforderungen des Arbeitsmarktes weniger Rechnung trägt als beispielsweise das schweizerische.»[8]

Siemens Schweiz, Hubert Keiber, der die inländischen und ausländischen Produktionsstandorte vergleichen kann, zu Wort kommen:

> «Neben der universitären Ausbildung darf die Förderung für technische Berufe nicht auf der Strecke bleiben. Die Pflege unserer Berufsbildung, in qualitativer Hinsicht wie in quantitativer, erscheint mir ein ebenso wichtiger Faktor. Zu viele Betriebe bilden aus Kostengründen wenig oder im Extremfall gar keine Lehrlinge aus. Speziell ausländische Hightech-Firmen, die von den qualifizierten Arbeitskräften im Lande profitieren, dürften diesbezüglich mehr Engagement zeigen. Ich schliesse mich an dieser Stelle gerne der Forderung an, dass die öffentliche Hand bei der Vergabe von Aufträgen diesen Aspekt gebührend ins Bewertungsprozedere einbeziehen sollte.»[9]

Und stellvertretend für jene praktisch orientierten Firmenbegutachter, die oft mit Betriebskrediten zu tun haben, zitiere ich Urs Oberholzer, den Präsidenten der Zürcher Kantonalbank, der grössten KMU-Bank der Schweiz:

> «Beim Kreditentscheid sollten neben objektiven auch subjektive Kriterien zählen. Wenn ich auf Besuch gehe, dann sehe ich, wie es der Firma geht: Herrscht Chaos, oder handelt es sich um einen modernen Betrieb mit Lehrlingen – wer Lehrlinge hat, glaubt an die Zukunft.»

Quellen Kapitel 2

[1] Diese Definition gilt für den OECD-Vergleich. Die Schweizerische Arbeitskräfteerhebung SAKE zählt gar jeden Erwerbstätigen mit mehr als einer Wochenstunde bezahlter Arbeit. Wer einer bezahlten Arbeit nachgeht, kann als arbeitsmarktfähig betrachtet werden.

[2] BFS: Indikatoren Wissenschaft und Technologie. Das Innovationssystem der Schweiz im internationalen Vergleich. Eine Auswahl von Indikatoren aus dem Europäischen Innovationsanzeiger 2005. Neuchâtel 2006. Seiten 9–14, 22–23.

[3] Arvanitis, Spyros et al., KOF ETH: Innovationsaktivitäten der Schweizer Wirtschaft. Eine Analyse der Ergebnisse der Innovationserhebung 2005. Seco, Bern 2007. Tab. 9.4, S. 168.

[4] BFS: Bildungsmosaik Schweiz. Bildungsindikatoren 2007. Neuchâtel 2007, Tab. 3.4.5, S. 61 (Bei der hier genannten Abschlussquote der Tertiärstufe A handelt es sich um die neuen Absolventen/-innen der Hochschulen und Fachhochschulen in Prozent der Bevölkerung ihrer Altersgruppe, wogegen in Grafik 2.4 der Bestand der Absolvent/-innen der Tertiärstufe an der gesamten Aktivbevölkerung dargestellt ist. Letztere scheint uns als Vergleichsindikator für den Bestand in der aktuellen Wirtschaft aussagefähiger).

[5] Brenner, Beatrice: Was Schweizer Unternehmen künftig am meisten herausfordert. In: Swiss Innovation Guide 2007. Handelszeitung, ionew management, Swiss Innovation Forum 2007, S. 20 f.

[6] Die Wirkungen der Berufsbildung haben z. B. untersucht die Professoren George Sheldon, Universität Basel, Yves Flückiger, Universität Genf, und Beat Hotz-Hart, Universität Zürich, sowie Stefan C. Wolter, Universität Bern und Bildungsforschung Aarau. Wir haben deren wissenschaftliche Arbeiten sowie die Studien des Nationalen Forschungsprogramms NFP 43 über Bildung und Beschäftigung und natürlich auch die offizielle Bildungsstatistik des Bundesamts für Statistik in diesem Buch entsprechend ausgeschöpft und für ein breiteres Publikum popularisiert.

[7] Der Autor war selber Parlamentarier, Wirtschaftspolitiker und Mitglied der nationalrätlichen Kommission für Wissenschaft, Bildung und Kultur und der Kommission für Wirtschaft und Abgaben. Er präsidierte die Parlamentarische Gruppe für Berufsbildung und begleitete die Berufsbildungsreform und die Entstehung des neuen Berufsbildungsgesetzes von Anbeginn 1996 bis zur Vollendung 2004.

[8] Wahl, Stefanie/Schulte, Martin: Arbeitslosigkeit abbauen – von Besseren lernen! Hintergründe der Beschäftigungsunterschiede in Deutschland, Österreich und der Schweiz. Olzog Verlag München 2005, S. 91.

[9] Keiber, Hubert: Vom Imageproblem zum Ingenieurmangel. In: Neue Zürcher Zeitung 2.10.2007, Beilage SB 35.

- **Grafik 2.1** – OECD: Economic Outlook, Nr. 79, June 2006. Paris 2006, Annex Tab 1, S. 165. div. Nummern (Grafik: jährliche Wachstumsraten des realen Bruttoinlandprodukts).
- **Grafik 2.2** – Gleiche Quelle wie Grafik 2.1, Annex Tab 22, S. 182.
- **Grafik 2.3** – Gleiche Quelle wie Grafik 2.1, Annex Tab 20, S. 184 (Grafik: Erwerbsquote, d.h. Personen mit Erwerbstätigkeit von mindestens einer Wochenstunde plus stellensuchende Erwerbslose in Prozent der 15- bis 64-jährigen Referenzbevölkerung). Diese OECD-Daten für die Erwerbsquote stimmen nicht ganz, aber doch annähernd mit den entsprechenden Werten der EU überein. So betrugen die Erwerbsquoten nach SAKE und Eurostat 2004 für die 15–64-Jährigen in der Schweiz 81 %, in Deutschland 72,1 % und in der EU-25 69,5 %. Siehe: BFS: Der Arbeitsmarkt im internationalen Vergleich. Neuchâtel, November 2006, T1, S. 21 (unstandardisierte Erwerbsquoten).
- **Grafik 2.4** – BFS: Arbeitsmarktindikatoren 2009. Neuchâtel 2009. Tab. T57, Seite 123. (Erwerbslosenquote: Erwerbslose in Prozent der Erwerbspersonen. Jugendliche in Ausbildung sind nicht mitgezählt. Quellen: NewCronos/Eurostat/OECD).
- **Grafik 2.5** – Eurostat: Harmonisierte Arbeitslosenquote – nach Alter 15–24, saisonbereinigt. Oktober 2009. http://epp.eurostat.ec.europa.eu (Arbeitslosenquote: registrierte Arbeitslose in Prozent der Erwerbspersonen. Ohne Jugendliche in Ausbildung). Schweiz: Seco: Lage auf dem Arbeitsmarkt. Div. Tab. 1b.
- **Grafik 2.6** – BFS: Indikatoren «Wissenschaft und Technologie». Das Innovationssystem der Schweiz im internationalen Vergleich. Auswahl von Indikatoren aus dem Europäischen Innovationsanzeiger 2005. Neuchâtel 2006. Tab G3 und Anhang 2. S. 9, 22, 23.
- **Grafik 2.7** – Gleiche Quelle wie Grafik 2.6, Tab G11. S. 13, 22, 23.

Bild S. 29: Keystone, Martin Ruetschi

KAPITEL 3

Berufsbildung – Schlüssel zur Beschäftigung

Das Kapitel im Überblick

Es gibt keinen wichtigeren Faktor für die Arbeitsmarktintegration und zur Verminderung und Verhinderung von Arbeitslosigkeit als die Berufslehre. Dieser Befund wird in diesem Kapitel mit statistischen Vergleichen innerhalb der Schweiz und mit dem Ausland belegt.

Personen ohne Berufslehre und ohne nachobligatorische Ausbildung sind wesentlich häufiger von Arbeitslosigkeit betroffen als Menschen mit einer Berufslehre. Die Deutschschweiz, wo die Berufslehre nach dem Dualsystem, das heisst einer Kombination von Betriebslehre und Berufsfachschule, verbreiteter ist als in der Romandie und im Tessin, weist entsprechend in jeder Phase des Konjunkturverlaufs weniger Arbeitslose auf. Bei Ausländern und Ausländerinnen in der Schweiz, welche häufiger ungelernt sind, liegt die Arbeitslosigkeit deutlich höher als bei Schweizerinnen und Schweizern.

Im internationalen Vergleich bringt die Schweiz dank ihrem Berufsbildungssystem einen grösseren Anteil von Jugendlichen und Erwachsenen ins Erwerbsleben und weist deshalb die tiefste Jugendarbeitslosigkeit und die tiefste Arbeitslosenquote generell auf.

Erwerbstätige ohne nachobligatorische Ausbildung werden im Verlauf von Konjunkturschwankungen am ehesten als Flexibilitätsreserve benützt und sind am stärksten anfällig für Erwerbslosigkeit.

Dieses Kapitel befasst sich mit dem Zusammenhang von Berufslehre und Arbeitslosigkeit und stellt wichtige landesinterne und internationale Vergleiche zur Diskussion.

Regionen und Bevölkerungsgruppen in der Schweiz mit weniger Anteil an Berufslehren nach dem Dualsystem weisen eine höhere Arbeitslosenquote auf. Europäische Länder ohne betriebliche Berufslehre haben grössere Schwierigkeiten, jene Jugendlichen, welche die höheren Bildungsgänge nicht schaffen, überhaupt in den Arbeitsmarkt zu integrieren. Die Folge ist dort Massenarbeitslosigkeit bei Jugendlichen.

Berufsbildung und Arbeitsmarktfähigkeit

Heute wissen wir mehr über den Zusammenhang zwischen dem Bildungssystem und dem Niveau der Arbeitslosigkeit. Das Nationale Forschungsprogramm 43 über «Bildung und Beschäftigung» hat mit grosser wissenschaftlicher Breite und statistischer Tiefe aufgedeckt, was Unternehmensverantwortliche und Wirtschaftspolitiker mit Praxiserfahrung schon lange intuitiv so einschätzten: Die Berufslehre und die darauf aufbauende Weiterbildung in Höheren Fachschulen (HF) und Fachhochschulen (FH) ist der beste Garant zur arbeitsmarktlichen Integration.

Volkszählungen stellten jeweils einen Totalzensus der Bevölkerung und ihrer Berufe dar; sie sind folglich repräsentativer als Ausschnittbefragungen. Die Auswertung der Volkzählungen der Jahre 1970, 1980, 1990 und 2000 durch den Arbeitsmarktspezialisten George Sheldon von der Universität Basel zeigen eindeutig, dass das Niveau der Arbeitslosigkeit bei Erwachsenen ohne nachobligatorische Bildung (wir nennen sie in Anlehnung an die Umgangssprache «Ungelernte») etwa 70 Prozent höher liegt als beim Durchschnitt aller Erwerbspersonen, während Erwachsene mit einer abgeschlossenen Berufslehre 40 Prozent unter dem schweizerischen Durchschnitt der Arbeitslosigkeit liegen. Das Risiko, arbeitslos zu werden, ist bei Personen mit einer Berufslehre 2,5- bis 3-mal tiefer als bei Ungelernten. Bemerkenswert an der Langfristuntersuchung der Volkszählungen ist auch der Befund, dass die Arbeitslosigkeit bei Berufslehrabsolventen/-innen deutlich tiefer liegt als bei Erwerbspersonen, welche rein schulische Bildungsgänge wie Maturität, schulische Sekundarstufen II und Universitäten hinter sich haben. → **Grafik 3.1**

Dieser allgemeine Befund über den Zusammenhang zwischen Berufsbildung und Arbeitsmarktfähigkeit wird im Folgenden nach verschiedenen Gesichtspunkten vertieft analysiert und belegt. Präsentiert werden statistische Analysen über die Unterschiede nach Landesteilen, nach Nationalität der Erwerbsbevölkerung, nach Geschlecht und nach internationalen Vergleichen; dies im Wissen, dass solchen Vergleichen ein Mangel an «political correctness», an regional- oder migrationspolitischer Zurückhaltung, unterstellt werden könnte.

Befund 1: Vergleich deutsche Schweiz und lateinische Schweiz

Im Prinzip haben wir in der Schweiz zwei verschiedene Berufsbildungssysteme, die einen aufschlussreichen Effizienzvergleich bezüglich der Arbeitsmarktfähigkeit erlauben: Die Berufslehre nach dem Dualsystem ist in der *deutschen Schweiz* stark verwurzelt. Hier beginnen 68 Prozent aller Jugendlichen ihre Ausbildung mit einer Berufslehre nach dem Dualsystem. Nur 7 Prozent besuchen eine berufliche Vollzeitschule (zum Beispiel eine Handelsschule oder Lehrwerkstätte) und 18 Prozent gehen den Weg einer Maturitätsschule. Demgegenüber absolvieren in der *Romandie* gerade 43 Prozent und in der *italienischen Schweiz* 45 Prozent der Schulabsolventen zunächst eine betriebliche Berufslehre nach dem Dualsystem. In der Romandie sind die Vollzeit-Berufsschulen stärker verbreitet; 17 Prozent der Jugendlichen durchlaufen ihre Ausbildung in solchen Schulen. Der gymnasiale Weg ist im Vergleich zur Deutschschweiz deutlich stärker vertreten, nämlich mit 29 Prozent der Jugendlichen in der Romandie und 33 Prozent im Tessin. Die Betriebslehre hatte in der lateinischen Schweiz nie eine breite Verankerung, dafür liegt die Maturitätsquote bedeutend höher. → **Grafik 3.2**

Vergleichen wir nun die Arbeitslosenquoten derselben Regionen: Im Jahr 2009 betrug sie in der *deutschen Schweiz* 3,6 Prozent, in der *lateinischen Schweiz* hingegen 5,7 Prozent, also etwa 80 Prozent mehr. Diese Differenz war während des ganzen Konjunkturzyklus zu beobachten. Im langjährigen Durchschnitt bewegte sich die Arbeitslosenquote in der lateinischen Schweiz stets auf einem anderthalbmal bis doppelt so hohen Niveau wie in der Deutschschweiz. → **Grafik 3.3**

Markant ist das Gefälle vom *Bodensee* bis zum *Genfersee:* Während im Kanton *St. Gallen* 75 Prozent der Jugendlichen eine Berufslehre nach dem Dualsystem absolvieren, sind es im Kanton *Genf* nur gerade 22 Prozent! In Genf scheint die betriebliche Berufslehre als eine Art Randbereich, als «Arme-Leute-Weg» zu gelten, während dort die Maturitätsquote (inklusive aller Fachmaturitätstypen) bei 43 Prozent liegt, mehr als dreimal so hoch wie in St. Gallen. Entsprechend zeigt sich auch die Kluft in der Arbeitslosigkeit: In Genf ist die Arbeitslosenquote dreimal höher als in St. Gallen! → **vergleichen Sie die Grafiken 3.2 und 3.3**

Wir haben zwischen Berufslehre-Quoten und Arbeitslosenquoten für 25 Kantone (ohne AI) eine *statistische Korrelationsanalyse* vorgenommen. Dabei ist der statistische Zusammenhang zwischen der Häufigkeit der Berufslehre (nach dem Dualsystem) und der Arbeitslosigkeit eindeutig: Je verbreiteter die Berufslehre, desto tiefer die Arbeitslosenquote. → **Grafik 3.4 (siehe Kommentar dazu in der Box auf der nächsten Seite)**

Befund 2: Vergleich Schweizer und Ausländer

Während der Anteil der Ungelernten unter der Schweizer Bevölkerung 28 Prozent beträgt, sind es bei der ausländischen Wohnbevölkerung rund 52 Prozent, also fast doppelt soviel. Bei den jüngst zugewanderten Ausländerinnen und Ausländern jedoch ist der Ausbildungsstand höher, und die Ungelernten in dieser Gruppe sind heute eine Minderheit.

Beim Vergleich der Arbeitslosigkeit zeigt sich nun ein entsprechendes Bild: Unter den ausländischen Beschäftigten in der Schweiz ist die Arbeitslosigkeit mehr als doppelt so hoch wie bei den Schweizerinnen und Schweizern. Einiges deutet darauf hin, dass es ungeachtet der Bildung zusätzlich einen gewissen Diskriminierungseffekt gegenüber Ausländerinnen und Ausländern gibt, der nicht mit dem Ausbildungsgrad erklärbar ist. Aber der wichtigste und prägendste Ursachenfaktor der Ausländer-Arbeitslosigkeit basiert auf dem Zusammenhang: «Ausländer gleich unqualifiziert», und deshalb sind Migrantinnen und Migranten häufiger arbeitslos und – wie wir in Kapitel 4 zeigen – auch häufiger Sozialhilfeempfänger. → **Grafik 3.5**

Befund 3: Vergleich Frauen und Männer

Weibliche Erwerbspersonen wiesen in der Schweiz während vielen Jahren eine etwas höhere Arbeitslosenquote auf als männliche Erwerbspersonen. In der Wirtschaftskrise

Zum statistischen Zusammenhang zwischen dualer Berufslehre und Arbeitslosigkeit

→ **Grafik 3.4**

Der sogenannte Korrelationskoeffizient R beträgt 75 Prozent und das sogenannte Bestimmtheitsmass R^2 gleich 57 Prozent. Dies heisst, das Niveau der Arbeitslosigkeit ist in der Schweiz zu 57 Prozent auf die Häufigkeit der Berufslehre nach dem Dualsystem zurückzuführen, der Rest auf andere Faktoren wie Urbanität, Ausländerdichte, Grenzgängeranteil usw.

Ich halte nicht allzu viel von statistischen Korrelationsanalysen, denn eine Korrelation sagt in der Regel nichts aus über die Kausalität. Darf man einen solchen statistischen Zusammenhang überhaupt herstellen? Ja, wenn man sich an der gängigen formalistischen Methodik der heutigen Ökonomie misst, welche in allen möglichen und unmöglichen Konstellationen eine statistische Korrelation herzuleiten versucht. Nein, wenn man auf der Kausalbeziehung – tieferer Berufslehre-Anteil heisst hohe Arbeitslosigkeit – beharrt, ohne Korrekturfaktoren und ohne anderweitige Einflüsse zu beachten. Dabei spielen auch der Grad der Urbanität (in den Städten gibt es mehr Arbeitslose) und die Grenznähe (Grenzgänger schaffen einen Verdrängungseffekt), aber auch die konjunkturelle Situation eine Rolle. Ich würde es kaum wagen, eine solche Korrelation zwischen Berufslehre und Erwerbsfähigkeit herzustellen, wenn der Kausalzusammenhang nicht auch durch Intuition und Erfahrung begründbar wäre. Mir ist kein Arbeitgeber auf dem Werkplatz bekannt, der diesen Zusammenhang nicht auch bestätigen würde.

An dieser Stelle noch eine Anmerkung zur Messung der betrieblichen Berufslehre: Die Statistik des BFS über den Anteil der Jugendlichen in einer betrieblichen Berufslehre (Dualsystem) stammt aus dem Jahr 2001, weil später die berufliche Grundbildung in einer Betriebslehre und eine solche in Vollzeitschulen (Lehrwerkstätten, Handelsschulen) zusammengezählt wurden – nicht zuletzt aus politischer Rücksichtnahme. Dieser Rückgriff auf das Jahr 2001 ist insofern trotzdem gerechtfertigt, als sich das System nicht schnell verändert und sich die damaligen Berufslehrabsolventen erst heute im Arbeitsmarkt befinden.

2009 hat sich die statistische Arbeitslosenquote angeglichen, weil viel mehr Frauen (57 %) in Teilzeitarbeitsverhältnissen stehen als Männer (13 %). Dies wiederspiegelt den statistischen Bildungsunterschied, wonach gemäss Volkszählung 2000 rund 39 Prozent der Frauen über keine nachschulische Ausbildung verfügen gegenüber 26 Prozent bei den Männern. In der Altersgruppe der 20- bis 24-jährigen Frauen und Männern ist der Anteil der Ungelernten erheblich zurückgegangen; die Frauen haben punkto Berufsbildung und Arbeitsmarktfähigkeit aufgeholt. → **Grafik 3.6**

Befund 4: Internationale Vergleiche

Das schweizerische Berufsbildungssystem ist im internationalen Vergleich nicht völlig einzigartig. Es gibt jedoch nur wenige Industrieländer, welche eine einigermassen vergleichbare Kombination von Betriebslehre und schulischer Bildung (Dualsystem) kennen. Es sind dies vor allem Österreich, Holland, Deutschland (West) und Dänemark, und in gewissen Sektoren auch andere skandinavische Länder ohne Finnland. Die lateinischen Länder wie Frankreich, Italien, Spanien, Portugal, der ganze Balkan ebenso wie die angelsächsischen Länder kennen die Betriebslehre nicht. Vielmehr haben diese Länder die Sekundarstufe II, also die Bildung zwischen 15 und 20 Jahren, auf die Vollzeitschule mit Maturitätsabschluss ausgerichtet. In Frankreich zum Beispiel beträgt die Maturitätsquote 52 Prozent, in Deutschland 41 Prozent und in Italien sogar 77 Prozent, während sie in der Schweiz bei 26 Prozent liegt (gymnasiale Maturität und Berufsmaturität zusammengezählt) und sich bei der rein schulischen, gymnasialen Maturität sogar nur auf dem Niveau von 18 bis 20 Prozent bewegt.[1] → **Grafik 5.7**

Was geschieht mit *Jugendlichen,* die den schulischen Weg zur Maturität nicht schaffen? Diejenigen EU-Länder, welche die Berufslehre im Betrieb nicht kennen, haben auch am meisten Jugendliche, die überhaupt keine obligatorische Ausbildung durchlaufen, während Länder mit Berufslehre wesentlich weniger ungelernte Jugendliche in den Arbeitsmarkt schicken. → **Grafik 3.7**

Begrenzte Vergleichbarkeit

Zweifellos ist bei diesen Länderanalysen, die sich hauptsächlich auf OECD-Statistiken abstützen, die Vergleichbarkeit unter den Staaten begrenzt. Sonderfaktoren wie die Fischerei in Island, der Erdölboom in Norwegen oder der von Land zu Land unterschiedliche Anteil an Militärdienstpflichtigen, die erst noch uneinheitlich erfasst werden, können das Bild verzerren. Dennoch bestätigen die Resultate tendenziell die Aussage: Länder mit ausgebauten berufspraktischen Bildungsgängen unterhalb der Tertiärstufe führen zahlenmässig mehr Jugendliche erfolgreich und nachhaltig in die Berufsintegration und den Arbeitsmarkt. Höhere formale Bildung allein, zum Beispiel höhere Maturitätsquoten, sind kein Garant für eine gute Arbeitsmarktintegration und für hohe Erwerbsquoten.

Die Länder, welche keine betriebliche Berufslehre kennen, haben auch die höchste statistische Erwerbslosigkeit unter den Jugendlichen selber. Wir haben europäische Länder mit erschreckender Jugendarbeitslosigkeit von über 20 Prozent, im EU-Durchschnitt beträgt sie rund 20 Prozent. Die Schweiz weist demgegenüber mit 5 Prozent die tiefste Jugendarbeitslosigkeit in ganz Westeuropa auf. → **Grafik 3.8**

Wenn wir den internationalen Vergleich von Berufsbildung und Arbeitslosigkeit auf die Erwachsenen ausrichten, zeigt sich das gleiche Bild wie bei den Jugendlichen. Der Anteil der Erwerbstätigen ohne jegliche nachobligatorische Ausbildung an der gesamten Erwerbsbevölkerung ist in der Schweiz im Vergleich mit anderen OECD-Ländern recht tief. → **Grafik 3.9** Entsprechend gehört auch die Arbeitslosenquote in der Schweiz zu den tiefsten. → **Grafik 3.10**

Wenn wir bei den internationalen Vergleichen von den Arbeitslosenquoten absehen und umgekehrt die Erwerbsbeteiligung der Bevölkerung zwischen 25 und 49 Jahren mit der Erwerbsquote messen, dann ist die Schweiz aufgrund eines BFS-Vergleichs nach Schweden und Dänemark an der Spitze mit einer Erwerbsquote von 90 Prozent. Es fällt wiederum auf, dass die Berufsbildungsländer in der Regel zu jenen mit der grössten Erwerbsbeteiligung der Bevölkerung gehören. → **Grafik 3.11** (Im Gegensatz zum mehrjährigen Langzeitdurchschnitt in Grafik 2.2 und 2.3 handelt es sich hier bei den Grafiken 3.10 und 3.11 um eine Momentaufnahme des Jahres 2008, und dies unter Weglassung der Erwerbsbevölkerung ab 50 Jahren und damit ohne die Frühpensionierungen.)

Befund 5: Arbeitslosigkeit im Konjunkturverlauf

Langzeitanalysen sowohl für die Schweiz (1991–2008) als auch für Westdeutschland (1975–2008) zeigen, dass Erwerbspersonen ohne Berufsabschluss am stärksten als «Konjunkturpuffer» benutzt werden. Beim Aufschwung werden Ungelernte in überdurchschnittlich rasch eingestellt; man braucht Hilfskräfte, billige Einsteiger, Dienstboten und Hilfsjobber. Beim Konjunkturabschwung werden diese überproportional häufig als Erste entlassen. In der Schweiz verlief der Mechanismus nach dem Motto: Last in – first out (die zuletzt Rekrutierten werden auch als Erste entlassen). → **Grafik 3.12**

Befund 6: Arbeitsmotivation

Rund 4000 befragte internationale Manager positionieren die Arbeitnehmenden der Schweiz im Rahmen des Konkurrenzfähigkeitsratings («World Competitiveness Yearbook») in der Spitzengruppe der Arbeitsmotivierten. Die Leistungsbereitschaft der Arbeitnehmenden in der Schweiz wurde sowohl 2003 als auch 2009 als sehr hoch beurteilt, was gewiss auch wiederum mit der frühen Berufsintegration in der Lehre zusammenhängt. → **Grafik 3.13**

3.1 Beschäftigte mit Berufslehre sind am wenigsten von Arbeitslosigkeit betroffen

Arbeitslosenquote nach dem höchsten Bildungsabschluss der Betroffenen; Auswertung Volkszählungsergebnisse 2000 (Totalzensus)

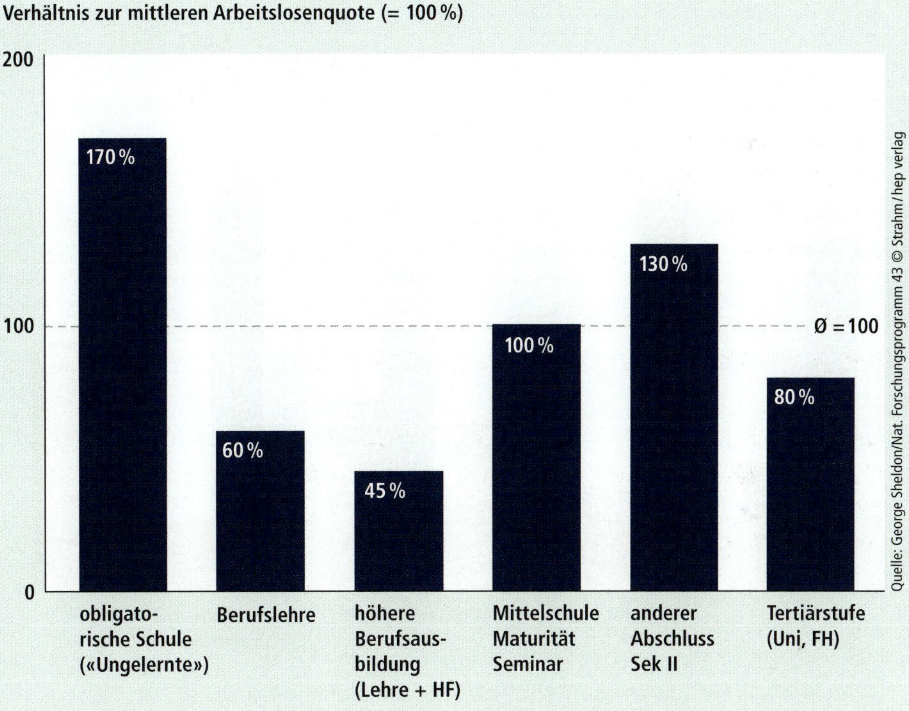

Erwerbspersonen ohne nachobligatorische Ausbildung («Ungelernte») haben eine 70 % höhere Arbeitslosenquote als der Durchschnitt. Berufslehre-Absolventen/-innen haben eine 40 % tiefere Arbeitslosigkeit als die Erwerbsbevölkerung im Durchschnitt (= 100 %). Demgegenüber führt eine rein schulische Bildung zu einer höheren Arbeitslosenquote als bei Absolventen und Absolventinnen einer Berufslehre.

3.2 Die betriebliche Berufslehre ist in der Deutschschweiz stärker verankert als in der Romandie und im Tessin

Berufslehre nach Dualsystem, Vollzeit-Berufsfachschulen und Maturitätsschulen nach Landesteilen/Kantonen

Anteile der Schüler/-innen Sekstufe II (2000/2001)

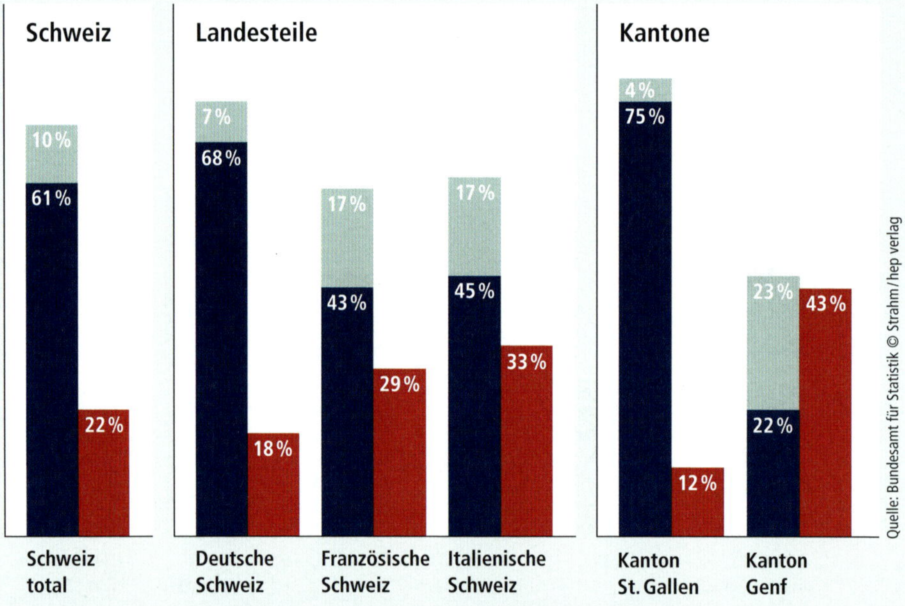

- Anteil Schüler und Schülerinnen in Berufsschulen/Lehrwerkstätten Vollzeit
- Anteil Lernende in Berufslehre Dualsystem (betriebliche Berufslehre und Berufsfachschule)
- Anteil Schüler und Schülerinnen in Vollzeit-Maturitätsschulen (alle Typen)

In der deutschen Schweiz absolvierten 2001 rund 68 % der Jugendlichen der Sekundarstufe II eine Berufslehre nach dem Dualsystem, in der Romandie 43 %, im Tessin 45 % und im Kanton Genf nur 22 %. Dafür war die Maturitätsquote (rot) in Genf mehr als doppelt so hoch wie in der Deutschschweiz. Hier sind absichtlich ältere Strukturfaktoren von 2000 / 2001 dargestellt, weil diese besser die Zusammensetzung der Berufstätigen erklären. → Vergleichen Sie die zugehörigen Arbeitslosenquoten in der nachfolgenden Grafik 3.3

3.3 Die Arbeitslosigkeit in der Romandie und im Tessin ist stets höher als in der Deutschschweiz

Arbeitslosenquote nach Landesteilen / Kantonen

Registrierte Arbeitslose in Prozent der Erwerbspersonen – Ende 2009

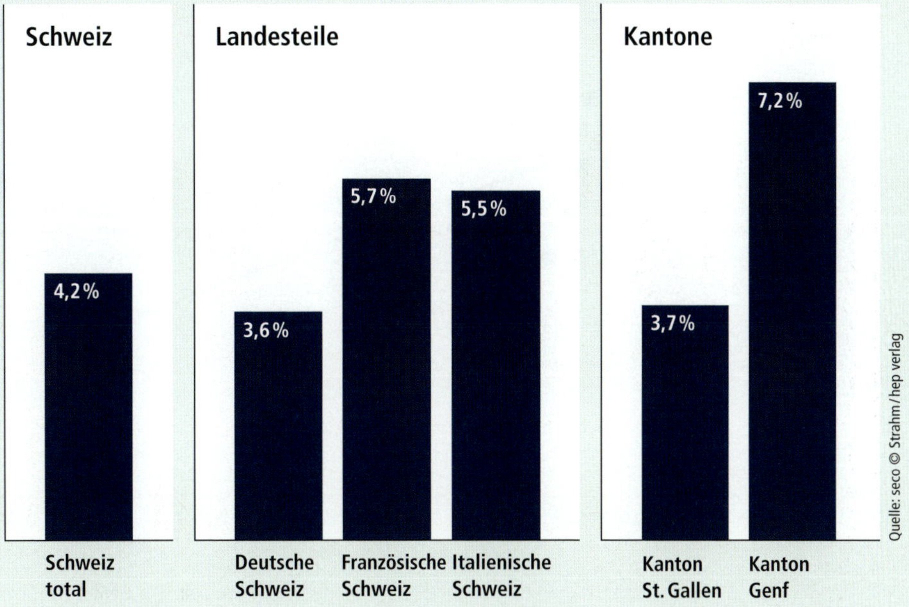

In der Romandie ist die Arbeitslosenquote stets anderthalbmal bis doppelt so hoch wie in der Deutschschweiz. In Genf ist sie zweimal höher als in St. Gallen. Dieses Gefälle in der Arbeitslosigkeit hängt auffallend eng mit dem Berufsbildungssystem zusammen: Wo mehr Berufslehren nach dem Dualsystem angeboten wurden und werden, gibt es weniger Arbeitslose. → Vergleichen Sie mit Grafik 3.2: Die Berufslehre erhöht die Arbeitsmarktfähigkeit der Erwerbstätigen

3.4 Statistischer Zusammenhang: Berufsbildung vermindert die Arbeitslosenquote

Korrelation zwischen Anteil der Jugendlichen in Berufslehren (Berufsbildungsquoten) und Arbeitslosenquoten nach Kantonen

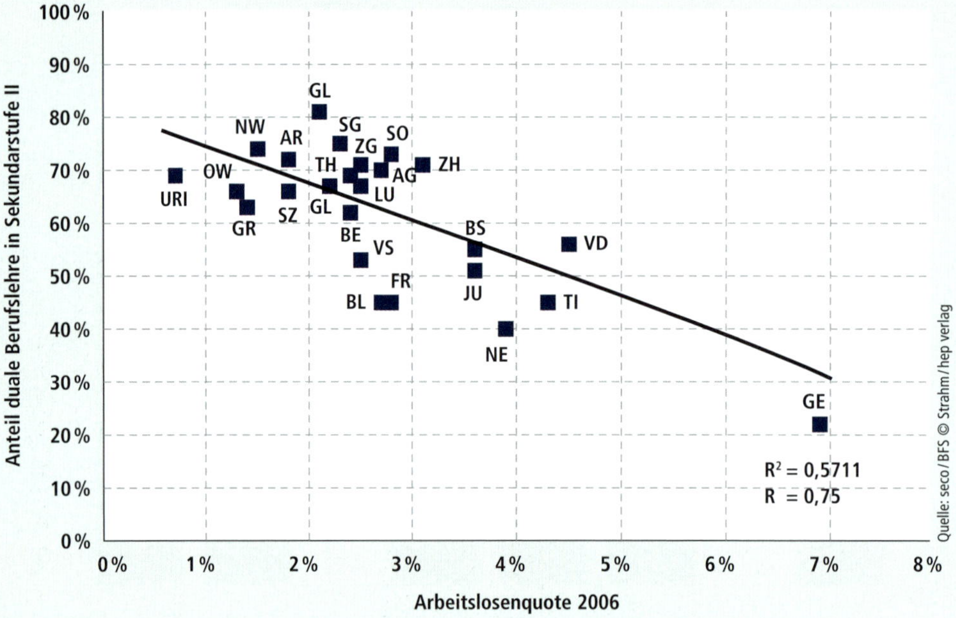

Die Häufigkeit der Berufslehre nach dem Dualsystem und die Arbeitslosigkeit hängen statistisch zusammen. Kantone mit hohem Anteil an Berufslehren haben ein tieferes Niveau von Arbeitslosigkeit. In Kantonen mit weniger Berufslehren nach dem Dualsystem ist die Arbeitsintegration schwächer und die Arbeitslosigkeit höher. Das Bestimmtheitsmass R^2 besagt, dass die Arbeitslosigkeit zu 57 % mit dem Mangel an Berufslehren zusammenhängt, der Rest hängt von einer Vielzahl von anderen Faktoren ab.

3.5 Unter Ausländern sind mehr Ungelernte und deshalb mehr Arbeitslose

Anteil der Personen ohne nachobligatorische Ausbildung («Ungelernte») und Arbeitslose nach Nationalität, Volkszählungsergebnisse 2000

Personen ohne Ausbildung («Ungelernte»)

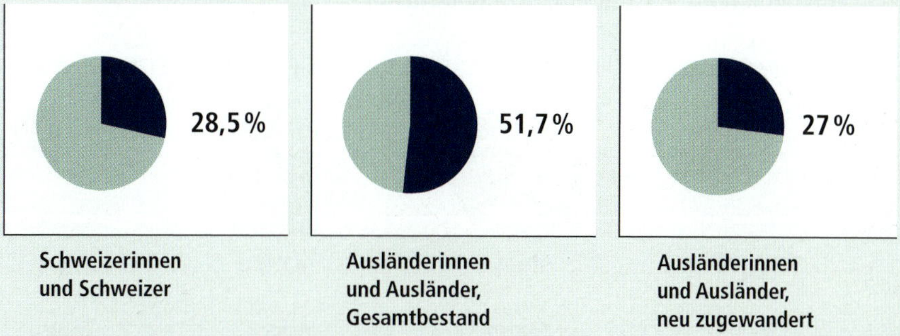

Arbeitslosenquote nach Nationalität (Ende 2009)

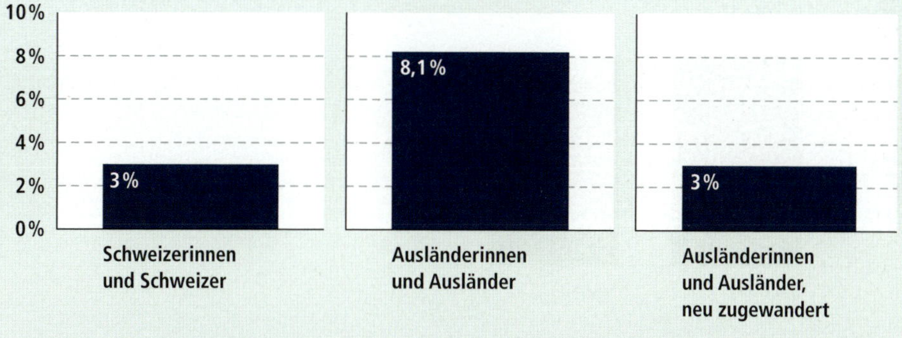

Quelle: Flückiger / Falter / BFS / seco © Strahm / hep verlag

Die Arbeitslosenquote hängt ab vom Anteil der Ungelernten: Bei den Schweizer Erwerbspersonen sind 28,5 % ohne nachobligatorische Ausbildung, bei den Ausländern in der Schweiz mit 51,7 % fast doppelt soviel, doch bei den neu Zugewanderten nur noch rund 27 % (dafür ca. über 50 % Hochschulabsolventen, Schätzung). Dementsprechend ist die Arbeitslosigkeit der Migrationsbevölkerung (ausser bei neu Zugewanderten) zweieinhalb mal höher als in der schweizerischen Bevölkerung.

3.6 Bei Frauen war der Anteil an Ungelernten grösser, doch der Unterschied verringert sich

Anteil der Männer und Frauen im Erwerbsalter ohne nachobligatorische Ausbildung («Ungelernte») und Arbeitslosigkeit nach Geschlecht, Volkszählungsergebnisse 2000

Personen ohne Ausbildung («Ungelernte»)

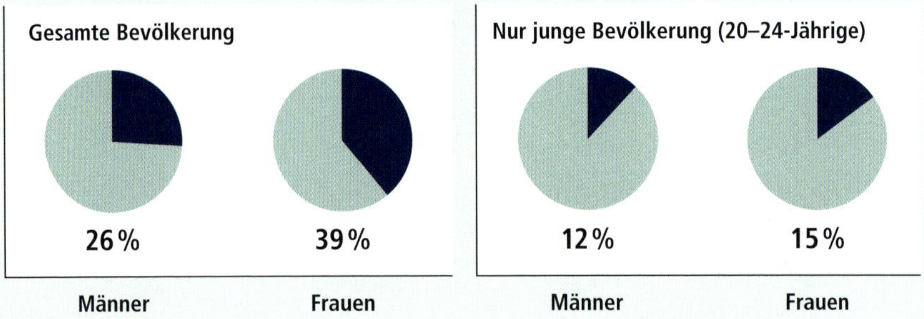

Arbeitslosenquote nach Geschlecht (Ende 2009)

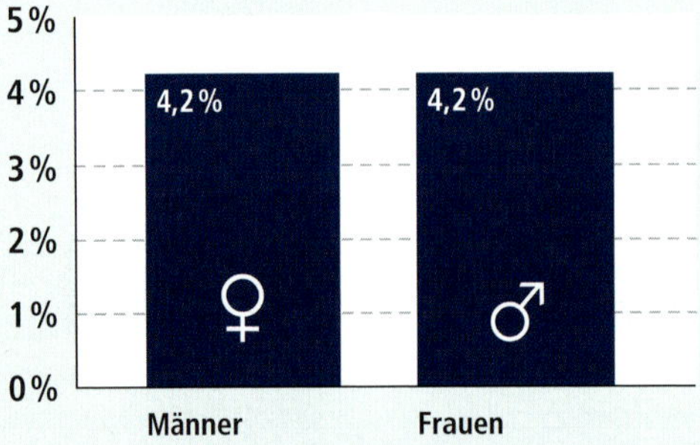

Quelle: Flückiger/Falter, BFS/seco © Strahm/hep verlag

Bei den Frauen im Erwerbsalter ist der Anteil der Ungelernten in der Gesamtbevölkerung mit 39% höher als bei den Männern (26%). Bei den jungen Frauen und Männern ist allerdings der Ungelernten-Anteil massiv zurückgegangen, was wahrscheinlich beim Arbeitslosigkeitsniveau tendenziell zu einer Angleichung der Geschlechter führt. Ein Bildungs-Nachholbedarf besteht vor allem bei jungen Frauen mit Migrationshintergrund: Mehr als ein Fünftel absolvieren keine Berufslehre.

3.7 Internationaler Vergleich Jugendliche: Länder ohne Betriebslehre haben am meisten Jugendliche ohne Ausbildung

Anteil der 18–24-Jährigen ohne Abschluss auf der Sekundarstufe II (ungelernte Jugendliche) in Europa (2007)

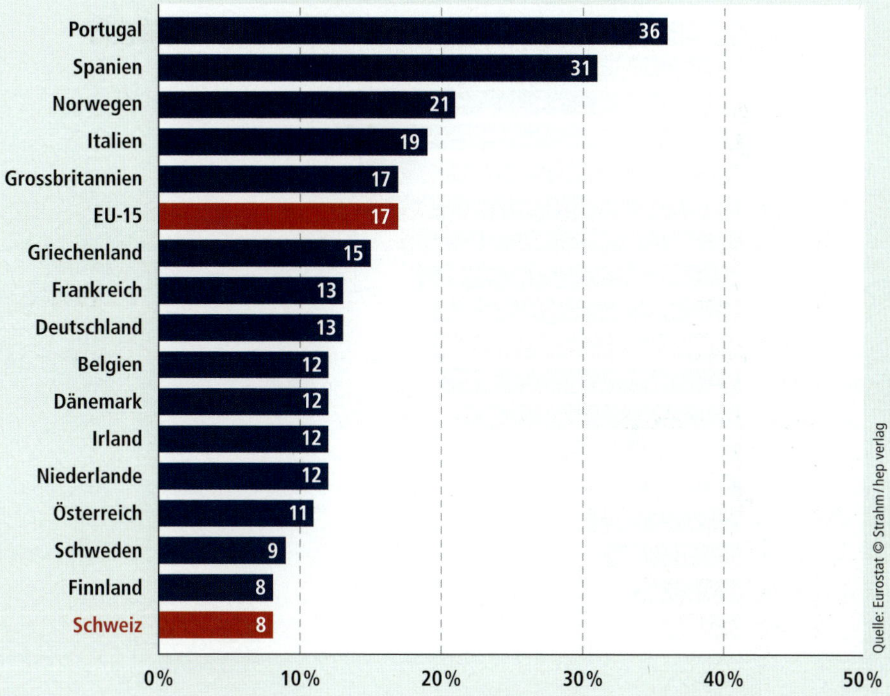

Länder, die eine Berufslehre in einem Betrieb kennen (Dualsystem), haben es in der Regel leichter, den Jugendlichen eine angepasste Berufsbildung mit Abschluss zu ermöglichen: zum Beispiel Schweiz, Dänemark, Österreich, Deutschland, Niederlande. Demgegenüber haben Länder in Südeuropa und Grossbritannien ohne berufspraktische oder betriebliche Ausbildung am meisten Mühe, ihren Jugendlichen einen Abschluss zu ermöglichen.

3.8 Internationaler Vergleich Jugendliche: Länder mit Berufsbildung haben die tiefste Jugendarbeitslosigkeit

Arbeitslosenquote: Arbeitslose Jugendliche in Prozent der 15–24-jährigen Jugendlichen in Europa (EU-15, Herbst 2009)

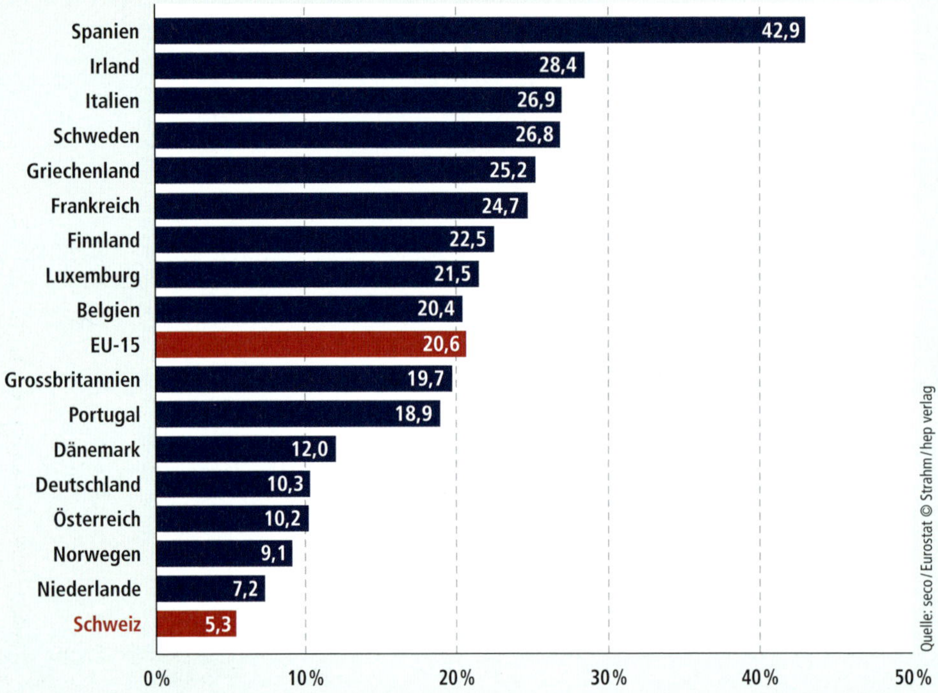

Länder mit einem Berufsbildungssystem haben eine tiefere Jugendarbeitslosigkeit als alle anderen: Schweiz, Holland, Österreich, Dänemark, West-Deutschland. Das Berufsbildungssystem erlaubt eine bessere und raschere Integration der Jugendlichen in den Arbeitsmarkt. Länder mit vollschulischer Bildung auf Sekundarstufe II wie Finnland, die lateinischen Länder und Südeuropa haben bedeutend höhere Jugendarbeitslosenquoten. → Vergleichen Sie mit den Grafiken 3.7 und 5.3 sowie 2.4 und 2.5

3.9 Internationaler Vergleich Erwachsene: Die Schweiz hat den geringsten Anteil an Ungelernten

Anteil der Erwerbstätigen ohne nachobligatorische Ausbildung bei 25–54-Jährigen Erwachsenen in Westeuropa (2008)

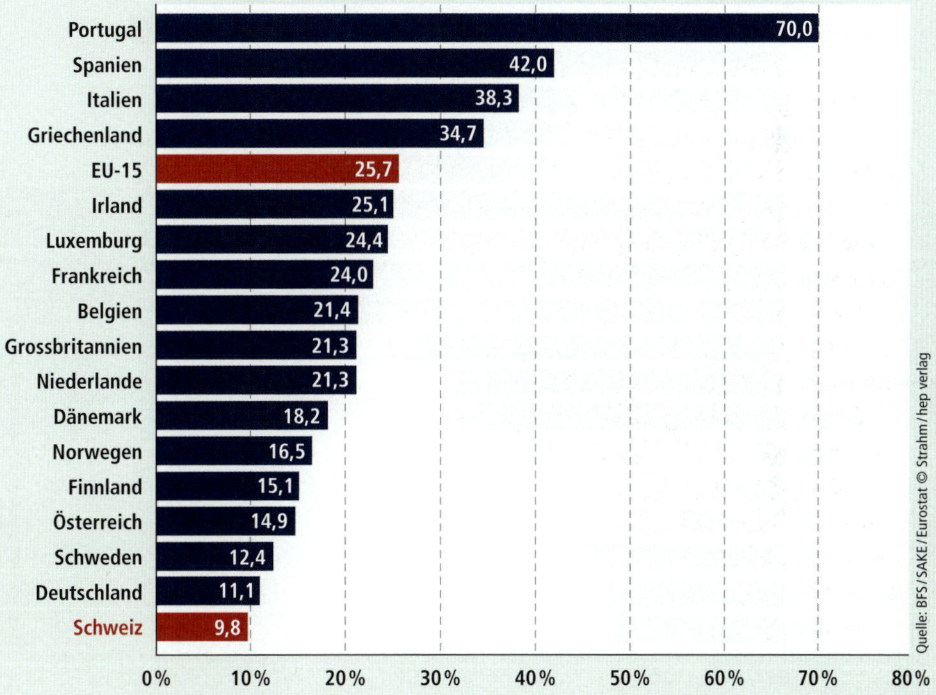

Die Schweiz hat von allen europäischen Ländern (EU-15, ohne neue Mitgliedländer der Osterweiterung) den tiefsten Anteil an erwachsenen Erwerbstätigen ohne Berufsbildung, nämlich 9,8%. Das Berufsbildungssystem der Schweiz erlaubt auch jenen Erwerbspersonen einen Berufsabschluss, die bei rein schulischer Ausbildung durch die Maschen fallen würden.

3.10 Internationaler Vergleich Erwachsene: Länder mit Berufsbildung haben tiefere Arbeitslosigkeit

Erwerbslosenquote in Prozent der 25–49-Jährigen erwachsenen Erwerbsbevölkerung in Westeuropa (EU-15, 2008)

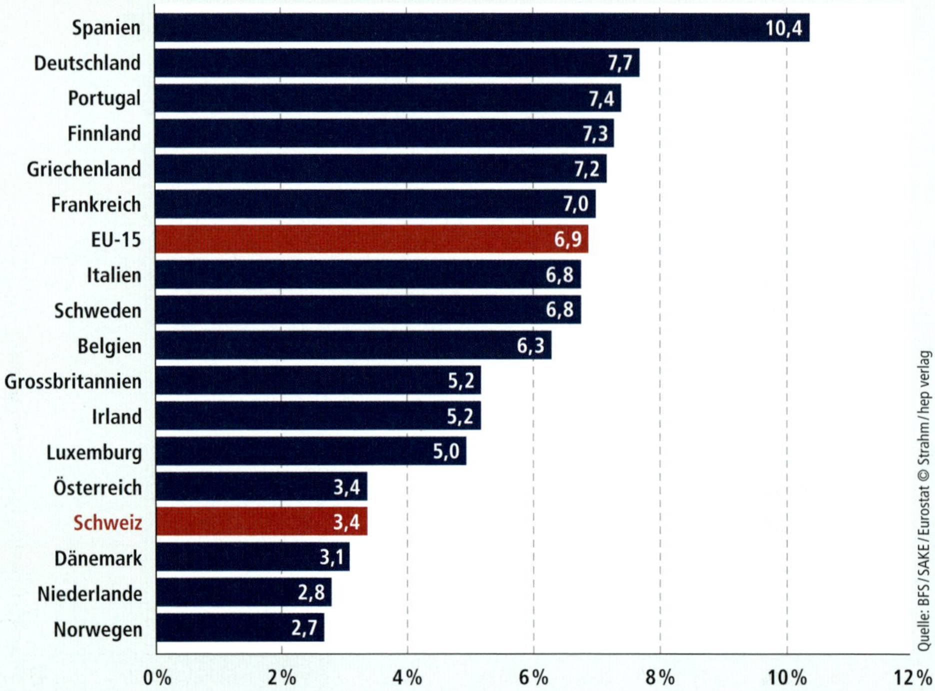

Länder mit einer tiefen Quote an Ungelernten weisen auch eine tiefe Arbeitslosigkeit aus: Schweiz, Österreich, Holland, Dänemark und West-Deutschland (grosser Unterschied zwischen West und Ost). Norwegen ist ein statistischer Sonderfall (Fischerei, Erdöl). → Vergleichen Sie mit der Grafik 3.9.

3.11 Internationaler Vergleich Erwachsene: Gute Berufsbildung garantiert hohe Erwerbsbeteiligung der Bevölkerung

Erwerbspersonen in Prozent der Bevölkerung zwischen 25 und 49 Jahren (= Erwerbsquote) in Westeuropa (EU-15, 2008)

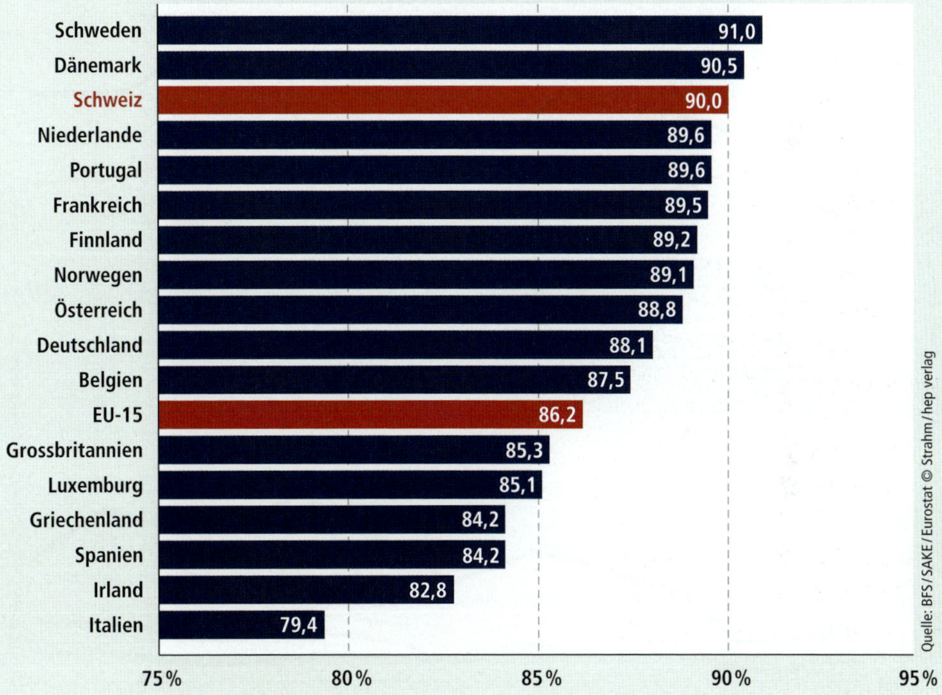

Länder mit einem arbeitsmarktnäheren Berufsbildungssystem und einer Berufslehre haben eine überdurchschnittliche Erwerbsbeteiligung. Frühpensionierungen ab 50 Jahren sind hier ausgeschlossen. Die Arbeitsmarktfähigkeit wird stark durch das Berufsbildungssystem und durch die Arbeitsintegration der Frauen geprägt.

3.12 Konjunkturschwankungen treffen Ungelernte stärker als Personen mit Ausbildung

Arbeitslosigkeit nach Ausbildungsstufe im Konjunkturverlauf

Schweiz

Erwerbslosenquote nach Ausbildungsstufe im Konjunkturverlauf, 1991–2008

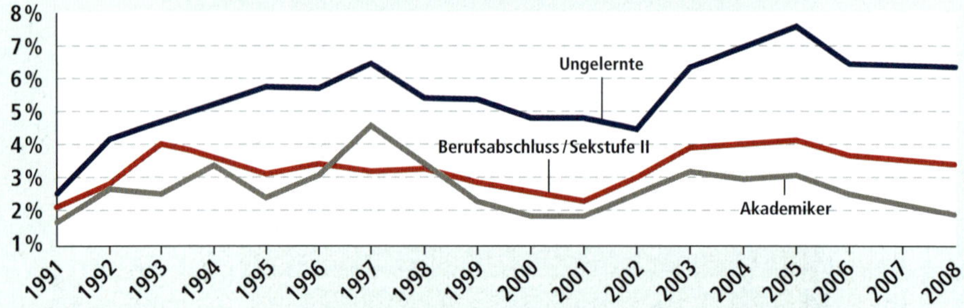

Westdeutschland

Arbeitslosenanteil nach Qualifikationsgruppen im Konjunkturverlauf, 1975–2008

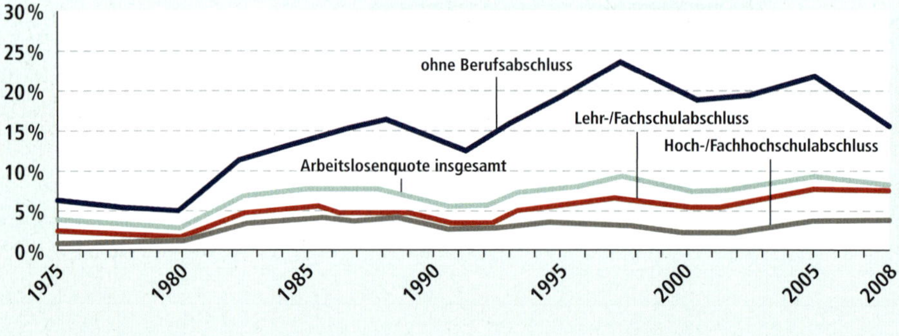

Quellen: Schweiz: BFS / SAKE. Deutscher Sachverständigenrat © Strahm / hep verlag

Die Ausbildung ist der entscheidende Faktor, wie sich die Konjunkturschwankung beschäftigungsmässig auf die Menschen auswirkt: Ungelernte werden beim Konjunkturaufschwung überproportional steigend beschäftigt. Doch in der Rezession werden sie als «Konjunkturpuffer» auch überproportional häufig entlassen – nach dem Prinzip: last in – first out (zuletzt hinein – zuerst hinaus).

3.13 Leistungsbereitschaft der Arbeitnehmenden in den Berufsbildungsländern wird hoch eingestuft

Arbeitsmotivation im Ländervergleich aufgrund einer Erhebung bei internationalen Managern 2003/2009

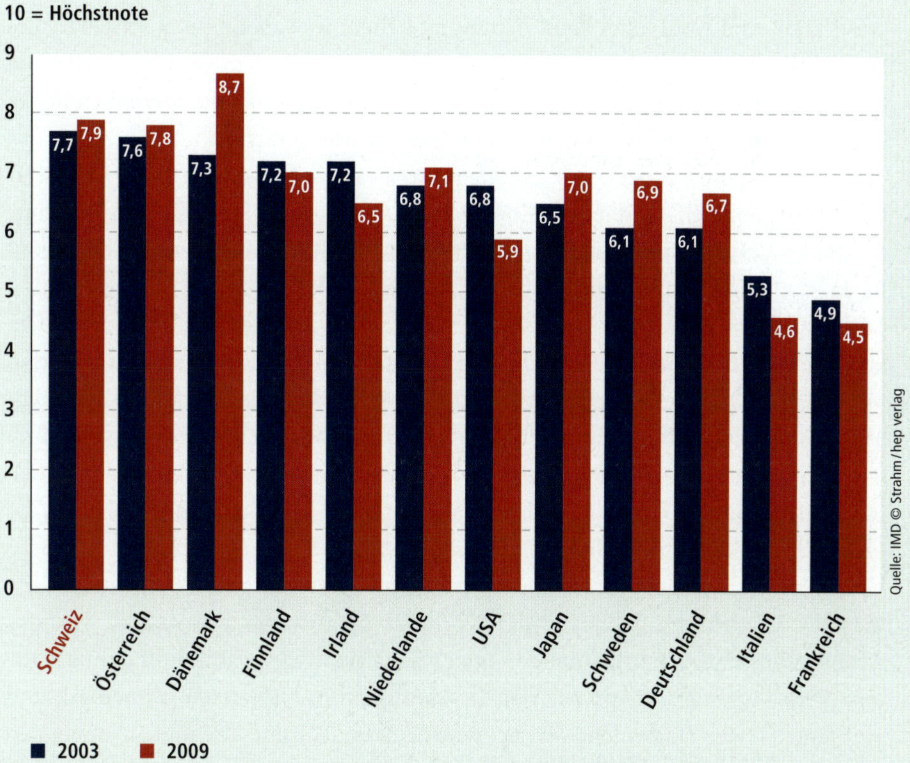

Die Arbeitsmotivation der Beschäftigten der Schweiz wird mit Spitzenwerten benotet. Dieses Resultat geht aus der Befragung von rund 4000 internationalen Managern hervor, welche im Rahmen der Messung der internationalen Konkurrenzfähigkeit von 60 Produktionsstandorten für das IMD World Competitiveness Center (Lausanne) durchgeführt wird. Die frühe und systematische Berufsintegration durch das Berufsbildungssystem spielt für das Arbeitsethos eine wichtige Rolle.

Kommentar: Debatte um das Arbeitsethos

Vom Arbeitsethos, Fleiss der Völker und Wohlstand der Nationen

Wer hat sich nicht schon mit Beklemmung über die Massenarbeitslosigkeit in der Welt Gedanken gemacht? Etwa ein Blick in die Vorstädte von Paris zeigt, dass bis zu 50 Prozent der Jugendlichen keinen Job, keine Ausbildung, keine Arbeitsmarktintegration und wohl auch keine Hoffnung haben, was zu einem gesellschaftsgefährdenden Potenzial an Kriminalität, Soziallasten und religiöser Radikalisierung führt. Dies in einem Frankreich, wo 52 Prozent der Jugendlichen über einen hochschulbefähigenden Mittelschulabschluss (Baccalauréat) verfügen.

Oder etwa die Beobachtung in Italien, wo zwar 74 Prozent der Jungen die Maturität oder einen maturitätsähnlichen Abschluss aufweisen, aber gleichzeitig Hunderttausende von Universitätsabsolventen und -absolventinnen mit Hilfsjobs in Restaurants, Eisenbahnen oder Banken arbeiten, welche bei uns von Absolventen oder Absolventinnen einer Berufslehre oder gar von Angelernten besetzt werden. Hunderttausende von akademisch ausgebildeten jungen Leuten sind in unserem südlichen Nachbarland in Dienstbotenjobs. Oder blicken wir in das sonst so erfolgreiche, konkurrenzfähige und mit besten Schulen versorgte Finnland, das statistisch 95 Prozent Maturitätsquote aufweist, wo aber heute, nach dem Wirtschaftseinbruch in der Elektronik- und Informatikbranche (Nokia), 27 Prozent der Jugendlichen, die meisten mit Hochschulbildung, erwerbslos dastehen.

Aufgrund einer subjektiven Einschätzung durch internationale Manager im Rahmen der Erhebungen für das «IMD World Competitiveness Yearbook» wird das Arbeitsethos der Arbeitnehmenden in der Schweiz, wie erwähnt, mit dem höchsten Wert eingestuft, knapp vor den Beschäftigten in Österreich, Dänemark und Finnland. Gewiss sind solche Managereinschätzungen subjektiv und abhängig von Modemeinungen, aber sie sind immerhin eine Länder vergleichende Einschätzung des Arbeitsethos. → **Grafik 3.13**

Was prägt also das Arbeitsethos? Der Schlüsselbegriff zum Verständnis der Arbeitslosigkeit in einer spätindustriellen Gesellschaft heisst: Arbeitsmarktfähigkeit («Employability»). Was macht junge Frauen und Männer arbeitsmarktfähig? Ist es der Fleiss? Ist es die gute familiäre Herkunft und Erziehung? Oder ist es gar der religiöse und kulturelle Hintergrund, wie konservative Gesellschaftsanalytiker behaupten?

Vom Arbeitsethos

Seit hundert Jahren wird über die kulturellen und ethischen Wurzeln der Arbeitsethik gestritten. Die Debatte ist nie zu Ende und – gerade wieder in jüngerer Zeit auf die Islamproblematik fokussiert – ideologisch hoch aufgeladen.

Im Jahr 1904 publizierte der deutsche Wirtschaftshistoriker und Soziologe Max Weber (1864–1920) – nicht zu verwechseln mit dem späteren schweizerischen Bundesrat Max Weber – die epochale Schrift «Die protestantische Ethik und der Geist des Kapitalismus», in welcher er den Arbeitsfleiss und folgerichtig den Reichtum auf die religiösen Wurzeln, nämlich den kapitalistischen Geist des Calvinismus, zurückführte. Und heute wiederum begründen neokonservative Historiker, wie zum Beispiel David S. Landes[2] oder Samuel P. Huntington[3] die Industrialisierungskluft zwischen Ländern mit dem religiösen Hintergrund christlicher, respektive islamischer Kulturen. Diese Denkschule fokussiert ihr Interesse zwar auf die wirtschaftliche Effizienz der christlichen Kulturen und ignoriert einen Vergleich mit dem konfuzianischen Arbeitsethos, das in China prägend ist und auch während 50 Jahren Kommunismus nicht getilgt werden konnte.

Von der Härte des Lehrstellenmarkts und der Berufslehre

Es würde den Rahmen dieses Buches und die Zielsetzung des Autors (und auch dessen Kompetenzen) sprengen, eine vertiefte Analyse der hundertjährigen Kontroverse über das Arbeitsethos zu liefern. Aber jenseits der wirtschaftssoziologischen

Nicht Religion, sondern (religiös motiviertes) Bildungsniveau ist entscheidend

Die hundertjährige Debatte um das protestantische Arbeitsethos ist in jüngster Zeit durch eine originelle wirtschaftshistorische Untersuchung zweier deutscher Ökonomen der Münchner Universität, Sascha O. Becker und Ludger Woessmann, mit einer bildungspolitischen Perspektive erweitert worden: Die Wirtschafts- und Bildungsdaten von 452 Kreisen im Preussen von 1871 wurden verglichen. Preussen war damals aufgeteilt in etwa zwei Drittel Protestanten (Lutheraner) und ein Drittel Katholiken. Die protestantischen Landkreise waren, wie Max Weber analysiert hatte, tatsächlich wohlhabender und prosperierender als die katholischen. Die protestantischen Landkreise waren, was Weber in seiner Analyse völlig übersah, bildungsmässig besser ausgerüstet. Die Alphabetisierung in diesen Landkreisen war 10 Prozent höher, die Lehrer waren besser entlöhnt und das Bildungswesen hatte – der lutherischen Grundhaltung entsprechend (jeder Mensch soll das Evangelium selber lesen können) – einen höheren Stellenwert. Bedingt durch den höheren Bildungsstand der Bevölkerung war die Industrialisierung in den protestantischen Landkreisen weiter fortgeschritten als in den katholischen. Es war also nicht direkt die Konfession, sondern die fortgeschrittenere «Humankapital»-Entwicklung, die laut Ergebnissen dieser Studie den Reichtum und Wohlstand gemehrt haben. Damit ist aus ganz neuer Sicht der historische Zusammenhang zwischen Bildung und Wohlstand erneut belegt worden.[4]

Debatte über religiöse und kulturelle Determinanten des Arbeitsfleisses möchte ich den Blick des Lesers und der Leserin auf die Arbeitsmarktsozialisation lenken: Wie fördert man Arbeitsmarktfähigkeit? Wie kommt ein junger Mensch dazu, fleissig zu sein, Exaktheit zu üben, Termintreue zu praktizieren – also in modernster Sprechweise die Tugenden der «Swissness» zu praktizieren? Wie fördert man die Liebe zur Arbeit respektive zum erlernten Beruf? Oder anders gefragt: Weshalb definieren sich in der Schweiz so viele Menschen so stark über ihre Arbeit und ihre Stellung im Arbeitsleben?

Es ist offensichtlich, dass gerade das historisch gewachsene Berufsbildungssystem in der Schweiz (und zwar vorherrschend in der Deutschschweiz) eine entscheidende Rolle für diese Faktoren gespielt hat und heute noch spielt. Dieses System führt zu einer frühen Einführung in die Arbeitswelt schon im Alter von 15 oder 16 Jahren, es verhilft sogar auch Jugendlichen mit einer Schulschwäche oder aus bildungsfernen Schichten zur ausserschulischen Entwicklung handwerklicher Fähigkeiten und es konfrontiert den jungen Menschen früh mit der wettbewerblichen Härte des Arbeitsmarktes. Es ist in der Tat hart für einen 15- oder 16-jährigen Schulabgänger oder eine -abgängerin, sich mehrmals, ja sogar dutzende Male, für eine Lehrstelle zu bewerben. Den ersten Test für ihre Arbeitsmarktfähigkeit erleben die jungen

Regionale Disparitäten Deutschschweiz/Westschweiz bei Berufsbildung und Arbeitslosigkeit

Das permanente Gefälle bei der Arbeitslosigkeit zwischen Deutschschweiz und französischer Schweiz ist für viele ein «Rätsel». Man beruft sich behelfsmässig auf die «kulturellen Unterschiede» deutsch-welsch. Die Direktion für Arbeit des Seco beauftragte mehrere Universitätsinstitute mit der Analyse dieser grossen regionalen Unterschiede bei den Arbeitslosenquoten. Die Genfer Studie untersuchte neben andern Faktoren auch den Zusammenhang zwischen der Ausbildungsstufe und den Arbeitslosenquoten nach Landesteilen und sie kam zum Schluss, dass die Arbeitslosigkeit tiefer ist, wenn der Anteil an Personen mit Berufsbildung und jener mit Hochschulbildung höher ist. Sie bestätigt auch unsere These: «Eine mögliche Erklärung für die negative Korrelation zwischen der Arbeitslosenquote und dem Ausbildungstyp ‹Berufsbildung› liegt in der konkreten und sehr marktorientierten Art dieser Ausbildungen und in der nationalen Anerkennung dieser Diplome.»[5] (Negative Korrelation heisst mit andern Worten: Je mehr Berufsbildung, desto weniger Arbeitslosigkeit). Die Analyse ist aber insofern mangelhaft, als die Autoren die Berufsbildung nicht nach Berufslehre im Dualsystem (Betriebslehre) und vollschulischer Berufsbildung unterschieden haben. Was man nicht kennt, kann man auch nicht analysieren.

Die zweite Studie zur gleichen Fragestellung, erstellt an den Universitäten St. Gallen, Lausanne und Zürich, suchte nach zahlreichen Korrelationen zwischen Arbeitslosigkeit und andern Faktoren und erstellte eine dynamische Flussrechnung der Arbeitslosenströme. Auch sie kommt zum Schluss: «Eine verbesserte Bildungsstruktur korreliert negativ mit Arbeitslosigkeit. Je höher der Anteil der Bewohner einer Gemeinde mit Berufsbildung oder tertiärer Ausbildung, desto besser ist die Situation am Arbeitsmarkt.»[6] Auch in dieser Studie wird der Faktor «Berufsbildung» nicht differenziert, sämtliche Berufsbildungstypen werden zusammengefasst. Wegen undifferenzierter Modellbildung entstehen auch undifferenzierte Resultate. Diese stimmen allerdings auch in ihrer Undifferenziertheit mit unserer Korrelationsanalyse in Grafiken 3.2, 3.3 und 3.4 überein.

Menschen mit einem akademischen Bildungsweg meist erst zehn Jahre später, dann ist diese Erfahrung oft umso belastender. Es ist auch hart für 16-jährige Jugendliche, regelmässig morgens um halb acht oder acht Uhr in der Betriebslehre zur Arbeit anzutreten, acht Stunden täglich zu arbeiten, manchmal noch gefolgt von Unterrichtsstunden. Ebenfalls nicht leicht ist es, kleinliche oder peinliche Exaktheit im ersten Lehrjahr der Betriebslehre einzuüben und wieder und wieder einen zermürbenden Arbeitsgang zu wiederholen. Doch bei aller Härte – und ich bin weit davon entfernt, dies zu idealisieren –, das Resultat ist eine höhere Arbeitsmarktfähigkeit und ein höherer Standard von Qualität und «State of the Art» (Regeln der Kunst) in jeder Berufsbranche.

Berufsbildungstraditionen und Wohlstand

Diese Berufskultur ist nicht erst mit dem Berufsbildungsgesetz entstanden. Es gab sie bereits in der zünftisch geprägten «Meisterlehre», bei der der Lehrling oder dessen Eltern noch ein «Lehrgeld» oder ein «Kostgeld» an den Meister zu entrichten hatten. In der zweiten Hälfte des 19. Jahrhunderts begann der Bund, das «gewerbliche Bildungswesen» auf Bundesebene zu koordinieren. Erst im Jahr 1933 wurde das erste eidgenössische Berufsbildungsgesetz geschaffen, das die lange Tradition auf Bundesebene weiterführte und gesetzlich konsolidierte.

Das Dualsystem der Kombination von betrieblicher Ausbildung und Schule bringt sowohl soziale Vorteile für die Arbeitsmarktfähigkeit («Employability») als auch grossen volkswirtschaftlichen Nutzen im Bereich von Produktivität und Strukturwandel. – In späteren Kapiteln werden auch die Schwächen dieses Systems und der strukturelle Rückstand der Lehrstellenverteilung im Vergleich zur Branchenverschiebung im wirtschaftlichen Strukturwandel aufgezeigt. Die Gefahr besteht auch, dass in gewissen Berufen der schulische Teil bei der Berufslehre zu kurz kommt, so zum Beispiel bei den Berufen der Informatik, Telematik oder im Bankfach.

Schweizer Spitzenplätze an den Berufsweltmeisterschaften

Alle zwei Jahre finden Weltmeisterschaften in der Berufsqualifikation in vornehmlich praktisch-handwerklichen und industriellen Berufen statt, an der junge Berufsleute in rund 40 Berufen teilnehmen können. In den Jahren 2003 und 2005 belegte das Schweizer Team mit seinen Berufslehrabsolventen und -absolventinnen den ersten Rang aller Nationen mit der grössten Zahl von Medaillen. Im Jahr 2007 war das Team aus der Schweiz im dritten Rang unter allen Nationen und es blieb im ersten Rang unter den Europäern. Vor der Schweiz lagen die zwei Teams aus Singapur und Brasilien, wobei das Pikante der guten brasilianischen Rangierung darin bestand, dass Schweizer Experten regelmässig in Brasilien Lehrlinge ausbilden und dort als Jurymitglieder wirken. Im Jahr 2009 gelangten die Schweizer Jugendlichen wiederum auf Platz 2 nach jenen von Singapur.

Dennoch soll die Leserschaft nicht ohne die Arbeitshypothese aus diesem Kapitel entlassen werden: Die Berufslehre nach dem Dualsystem – oder allgemeiner, die berufspraktische Grundbildung – hat gewiss die Arbeitsethik im Lande, die Leistungsbereitschaft, den Fleiss und die exakte Arbeit entscheidend geprägt. Die Bildungsforschung, die Arbeitssoziologie und die Ökonomie haben diesen Zusammenhang zwischen Berufsbildungssystem und Faktoren wie Arbeitsqualität, Produktivität und Wertschöpfung aus Unkenntnis lange Zeit ignoriert oder unterschätzt.

Quellen Kapitel 3

[1] OECD: Education at a Glance. OECD Indicators 2009, Paris 2009, Tab A 2.1, (verglichen wurde die Stufe ISCED. 3A: Designed to prepare for direct entry to tertiary type A education, Hochschulzugangsquote, gilt für 2005, Frankreich 2004). Maturität und Berufsmaturität in der Schweiz zusammengezählt (siehe auch Grafik 5.7).

[2] Landes, David S.: Wohlstand und Armut der Nationen. Siedler Verlag / Berliner Taschenbuch Verlag, Berlin 2004.

[3] Huntington, Samuel P.: Kampf der Kulturen. Goldmann Taschenbuch 2002.

[4] Becker, Sascha O./Woessmann, Ludger: Was Weber wrong? A Human Capital Theory of Protestant Economic History. CESifo Working Paper No. 1987. Category 4, Labour Markets. Mey 2007. Center for Economic Studies and CESifo at the University of Munich. München 2007, www.CESifo-group.de

[5] Flückiger, Ives et al.: Analyse der regionalen Unterschiede in der Arbeitslosigkeit. Studie im Auftrag der Aufsichtskommission für den Ausgleichsfonds der Arbeitslosenversicherung. Seco-Publikation Arbeitsmarktpolitik Nr. 22. Bern, 6.2007, S. 73 (Universitäten Genf, Bar-Ilan, Savoie).

[6] Brügger, Beatrix et al.: Regionale Disparitäten in der Arbeitslosigkeit: Kulturelle Grenzen und Landesgrenzen. Studie im Auftrag der Aufsichtskommission für den Ausgleichsfonds der Arbeitslosenversicherung. Seco-Publikation Nr. 23., Bern 6.2007, S. 7 (Universitäten St. Gallen, Lausanne, Zürich).

- **Grafik 3.1** – Sheldon, George: Qualifikationswandel, Weiterbildung und Handlungsbedarf. In: Chaponnière, Martine et al. (Hrsg.): Nationales Forschungsprogramm Bildung und Beschäftigung. Die Synthesen im Kreuzfeuer. Band 3. Verlag Rüegger, Zürich / Chur 2005, S. 43.
- **Grafik 3.2** – BFS: Abgeschlossene Ausbildungen auf der Sekundarstufe II. Mitteilung BFS SCHUL / AB / 13.8.2002. (Sek II. kant. xls / data / S. 1 (Hier nur die Quoten der beruflichen Grundbildung in Betrieben / betriebliche Lehre nach dem Dualsystem erfasst. Die roten Säulen umfassen alle Typen der Vollzeit-Maturitätsschulen, nicht nur Gymnasien.)
- **Grafik 3.3** – Seco: Die Lage auf dem Arbeitsmarkt. Bern, November 2008.
- **Grafik 3.4** – Berufslehre: BFS, Abgeschlossene Ausbildungen auf der Sekundarstufe II. Quelle siehe Grafik 3.2. Arbeitslose: Seco, Die Lage auf dem Arbeitsmarkt. Juli 2006, 7. August 2006, S. 7. Die Korrelationsanalyse verdanke ich Dr. Josef Hunkeler.
- **Grafik 3.5** – Flückiger, Yves / Falter, Jean-Marc: Bildung und Arbeit. Entwicklung des Arbeitsmarktes in der Schweiz. Strukturerhebung Volkszählung 2000. BFS, Neuchâtel, 2004, S. 29 – 32. Seco: Die Lage auf dem Arbeitsmarkt, November 2009. BFS: Ausländerinnen und Ausländer in der Schweiz. Bericht 2008. Neuchâtel 2008. G 2.1.2, S. 39.
- **Grafik 3.6** – Flückiger, Yves / Falter, Jean-Marc: Bildung und Arbeit. Entwicklung des Arbeitsmarktes in der Schweiz. Strukturerhebung Volkszählung 2000. BFS Neuchâtel 2004, S. 29. Leemann, Regula Julia / Keck, Andrea: Der Übergang von der Ausbildung in den Beruf. Die Bedeutung von Qualifikation, Generation und Geschlecht. Strukturerhebung Volkszählung 2000. BFS Neuchâtel 2005, S. 17. Seco: Die Lage auf dem Arbeitsmarkt, November 2009.
- **Grafik 3.7** – Eurostat / Data Explorer: Bildungsabschluss. Frühzeitige Schulabgänger. Anteil der 18 – 24-Jährigen, die nur einen Sekundarschulabschluss erreicht haben, und die keine weitere Bildung absolvieren, 2007. http://nui.epp.eurostat.ec.europa.eu/nui
- **Grafik 3.8** – Eurostat: Harmonisierte Arbeitslosenquote nach Alter 15–24 (ohne Jugendliche in Ausbildung). Oktober 2009. http://epp.eurostat.ec.europa.eu. Schweiz: seco: Die Lage auf dem Arbeitsmarkt, November 2009.
- **Grafik 3.9** – BFS / Eurostat: Arbeitsmarktindikatoren 2009. Neuchâtel 2009. T 56, S. 122.
- **Grafik 3.10** – BFS / Eurostat: Arbeitsmarktindikatoren 2009. Neuchâtel 2009. T 57, S. 123 (Quelle: Eurostat).
- **Grafik 3.11** – BFS / Eurostat: Arbeitsmarktindikatoren 2009. Neuchâtel 2009. T 55, S. 121 (Quelle: Eurostat).
- **Grafik 3.12** – Schweiz: BFS / SAKE, Schweizerische Arbeitskräfteerhebung, in: BFM / EJPD: Bericht Integrationsmassnahmen. Referenz G193-0163. BFM, Wabern, 30. Juni 2007, S. 29; sowie Grafik in: Der Bund 14.12.2006. Westdeutschland: Deutscher Sachverständigenrat, in: Neue Zürcher Zeitung, 17. / 18.12.2005. Nachführung bis 2008: Eurostat / Data Explorer. http://nui.epp.eurostat.ec.europa.eu/nui/print
- **Grafik 3.13** – IMD World Competitiveness Yearbook 2003 und World Competitiveness Yearbook 2009, Tab. 3.2.07 (Workers motivation), IMD, Lausanne 2003 / 2009. www.imd.ch

Bild S. 47: Keystone, Jacques Brinen

KAPITEL 4

Bildung und soziale Frage: Bildungsdefizite als Armutsrisiko

Das Kapitel im Überblick

Ungenügende Bildung respektive Berufsbildung stellt das grösste Armutsrisiko dar. Aus dieser Erkenntnis leiten wir in diesem Kapitel auch eine neue Sichtweise von Sozialpolitik und Armutsbekämpfung ab. Berufsbezogene Bildung ist wie eine Versicherung gegen Armut und gegen prekäre Arbeitsverhältnisse. Für die breite Bevölkerung, namentlich für jüngere Menschen mit mehr praktischen denn schulischen Fähigkeiten, ist die Berufslehre der sicherste Weg zur selbstverantwortlichen Absicherung fürs Leben, zu höheren Löhnen und somit zur Vermeidung oder Befreiung von Sozialhilfeabhängigkeit. Wird bei Bildung und Ausbildung gespart, werden ganze Bevölkerungsgruppen dabei vernachlässigt, bezahlt dies später die öffentliche Hand in Form von sozialen Folgekosten.

Während der Staat in den letzten 15 Jahren kontinuierlich mehr Geld für das Sozialwesen ausgegeben hat, stagnierten die Ausgaben für die Bildung beinahe. Dieser Trend muss sich gerade umkehren. Dies führt uns zu einer neuen Optik von Sozialpolitik: Mehr Aufwand und Anstrengungen für die arbeitsmarktnahe Ausbildung und Arbeitsmarktintegration tragen dazu bei, spätere Ausgaben zur Armutsbekämpfung, also Lasten des Sozialstaats, zu vermindern oder vermeiden. Eine zukunftsorientierte aktivierende und präventive Sozialpolitik darf sich nicht nur auf die Umverteilung von Ressourcen ausrichten, sondern muss sich auch auf die arbeitsmarktliche Integration Jugendlicher und Reintegration Erwachsener, also auf die «Employability» (Arbeitsmarktfähigkeit), ausrichten.

Armutsrisiko Nummer eins ist heute die mangelnde Berufsbildung und fehlende Arbeitsmarktintegration. Unterlassungen bei der Bildung und Berufsintegration ziehen mehr Sozialausgaben zur Bekämpfung der Armut nach sich. Die beste Versicherung gegen Armut ist die Berufsbildung und Arbeitsmarktintegration. Gefordert ist die Ausrichtung auf eine aktivierende und Armut verhindernde Sozialpolitik.

Bildung und Einkommen

Für junge Beschäftigte gilt nach der Ausbildung die Faustregel: Wer eine berufliche Grundbildung (Berufslehre) mit eidgenössischem Fähigkeitsausweis absolviert hat, verdient mindestens 1000 bis 1500 Franken mehr pro Monat als jemand ohne Berufslehre. Wer eine berufliche Grundbildung mit Attest («Anlehre») schafft, verdient etwa 500 Franken mehr Monatslohn als ein Ungelernter. Wer eine Höhere Fachschule besuchte, kann wiederum mit 1000 Franken mehr rechnen, und wer eine Fachhochschule absolvierte, verdient 2000 Franken mehr als gelernte Berufsleute mit Fähigkeitszeugnis. Allerdings haben wir immer noch eine Lohndisparität zwischen den Männern und den Frauen, welche durchschnittlich 12 bis 20 Prozent tiefere Löhne beziehen. → **Grafik 4.1**

Berufsbildung und Armut

Aufschlussreich sind auch die statistischen Auswertungen über die «Working Poor» und über die prekären Arbeitsverhältnisse. Gemäss dem Bundesamt für Statistik liegt der Anteil der «Working Poor» bei den Erwerbstätigen ohne nachobligatorische Ausbildung (Ungelernte) bei 11,4 Prozent, bei Erwerbstätigen mit Berufslehre bei 4,2 Prozent, also 2,7-mal tiefer. → **Grafik 4.2**

Begriff der «Working Poor» (prekäre Arbeitsverhältnisse)

Das Bundesamt für Statistik definiert die «Working Poor» als Erwerbstätige, die einer Vollzeitbeschäftigung nachgehen und trotzdem arm sind. Als Schwellenwert für die Armut gelten die Erfahrungswerte für das soziale Existenzminimum gemäss den SKOS-Richtlinien (Schweizerische Konferenz für Sozialhilfe SKOS, welche den Kantonen die Referenzwerte im Bereich der Sozialhilfe empfiehlt).[1]
Das Armutsrisiko liegt allerdings bei Alleinerziehenden – zum Beispiel bei geschiedenen Frauen mit Kindern – noch höher. Bei ihnen handelt es sich jedoch oft nicht um «Working Poor». Sie erzielen ein ungenügendes Einkommen, weil kein Vollzeitarbeitspensum möglich ist.

Berufsbildung und öffentliche Sozialleistungen

Die Sozialhilfe der öffentlichen Hand ist ganz stark abhängig vom Bildungsdefizit in den betroffenen Bevölkerungsgruppen. 55 Prozent aller erwachsenen Sozialhilfeempfänger verfügen über keinen beruflichen Abschluss (Ungelernte). Bei den jugendlichen Sozialhilfeempfängern zwischen 18 und 25 Jahren beträgt der Anteil der Ungelernten sogar 70 Prozent. → **Grafik 4.3**

Ausbildungslosigkeit ist teuer

Wer keinen Berufsabschluss hat, unterliegt einem höheren Risiko, Sozialhilfebezüger oder arbeitslos zu werden. Die Kosten für die Gesellschaft werden auf 8100 bis 11 200 Franken pro Jahr und pro Person geschätzt, welche über keinen Berufsabschluss verfügt. Bei jährlich 7000 Jugendlichen ohne Lehrabschluss kostet dies die öffentliche Hand 57 bis 78 Milliarden Franken – und dies jährlich kumuliert. → **Grafik 4.4**

Gesamtbetrachtung: Berufsbildung lohnt sich

Gesamthaft betrachtet ist die Berufsbildung die beste soziale Absicherung für die Zukunft des jungen Menschen. Aus den diversen Sozialstatistiken lassen sich folgende Faustregeln ableiten: Wer eine Berufslehre absolviert hat, verdient mindestens 1000 bis 1500 Franken pro Monat mehr als ohne Berufslehre, unterliegt einem dreimal geringeren Risiko, arbeitslos zu werden, unterliegt einem 2,5-mal kleineren Risiko, in Armut zu geraten und bewältigt den Strukturwandel im Zeichen der Globalisierung besser. Diese Synthese in → **Grafik 4.5** könnte durchaus als Werbetableau für Schülerinnen und Schüler der 7. bis 9. Klasse und deren Eltern dienen.

Bildungsaufwand und Sozialaufwand

Aus all diesen Erkenntnissen kann der Schluss gezogen werden, dass die Bildungsinvestitionen die wirksamste Armutsprävention darstellen. Von 1990 bis 2007 hat die Schweiz ihre Bildungsausgaben gemessen am Bruttoinlandprodukt nur unwesentlich gesteigert: Diese wuchsen zwischen 1990 und 2007 von 4,9 auf 5,2 Prozent des BIP, also um bloss 0,3 BIP-Prozentpunkte (alle öffentlichen Ausgaben von Bund, Kantonen und Gemeinden zusammen). Demgegenüber stiegen die Ausgaben der öffentlichen Hand für den Sozialstaat von 9,6 auf 27,8 Prozent, also ein Staatsquoten-Anstieg von sage und schreibe 8 BIP-Prozentpunkten in der gleichen Periode! Die Knausrigkeit bei der Bildung und Unterlassungen bei der Berufsintegration (insbesondere auch bei Migranten und Migrantinnen, siehe Kapitel 9) wird später durch höhere Sozialausgaben bestraft. → **Grafik 4.6**

4.1 Berufslehre und berufliche Weiterbildung zahlen sich aus

Monatliche Bruttolöhne nach Berufsbildungsstufe und Anforderungsniveau

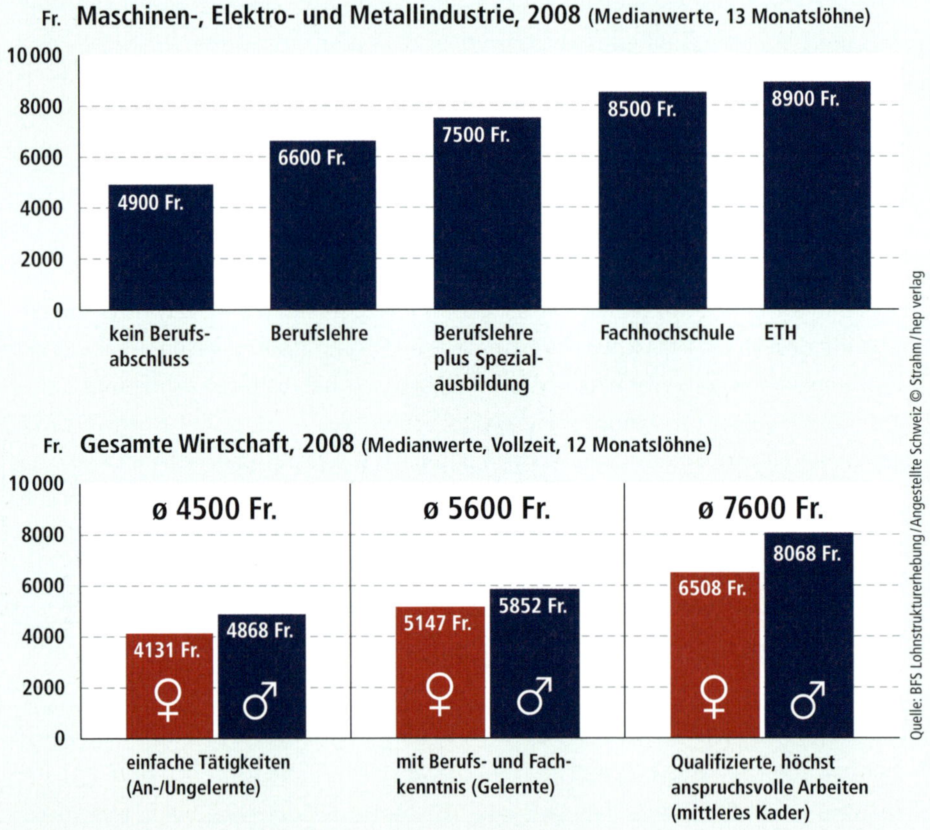

Wer eine Berufslehre absolviert hat, verdient 1000 bis 1500 Franken pro Monat mehr als ein/-e Beschäftige/-r ohne Berufsabschluss. Eine Spezialausbildung (zum Beispiel Höhere Fachschule) bringt zusätzliche 1000 Franken Monatslohn und eine Fachhochschule nochmals anfänglich 1000 Franken mehr. Absolventen/-innen von Fachhochschulen und Universitäten / ETH werden nach Studienabschluss fast gleich entschädigt. Frauen werden in Privatbetrieben aber 12 – 20 % schlechter entlöhnt als Männer in gleicher Funktion.

4.2 Ungenügende Ausbildung ist das grösste Armutsrisiko in der Arbeitswelt

Anteil der «Working Poor» nach Ausbildungsstatus 2005
(«Working Poor» = Erwerbspersonen mit Vollzeitbeschäftigung, die in Armut leben)

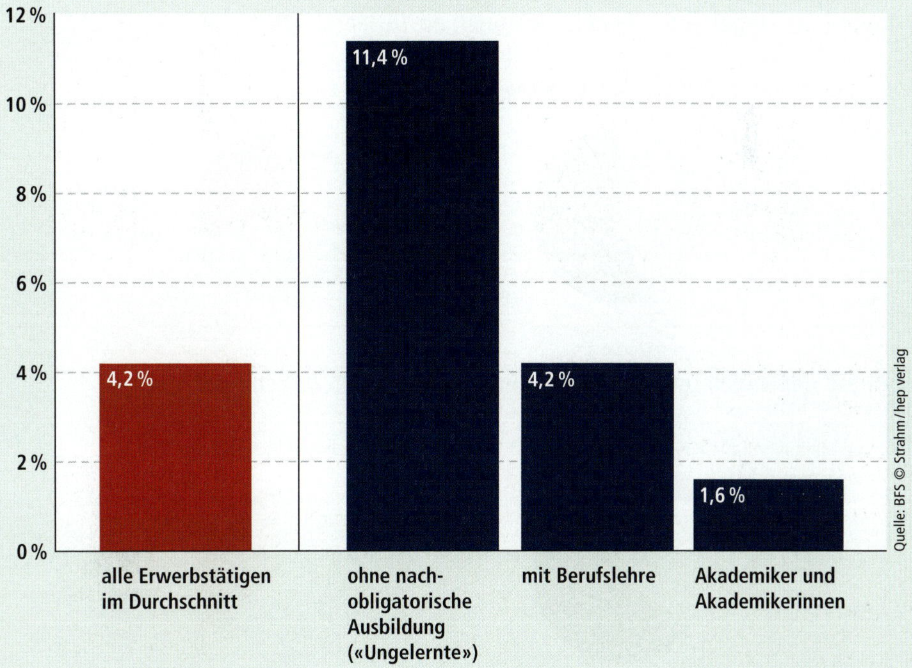

Erwerbstätige mit einer abgeschlossenen Berufslehre sind mit einer Armutsquote von 4,2 % rund 2,7-mal weniger häufig arm als Erwerbstätige ohne nachschulische Ausbildung («Ungelernte») mit 11,4 % Armutsanteil. «Working Poor» sind Personen mit einer Vollzeitbeschäftigung, die unter der Armutsschwelle (SKOS) leben. Die Absolvierung einer beruflichen Grundbildung ist das wichtigste Merkmal zur Verhinderung von «Working Poor». – In der Bevölkerungsgruppe der Alleinerziehenden ist allerdings die Armut wegen Teilzeitbeschäftigung noch stärker vertreten.

4.3 Bildungsdefizite führen zu hohen Soziallasten des Staates

Anteil der Personen ohne beruflichen Abschluss («Ungelernte») in der Sozialhilfe, gesamte Schweiz

Anteil der Ungelernten bei Erwachsenen ab 18 Jahren (2007)

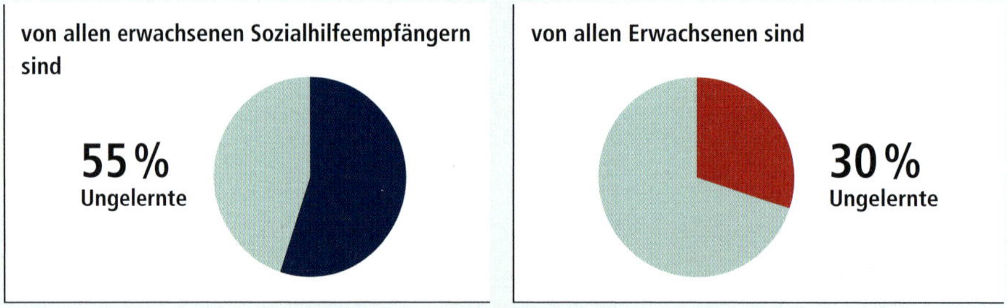

Anteil der Ungelernten bei Jugendlichen von 18–25 Jahren (2005)

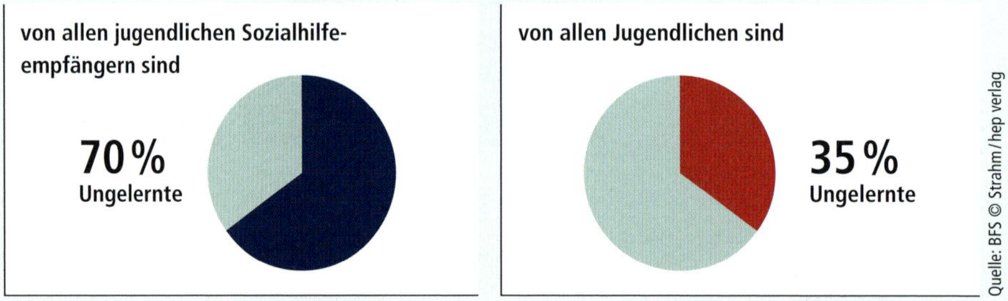

In der Schweiz werden rund 234 000 Personen oder 3 % der Bevölkerung von den Kantonen und Gemeinden mit Sozialhilfeleistungen unterstützt. Dabei ist der Anteil der Personen ohne Berufsabschluss («Ungelernte») an allen Sozialhilfeempfängerinnen und -empfängern 55 %, bei jugendlichen Sozialhilfebezügern sogar 70 %. Der Anteil der Ungelernten an der Sozialhilfe ist rund doppelt so hoch wie ihr Anteil in der Bevölkerung. Mangel an Berufsbildung ist das grösste Armutsrisiko.

4.4 Was die fehlende Berufsbildung die Gesellschaft kostet

Geschätzte Folgekosten der fehlenden Erstausbildung von Erwachsenen auf Sekstufe II (fehlende Berufslehre oder ähnliche Ausbildung) pro Person und Jahr, 2009.

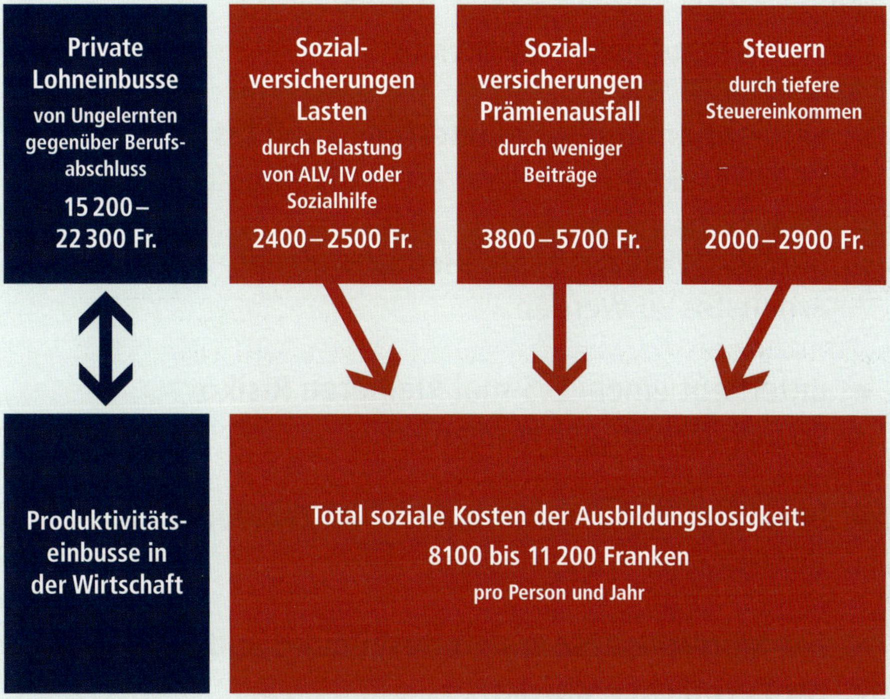

Quelle: Büro BASS © Strahm/hep verlag

Jede Person, die eine berufliche Erstausbildung (Berufslehre) verpasst oder verfehlt, führt zu Folgelasten für die Gesellschaft: nämlich statistisch durch Belastung der Sozialversicherungen durch die höhere Wahrscheinlichkeit, arbeitslos oder arm zu werden, sowie durch Prämienausfälle für die Sozialwerke und durch tiefere Steuereinnahmen. Die sozialen Kosten der Ausbildungslosigkeit wurden auf 8100 bis 11 200 Franken pro Person und Jahr geschätzt, dies in jährlicher Wiederholung für jede Person. Bei 7000 Jugendlichen, die pro Jahrgang keine Lehre absolvieren, sind dies 57–78 Mio. Franken Mehrkosten pro Jahr, und zwar jährlich kumuliert.

4.5 Berufsbildung ist die beste soziale Absicherung

Statistische Synthese:
Zusammenhang zwischen Berufsbildung und sozialem Status

Wer eine Berufslehre absolviert,

- **verdient anfänglich mindestens 1000 bis 1500 Franken pro Monat mehr als Ungelernte.**
- **unterliegt einem 3-mal kleineren Risiko, arbeitslos zu werden.**
- **unterliegt einem 2,5-mal kleineren Risiko, Sozialhilfebezüger zu werden.**
- **bewältigt den Strukturwandel im Zeichen der Globalisierung besser.**
- **hat Möglichkeiten zur Weiterbildung und zur beruflichen Karriere.**

Quellen: BFS: Volkszählungsergebnisse/Arbeitsmarktindikatoren/Sozialhilfestatistik © Strahm/hep verlag

Der gesellschaftliche Wert der Berufsbildung ist statistisch vielfach belegt: höherer Lohn dank höherer Produktivität, viel tieferes Arbeitslosigkeits- und Sozialhilferisiko, bessere Bewältigung des raschen Strukturwandels, der heute den vorherrschenden Wirtschaftstrend darstellt. Mit Berufsmaturität, Höherer Fachschule, Fachhochschule und Passerellen zur weiteren Tertiärbildung ist zudem die berufliche Karriere der Berufslehrabsolventen und -absolventinnen geöffnet.

4.6 Stagnation bei Bildungsausgaben, doch massiver Anstieg der Sozialausgaben

Total Ausgaben für Soziale Sicherheit und für Bildung in Prozent des Bruttoinlandprodukts 1990–2007

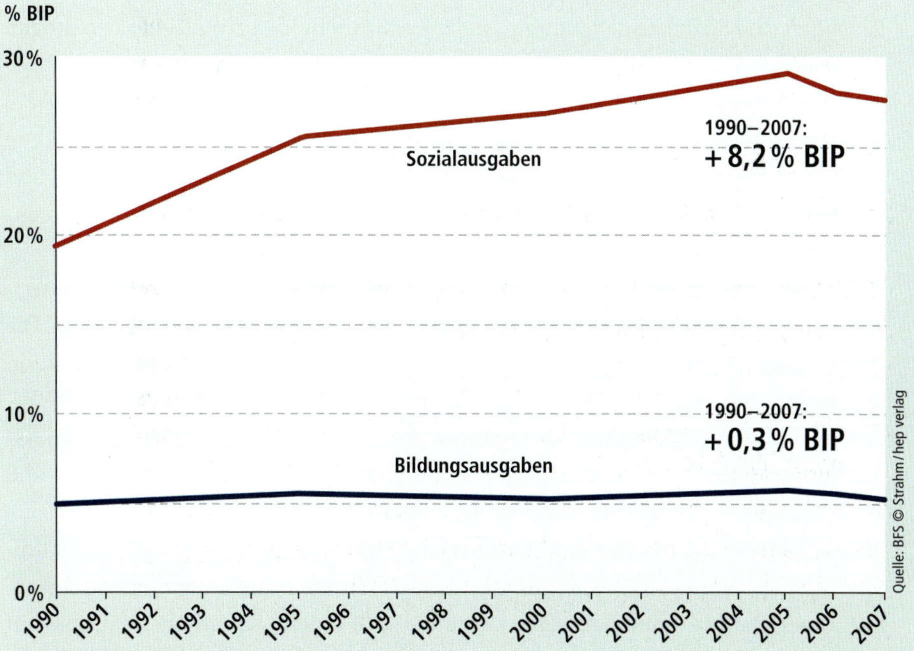

Wir sparen bei der Bildung – und zahlen mit den Soziallasten: Die Ausgaben für alle Sozialwerke und für die soziale Sicherheit, gemessen am Bruttoinlandprodukt (sogenannte Sozialausgabenquote), wuchsen von 1990 bis 2007 von 19,6 auf 27,8% des BIP – also um 8 Prozentpunkte. Jene für das ganze Bildungswesen der Schweiz stiegen nur von 4,9 auf 5,2 BIP-Prozente – also praktisch stagnierend. Sparen bei der Bildung und mangelnde Integration in die Arbeit führen zu dauernden Soziallasten des Staates. 1 BIP-Prozent betrug 2007 rund 5 Milliarden Franken.

Kommentar zur Armuts- und Sozialstaatsproblematik

Berufsbildung als aktivierende Sozialpolitik – Für ein neues Verständnis von Armutsbekämpfung

Die Ausgaben des Sozialstaates sind seit 1990 kontinuierlich gewachsen. Die Sozialstaatsabhängigkeit hat zugenommen und die Sozialausgabenquote wurde enorm gesteigert. Die Sozialausgabenquote ist die Kennzahl für den Anteil aller Leistungen des Sozialstaats mit allen Sozialversicherungen am Bruttoinlandprodukt BIP. Sie stieg seit 1990 von rund 20 auf rund 28 Prozent des Bruttoinlandprodukts. Dabei war der Anstieg der Rentenleistungen für das Alter wegen der demografischen Entwicklung am stärksten. Aber auch die Sozialhilfeleistungen von Kantonen und Gemeinden wurden stark erhöht, was ihnen Einschränkungen in andern Ausgabenbereichen wie Grundbildung und Infrastruktur aufzwang. → Grafik 4.6

Bildungsdefizite sind das grösste Armutsrisiko. Bei der Analyse der Armutsrisiken spielt die mangelnde oder ungenügende Ausbildung die zentrale Rolle. Die zweite grosse Ursachengruppe für die Armut hängt mit der familiären Situation zusammen: Alleinerziehende, Alleinstehende, Geschiedene sowie kinderreiche Familien sind ebenfalls häufiger von Armut betroffen. Die nötigen Präventionsmassnahmen gehen in dieser Armutsgruppe in Richtung Tagesstrukturen für Kinder und Erleichterung der Arbeitsbeteiligung der Eltern.

Das *Bundesamt für Statistik*, welches erst in den letzten Jahren alle Sozialhilfeleistungen von Bund und Kantonen für die Schweiz zu erfassen begann, bestätigt diesen Befund eindeutig: «Die Ausbildung hat einen wesentlichen Einfluss auf das Sozialhilferisiko. Je besser die Ausbildung, desto geringer das Risiko.»[2] Mit einer vertieften statistischen Auswertung des Sozialhilferisikos junger Frauen bestätigt das Bundesamt: «Fast zwei Drittel der jungen Frauen mit Sozialhilfebezug (62,9 Prozent) weisen keine abgeschlossene Berufsbildung auf (junge Männer: 61,9 Prozent) und sind damit im Vergleich zu den jungen Frauen in der Bevölkerung deutlich überrepräsentiert.» Und die Statistiker kommen nüchtern zum Schluss: «Eine Verbesserung der Bildung sowie eine bessere berufliche Integration sind die zentralen Ansatzpunkte für eine Vermeidung der Sozialhilfeunterstützung junger Frauen. Bedeutsam ist aber auch eine bessere Absicherung besonderer Risikoanlagen – zum Beispiel durch bessere Bedingungen der Kinderbetreuung.»[3] Aufgrund der gleichen Sonderauswertung beziehen junge Ausländerinnen doppelt so häufig

Sozialhilfe wie junge Schweizerinnen. – Die sozialpolitisch gewichtige Migrationsproblematik wird in einen separaten Kapitel 9 behandelt.

Dieser statistische Befund wird quer durch alle Fachorganisationen bestätigt. Die *Caritas Schweiz* kommt in ihrer zusammenfassenden Synthese aus der lebenslauforientierten Armutsforschung zum Schluss: «Armutsrisiko Nummer eins ist die geringe Bildung.»[4] In Kapitel 9 wird aufgezeigt, dass die rund dreimal höhere Sozialhilfequote unter der ausländischen Wohnbevölkerung in der Schweiz, verglichen mit jener der Schweizerinnen und Schweizer, auch wiederum weitgehend (aber nicht ausschliesslich) mit der schlechteren Ausbildung und mit den damit verbundenen schlechteren Arbeitsmarktchancen zusammenhängt. Auch das Problem der «Young Urban Poor», also der hauptsächlich städtischen Jugendlichen, die keine Lehre oder nach der Lehre keine Arbeit finden (auch mit einem überproportionalen Anteil ausländischer Jugendlicher), ist ein Problem der ungenügenden oder falsch orientierten Berufsausbildung.

Die *Wirkungskette der Sozialhilfeabhängigkeit* beginnt oft mit dem Verlust der Beschäftigung. Die Sozialhilfe ist systemisch eigentlich nur ein Glied in der Kette von abfolgenden sozialstaatlichen Massnahmen, an deren Anfang Defizite der Arbeitsmarktfähigkeit stehen: *Erste Etappe:* Zuerst kommt im Falle von Stellenverlust die Arbeitslosenversicherung des Bundes zum Tragen. *Zweite Etappe:* Nachdem die Person bei der Arbeitslosenversicherung ausgesteuert ist, erhält sie Sozialhilfe, welche allein von Kanton und Gemeinde bezahlt wird. *Dritte Etappe:* Danach wird sie oft an die Invalidenversicherung überwiesen, bei der dann wiederum der Bund die Kosten mitträgt. Die Invalidenversicherung hatte deshalb durch diesen «Lasten-Abschiebemechanismus» ein Jahrzehnt lang einen jährlichen Zuwachs von 4 Prozent Bezügern zu verzeichnen. Mit strengeren Kontrollmechanismen und neuen Berufsintegrationsmassnahmen («Case Management») der 5. IV-Revision soll dieser Trend gebrochen werden.

Auch diese Verursachungskette zeigt: Die fehlende Berufsbildung und die ungenügende Arbeitsmarktintegration belasten die Sozialwerke schwer und zunehmend. Allerdings muss auch das veränderte Verhalten eines Teils der Arbeitgeberschaft mit einbezogen werden: Während früher fast jeder Betrieb auch einige schwächere Ungelernte und weitere leicht Erwerbsbehinderte beschäftigte, besteht heute die Tendenz, diese rasch auszugliedern und in das Sozialversicherungssystem abzuschieben.

Neues Denken in der Sozialpolitik

Es werden immer mehr gesellschaftliche Ressourcen für das Soziale und zu wenig für den Bildungsbereich aufgewendet. Dieser Trend dauert schon seit Jahren an, wie in → **Grafik 4.6** dargestellt. Wenn in 17 Jahren 8 Prozentpunkte der

Staatsquote (Staatsausgaben in Prozent des BIP, 1 Prozentpunkt = heute ca. 5 Milliarden Franken) zusätzlich für Sozialleistungen ausgegeben werden, während die gesamten Bildungsausgaben um weniger als einen halben Prozentpunkt aufgestockt wurden, ist dieser Trend alarmierend. Das Mehr für das Soziale ist die Folge des Zuwenig für die Bildung. Die Schweiz hat heute ein Jahrzehnte lang dauerndes Versäumnis aufzuholen respektive zu bezahlen: Während Jahrzehnten wurde die Berufs- und Arbeitsmarktintegration einer wachsenden Bevölkerungsgruppe vernachlässigt. Diese Gruppe besteht generell aus bildungsfernen Personen und vor allem Personen mit einem Migrationshintergrund. Die bildungspolitischen Defizite von gestern belasten die Sozialbudgets von heute und morgen. Dieser Trend, Stagnation bei der Bildung und Anstieg der Sozialausgaben, sollte bei der Aktivbevölkerung gebrochen respektive umgekehrt werden.

Aus dieser Einsicht muss die Sozialstaatskonzeption überprüft werden: Armutsbekämpfung muss zur Armutsprävention werden. Als wichtigste Strategie der Armutsprävention muss die Bildungsintegration gefördert werden. Die Schweiz ist, wie in Kap. 3 aufgezeigt, andern Ländern dank ihrem Berufsbildungssystem voraus, weil die Berufsbildung auch jenen jungen Leuten einen Arbeitsmarkteinstieg erlaubt, die den rein schulischen Ausbildungsweg (Mittelschulen, Maturität) nicht schaffen können.

Die Sozialpolitik der postindustriellen Gesellschaft muss neu überdacht werden. Der traditionelle Ansatz der Armutsbekämpfung hiess bis anhin: Sozialhilfe oder IV-Rente und Einkommensumverteilung durch den Staat. Die neue muss heissen: Arbeit vor Rente oder Arbeit statt Fürsorge. Die dauernde Sozialhilfe führt bei den Empfängerinnen und Empfängern ohnehin zu Isolation, zu Rückzug und dauernder Abhängigkeit. Die Schlussfolgerung daraus ist die Forderung nach einer «aktivierenden Sozialpolitik», die auf einem «kategorischen Imperativ zur Arbeit» basiert (Eva Nadai).[5] Bildung, Berufsbildung, Weiterbildung und vor allem auch ein integrierendes Berufsberatungscoaching (sogennantes «Case Management») sind die Strategie und der Vertrag mit der Zukunft angesichts des wachsenden fiskalischen Drucks auf den Wohlfahrtsstaat.

Neue arbeitsmarktliche oder migrationspolitische Herausforderungen der Sozialpolitik

Die Politik und Konzeption der schweizerischen Sozialwerke, insbesondere die Sozialhilfe, gingen bislang vom Gesellschaftskonzept aus, dass sich der Mensch über die Arbeit definiert und alle Menschen eigentlich arbeiten und bis zur Pensionierung ihren Lebensunterhalt eigenverantwortlich bestreiten wollen. Wenn dann Menschen unverschuldet arbeitslos werden oder in Armut geraten, so die traditionelle Konzeption, dann hat der Sozialstaat seine Pflicht, mit Arbeitslosenversicherung, IV-Rente oder Sozialhilfe einzugreifen und die unverschuldete Armut zu beheben.

Was aber, wenn wir Bevölkerungsgruppen haben, die sich nicht mehr über die Arbeit definieren (wollen)? Wenn wir Menschen aus Kulturkreisen bei uns haben, die nicht das gleiche Arbeitsverständnis mitbringen? In patriarchalischen Gesellschaften des Balkans und Anatoliens ist es geradezu ehrenrührig, wenn ein älterer Mann von 50 oder 55 Jahren noch arbeiten und sein Einkommen selber aufbringen muss. Vielmehr sollte er nach seiner Kulturtradition in diesem Alter eine so zahlreiche Familie um sich geschart haben, dass ihm das Arbeiten erspart bleibt.

Ähnliche sozialpolitische Herausforderungen entstehen bei jungen ausländischen Frauen: Wie geht man um mit dem aus der Tradition gewachsenen Verständnis der ausländischen Eltern, dass junge Frauen nach der obligatorischen Schule eigentlich nicht in den Arbeitsmarkt integriert, sondern auf die Heirat vorbereitet werden sollen? Auch dies zeigt einen Handlungsbedarf bezüglich der arbeitsmarktlichen Integration.

Wenn solche Tatbestände heute fast mit Befremden zur Kenntnis genommen werden und zur ausländerfeindlichen Polarisierung missbraucht werden können, muss man in Erinnerung rufen, dass vor fünfzig Jahren in der Schweiz unter der

Begleitung und Coaching («Case Management») für Schulabgänger/-innen

Heute absolvieren schätzungsweise jährlich 6000 bis 9000 jugendliche Schulabgänger (also 6 bis 9 Prozent der Jugendlichen, ausländische und schweizerische zusammen) keine Berufsbildung und keine nachobligatorische Bildung oder dann bloss eine ungenügende Kurzbildung. (Im Jahr 2007 fanden 9500 Jugendliche, die eine Lehre beginnen wollten, keine Lehrstelle. Einige finden jeweils später noch einen Berufsbildungsweg.) Wenn man die Schul- und Lehr-Aussteiger/-innen hinzuzählt, dann haben von den 20-Jährigen 12 bis 15 Prozent keinen Abschluss auf Sekundarstufe II. (Deren statistische Erfassung ist unvollständig.) Diese jungen Menschen sind – statistisch erhärtet – die Gruppe mit dem grössten Armutsrisiko, was für den Staat in Zukunft erhebliche Soziallasten und andere gesellschaftlichen Kosten bedeuten wird.
Der Bundesrat hat sich zum ambitiösen Ziel bekannt, bis 2015 die Abschlussquote auf der Sekundarstufe II (Berufsbildung oder andere nachschulische Ausbildung mit Abschluss) auf 95 Prozent zu erhöhen.[6] Die kantonalen Erziehungsdirektoren wollen mit dem Projekt «Nahtstelle» den Vollzug organisieren.[7] Ebenso soll das neue koordinierte Konzept für die Ausländerintegration seinen Teil beitragen. Bundesrätin Doris Leuthard bekräftigte wiederholt diese von ihr stark unterstützte Zielsetzung: «Wir wollen 95 Prozent der Jugendlichen in eine Berufsbildung oder zur Matur bringen.»[8]
Zur Realisierung dieses Ziels sollen die Jugendlichen, so die Absichtserklärung von Bundesrätin Doris Leuthard, schon ab dem 7. Schuljahr erfasst und mit individueller Beratung und Coaching von der Schule in die Berufsbildung und durch die Berufslehre hindurch begleitet werden. Insbesondere ausländische Jugendliche, deren Eltern das schweizerische Berufsbildungssystem nicht kennen, und Jugendliche von bildungsfernen Schichten benötigen eine solche Begleitung durch Fachpersonen. Eine zentrale Funktion hat dabei das System der schweizerischen Berufsberatung, sie ist gewissermasssen die Scharnierstelle zwischen der Gesellschaft und dem Arbeitsmarkt. → **Grafik 5.6** In den Kantonen müssen allerdings die entsprechenden Strukturen und Beratungskapazitäten für das individuelle Coaching – in der amtsdeutschen Terminologie wird es jetzt «Case Management» genannt – erst noch geschaffen werden.

schweizerischen Bevölkerung weniger als die Hälfte der jungen Frauen eine nachobligatorische Ausbildung mit Berufsabschluss absolvierten! Mein Vater Rudolf Strahm (1912 – 2006) hatte als Primarlehrer im Oberemmental zu dieser Zeit noch enorme Überzeugungsarbeit aufbringen und nicht wenige Anfeindungen erdulden müssen, wenn er die dortigen Eltern seiner 15-jährigen Schulabgängerinnen überredete, ihre Töchter doch in eine Berufslehre zu schicken.

Arbeitsmarktfähigkeit und Arbeitsmarktintegration Erwachsener

Freilich lassen sich nicht alle arbeitsmarktlichen Probleme auf die Bildungsmassnahmen für Jugendliche abschieben. Vielmehr muss das Konzept der Arbeitsmarktintegration auch für Erwachsene in die Praxis der Sozialhilfe und Invalidenversicherung einfliessen. Bei der Arbeitslosenversicherung ist sie mit den sogenannten Arbeitsmarktmassnahmen längst in Anwendung. Zentrale Zielorientierung in der aktivierenden Sozialhilfe muss die «Employability» sein, also die Arbeitsmarktfähigkeit. Dazu gibt es viele Modelle in Pilotaktionen und in der praktischen Umsetzung.

Fördern und Fordern – Beispiel eines Komplementärarbeitsmarkts in Winterthur

Die Sozialhilfe der Stadt Winterthur kombinierte die Sozialhilfemassnahmen bei den (teilweise) arbeitsfähigen Sozialhilfe-Nachsuchenden mit zumutbaren Arbeitsprojekten zum Beispiel mit Abfall einsammeln, Vereins-Service, Velostation, Elektrorecycling, Papiermanufaktur, Einzeleinsatzplätzen usw. Zu diesem Projekt «Passage» liegt eine externe Evaluation der Firma Econcept vor.[9]

Im Jahr 2005 hat der Sozialdienst Winterthur 390 Personen an das arbeitsmarktliche Projekt «Passage» verwiesen. 100 von ihnen, also ein Viertel, haben von Anbeginn auf eine Teilnahme und damit auf Sozialhilfe der Stadt verzichtet. 53 von ihnen bezogen auch zwei Jahre später keine Unterstützung. Das Projekt hatte eine Art «Gate-Keeping-Funktion», also eine Fernhaltung jener, die schon irgendwo verdeckt arbeiten oder die nicht arbeiten wollen. Für jeden Franken Einsatz in das Projekt «Passage» sparten die Sozialdienste Winterthur 4 Franken Ausgaben durch dessen Gate-Keeping-Wirkung. Wer bei «Passage» arbeitete, erhielt 10 Prozent oder maximal 300 Franken Zuschlag zur Sozialhilfe. 50 Prozent derjenigen, die im Projekt mitmachten, profitierten nach eigenen Angaben von diesem Arbeitseinsatz und 30 Prozent waren später der Meinung, dass sie ohne diesen vorübergehenden Einsatz danach keine neue Stelle gefunden hätten. Man bezeichnet solche durch Amtsstellen oder beauftragte Institutionen geschaffenen Arbeitsangebote auch mit den Begriffen «Komplementärarbeitsmarkt» oder «Sekundärarbeitsmarkt». Die Schaffung eines solchen begrenzten, geschützten Teilarbeitsmarktes führt, verbunden mit einer Kombination von «Fördern und Fordern» und mit einem richtigen Anreizsystem, das das Arbeiten belohnt, zu besserer Wiedereingliederung und tieferen Kosten zugleich. Die aktivierende Sozialpolitik muss in diese Richtung mit einer multiplen Strategie gehen.

Volkswirtschaftlicher Nutzen

Massnahmen, die der Arbeitsmarktintegration dienen, haben rein volkswirtschaftlich gerechnet einen höheren Nutzen als andere Staatsausgaben oder andere Firmenaufwendungen.

Das Bundesamt für Migration BFM analysiert in seinem informativen Integrationsbericht (im Auftrag des Departementsvorstehers des EJPD) die Kosten, wenn zwischen 15 Prozent und 20 Prozent eines Jahrgangs der ausländischen jugendlichen Wohnbevölkerung in der Schweiz, also rund 3000 junge Ausländer und Ausländerinnnen, keine nachobligatorische Bildung oder Berufsbildung absolvieren.

Elemente einer aktivierenden Sozialpolitik (Reformvorschläge)

- Das Prinzip «Arbeit statt Fürsorge» wird in mehreren Kantonen und Städten angewandt. Es gibt erfolgreiche Erfahrungen mit der St. Galler «Stiftung für Arbeit», mit dem Winterthurer Projekt «Passage», mit der von der Gemeinde Regensdorf beauftragten privaten Integrations-Beratungs-Firma Knecht, mit erfolgreichen Arbeitsintegrations-Modellen in Uster, Dübendorf, Basel und im Kanton Bern.
- Ideal wäre der Aufbau eines Sekundärarbeitsmarkts oder Komplementärarbeitsmarkts, in welchem Schwächere, Handicapierte in geschützten Rahmenbedingungen (mit Kündigungsschutz, Betreuung, Teilzeitanstellung etc.) in privaten oder öffentlichen Arbeitsstellen arbeiten können.
- Ganz entscheidend ist die Neuorientierung beim Betreuungspersonal: Wenn sich die aktivierende Sozialhilfe auf die Arbeitsmarkt-Reintegration statt auf den primären Bezug öffentlicher Unterstützung ausrichten soll, braucht es eine stärkere Betreuung, die in Richtung Berufsberatung und Personalberatung geht anstatt in Richtung des traditionellen Sozialhilfe- oder Rentenbezugs. Dabei müsste die Ausbildung des Betreuungspersonals der Sozialhilfe («Sozialarbeit») stärker in Richtung Arbeitsmarktkenntnisse und Arbeitsmarktbeziehungen hinauslaufen. Oder einfacher ausgedrückt: Braucht es in den Sozialhilfe- und IV-Institutionen nicht vermehrt Berufsberater/-innen und Arbeitsmarktintegratoren anstelle der traditionell ausgebildeten Sozialarbeiter/-innen?
- Es muss nun ernsthaft eine verstärkte Koordination oder Zusammenlegung der drei operativen Betreuungsstellen der Regionalen Arbeitsvermittlungszentren RAV, der IV-Stellen und der Sozialhilfe-Behörden (unter Einbezug der Berufsberatung und der Ausländerintegrationsstellen, sog. Interinstitutionelle Zusammenarbeit IIZ) diskutiert werden. Dabei geht es um die Zusammenlegung oder Koordination an der Betreuungsfront; eine gänzliche Zusammenlegung der drei historisch gewachsenen Sozialversicherungszweige mit den drei unterschiedlichen Finanzierungssystemen halte ich jedoch für unrealistisch.
- Absolut entscheidend ist allerdings auch die Neuorientierung des finanziellen Entschädigungs- und Anreizsystems. Das Prinzip «Fördern und Fordern» muss sich auch im Anzreizsystem auswirken. Das traditionelle SKOS-Entschädigungssystem (das nun revidiert wurde) führte oft dazu, dass sich das Nicht-Arbeiten und dafür der Bezug von Sozialhilfegeldern geradezu lohnten. Die (allenfalls teilzeitliche, zumutbare) Erwerbstätigkeit muss sich lohnen – immer so weit Sozialhilfebezüger(innen) überhaupt arbeitsfähig sind.
- Bei Leuten in Armut mit Migrationshintergrund braucht es besondere Aufmerksamkeit, auf die wir im Kapitel 9 eingehen. Insbesondere ist die individuelle Begleitung durch ein «Coaching» oder das «Case Management» erfolgsentscheidend.

Es rechnet vor: «Durch eine erfolgreiche Integration könnten zwischen 50 und 100 Millionen Franken an jährlichen Folgekosten eingespart werden», und dies für jeden Jahrgang.[10] Wer Lernende ausbildet und Jugendlichen mindestens zum Berufsattest oder zum eidgenössischen Fähigkeitszeugnis verhilft, trägt dazu bei – rein statistisch betrachtet –, soziale Folgelasten zu vermeiden. Wenn der Staat Massnahmen zur Berufsintegration Jugendlicher finanziert, ist dies ein Präventionsprogramm zur Vermeidung künftiger Soziallasten. Solche gewinnbringende Strategien gelten vor allem auch für den Bereich der Ausländerintegration, welcher in Kapitel 9 analysiert wird.

Dieser volkswirtschaftliche Befund lässt sich auch auf den Nutzen der Lehr-, Ausbildungs- und Beratungspersonen im Bereich der Berufsbildung übertragen: Jede Berufsberaterin, jeder Berufsfachschullehrer, jede Ausbildnerin, der/die Jugendlichen zu einer Ausbildung verhilft, leistet einen grossen Dienst zur Einsparung von künftigen Sozialkosten. Jeder Stützkurs, jedes Betriebspraktikum und jedes Coaching hat einen «Return on Investment», einen volkswirtschaftlichen Nutzen.

Quellen Kapitel 4

[1] BFS: Armut von Personen im Erwerbsalter. Armutsquote und Working-Poor-Quote der 20- bis 59-jährigen Bevölkerung in der Schweiz zwischen 2000 und 2005. Neuchâtel März 2007, S. 4.

[2] BFS: Die Schweizerische Sozialhilfestatistik. Erste gesamtschweizerische Resultate. Neuchâtel 2006, S. 18.

[3] BFS: Risikomerkmale junger Frauen in der Sozialhilfe. Vertiefte Analyse der schweizerischen Sozialhilfestatistik 2004. Hrsg. BFS zusammen mit Eidg. Büro für Gleichstellung von Frau und Mann EGB, Neuchâtel 2007, S. 5–6.

[4] Volken, Jeannine Silja / Knöpfel, Carlo: Armutsrisiko Nummer eins: Geringe Bildung. Was wir über Armutskarrieren in der Schweiz wissen. Diskussionspapier 13. Caritas-Verlag, Luzern 2004, S. 59f.

[5] Nadai, Eva: Der kategorische Imperativ der Arbeit. In: Widerspruch Nr. 49 / 2005, S. 19–26.

[6] Bundesrat: Botschaft über die Förderung von Bildung, Forschung und Innovation in den Jahren 2008–2011, vom 24. Januar 2007. BBl (Nr.8) 1223–1420.

[7] BFS: Bildungsmosaik Schweiz. Bildungsindikatoren 2007. Neuchâtel 2007. S. 56.

[8] Bundesrätin Doris Leuthard, in: Neue Zürcher Zeitung vom 2.10.2007, Beilage B5.

[9] Econcept: Finanzielle Nutzen und Wirksamkeit von Massnahmen zur Arbeitsintegration. Schlussbericht in Zusammenarbeit mit idheap. Soziale Dienste der Stadt Winterthur. Januar 2008.

[10] BFM: Probleme der Integration von Ausländerinnen und Ausländern in der Schweiz. Bestandesaufnahme der Fakten, Ursachen, Risikogruppen. Bern, Juli 2006, S. 37.

- **Grafik 4.1** – MEM-Industrie: Angestellte Schweiz: Löhne 2008. www.angestellte.ch/loehne-2008.html
  Gesamtwirtschaft: BFS: Schweizerische Lohnstrukturerhebung 2008. Wichtigste Ergebnisse. Neuchâtel November 2008, T 3, S. 13.
- **Grafik 4.2** – BFS: Armut von Personen im Erwerbsalter. Armutsquote und Working-Poor-Quote der 20- bis 59-jährigen Bevölkerung. BFS aktuell. Neuchâtel März 2007, S. 8.
- **Grafik 4.3** – BFS: Die schweizerische Sozialhilfestatistik 2007. G 12, S. 18. BFS Aktuell. Neuchâtel, Mai 2008.
  Jugendliche: BFS: Die schweizerische Sozialhilfestatistik 2005. Nationale Resultate. BFS aktuell. Neuchâtel, Juni 2007, Tab. G 7, S. 18 f.
- **Grafik 4.4** – BASS: Gesellschaftliche Kosten der Ausbildungslosigkeit in der Schweiz. Schlussbericht, Im Auftrag von Travail.Suisse. Büro für Arbeits- und Sozialpolitische Studien BASS, Bern, 4. Mai 2009. Tab.1, S. 4.
- **Grafik 4.5** – Löhne: BFS: Arbeitsmarktindikatoren 2006. Neuchâtel 2006, Tab. 44, S. 144.
  Arbeitslosigkeitsrisiko: Sheldon, George: Der berufsstrukturelle Wandel der Beschäftigung in der Schweiz 1970–2000. Volkszählung 2000. BFS Neuchâtel 2005, S. 47 f.
  Flückiger, Yves / Falter, Jean-Marc: Bildung und Arbeit. Volkszählung 2000. BFS 2004, S. 34f.
  Leemann, Regula Julia / Keck, Andrea: Der Übergang von der Ausbildung in den Beruf. Volkszählung 2000. BFS Neuchâtel 2005, S. 107 f.
  Sheldon, George: Qualifikationswandel, Weiterbildung und Handlungsbedarf, in: Chaponnière, Martine: Nationales Forschungsprogramm Bildung und Beschäftigung. Die Synthesen im Kreuzfeuer. NFP 43 Band 3, Verlag Rüegger, Zürich / Chur 2007, S. 37 f.
  Sozialhilfe: BFS: Die Sozialhilfestatistik im Kanton Bern. Ausbildungsdefizit ist ein Risikofaktor. Medienmitteilung BFS, 4.12.2006, G1, S. 4.
  BFS: Sozialbericht 2004 für den Kanton Zürich. Die Anzahl Sozialhilfebezügerinnen und -bezüger ist weiter gestiegen. Medienmitteilung BFS, 16.12.2005.
- **Grafik 4.6** – Sozialausgaben: BFS: Sinkende Sozialausgaben für 2007 trotz steigender Gesamtausgaben. Gesamtrechung der Sozialen Sicherheit 2007. BFS-Medienmitteilung 19.5.2009.
  Bildungsausgaben: BFS: Öffentliche Bildungsausgaben 2005. Bildungsstatistik Schweiz T4, S. 56. Und: BFS: Öffentliche Bildungsausgaben in Prozent des Bruttoinlandprodukts 1995–2007. Statistik der Finanzen und Kosten im Bildungswesen, VGR. www.bfs.admin.ch.

Bild S. 73: Keystone, Martin Ruetschi

KAPITEL 5

Das Berufsbildungssystem der Schweiz: effizient und gefährdet

Das Kapitel im Überblick

Wir stellen in diesem Kapitel das Berufsbildungssystem im internationalen Vergleich dar.

Zwei Bildungswege werden im schweizerischen Bildungssystem nebeneinander geführt und offiziell als «gleichwertig aber andersartig» qualifiziert: Einerseits der berufspraktische Ausbildungsweg mit den Bildungsstufen Berufslehre (berufliche Grundbildung), Berufsmaturität, Höhere Fachschule HF, Fachhochschule FH und eidgenössische Berufs- und Fachprüfungen; und anderseits der rein schulische Bildungsweg über die gymnasiale Maturität zur Universität oder ETH. Beide Bildungswege gelten als «gleichwertig aber andersartig». Beide Systeme sind in sich und gegenseitig durchlässig geworden. Aber der erstgenannte Weg mit der Berufsbildung ist nicht kompatibel und vergleichbar mit den Bildungssystemen der meisten europäischen Länder und der OECD-Welt. Die Schweiz hat eine im internationalen Vergleich sehr tiefe Maturitätsquote, demgegenüber beginnt eine Mehrheit der Jugendlichen in der Schweiz die Ausbildungskarriere mit einer Berufslehre.

Das Bologna-Modell ist auf die rein schulische Ausbildung ausgerichtet und valorisiert die berufspraktische Vorbildung, eben die Berufslehre, nicht. Das ambitiöse Modell einer «Hochschullandschaft Schweiz», das sich an Bologna ausrichtet, droht die Fachhochschulen durch Nivellierung mit dem europäischen System abzuwerten und das bisherige Systemprinzip «gleichwertig aber andersartig» auf kaltem Weg zu unterlaufen.

Der universitäre Bildungsgang ist teilweise arbeitsmarktfern. Man spricht von der «Generation Praktikum», von Hochschulabgängern/-innen, die zum Einstieg in die Berufskarriere eine oder mehrere Praktikumsstellen wählen müssen, weil sie keine feste, ihrer Ausbildung gemässe Anstellung finden. Die Praktikantenquote ist bei Universitätsabgängern siebenmal höher als bei Absolventen/-innen von Fachhochschulen, welche eine berufspraktische Vorbildung mitbringen.

Das schweizerische Bildungssystem hat zwei Stränge: Einerseits der berufspraktische Bildungsweg mit Berufslehre, Berufsmaturität, Höherer Fachschule und Fachhochschule; anderseits der schulische Weg über die gymnasiale Maturität zur Universität und ETH. Der berufspraktische Weg ist für die Arbeitsmarktintegration effizienter und kostengünstiger, aber durch die Angleichung an das europäische Bildungssystem (Bologna) ist er gefährdet.

Unser Bildungssystem in der Schweiz

Zwei Bildungswege: «Gleichwertig aber andersartig»

In der schweizerischen Bildungssystematik haben wir zwei Bildungswege nebeneinander:

Auf der einen Seite kennen wir den berufspraktischen Bildungsweg von der beruflichen Grundbildung mit der Berufslehre (mit eidgenössischem Fähigkeitszeugnis als Abschluss), hin zur Berufsmatur und zur Höheren Fachschule oder zur Fachhochschule. Für schulisch schwächere Personen steht eine verkürzte berufliche Grundbildung mit Attest (früher «Anlehre» genannt) offen. Jede dieser Stufen der beruflichen Ausbildung ermöglicht eine weiterführende Qualifikation mit Titelabschluss nach dem Prinzip: Kein Abschluss ohne Anschluss.

Auf der anderen Seite kennen wir den rein schulischen Bildungsweg mit der gymnasialen Maturität (in einigen Kantonen gibt es auch eine Fachmittelschule mit einer Fachmaturität), und von dieser zu den Universitäten oder zur ETH in Zürich (ETHZ) oder in Lausanne (ETHL). → **Grafik 5.1**

Zwischen beiden Bildungswegen bestehen durchlässige Übertrittsmöglichkeiten, für die allerdings teilweise Zusatzqualifikationen erforderlich sind. So muss zum Beispiel gewisse allgemeinbildende Fächer der Sekundarstufe II nachholen, wer mit einer Berufsmaturität an die Universität oder ETH wechseln will. Umgekehrt müssen Maturitätsabsolventen/-innen noch ein einjähriges, strukturiertes Betriebspraktikum absolvieren, um eine Fachhochschule absolvieren zu können. Diese «Passerellen» sind gegenüber früher erleichtert worden; sie sind heute transparent und standardisiert.

Auf der *Tertiärstufe* werden die Fachhochschulen und die Universitäten nach offizieller Lesart als «gleichwertig aber andersartig» eingestuft. Dies zu akzeptieren fällt manchen Universitätsangehörigen schwer. Aus → **Grafiken 5.2, 5.3 und 5.4** geht indes hervor, dass der Arbeitsmarkt berufspraktisch ausgebildete Fachhochschul-Ingenieure besser akzeptiert und ebenso gut honoriert wie Universitätsabsolventen mit dem rein schulischen Bildungsweg.

Arbeitsmarktbefähigung der Tertiärbildung

Der Arbeitsmarkt begehrt heute die Fachhochschulabsolvent/-innen, die in der Regel eine berufspraktische Vorbildung (Berufslehre) vorweisen, stärker als Universitätsabsolvent/-innen. Dies zeigen Befragungen und Nachbefragungen von Diplomierten der Tertiärbildung.

Ein Jahr nach dem Abschluss haben bereits 80 % der Fachhochschulabgänger/-innen eine unbefristete Anstellung, bei Uni-Abgänger/-innen sind es bloss 50 %. Aber 18 % der Uni-Abgänger/-innen sind in einem Praktikum und weitere sind in befristeten und provisorischen Anstellungsverhältnissen. Ein Jahr nach Abschluss sind bereits 35 % der Fachhochschul-Diplomierten in einer Führungsfunktion, aber nur 16 % der Uni-Diplomierten. ➔ **Grafik 5.2**

Fünf Jahre nach der Diplomierung sind 96,7 % der FH-Absolvent/-innen in einer abschlussadäquaten Anstellung, wogegen bei den Uni-Absolventen 93,9 %. Allerdings gibt es unter den Universitätsabsolventen/-innen grosse Unterschiede zwischen den Fakultäten. So haben zum Beispiel die Mediziner und Juristinnen eine hohe, überdurchschnittliche Arbeitsmarktfähigkeit, wohl auch deshalb, weil die zweite Hälfte dieser Studien stark praxisorientiert ist. ➔ **Grafik 5.3**

Die Entlöhnung von Fachhochschul- und Universitätsabsolventen/-innen ist fünf Jahre nach Abschluss im Rahmen der berufsinternen Einkommensstreuung bei 88 000 respektive 90 000 Franken Brutto-Jahreseinkommen praktisch identisch. ➔ **Grafik 5.4**

Anteile der Bildungsabschlüsse

Die Abschlüsse auf der Stufe Universität, ETH und Fachhochschulen werden nach der OECD-Statistik als Tertiärstufe A bezeichnet. Die Weiterbildungsgänge für Berufslehre-Absolvent/innen mit Eidgenössischem Fähigkeitszeugnis EFZ, die keine gleichzeitige Berufsmaturität absolviert haben, gelten als Tertiärstufe B. Dazu gehören die Höheren Fachschulen HF (z. B. Technikerschulen u. a.), aber auch die Eidgenössischen Fachprüfungen und Berufsprüfungen. Daneben gibt es weitere Diplome der höhern Berufsbildung, die (noch) nicht eidgenössisch anerkannt sind. ➔ **Grafik 5.1 und 5.5**

Gerechnet auf einen durchschnittlichen Jahrgang machen rund 59 % aller Jugendlichen eine Bildung auf der *Tertiärstufe,* in der Regel zwischen 19 und 30 Jahren: Rund 16 % Universität und ETH, 14 % Fachhochschulen und Pädagogische Hochschulen, 4 % Höhere Fachschulen sowie 25 % Eidgenössische Fachausweise und Diplome sowie Abschlüsse der vom Bund nicht reglementierten höhern Berufsbildungen. (In diesen Zahlen sind die Bachelor- und Masterdiplome nur einmal gezählt, um die verfälschende Kumulierung mittels Doppelzählung zu vermeiden.)

Auf der *Sekundarstufe II* absolvieren 23 % eine gymnasiale Maturität oder eine andere vollschulische Mittelschulbildung (Fachmaturität, Fachmittelschule) und 63 %

eine Berufliche Grundbildung EFZ mit Berufslehre oder Handelsmittelschule (wovon 11 % gleichzeitig eine Berufsmaturität abschliessen). Weiteren 4 % gelingt ein berufliche Grundbildung mit Attest oder eine Anlehre, während rund 10 % eines Jahrgangs (vorwiegend Jugendlichen mit Migrationshintergrund) kein Berufsabschluss mit nachobligatorischer Ausbildung gelingt. ➔ **Grafik 5.5**

Übergang von der Schule in die Berufsbildung und den Arbeitsmarkt

Zum Bildungssystem Schweiz gehört zwingend auch das Konzept der Berufsberatung. Denn absolut entscheidend für das arbeitsmarktliche Bildungssystem unseres Landes sind die institutionellen Hilfestellungen beim Weg von der Schule in die berufliche Grundbildung. Das System der Berufsberatungen und die in letzter Zeit ausgebauten Brückenangebote zwischen obligatorischer Schule und Berufslehre stellen eine entscheidende Scharnierfunktion dar. ➔ **Grafik 5.6**

Die von den Kantonen eingerichtete örtliche *Berufsberatung* nach dem Berufsbildungsgesetz (BBG) bildet die entscheidende Scharnierstelle zwischen obligatorischer Schule und Berufsausbildung. Sie informiert die potenziellen Schulabgängerinnen und -abgänger schon ein bis zwei Jahre vor Schulaustritt über die Lehrberufe und berät sie über die Vorgehensweise bei der Lehrstellensuche und bei Bewerbungen. Eine

Wieviel Maturitätsanteil ist nötig?

Das «Weissbuch» der vier Akademien der Wissenschaften der Schweiz über die «Zukunft Bildung Schweiz» fordert eine Tertiärbildungsquote für die Schweiz von 70 Prozent bis 2030.[1A] Und der Mitautor, der in Deutschland lehrende Philosophieprofessor Walter Zimmerli, deklarierte vor der Presse die Berufslehre im August 2009 als «Auslaufmodell»; dies allerdings ohne über eine vertiefte Kenntnis des schweizerischen Berufsbildungssystems zu verfügen. Das Weissbuch lässt z. B. die höhere Berufsbildung, die Höheren Fachschulen und alle Bildungsgänge und Diplome der höheren Berufsbildung ausser acht. Eine Antwort auf diesen Mangel gibt die ➔ **Grafik 5.5**. Sie zeigt, dass die Schweiz unter Einbezug aller Bildungsgänge der höheren Berufsbildung und der höheren Fachschulen mit 59 Prozent Tertiäranteil diesem Ziel schon nahe kommt. Nur werden die Spezialausbildungen der Höheren Berufsbildung oft nicht valorisiert und berücksichtigt. Dabei tragen ausgerechnet diese Weiterbildungsstufen zur raschen Diffusion von technologischen oder wissensbasierten Innovationen bei. Beispiele: Neue Beschichtungssysteme im Metallbereich, neue Steuerungssysteme, Wärmepumpen, Energieaustauscher in der Haustechnik, neue Materialtechnologien, neue IT-Modelle, neue Bilanzierungs- und Rechnungslegungstechniken, Buchprüfungsmethoden, IT-gestützte Automatisierung usw.

Ausgerechnet die von Zimmerli & Co. vernachlässigten Weiterbildungsgänge der Tertiärstufe sind oft die innovativsten, arbeitsmarktnächsten Formen der Diffusion von modernsten Technologien in der Wirtschaft. Sie tragen zur Steigerung der Produktivität, der Konkurrenzfähigkeit und der Prozessinnovation bei.

Zusammenarbeit der Berufsberatung mit den Oberstufenlehrpersonen ist absolute Vorbedingung und entscheidend für den Erfolg. Zunehmend werden auch die Lehrpersonen der obersten Klassen in Real- und Sekundarschulen in die Berufswahl- und Lehrstellenvermittlung einbezogen, was eine beachtliche Leistung darstellt.

Die Bedeutung der Berufsberatung und des Beratungscoachings (neu auch mit «Case Management» bezeichnet) in den Berufsberatungsstellen und den Abschlussklassen wird nur von jenen genügend gewürdigt, die den Arbeitsmarkt kennen und mit Jugendlichen tatsächlich arbeiten. Jeder erfolgreiche Transfer eines Jugendlichen von der Schule in die Berufslehre hat nicht nur einen persönlichen, sozialen Wert, sondern auch einen volkswirtschaftlichen Nutzen dank der Verminderung des Risikos der Erwerbslosigkeit und der Armut. Dies spart spätere gesellschaftliche Kosten bei der Arbeitslosenversicherung und der Sozialhilfe. → **Grafik 4.4**

Besonders anspruchsvoll ist die Berufsberatung bei Jugendlichen mit Migrationshintergrund, deren Eltern oft aus Ländern stammen, in welchen die Berufslehre und ein Berufsbildungssystem ausserhalb des gymnasialen Wegs unbekannt sind, so zum Beispiel in den Balkanstaaten, Spanien und Portugal.

Aufgrund der Erfahrung mit Pilotprogrammen (den sogenannten Lehrstellenbeschlüssen I und II, an denen der Autor beteiligt war) werden nun verschiedene «Brückenangebote» zwischen obligatorischer Schule und Berufsbildung bereitgestellt, die den Einstieg in eine berufliche Grundbildung, resp. eine Lehrstelle, erleichtern. Sie umfassen Integrationskurse für fremdsprachige Jugendliche, ein Werkjahr mit praktischen Arbeiten oder eine Vorlehre in einem Betrieb.[1] Neu soll nach einem Entscheid von Bundesrätin Doris Leuthard, wie im vorgehenden Kapitel erwähnt, auch ein individuelles Coaching für Jugendliche bereits ab dem 7. Schuljahr eingeführt werden, das Oberstufenschülern und -schülerinnen bei der fähigkeitsorientierten Berufs- und Lehrstellenwahl beratend beisteht. Eine Praxis, die sich pilotmässig als sehr effizient erwiesen hat und von der wir einigen Erfolg erwarten können.

Koordination unter Institutionen nötig

Es gibt freilich, wie aus → **Grafik 5.6** hervorgeht, nicht eine Einheitsberufsberatung. Vielmehr hat jedes staatliche Teilsystem seine eigene arbeitsmarktliche Beratungsinstitution: Hauptsächlich für Schulabgänger und -innen stehen in den Kantonen die Berufsberatungsstellen nach Berufsbildungsgesetz zur Verfügung. Die regionalen Arbeitsvermittlungszentren RAV sind für registrierte Arbeitslose, die IV-Beratungsstellen sind für Behinderte oder Erwerbsbehinderte zuständig, und neu müssen sich auch die Ausländer-Integrationsbeauftragten der Kantone aufgrund des neuen Ausländergesetzes AuG um die Berufsintegration kümmern. Die IV-Stellen werden infolge der 5. Revision des Invalidenversicherungsgesetzes IVG (angenommen 2007) die Früherfassung, die Verbindungsaufnahme mit dem Arbeitgeber und das individuelle Coaching der IV-Bezüger und -Bezügerinnen ausbauen, was zwar kostspielig ist, aber einen grossen Fortschritt darstellt. Denn eine Früherfassung mit einem individuellen «Case Management» jener Erwerbspersonen, welche aus dem Arbeitsmarkt gedrängt worden sind, hat sich als wirkungsvoll erwiesen. Je länger jemand dem Arbeitsmarkt fernbleiben muss und sich mit dem Bezug von Sozialzahlungen begnügt, desto schwieriger wird die Wiedereingliederung.

Notwendig ist eine verstärkte Koordination und eine interinstitutionelle Zusammenarbeit unter diesen vier Typen von Beratungs- und Betreuungsinstitutionen. An sich ist heute diese Interinstitutionelle Zusammenarbeit (IIZ) in allen vier Gesetzen, nämlich im BBG, AVIG, IVG und AuG, vorgesehen, aber der Vollzug wurde bisher weder auf Bundesebene noch in den Kantonen systematisch durchgesetzt. In einigen Kantonen und Städten funktioniert die IIZ schlecht und recht, in anderen Kantonen überhaupt nicht.

Die OECD-Arbeitsmarktbeobachtung hat verschiedene Male hervorgehoben, dass das arbeitsmarktnahe Berufsintegrationssystem (Berufslehre) der Schweiz, inbegriffen die arbeitsmarktlichen Massnahmen (AMM) für Arbeitslose, hochgradig effizient ist und sich sichtbar mit der relativ tiefen Arbeitslosen- und Soziallastquote auszahlt.

System ist wirksam – aber ein Sonderfall

Vergleicht man unter den OECD-Ländern die Anteile der Jugendlichen, welche mit einer Maturität, einem Baccalauréat oder einem vergleichbaren maturitätsähnlichen Mittelschulabschluss den Hochschulzugang erhalten, dann liegt die Schweiz mit einer Hochschulzulassungsquote von nur 26 Prozent weit abgeschlagen am Schwanz der Rangliste. In dieser Zahl sind sowohl die gymnasialen Maturitäten als auch die Berufsmatura enthalten.

Im Länderdurchschnitt haben die 30 OECD-Staaten eine Hochschulzulassungsquote von 61 Prozent. Die problematische Rangliste wird angeführt von Finnland mit 97 Prozent und Irland mit 91 Prozent, was bedeutet, dass in diesen Ländern offenbar der grösste Teil der Jugendlichen auf schulischem Weg einen maturitätsähnlichen Hochschulzugang erreichen kann. → **Grafik 5.7**

In den → **Grafiken 3.7 und 3.8** wurde bereits gezeigt, dass die hohe Maturitätsquote auch mit einer hohen Jugendarbeitslosigkeit zusammenhängt. Offensichtlich sind Länder mit einer hohen Maturitätsquote weniger gut in der Lage, die rein schulisch ausgebildeten Jugendlichen nach der Ausbildung auch einem qualifizierten Beruf zuzuführen.

Die OECD erfasst und vergleicht statistisch vor allem die schulischen Bildungswege, das System der Berufsbildung wird nicht oder nur rudimentär berücksichtigt. Mit einer neuen Kategorie ISCED-3B wird nun zwar auch die Berufslehre mit der Einordnung «Sekundarstufe IIB» erfasst. Dabei sind aber von 30 OECD-Ländern nur gerade drei Staaten in dieser Statistik eingetragen, und zwar die Schweiz,

Deutschland und Österreich. Die anderen Länder mit Berufslehre, nämlich Holland und Dänemark, melden in dieser Kategorie ihre Berufslehrabsolventen und -innen schon gar nicht.[2]

Die Schweiz ist in dieser Beziehung also ein Sonderfall und in der Statistik schwer einzuordnen. Schon nur im Lichte dieser internationalen Statistik untersteht sie einem Anpassungs- und Nivellierungsdruck, was im nachfolgenden Kommentar zu diesem Kapitel thematisiert wird.

Berufsbildungssystem ist kostengünstig

Bei den gesamten Bildungsausgaben für alle Stufen zusammen, die am Bruttoinlandprodukt gemessen werden (sogenannte Bildungsausgabenquote), liegt unser Land im Mittelfeld aller OECD-Staaten, sogar ganz wenig über dem OECD-Länderdurchschnitt. ➔ **Grafik 5.8**

Allerdings sagen die Gesamtausgaben nicht sehr viel über die Effizienz und die Arbeitsmarktorientierung der Bildungssysteme aus. Denn die Berufsbildung in der Schweiz ist für die öffentliche Hand sehr kostengünstig. Das Bundesamt für Berufsbildung BBT rechnet, dass ein Lernender in einer Betriebslehre den Staat nur etwa 8600 Franken pro Jahr kostet, gegenüber einem Gymnasiasten mit rund 20 000 Franken pro Jahr. Die berufliche Grundbildung in Vollzeitschulen (Berufsmittelschulen, Lehrwerkstätten, Écoles de formation professionelle spécialisées), wie sie vor allem von den welschen Kantonen geführt werden, ist mit 24 000 Franken pro Jahr sogar teurer als ein Gymnasiumsjahr. Auf der Tertiärstufe sind die Fachhochschulen für die öffentliche Hand in der Regel kostengünstiger als die Universitäten. Am teuersten ist für den Bund selbstverständlich ein Studienplatz an der ETH. ➔ **Grafik 5.9**

Im System der beruflichen Grundbildung zahlen der Lehrbetrieb und der Lernende selber einen grossen Anteil der Ausbildungskosten. Ein *Kaufmann-Lehrling* (Kaufmann oder Kauffrau) zum Beispiel kostet nach bildungsökonomischen Erhebungen 2006 den Lehrbetrieb im ersten Lehrjahr zwar 27 100 Franken für Lehrlingslohn, Personal- und Materialaufwand, aber die produktive Leistung des Lernenden beträgt im Durchschnitt immerhin 26 600 Franken, so dass dem Betrieb noch Nettokosten von rund 500 Franken verbleiben. Im zweiten und dritten Lehrjahr bringt der Lehrling dem Lehrbetrieb bereits einen kleinen Nettonutzen von 1500, respektive 5000 Franken. Über die ganze dreijährige Lehrzeit hinweg hat der Lehrbetrieb per saldo einen Nettonutzen von etwa 6000 Franken. Kaufmann- oder Kauffrau-Lernende sind also für die Lehrbetriebe in etwa kostenneutral oder sie bringen sogar einen kleinen Nettonutzen; dabei ist der ökonomische Nutzen aus der Qualifikation und der Produktivitätssteigerung («Spin-off-Effekte») nicht mitgerechnet. ➔ **Grafik 5.10**

Eine ähnliche Rechnung für einen *Polymechaniker-Lehrling* zeigt, dass in den beiden ersten Lehrjahren für den Betrieb Nettokosten verbleiben, im dritten und vierten

Lehrjahr diesem aber netto ein kleiner Nutzen anfällt. Per saldo sind die Nettokosten der vierjährigen Polymechaniker-Ausbildung für den Lehrbetrieb etwa 25 900 Franken. → **Grafik 5.10** Gesamthaft ist also die vierjährige Polymechaniker-Lehre per saldo für den Lehrbetrieb ein Kostenfaktor. Es ist davon auszugehen, dass der Lehrbetrieb nicht wegen möglicher Arbeitserträge Ausbildung betreibt, sondern weil ausgebildete Polymechaniker in der Maschinen-, Elektro- und Metallindustrie (MEM-Industrie) einen absoluten Konkurrenzvorteil darstellen. Der hohe Berufsstandard des Polymechanikers machte die schweizerische Maschinenindustrie entgegen aller früheren, negativen Prognosen enorm leistungsstark.

Das erste Lehrjahr ist für einen Betrieb in der Regel hinsichtlich Betreuung und Ausbildungspersonal-Einsatz das aufwändigste und per saldo das kostspieligste. Deshalb ist es durchaus diskussionswürdig, ob man die Lehrbetriebe durch die Einführung eines sogenannten *Basisjahres* für Lernende – das erste Lehrjahr erfolgt in einer öffentlich finanzierten Berufsfachschule – entlasten könnte, wie dies einige Kantone bei den Informatik-Berufen bereits anbieten.

Aufgrund einer Erhebung der Schweizerischen Koordinationsstelle für Bildungsforschung SKBF bei rund 4700 Betrieben wendete 2006 die gesamte Wirtschaft für die berufliche Grundbildung brutto in etwa 4,7 Milliarden Franken pro Jahr auf. (In andern Ländern fallen diese Kosten der Sekundarstufe II bei den öffentlichen Bildungsausgaben an.) Diesen Kosten der Betriebe steht aber ein Nutzen von etwa 5,2 Milliarden Franken durch die Arbeitsleistung der Lernenden gegenüber.[3] Der hohe Nutzen der Qualifikationsverbesserung und die Produktivitätssteigerung sind in diesen Zahlen nicht inbegriffen. Das Berufsbildungssystem ist also praxisnah *und* kostengünstig.

Streit um Bildungsgelder

Im gesamten Bildungswesen der Schweiz ist der Bund nur ein kleiner Zahlpartner. Gerade 16 Prozent aller Bildungsausgaben aller Stufen werden vom Bund finanziert; diese konzentrieren sich auf die Berufsbildung und die Tertiärstufen mit Fachhochschulen, Höheren Fachschulen (kleiner Anteil), Universitäten und natürlich voll auf die beiden Eidgenössischen Technischen Hochschulen ETH-Z und ETH-L, die dem Bund gehören.

Diese Lastenverteilung ist historisch bedingt. Seit der Gründung des Bundesstaates ist die Schulbildung den Kantonen vorbehalten. Eine Bundeslösung – ausser die Gründung der ETH – ist in mehreren Anläufen aus föderalistischen und konfessionellen Gründen abgelehnt worden. Bereits im Jahr 1882 wurde der erste Schulkoordinationsversuch des Freisinns, das sogenannte «Schulvogt-Gesetz», abgelehnt. Seither sind mehrere Koordinationsanläufe gescheitert. Erst 2006 wurde eine erste zaghafte Schulkoordination auf Verfassungsstufe vom Volk gutgeheissen. Nur für die berufliche Grundbildung (Berufslehre, Berufsmaturität, Höhere Fachschulen) und für die

Fachhochschulen und die ETH bestand bisher eine gesetzliche Bundeskompetenz (Berufsbildungsgesetz, Fachhochschulgesetz, ETH-Gesetz).

Der Bund ist allerdings daran, seine Mittel für die höhere Bildung und die berufsorientierte Bildung aufzustocken. Mit dem Rahmenkredit für Bildung, Forschung und Technologie 2004–2007 (BFT-Kredit) steigerte die Eidgenossenschaft ihre Mittel bereits um jährlich ca. vier Prozent. Mit einem neuen Vierjahreskredit von rund 20 Milliarden Franken für Bildung, Forschung und Innovation (BFI-Kredit) sollen in den Jahren 2008–2011 die Bundesausgaben sogar um jährlich sechs Prozent anwachsen. Der Bund hat also die volkswirtschaftliche und strategische Bedeutung von Bildung, Forschung und Innovation erkannt und handelt entsprechend.[4]

Wie aus der → **Grafik 5.11** hervorgeht, fliessen 75 Prozent aller Bundesmittel für Bildung und Forschung (sog. BFI-Rahmenkredit) in die vollschulischen Bildungsgänge der Universitätsstufe und nur 25 Prozent in den Bereich des BBT, welches die Berufsfachschulen, Fachhochschulen, Höheren Fachschulen und die angewandte Forschung (KTI) mitfinanziert. Die praxisorientierten Bildungsgänge werden also vom Bund viel weniger gestützt, obschon in diesen viel mehr Fachleute ausgebildet werden, wie aus → **Grafik 5.5** hervorgeht. Wenn man *alle* öffentlichen Finanzmittel von Bund, Kantonen und Gemeinden addiert, verteilten sie sich 2006 mit 43 Prozent auf die berufsorientierten Bildungsgänge und 57 Prozent auf allgemeine und vollschulische Bildung. Allerdings hat der Bund die gesetzlich vorgesehenen Soll-Anteile für die Berufsbildung (Soll: 25 Prozent, Ist: 17 Prozent) und für die Fachhochschulen (Soll: 33 Prozent, Ist: ca. 25 Prozent) nicht erfüllt.

Auch innerhalb des BFI-Kredits des Bundes werden häufig Verteilungskonflikte ausgetragen, so zwischen den berufspraktischen Bildungswegen (berufliche Grundbildung und Fachhochschulen, verwaltet vom Bundesamt für Berufsbildung und Technologie BBT im EVD), die etwa 25 Prozent der BFI-Mittel beanspruchen. Für die Berufsbildung im engeren Sinn (Sekundarstufe IIB) sind nur gerade 14 Prozent aller Bundesmittel reserviert. Das System des berufspraktischen Bildungsweges bis und mit Fachhochschule ist für die öffentliche Hand insgesamt bedeutend kostengünstiger als der rein schulische Weg zur Universität und ETH.

Lehrstellenförderung (Reformvorschläge)

Der konstante Lehrstellenmangel – jährlich verlassen 6000 bis 9000 Jugendliche die obligatorische Schule, ohne eine weitere Ausbildung antreten zu können – sowie der ständige Mangel an Ausbildungsplätzen in den neueren Berufen haben zur Überlegung geführt, wie man die Lehrbetriebe mit einem finanziellen Anreiz zu einem höheren Angebot an Ausbildungsplätzen anregen kann. Folgende Anreizmechanismen sind realisiert oder stehen in Diskussion:

- Das Berufsbildungsgesetz BBG sieht vor, dass die Betriebe einer bestimmten Branche einen sogenannten **Berufsbildungsfonds** bilden können, zu dessen Mitfinanzierung ebenfalls nicht ausbildende Betriebe dieser Branche durch eine Verbindlichkeitserklärung verpflichtet werden können. Bedingung für diese Einbindung von sogenannten «Trittbrettfahrern» ist, dass im entsprechenden Branchenverband mindestens 30 Prozent aller Betriebe mit mindestens 30 Prozent aller Arbeitnehmenden und Lernenden beteiligt sind. Ein solcher brancheninterner Lastenausgleich wird zum Beispiel zur Finanzierung von branchenbezogenen Einführungskursen für Lernende herangezogen. Allerdings funktioniert dieses System in nur rund einem Dutzend Gewerbebranchen (Stand Ende 2008: 16 Branchenfonds).
- Als wirksames Anreizsystem haben sich die sogenannten **Basisjahre** erwiesen: Die Lernenden suchen sich nach der Schule ihre betriebliche Lehrstelle, aber das erste Lehrjahr verbringen sie in einer schulischen und praktischen Einführung in einer öffentlichen Berufsfachschule. Ab dem zweiten Lehrjahr sind sie Lehrlinge in dem Betrieb, der sie ausgewählt hat. Damit wird den Betrieben das erste, teuerste Lehrjahr abgenommen, dies zum Beispiel bei Berufen der Informatik und Telematik. Dieses wirksame Anreizsystem lässt sich auf andere moderne Berufe mit komplexen und teuren Ausbildungsgängen übertragen. Damit könnte das BBT verstärkt auch eine Schwerpunktbildung in Richtung Zukunftsberufe betreiben.
- Als weitere Entwicklung ist eine Art **Lastenausgleichsfonds** denkbar, schweizweit oder nach Kantonen organisiert. Ein solcher ist mit der sogenannten Lehrstelleninitiative 1998 auch schon zur Diskussion gestanden. ➔ **Grafik 5.12** zeigt, wie ein solcher Fonds funktionieren könnte: Aus einem erweiterten Berufsbildungsfonds wird ein Teil der Kosten der Lehrbetriebe vergütet, während alle Betriebe in diesen Fonds einzahlen. Ein solcher Lastenausgleich führt zum Prinzip: Wer nicht ausbildet, zahlt; wer ausbildet, wird entschädigt.
- Nicht zuletzt wurde und wird ein erhöhter **Steuerabzug für Lehrbetriebe** diskutiert. Würden diese ihre standardisierten Kosten für die Ausbildung ihrer Lehrlinge doppelt oder dreifach als Gewinnungskosten in Abzug bringen können, wäre der Zusatzaufwand durch die öffentliche Hand sozusagen abgegolten. Früher oder später scheint es unausweichlich, den Lehrbetrieben für ihren Aufwand in der beruflichen Grundbildung einen finanziellen Anreiz oder eine Entschädigung zu gewähren. (Statt einer generellen Gewinnsteuersenkung für alle Unternehmen nach dem Giesskannenprinzip würde sich ein solcher gezielter steuerlicher Ausbildungs-Abzug strukturverbessernd und volkswirtschaftlich viel effizienter auswirken.)
- Wie schon in Kapitel 4 erwähnt, ist das individuelle **Coaching** der Schulabgänger/-innen durch eine Betreuungs-Fachperson (sogenanntes «Case Management») sehr wirksam: Ein Coach betreut die schulisch und sozial schwachen Jugendlichen bereits ab dem 7. Schuljahr, hilft ihnen ihre Lehrstellenwünsche an der Realität zu orientieren, hilft bei der Lehrstellensuche und begleitet sie beratend durch die Lehre. Dieses nachfrageorientierte System ist erst im Aufbau begriffen und heute noch personell unterdotiert.

Betriebliche Berufslehre – wie erhalten und fördern?

Wir erleben eine mangelnde Verbreitung und Verankerung der Berufslehre vor allem in den neuen Dienstleistungsberufen (Informatik, Telematik, Freizeitsupport, Gesundheitsberufe. Näheres dazu in Kapitel 8). Während nach der Betriebszählung 1985 noch jeder dritte Betrieb in der Schweiz Lernende ausbildete, ist es heute nur noch jeder Sechste (18 Prozent). → **siehe Grafik 6.8** Allerdings ist die Zahl der Lehrstellen pro 100 Beschäftigte nicht in gleichem Mass zurückgegangen und durch die zusätzliche statistische Erfassung von Berufen (im Bereich Gesundheit, Soziales, Kunst, Landwirtschaft) in absoluten Zahlen sogar gewachsen.

Hinweis → Eine vertiefende Beschreibung der Entstehungsgeschichte der jüngsten Berufsbildungsreform findet sich im folgenden Aufsatz des Autors: Rudolf Strahm – Die entscheidenden Neunzigerjahre. Das Ringen um Reform und Aufwertung der Berufsbildung 1995 bis 2005. In: Bauder T./Osterwalder F. (Hrsg.): 75 Jahre Eidgenössisches Berufsbildungsgesetz. Politische, pädagogische, ökonomische Perspektiven. hep verlag, Bern 2008. Seiten 311–350.

5.1 Das Bildungssystem der Schweiz mit dem berufspraktischen und schulischen Bildungsweg

Offizielle Bildungssystematik und Organisation der Ausbildungswege

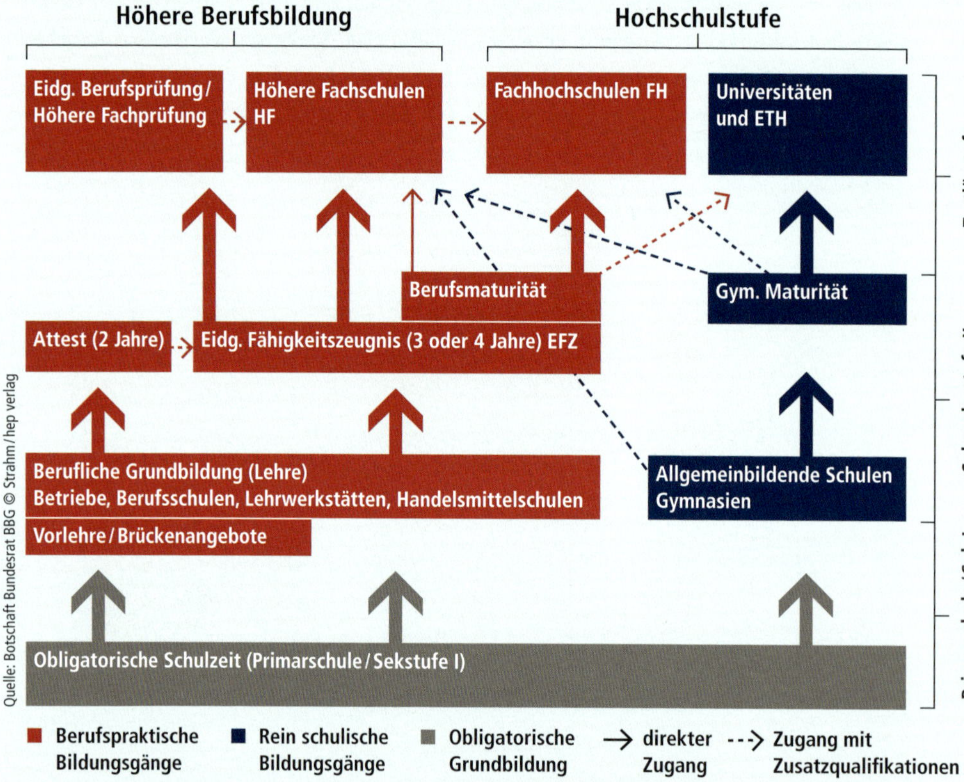

So wird die offizielle Bildungssystematik der Schweiz abgebildet. Rot: Die berufspraktischen Bildungsgänge mit beruflicher Grundbildung (Berufslehre mit eidgenössischem Fähigkeitszeugnis oder mit Attest), Berufsmaturität, Höherer Fachschule und Fachhochschule sowie höheren Fach- und Berufsprüfungen. Blau: Die rein schulischen Bildungswege mit gymnasialer Maturität zur Universität oder ETH. Beide Bildungswege stehen als «gleichwertig aber andersartig» nebeneinander. Durchlässigkeit innerhalb und zwischen den Bildungsgängen ist ein wichtiges Prinzip: Kein Abschluss ohne Anschluss.

5.2 Der Berufseintritt nach Studienabschluss ist für Fachhochschulabsolvent/-innen leichter

Berufssituation der Neudiplomierten von Universitäten und Fachhochschulen 1 Jahr nach Abschluss, 2003

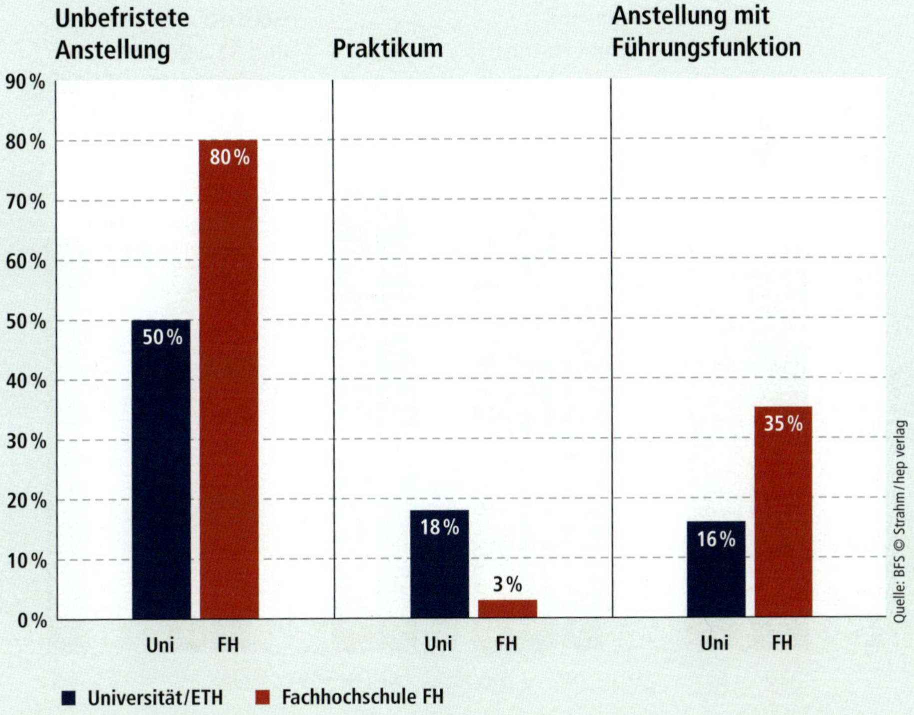

Weil die Absolvent/innen von Fachhochschulen in der Regel eine Berufslehre absolviert haben, sind sie in der Arbeitswelt begehrter als Universitätsabgänger/innen. Ein Jahr nach dem Studienabschluss haben bei den Fachhochschul-Diplomierten 80 % eine unbefristete Anstellung, bei den Universitäts-Diplomierten nur 50 %. 18 % der Uni-Abgänger/-innen machen noch ein Praktikum. 35 % der Fachhochschulabgänger werden bereits ein Jahr nach Abschluss in Führungsfunktionen eingesetzt, bei Uni-Abgängern/-innen weniger als halb so viel. → siehe Grafik 5.3, fünf Jahre danach

5.3 Der Arbeitsmarkt bevorzugt Fachhochschulabsolvent/-innen

Erwerbssituation der Absolventen/-innen von Universitäten und Fachhochschulen 5 Jahre nach Abschluss, 2007

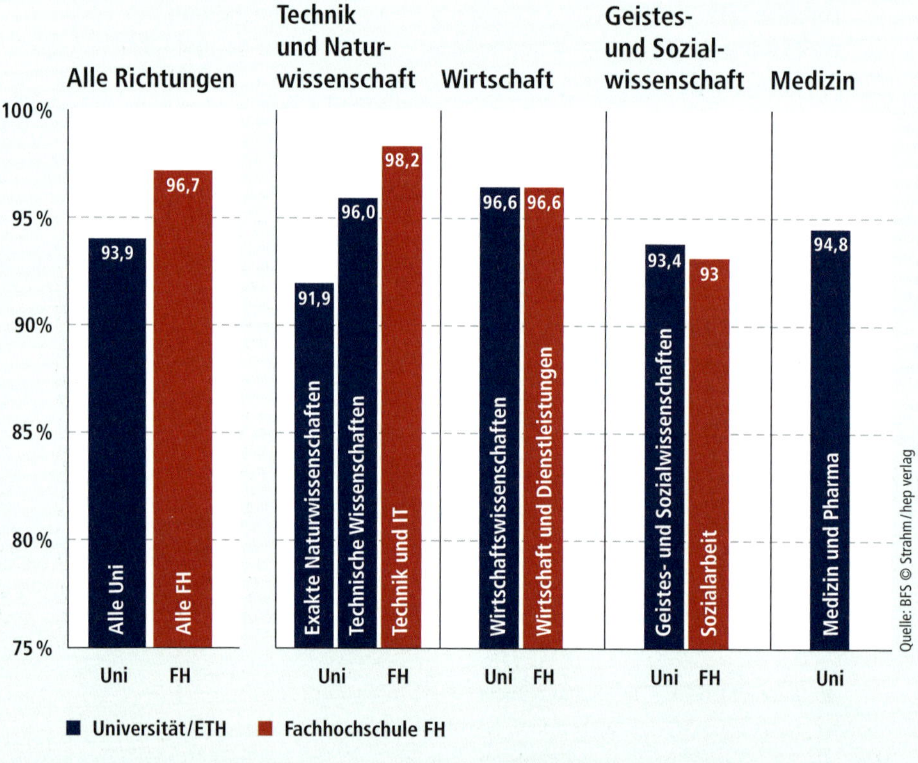

Der Arbeitsmarkt begehrt im Durchschnitt die Fachhochschulabsolventen/-innen mehr als Uni-Absolventen/-innen. Fünf Jahre nach Studienabschluss sind 96,7 % aller Fachhochschul-Diplomierten in einer studienadäquaten Erwerbssituation. Bei Uni-Abgängern/-innen sind es 93,9 %. Von den Uni-Absolventen/-innen haben vor allem die Mediziner und Juristen/-innen, wahrscheinlich dank der berufspraktischen Studiengestaltung, eine hohe Arbeitsmarktfähigkeit. → Grafik 5.2, ein Jahr nach Abschluss

5.4 Universitäts- und Fachhochschul-Absolventen/-innen verdienen annähernd gleich viel

Brutto-Jahreseinkommen 5 Jahre nach dem Tertiärabschluss (Medianwerte), 2007

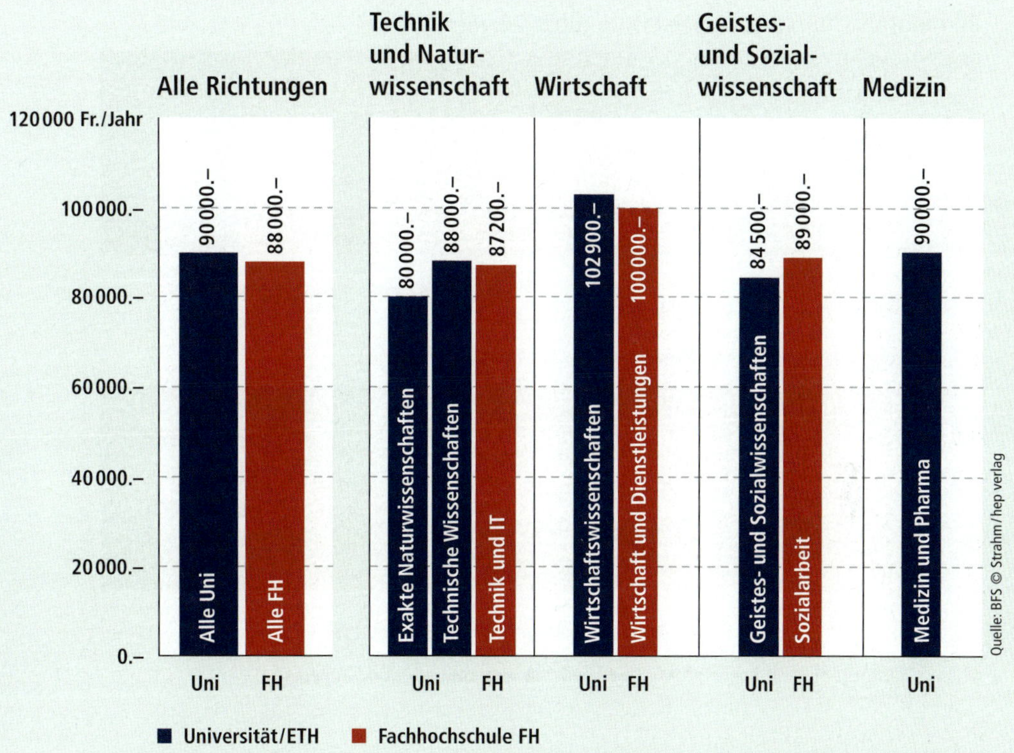

Die Universitäts- und die Fachhochschul-Absolventen/-innen verdienen fünf Jahre nach Studienabschluss annähernd gleich viel. Die Medianwerte für die Brutto-Jahreseinkommen sind im Rahmen der üblichen Einkommensstreuung fast gleich hoch. (Der Median- oder Zentralwert gibt die Einkommenshöhe an, bei der die eine Hälfte der Einzelfälle darüber und die andere Hälfte darunter liegt.) → siehe Grafiken 5.2 und 5.3

5.5 Die Stärke der Schweiz: Berufspraktisch orientierte Bildungsabschlüsse sind zahlenmässig vorherrschend

Geschätzte Anteile der Bildungsabschlüsse auf Sekundarstufe II und Tertiärstufe in Prozent des Gesamtjahrgangs 2008.

Bildungsabschlüsse auf Tertiärstufe (über 20-Jährige)

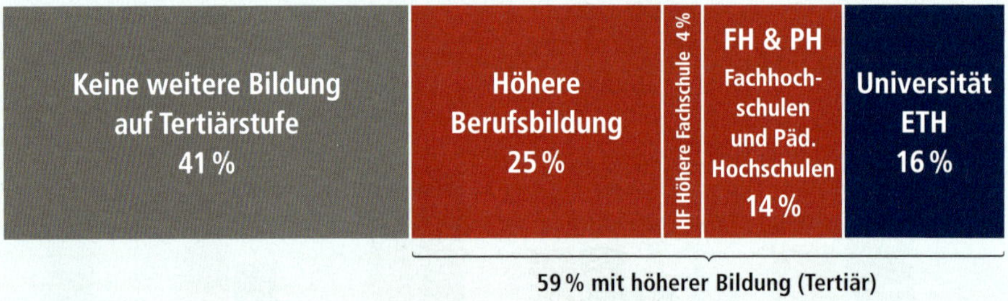

Bildungsabschlüsse auf Sekundarstufe II (16–20-Jährige)

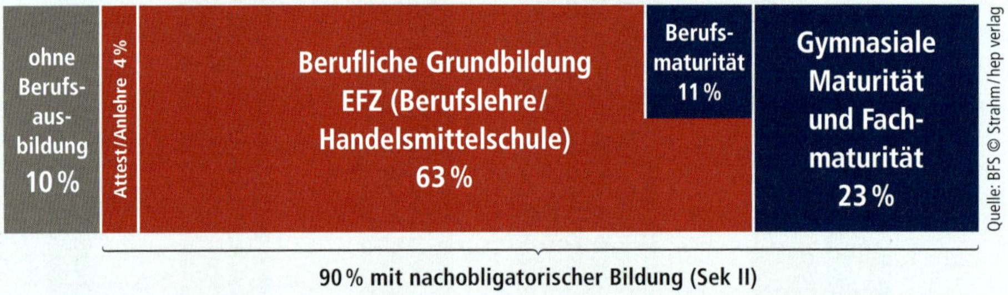

■ Ausbildungsgänge mit berufspraktischem Teil ■ Vollschulische Bildungsgänge

Von allen rund 95 000 Jugendlichen des betreffenden Jahrgangs machten 2008 rund 63 % einen Berufsbildungsabschluss mit dem Eidg. Fähigkeitszeugnis EFZ oder ähnlichem Abschluss. 10 % absolvierten keine nachobligatorische Bildung, 4 % eine Attest-Ausbildung oder Anlehre; und 23 % eine vollschulische Ausbildung mit gymnasialer Maturität oder Fachmaturität. 59 % aller jungen Menschen pro Jahrgang absolvierten eine Tertiärbildung: 16 % ein Universitätsdiplom, 14 % eine Fachhochschule oder Päd.Hochschule, 4 % eine Höhere Fachschule und 25 % eine höhere Berufsbildung (Eidg. Fachausweis, Eidg. Diplom oder Ähnliches).

5.6 Berufsberatung – die entscheidende Scharnierstelle zwischen Gesellschaft/ Schule und Arbeitswelt

Gesetzliche und institutionelle Aufgabenzuordnung der Schlüsselfunktion Berufsberatung und Arbeitsmarktintegration – mit ungelöstem Koordinationsbedarf

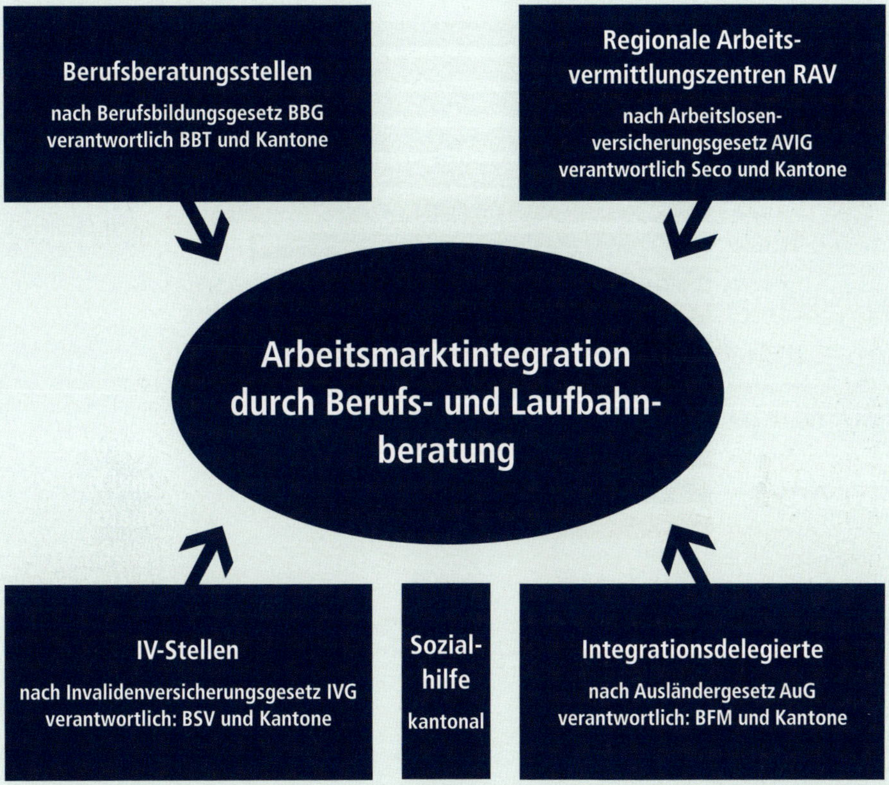

Berufsberatung und individuelles Coaching sind die Schlüsselfunktionen bei der wirksamen und nachhaltigen Arbeitsmarktintegration von Jugendlichen, Arbeitslosen, Ausländern und Ausländerinnen und Behinderten. Vier verschiedene Bundesgesetze mit verschiedenen Amtsstellen besorgen diese zentrale Aufgabe, es besteht ein Koordinationsbedarf mit der interinstitutionellen Zusammenarbeit (IIZ). Die Sozialhilfe ist kantonal geregelt.

5.7 Bildungssysteme der Staaten sind schwer vergleichbar – Schweiz ist Sonderfall bei Maturitäten

Hochschulzulassungsquoten im internationalen Vergleich, 2007 (Maturität und Berufsmaturität in Prozent der Jugendlichen im typischen Abschlussalter)

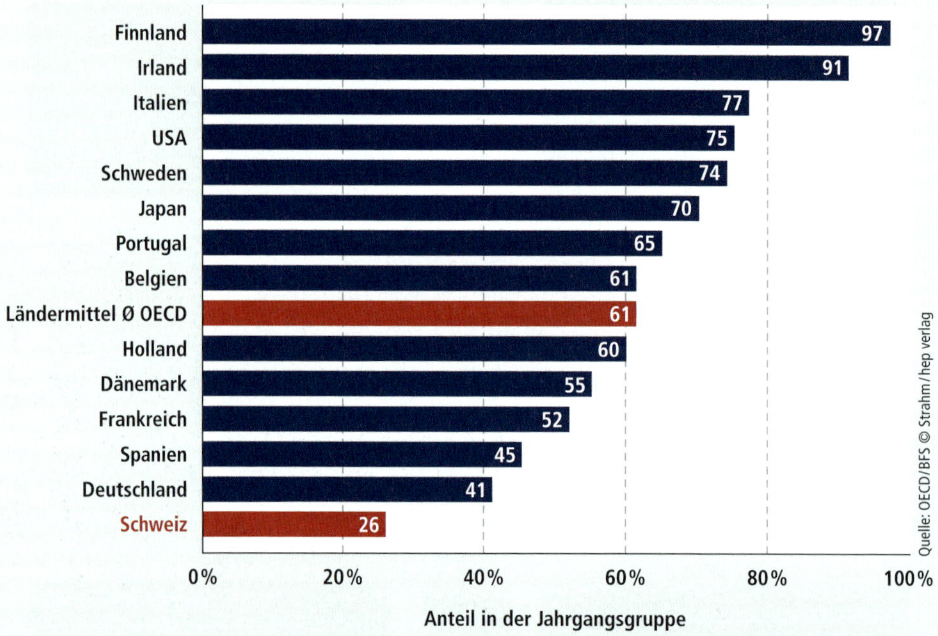

Die Bildungssysteme der Länder sind extrem verschieden. Der Anteil der Jugendlichen, die mit einer Maturität oder einem vergleichbaren Schulabschluss der Sekstufe II den Zugang zur Hochschulbildung finden, bewegt sich von 97 % in Finnland bis zu nur 26 % in der Schweiz. Die Maturitätsquote teilt sich bei uns auf in 18 % gymnasiale Maturität und 8 % Berufsmaturität. Das OECD-Bildungsreporting und in Konsequenz daraus das Bologna-Modell valorisieren die berufspraktischen Bildungswege nicht als gleichwertig.

5.8 Bei den gesamten Bildungsausgaben liegt die Schweiz nahe beim Mittel der Industriestaaten

Gesamte öffentliche und private Bildungsausgaben in Prozent des Bruttoinlandproduktes, 2006

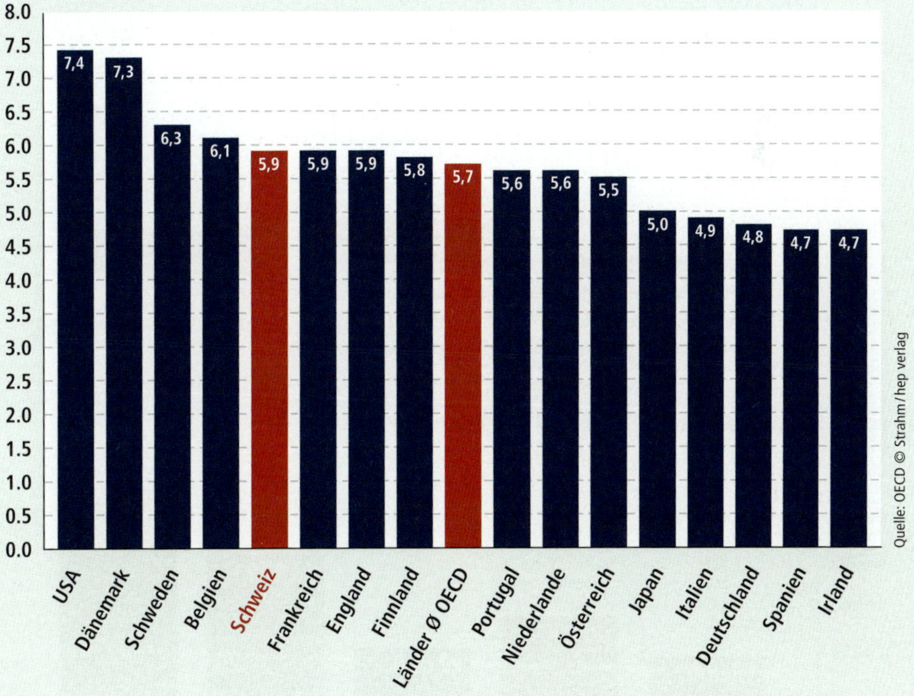

Bei den gesamten Bildungsausgaben, in Prozent des Bruttoinlandprodukts gemessen, liegt die Schweiz mit 5,9 % des BIP im Mittelfeld der OECD-Staaten. Diese Vergleichswerte sagen wenig aus über die Effizienz und Arbeitsmarkttauglichkeit der Bildungssysteme. Die meisten Bildungsausgaben werden übrigens von der öffentlichen Hand getätigt. Nur in den USA betragen die Bildungsaufwendungen der Privaten mehr als 1 % des BIP.

5.9 Das Berufsbildungssystem ist für den Staat kostengünstig

Jahreskosten der öffentlichen Hand pro Lehrling oder Studierenden für den schulischen Ausbildungsteil, 2003 / 2005

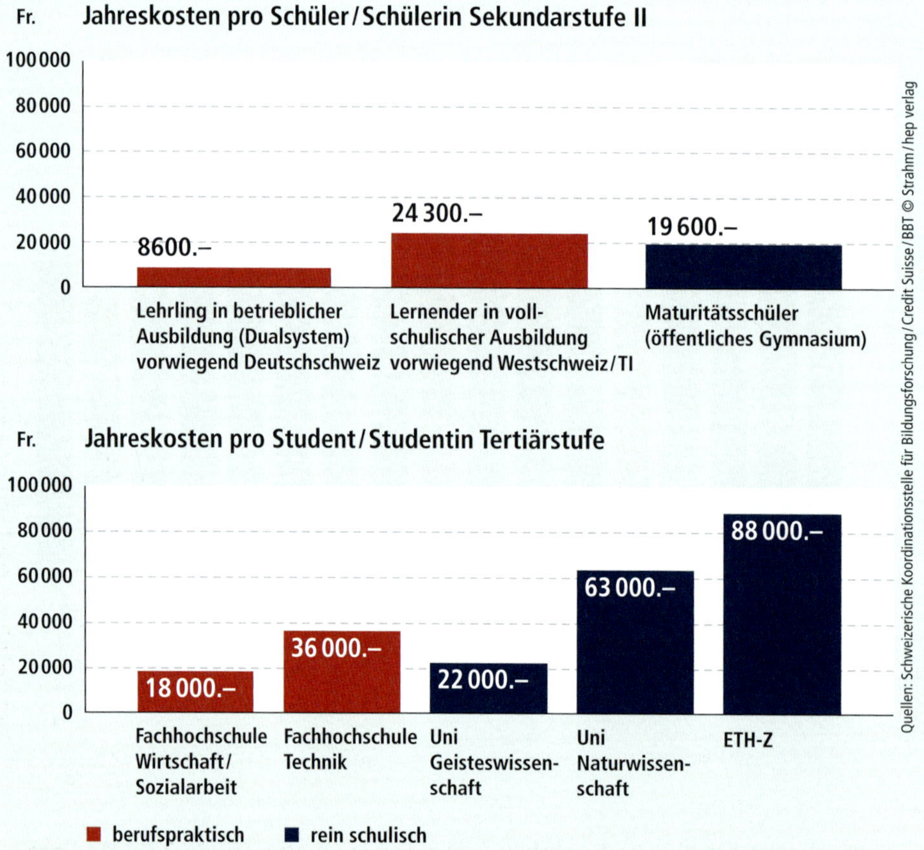

Die betriebliche Berufsbildung ist nicht nur praxisnah und arbeitsmarktlich ausgerichtet, sondern für den Staat auch kostengünstiger. Die Berufsfachschulen kosten im Dualsystem im schweizerischen Durchschnitt die Kantone und den Bund nur Fr. 8600.– pro Lernenden, Vollzeit-Berufsschulen dagegen Fr. 24 000.– und Maturitätsschulen rund Fr. 20 000.– pro Schüler und Jahr.

5.10 Lehrlinge kompensieren die Ausbildungskosten im Lehrbetrieb teilweise durch produktive Arbeit

Bruttokosten des Lehrbetriebs (BK), produktive Leistungen des Lehrlings im Betrieb (P) und Differenz = Nettokosten (NK) resp. Nettonutzen des Lehrbetriebs im Verlaufe der Berufslehre 2006

Fr. **Kaufmann-Lehrling im Lehrbetrieb**

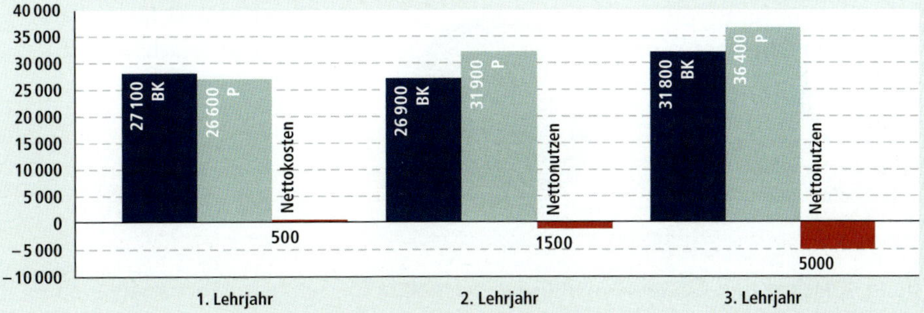

Fr. **Polymechaniker-Lehrling im Lehrbetrieb**

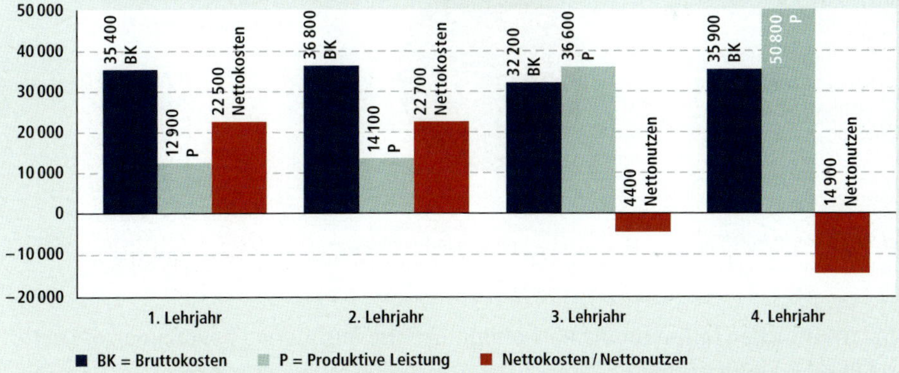

Quelle: Wolter / Mühlemann u.a. © Strahm / hep verlag

Ein Kaufmann-Lehrling im 1. Lehrjahr kostet den Lehrbetrieb Fr. 27 100.– für Lohn, Ausbildneraufwand, Material usw. Er leistet aber im Betrieb produktive Arbeit im Wert von Fr. 26 600.–. Dem Betrieb bleiben also Nettokosten von Fr. 500.–. Über die ganze dreijährige Berufslehre beträgt der Nettonutzen bei KV-Lehrlingen etwa Fr. 6000.– (Rechnung: – 500.– + 1500.– + 5000.– = + 6000.–). Analog liest sich das untere Diagramm für die Polymechaniker-Lehre.

5.11 Der Staat zahlt bedeutend mehr für akademische und vollschulische Bildungsgänge

Öffentliche Mittel für Sekundarstufen II, Tertiärstufen und Forschung

Nur Bund: Bundesmittel für Bildung/Forschung/Innovation BFI – Rahmenkredit 2008–2011

Bundesamt für Berufsbildung und Technologie BBT
Berufsbildung
Höhere Fachschulen
Fachhochschulen
Technolog. Innovation KTI

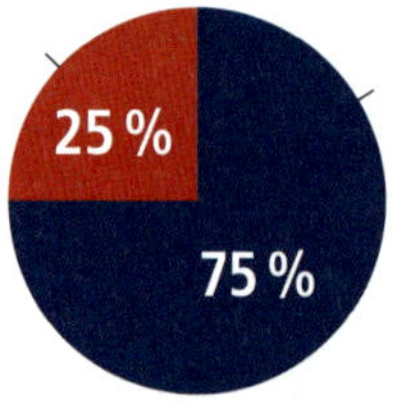

Staatssekretariat für Bildung und Forschung SBF
Universitäten, ETH,
universitäre Forschung

Bund, Kantone und Gemeinden: Bildungsausgaben für Sek II und Tertiärstufe, 2006

Berufsorientierte Ausbildung
Berufliche Grundbildung
höhere Berufsbildung
Fachhochschulen

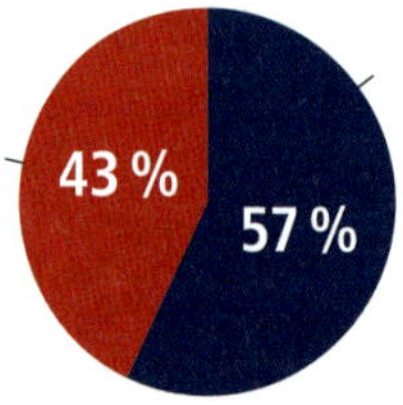

Vollschulische Ausbildung
Gymnasien u. a., Mittelschulen,
Universitäten, ETH

Quelle: BFS und Bundesrat © Strahm/hep verlag

■ Mittel für Berufsbildung ■ Mittel für vollschulische Bildung

Die öffentlichen Mittel für die nachobligatorische Ausbildung bevorzugen die vollschulischen Bildungsgänge gegenüber dem Berufsbildungssystem stark. Von den Bundesmitteln für Bildung, Forschung und Innovation (BFI-Kreditrahmen) der Jahre 2008–2011 mit rund 21 Milliarden Franken (nach Abzug der Raumfahrt- und EU-Forschungsmittel) fliessen 75 % an Universitäten, ETH und universitäre Forschung, und nur 25 % in die Berufsbildung, höhere Berufsbildung, Fachhochschulen und praktische Forschung (KTI). – Bei allen Bildungsmitteln von Bund, Kantonen und Gemeinden war 2006 das Verhältnis 57 % zu 43 %. Verteilung der Diplome → Grafik 5.5

5.12 Wie ein finanzieller Anreiz für Lehrstellen mit Lastenausgleich für Lehrbetriebe funktionieren könnte

Weiterentwicklung des heutigen Systems der Berufsbildungsfonds der Branchen zu einem generellen Anreizsystem

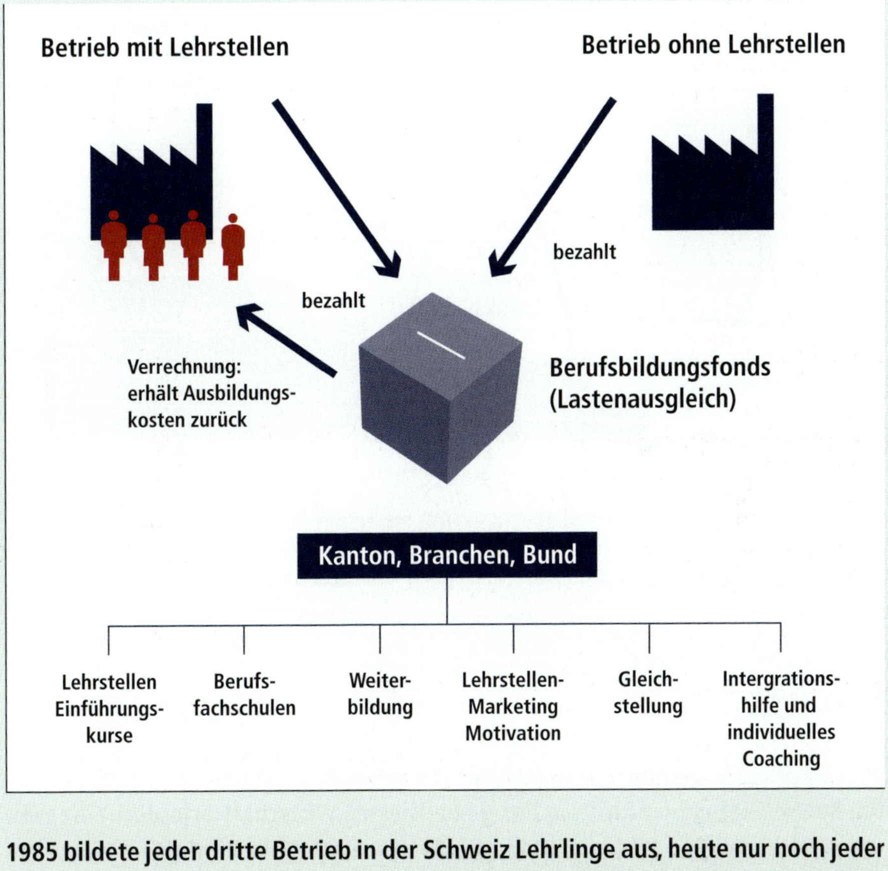

1985 bildete jeder dritte Betrieb in der Schweiz Lehrlinge aus, heute nur noch jeder sechste. Heute können gewisse Branchen für die Ausbildungskosten der Betriebe Berufsbildungsfonds bilden, in die alle Firmen der Branche zahlen. Eine Weiterentwicklung wäre ein Lastenausgleichsfonds für die ganze Wirtschaft: Wer nicht ausbildet, zahlt; wer ausbildet, erhält Kosten vergütet. Oder den Lehrbetrieben könnten standardisierte Steuerabzüge für jede Lehrstelle gewährt werden.

5.13 Die Zukunft verlangt mehr Grundbildung für alle und mehr Berufsleute mit höherer Spezialisierung

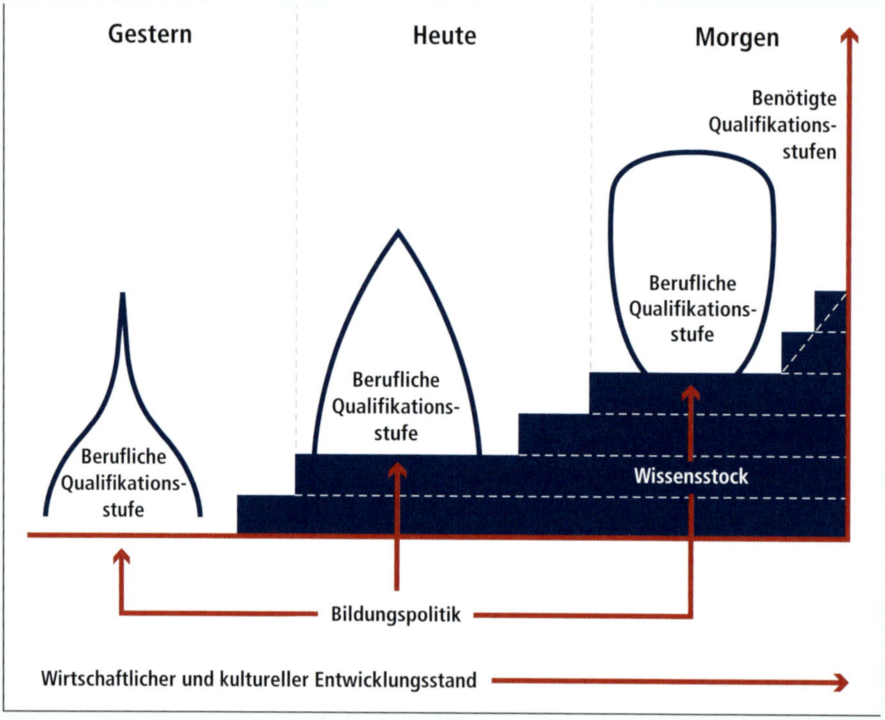

Quelle: St. Galler Zentrum für Zukunftsforschung SGfZF © Strahm/hep verlag

Die Spezialisierung im Rahmen der globalisierten Wirtschaft erfordert eine Weiterentwicklung des Bildungssystems: Alle Berufstätigen benötigen einerseits mehr Grundwissen wie Fremdsprachen, Informatik und Schlüsselkompetenzen wie Team- und Konfliktfähigkeit. Deshalb ist eine frühe Einschulung wichtig. Anderseits braucht es auch mehr bis zur Tertiärstufe Ausgebildete (Höhere Fachschulen, Fachhochschulen, Universitäten, ETH). Viele repetitive Tätigkeiten der Ungelernten fallen jedoch weg.

Kommentar zum Bildungssystem Schweiz

Die Gefährdungen der schweizerischen Berufsbildung

Wer würde die Berufslehre und generell das schweizerische Berufsbildungssystem nicht für eine gute Sache halten? Alle bekennen sich im Prinzip zur Berufsbildung. In den letzten Jahren – etwa seit 1995 – ist die Berufslehre in der Gesellschaft wieder hoffähiger und anerkannter geworden, nachdem viele Eltern, Lehrpersonen und Jugendliche den Mangel an Lehrstellen hautnah gespürt und die Politik die sozialen Folgekosten der Ausbildungsdefizite wahrgenommen hatten. Die Jahre zuvor galt der gymnasiale Weg als das Erstrebenswerteste.

Dennoch, trotz aller verbalen Bekenntnisse ist die Berufsbildung gefährdet. Sie hat im Vergleich zur starken Lobby der Universitäten, ihrer Professoren und Forscher, einen schweren Stand im Verteilungskonflikt um die öffentlichen Gelder. Der ehemalige Staatssekretär für Bildung und Wissenschaft bezeichnete im verwaltungsinternen Ausmarchungsverfahren die Begehren um Aufstockung der BBT-Mittel zugunsten der Berufsbildung und Fachhochschulen (die nur gerade 25 Prozent aller Bundesmittel für Bildung und Forschung ausmachen) schlicht als «de luxe». Im eidgenössischen Parlament verstehen nur ein Dutzend Parlamentarierinnen und Parlamentarier à fond, wie das Berufsbildungssystem funktioniert und wie es organisiert ist. Und die Wirtschaftswissenschaft interessiert sich, wie in Kapitel 2 beschrieben, praktisch nicht für das Berufsbildungssystem.

Ein erster Hinweis: Der Schweizerische Gewerkschaftsbund hat 2006 einen schönen, reich illustrierten Geschichtsband über die Gewerkschaftsbewegung und die Arbeitnehmerpolitik herausgegeben.[5] Er enthält dutzende von Seiten Berichte über Arbeitskämpfe und Streiks (als ob es in der Schweiz je eine Streiktradition gegeben hätte). Dem Lehrlingswesen, der Berufsbildung und der Qualifikation der Arbeitnehmerschaft jedoch leiht der umfangreiche Geschichtsband keine einzige Seite. Die Gewerkschaften unterstützten zwar die Lehrlingsinitiativen und ein einziger Funktionär befasst sich auf Bundesebene mit der Berufsbildungspolitik; aber die gewerkschaftliche Elite, die in ihrer Mehrzahl nie in einem Betrieb tätig gewesen ist, ignoriert die Bedeutung der Lehre als Schlüsselqualifikation ihrer Basis.

Ein zweites Indiz: Von den verschiedenen Unternehmensratings ist keines bekannt, das zum Beispiel die Zahl der Lehrstellen – 6 Lehrstellen pro 100 Beschäftigte werden als Soll-Wert betrachtet – erfassen und mitbewerten würde. Sowohl der «Swiss Economic Award» des Swiss Economic Forum als auch der «Schweizer Qualitätspreis ESPRIX für Business Excellence» halten es nicht für nötig, eine Bewertung der Ausbildungstätigkeit, zum Beispiel die Zahl der angebotenen Lehr- und Stagiairestellen, als Beurteilungskriterium einzubeziehen.

Ein dritter Hinweis: Der von Konzernen finanzierte «Thinktank» Avenir Suisse versorgt die Medienöffentlichkeit in Serie mit schwarzmalerischen Wachstumsperspektiven. Die jüngste Buchpublikation 2007 würdigt in ihrer umfangreichen *Analyse der Wirtschaftsentwicklung* den Bildungsfaktor mit keinem Satz; und im zweiten Teil mit einer *Reformskizze für eine prosperierende Schweiz* erhält die *Förderung des Humankapitals,* so der Titel des Abschnitts (welche Abstraktion!), Platz auf bloss zwei Seiten, ohne auch nur die Berufsbildung zu streifen. Kein Wort steht etwa über die Zusammenhänge zwischen Produktivität und Berufsbildung.[6] Blättert man in den drei früheren Bänden von Avenir Suisse – alle unter dem lauten Tenor der angeblichen Wachstumsschwäche und des notwendigen Staatsabbaus verfasst – so hat der Faktor Bildung auf ein, zwei Seiten einen absolut marginalen und die Berufsbildung überhaupt keinen Platz im ideologischen Weltbild dieser Ökonomen.[7] – Was man nicht kennt, wird ignoriert.

Die meinungsführende wirtschaftspolitische Elite der Schweiz ignoriert, mit einigen Ausnahmen, die Bedeutung des Berufsbildungssystems für die Standortqualität der Schweiz. Wer den Bildungsweg über die Matura bis zur Universität gegangen ist und nie in einem Betrieb gearbeitet hat, kennt das Berufsbildungssystem kaum, welches fast 70 Prozent der deutschschweizerischen Bevölkerung durchlaufen haben. Und was man nicht kennt, ist einem auch nichts wert.

Tertiärstufe im Arbeitsmarkttest

Die Universitäten haben für die höhere Bildung und die Forschung eine zentrale Bedeutung, aber sie sind – die beiden ETH ausgenommen – weit weg von einer berufsbefähigenden Ausbildung. Als berufsbefähigend könnte man am ehesten die medizinischen und juristischen Abschlüsse bezeichnen.

Gibt es etwas Arbeitsmarktferneres als die Universität? Dies zeigt sich an der mangelnden Arbeitsmarktfähigkeit bestimmter Massen-Studiengänge und Fachrichtungen der Universitäten. Die meisten Professoren nehmen sich die Zielsetzung der Berufsbefähigung ihrer Studierenden schon gar nicht als Ausbildungsziel vor. Bildungspolitiker sprechen von einer «Generation Praktikum» oder «Generation P». Die Bezeichnung bezieht sich auf junge, gut ausgebildete Hochschulabsolventen/-innen, die trotz Titel und grosser Motivation keine feste Anstellung finden und sich mit Praktikanten- und Stagiare-Stellen über Wasser halten (wobei ein Praktikumsjahr für Universitätsabsolventen und -innen durchaus nützlich sein kann). Der Anteil der Universitätsabsolventen und -innen, die in der Schweiz zu Beginn ihrer beruflichen Karriere ein Praktikum absolvieren, liegt bei 18 Prozent – was im internationalen Vergleich noch tief ist –, während er bei den Fachhochschulabsolventen bei drei Prozent liegt. → Grafik 5.2 Es zeigt sich auch, dass die Praktikantenquote in jenen Wirtschaftregionen der Schweiz höher ist, die einen höheren Anteil an Universitätsabsolventen und -innen kennen.[8] Eine Wirtschaftszeitung fasst ihre Firmenumfrage über die Nachwuchsprobleme so zusammen: «Die Firmen vermissen in den Studienangeboten der Hochschulen die Praxisnähe. Um den Mangel in der Ausbildung wettzumachen, setzen viele Konzerne auf eigene Weiterbildungsprogramme für Studienabgänger.»[9] Im Wettstreit um Talente rekrutieren heute die Unternehmen der im Exportgeschäft sehr erfolgreichen Metall-, Elektro- und Maschinenindustrie (Swissmem-Unternehmen) ihre Ingenieure zu zwei Dritteln aus Fachhochschulabsolventen (siehe auch den Akzeptanz-Vergleich von Uni- und FH-Absolventinnen in). → Grafiken 5.2, 5.3 und 5.4

Stellvertretend für viele andere praxisorientierte Wirtschaftsleute lasse ich hier den Universitätsangehörigen Prof. Heinz Zimmermann zu Worte kommen, der aufgrund seiner Erfahrung zwischen Universität und Praxis in der Bankenwelt die «realitätsferne Akademisierung des Arbeitsmarktes» aufs Korn nimmt: «Wo früher – und sinnvollerweise – Angestellte mit einem Berufsabschluss und Praxiserfahrung eingesetzt wurden, wird heute ein Universtitätsabschluss verlangt. Das kommt erst noch billiger, denn die Produktion an Bachelor- und Masterabschlüssen blüht an unseren höheren Bildungsstätten, während das Angebot an Fachkräften mit Berufserfahrung bestenfalls stagniert… Wer sich zu stark vom akademischen Bildungsmarkt und den hochtrabenden Ansprüchen blenden lässt und dabei die Signale des Arbeitsmarktes übersieht, wird böse Überraschungen erleben. Dies gilt nicht nur für die Bildungshungrigen, sondern für die Arbeitgeber ebenso.»[10]

Gefahr Nummer 1: Das Bologna-Modell

All diese Unkenntnis der Berufsbildung wäre noch keine ins Gewicht fallende Gefährdung des Berufsbildungssystems. Die Gefahr Nummer eins kommt vielmehr von der Tendenz zur Gleichmacherei und Nivellierung der Bildungsgänge im Rahmen des Bologna-Modells, oder anders gesagt, von einem selbst auferlegten Zwang zur Anpassung an die internationale Bildungssystematik.

Die «Bologna-Reform» ist an sich auf die Tertiärstufe der Bildungsgänge ausgerichtet. Ihr wichtigstes Ziel ist die Angleichung der Studiengänge zur Erhöhung der Mobilität in Europa. In der Deklaration von Bologna haben die europäischen Bildungsminister im Jahr 1999 die Errichtung eines europäischen Hochschulraumes vereinbart. Zu den wichtigsten Massnahmen dieser Reform gehört die Einführung gestufter Studiengänge, wobei der erste Abschluss (Bachelor) nach drei Jahren Vollzeitstudium, der zweite Abschluss (Master) nach weiteren anderthalb bis zwei

Jahren erworben wird. Diese neuen Strukturen lösen in der Schweiz das bisherige einstufige Diplom- und Lizentiatsstudium ab. Die einzelnen Studienmodule werden mit sogenannten ECTS-Punkten (European Credit Transfer and Accumulation System) bewertet, um eine Anrechnung der Studienabschnitte beim Hochschulwechsel zu erzielen.

Die Bologna-Erklärung ist bis heute von 33 europäischen Staaten unterzeichnet worden. Die schweizerische Signatur ist im Parlament nie zur Ratifikation vorgelegt worden. Sie wurde bloss vom zuständigen Departement und von den kantonalen Erziehungsdirektoren «genehmigt».

Für die schweizerischen Universitäten, die wegen des Kantonsföderalismus und den unklaren Führungsstrukturen während Jahrzehnten unter einem Reformstau gelitten hatten, war die Bologna-Reform zweifellos eine erwünschte Wegmarke zur Deblockierung und Ausrichtung der längst fälligen Reformen.

Hingegen ist die Anwendung des Bologna-Systems auf die Fachhochschulen, und überhaupt die Überstülpung auf das schweizerische Bildungssystem, mit grossen Problemen verbunden. Sie wird zu einem «Down-Grading», zu einer Nivellierung der Fachhochschulstudiengänge führen. Denn das Bologna-System valorisiert die berufspraktische Ausbildung nicht. Dadurch wird die vorlaufende Berufslehre ebenso wenig in die Bewertung einbezogen wie die berufspraktischen Ausbildungsabschnitte in der Fachhochschule selber.

Ein *schweizerischer* Fachhochschulingenieur mit Studienabschluss hat in der Regel vorher eine vierjährige Berufslehre (zum Beispiel als Polymechaniker) absolviert, eine Berufsmatura bestanden und danach drei Jahre vollzeitlich die Fachhochschule bis zum Ingenieur-Titel (neu nach dem Bologna-Modell: zum Bachelor) durchlaufen. Er hat sowohl die Berufspraxis seines Fachgebietes von Grund auf als auch das Ingenieurwissen erlernt. Er verfügt über eine ideale Kombination von Skills und Know-how, also von praktischen Fähigkeiten und theoretischem Ingenieurswissen. Ein Bachelor einer *ausländischen* Fachhochschule jedoch oder irgendeiner Universität hat diese einmalige Kombination nicht. Der europäische Fachhochschul-Bachelor hat in der Regel (einige Berufszweige in Deutschland ausgenommen) nur den schulischen Weg beschritten, von der Maturität zur vollschulischen Fachhochschule. Die praktischen Berufskenntnisse und betrieblichen Erfahrungen der schweizerischen Fachhochschulabsolventen/-innen kennt er nicht. Dies ist eine krasse Ungleichbehandlung unter gleichem Titel. (Uns ist bewusst, dass streng genommen nur die Tertiärstufe dem Bologna-Prozess unterworfen ist. Dieser hat aber bei den vorgelagerten Bildungsstufen eine Vorwirkung, welche auf eine Valorisierung und Bevorzugung der vollschulischen Bildung hinausläuft).

Den Universitäten Europas dient der Bachelor-Titel als willkommenes Überlaufmodell für die grossen Massen an Studenten, die man nach drei Jahren mit einem Titel von der Universität entlassen möchte. Mit den nun geschützten Titeln «Bachelor of Science» und «Bachelor of Arts», wie sie neu von den schweizerischen Fachhochschulen in Angleichung an die Universitäten verliehen werden, geht die Qualifikation «gleichwertig aber andersartig» verloren. Der berufspraktische Vorlauf mit der Berufslehre wird mit der Titelgebung nicht honoriert. Der Fachhochschultitel wird zwar europäisch standardisiert, aber bloss dem oft nicht berufsbefähigenden Uni-Bachelor Europas gleichgestellt. Dies ist das Kernproblem des Down-Gradings.

Zwar wird es auch an vielen schweizerischen Fachhochschulen möglich werden, mit eineinhalb bis zwei Zusatzjahren Studium einen Mastertitel zu erwerben. Aber die Nivellierungsproblematik bleibt bestehen. Viele Fachhochschullehrer, -lehrerinnen und -rektoren, die sich nun auch mit dem Professoren-Titel schmücken dürfen, hatten aus standespolitischen Gründen systematisch auf diese Angleichung hingewirkt und dafür gegenüber Parlamentariern auch Lobbyisten eingesetzt.

Das Bologna-Modell hat, wie erwähnt, für die Universitäten wohl eine längst fällige Reform und Studienharmonisierung gebracht, was das bildungsföderalistische politische System nach jahrzehntelangem Bemühen nie zustande gebracht hatte. Wenn es nun aber dogmatisch und unflexibel auf das Berufsbildungssystem Schweiz übergestülpt wird, hat es die Wirkung einer Gleichmacherei mit Verlust der Arbeitsmarktfähigkeit. Es fördert eine Nivellierung nach unten, das heisst eine Anpassung an Länder, die den arbeitsmarktorientierten, berufspraktischen Ausbildungsweg nicht kennen.

Vergleichbarkeit der Berufstitel nicht gegeben

Die Aprentas ist ein Ausbildungsverbund für die Grund- und Weiterbildung in naturwissenschaftlichen, technischen und kaufmännischen Berufen für die Basler Pharma- und Chemieindustrie. Sie bildet auch Biologie- und Chemielaboranten und Chemikanten (neu: Chemie- und Pharmatechnologen) aus. Der Pharmakonzern Novartis, der an Aprentas als Gründungsmitglied beteiligt ist und dort seine Laborantinnen und Laboranten ausbilden lässt, betreibt biotechnologische Forschung sowohl in Basel als auch in Boston/Massachusetts (USA). Die häufige Mobilität der Mitarbeiterinnen und Mitarbeiter ermöglicht einen recht guten Vergleich der Berufsqualifikationen zwischen Basel und Boston. Der Aprentas-Leiter berichtet aus Erfahrung: Eine in Basel ausgebildete Biologielaborantin oder ein Biologielaborant ist befähigt, biochemische, zellbiologische, molekular- und mikrobiologische Methoden gleichermassen zum Einsatz zu bringen wie ein mittlerer Master-Absolvent in Boston (USA). Mit anderen Worten: Was an einer amerikanischen Universität Graduierte auf der Tertiärstufe leisten, können in der Schweiz Berufslehrabsolventen mit der Sekundarstufe II B gleichwertig erbringen. Die Basler Laborantin würde, präzis nach Berufstypologie übersetzt, in den USA lediglich als «Laboratory Assistent» bezeichnet, was dort eine blosse Laborhilfskraft darstellt. Die Angleichung an die internationale Berufstypologie bringt letztlich nicht mehr Mobilität, sondern bedeutet eine Abwertung des schweizerischen Berufsbildungssystems.

In den USA und in andern angelsächsischen Ländern werden, um eine andere Verwirrung zu benennen, Berufe wie die Fachangestellte Gesundheit («Krankenschwester» oder «Nurse») oder die medizinische Praxisassistentin («Arztgehilfin») an den Universitäten zum Bachelor ausgebildet; in der Schweiz obliegt dies der beruflichen Grundbildung.

Die Politik hatte auf diese Gefahr für das Berufsbildungssystem Schweiz aufmerksam gemacht. Der Bundesrat vertröstete die Berufsbildungsbefürworterinnen und -befürworter mit einem wortreichen, wenig aussagenden Bericht des BBT über den sogenannten «Kopenhagen-Prozess». Dieses internationale Verhandlungsverfahren soll in Analogie zum Bologna-Prozess auch die Berufsausbildung der Sekundarstufe II (also der Berufslehren) in Europa vergleichbar und bei den Ausbildungsgängen anrechenbar machen. Allerdings ist auch Jahre nach dem Anstossen dieses Kopenhagen-Verhandlungsprozesses die Kernfrage der Bewertung der Berufslehren noch völlig ungelöst.[11]

Um der Nivellierung zu entgehen, haben allerdings gewisse Hochschulen Europas, die sich dem «Exellence-Niveau» zuordnen, die Bologna-Empfehlungen zur Titelgebung nicht vollständig umgesetzt. Die ETH zum Beispiel hat angeordnet, dass sie den Ingenieur-Titel beibehalten will und die Bachelor- und Master-Titelgebung der europäischen Universitäten nicht übernimmt. Ich war immer der Meinung, auch die technischen Fachhochschulen der Schweiz sollten ihren Ingenieurtitel nicht der Bologna-Nivellierung zum Opfer darbringen; und ich wäre nicht erstaunt, wenn man diesen Entscheid nach negativen Erfahrungen mit dem Allerweltstitel des Bachelors dereinst rückgängig machen würde.

Ich würde heute einem Absolventen/einer Absolventin einer technischen Fachhochschule Schweiz raten, den Abschlusstitel «Ingenieur FH» beizubehalten oder mit zu verwenden. Der Arbeitsmarkt valorisiert den Fachhochschulabschluss höher als die nivellierte Allerwelts-Bezeichnung des «Bachelors».

Die länderübergreifende Harmonisierung und Anerkennung aller Studienabschlüsse hat in der Schweiz einen hohen Preis: Die berufspraktischen und arbeitsmarktorientierten Ausbildungsgänge werden abgewertet und mit den rein schulischen Bildungswegen leider nivelliert. Dieser Trend wird durch die Personenfreizügigkeit mit der EU verstärkt. Er wird innenpolitisch zu Problemen führen.

Gefahr Nummer 2: Die Hochschullandschaft Schweiz

Die Bologna-Deklaration von 1999 spricht idealisierend von der Schaffung eines «europäischen Hochschulraumes», der die Mobilität ermöglichen und fördern soll. Auf Betreiben des Staatssekretariats des Bundes für Bildung und Wissenschaft und mit starker Förderung der Universitätskreise wird seit 1999 das Projekt «Hochschullandschaft Schweiz 2008» vorangetrieben. Mit dieser ambitiösen Konstruktion eines Hochschulförderungs- und Koordinationsgesetzes (HFKG, Bundesrats-Entwurf vom 29. Mai 2009) sollen die Universitäten, die beiden ETH und alle Fachhochschulen zu einem Gesamtkonzept der Tertiärstufe unter einem Gesetzesdach zusammengeführt werden. Die Fachhochschulen sollen in dieses Koordinationskonstrukt einbezogen und, so die Befürchtung, als «Junior-Hochschulen» zu einer

Art von «Hochschulen Typus B» eingestuft werden. Die Fachhochschulen sollen dann zusammen mit den Universitäten einem übergeordneten «Steuerungsorgan», der Schweizerischen Hochschulkonferenz mit dem Hochschulrat, der aus 14 Kantonsvertretern und einem Mitglied des Bundesrats zusammengesetzt ist, unterstellt werden. Die Fachhochschulen geraten damit in den Anpassungszwang an die akademische arbeitsmarktferne Bildungskultur. Diese ultimative Integration des Bildungssystems auf der Tertiärstufe, die einseitig auf die Zielsetzung der Titel-Angleichung und der Mobilität ausgerichtet ist, wird zu einer Abwertung der berufspraktischen Bildungsgänge in der Schweiz führen.

Bundesrat Pascal Couchepin hatte im Mai 2006 den Antrag gestellt, die Fachhochschulen (heute vom BBT im Eidgenössischen Volkswirtschaftsdepartement betreut) mit einem kurzen Akt «seinem» Eidgenössischem Department des Innern einzuverleiben – freilich ohne jede Antwort auf die Frage zu erteilen, was denn mit der Berufsbildung zu geschehen habe. Sollten die Fachhochschulen in die «Hochschullandschaft Schweiz» integriert und von der übrigen Berufsbildung abgetrennt werden, würde dem berufspraktischen Bildungsweg, der von der beruflichen Grundbildung (Lehre) über die Berufsmaturität zu den Höheren Fachschulen und Fachhochschulen führt, quasi die oberste Etage weggenommen. Wenn schon eine Integration zu vollziehen ist, müsste die Berufs- und Hochschulbildung auf Bundesebene im Volkswirtschaftsdepartement zusammengefasst und dieses zu einem Bildungs- und Wirtschaftsdepartement umgestaltet werden, um die «Employability» der Sekundar- und Tertiärbildung sicherzustellen. Der Bundesrat hat im März 2010 beschlossen, eine Zusammenführung der beiden Bildungsbereiche in einem Bildungsdepartement auf 2012 zu realisieren.

Die «Hochschullandschaft Schweiz» ist heute als Verfassungsprinzip verankert, aber die konkrete Ausgestaltung des HFKG wird erst in einem langen parlamentarischen Verfahren in der Legislaturperiode 2008 – 2011 beschlossen werden. Die wichtigen Entscheide werden erst im Parlament fallen. Die ETH hat sich verständlicherweise der Integration und dem Nivellierungszwang der «Hochschullandschaft» bereits mit dem Vorentscheid entzogen, das heutige ETH-Gesetz weiter bestehen zu lassen, während das Fachhochschulgesetz und die Universitätsförderungserlasse in einem Hochschul-Rahmengesetz eingehen sollen. Wir sehen voraus, dass das vorgesehene Hochschulförder- und Koordinationsgesetz (HFKG) im Rahmen der sogenannten Hochschullandschaft Schweiz die Fachhochschulen noch stärker an das Universitätssystem anpasst und die Fachhochschulen zu «Universitäten zweiter Klasse» degradieren wird.[12] Das vom Gesetzgeber vorgesehene Fachhochschulkonzept «gleichwertig aber andersartig» mit der berufspraktischen Besonderheit wird durch eine faktische Nivellierung unterlaufen werden.

Das Bildungssystem weiterentwickeln (Reformvorschläge)

Diese «Gefahrenskizze» der Berufsbildungslandschaft sollte nicht dazu verleiten, das jetzige Bildungssystem und die Berufslehre zu idealisieren. Auch die Berufsbildung braucht eine Anpassung und Weiterentwicklung, die der internationalen Arbeitsteilung Rechnung trägt. Will ein hoch entwickeltes Land konkurrenzfähig bleiben, braucht es mehr Innovationen, mehr Flexibilität im Strukturwandel und eine verstärkte internationale Ausrichtung. In Kapitel 8 wird aufgezeigt, dass die Berufsstruktur in der heutigen Berufsbildung dem Strukturwandel hinterherhinkt. Deren Weiterentwicklung muss vor allem in Richtung Dienstleistungssektor und neue Berufe verlaufen. → Grafiken 8.6 bis 8.8

Wie aus → Grafik 5.13 schematisch hervorgeht, sind die Bildungsanforderungen der Wirtschaft und Gesellschaft in Zukunft in zwei Richtungen zu erwarten:

Erstens benötigen alle Erwerbstätigen, auch jene mit einer Berufslehre, mehr Grundwissen und Grundkenntnisse. Dazu gehören Fremdsprachenkenntnisse, Informatikkenntnisse mit Grundlagenwissen über das binäre System und Schlüsselkompetenzen wie Konflikt-, Team- und Kommunikationsfähigkeit und Sozialkompetenz. Deshalb braucht es in den Berufsfachschulen in den nächsten Jahren zwei bis fünf zusätzliche Unterrichtsstunden pro Woche, alternativ auch einwöchige Blockseminare während der Berufslehre. In diesem Zusammenhang ist ein Umdenken der gewerblichen Lehrbetriebe erforderlich, die sich gegen zusätzliche Schulstunden ihrer Lehrlinge wehren.

Zweitens braucht es mehr Ausgebildete mit einer höheren Ausbildung bis zur Tertiärstufe, also Erwerbstätige mit Abschlüssen in Höheren Fachschulen, Fachhochschulen, Universitäten und ETH. Während früher in jeder Ortschaft nur wenige Berufe mit Universitätsabschluss ausgeübt worden sind (etwa die Ärztin, der Pfarrer, die Notarin) gibt es heute wesentlich mehr intellektuelle und technische Berufe mit hohem Bildungsbedarf und dementsprechend braucht es entsprechend mehr Spezialisten und Leute mit höherer Bildung. Im Zeichen des Strukturwandels der Wirtschaft ist vor allem das System der beruflichen und allgemeinen Weiterbildung auszubauen und auf Bundesebene durch Gesetzesrevisionen zu stärken. Wir denken vor allem an den Ausbau des 4. Kapitels des Berufsbildungsgesetzes BBG über die «berufsorientierte Weiterbildung» und die Schaffung eines Weiterbildungsgesetzes, welches die Bildungsgänge auf Bundesebene anerkennt und zertifiziert. → Grafik 5.13

Der Mangel an Berufsleuten mit höherer Bildung lässt sich in der Wirtschaftswirklichkeit auch deutlich daran erkennen, dass die schweizerische Wirtschaft während der Hochkonjunktur die Personenfreizügigkeit zur Rekrutierung ausländischer Spezialisten nutzt. Der Bedarf an Ingenieuren, Naturwissenschaftern, Spezialistinnen und Spezialisten ist vorhanden. Von den rekrutierten ausländischen Erwerbstätigen sind immer mehr hoch qualifiziert. Es wäre fatal für die Berufschancen der jüngeren Schweizerinnen und Schweizer, wenn ihnen auf dem Arbeitsmarkt immer mehr qualifizierte Ausländer und Ausländerinnen aus der akademischen «Massenproduktion» anderer europäischer Länder vor die Nase gesetzt würden, nur weil das schweizerische Bildungs-, Berufsbildungs- und Weiterbildungsangebot der Entwicklung infolge Politikversagen und Sparpolitik nachhinkt.[13]

Quellen Kapitel 5

[1] BBT: BBT-Empfehlungen 2000 für Brückenangebote zwischen obligatorischer Schule und Berufsbildung. Bern 2000.

[1A] Akademien der Wissenschaften Schweiz: Zukunft Bildung Schweiz. Anforderungen an das schweizerische Bildungssystems 2030. Bern September 2009, S. 18f.

[2] OECD: Education at a Glance 2007. OECD Indicators. Paris 2007. Tab. A2.1, S. 50 und Annex 3.
Deutsche Ausgabe: OECD: Bildung auf einen Blick. OECD-Indikatoren. Paris 2007, Tab. A2.1

[3] Mühlemann, Samuel, Wolter, Stefan C. et al: Lehrlingsausbildung – ökonomisch betrachtet. Ergebnisse der zweiten Kosten-Nutzen-Studie. Schweiz. Koordinationsstelle für Bildungsforschung SKBF. Rüegger Verlag, Zürich und Chur 2007. S. 49.

[4] Bundesrat: Botschaft vom 24. Januar 2007 über die Förderung von Bildung, Forschung und Innovation in den Jahren 2008–2011 (07.012).

[5] Boillat, Valérie et al.: Vom Wert der Arbeit. Schweizer Gewerkschaften – Geschichte und Geschichten. Rotpunktverlag, Zürich 2006.

[6] Bodmer, Frank et al.: Aufschwung als Reformchance. Avenir Suisse. Verlag Neue Zücher Zeitung, Zürich 2007. Besonders S. 153.

[7] Rentsch, Hans et al.: Ökonomik der Reform: Wege zu mehr Wachstum in der Schweiz. Avenir Suisse und HWWA. Orell Füssli Verlag, Zürich 2004.
Borner, Silvio / Bodmer, Frank: Wohlstand ohne Wachstum – eine Schweizer Illusion. Avenir Suisse. Orell Füssli Verlag, Zürich 2004.
Steinmann, Lukas / Rentsch, Hans: Diagnose Wachstumsschwäche. Avenir Suisse. Verlag Neue Zürcher Zeitung, Zürich 2004.

[8] BFS: Generation Praktikum – Mythos oder Realität? Analyse der Absolventenbefragungen 1991 bis 2005. BFS Aktuell, Neuchâtel 23. August 2007, Grafiken G1 und G9, S. 8 und 15.

[9] Handelszeitung Nr. 12, 19.–25. März 2008, S. 17

[10] Zimmermann, Heinz: Realitätsferne Akademisierung des Arbeitsmarktes. In: Basler Zeitung, 5.3.2007, S. 30.

[11] Bundesrat: Bericht über die Fachhochschulen und das Bologna-Modell; in: Erfüllung des Postulates 02.3627, eingereicht von Rudolf Strahm 4.10.2002.

[12] Bundesrat: Entwurf sowie Begleitbericht und Kommentar zum Entwurf des Bundesgesetzes über die Förderung der Hochschulen und die Koordination im schweizerischen Hochschulbereich (HFKG). Vernehmlassungsentwurf vom 12 September 2007, Bern Staatssekretariat für Bildung und Forschung SBF und Bundesamt für Berufsbildung und Technologie BBT.

[13] Weiteres zu den Reformfragen, siehe auch: Strahm, Rudolf H.: Die Berufsbildung – verkannt, standortpolitisch entscheidend und reformbedürftig. In: Dubs, Rolf et al. (Hsg): Bildungswesen im Umbruch. Festschrift zum 75. Geburtstag von Prof. Hans Giger. Verlag Neue Zürcher Zeitung, Zürich 2006. S 253–271.

- **Grafik 5.1** – Bundesrat: Botschaft zu einem neuen Bundesgesetz über die Berufsbildung vom 6. September 2006. BBl 2000, 5713. BBT: Berufsbildung in der Schweiz 2005. Fakten und Zahlen. Bern 2005. S. 5.
- **Grafik 5.2** – BFS: Gleiches Studium – gleicher Lohn? Geschlechtsspezifische Einkommensanalysen der Schweizer Hochschulabsolventenbefragung 2003. Neuchâtel 2006. T 3, T 4, S. 19–20.
- **Grafik 5.3** – BFS: Befragung der Hochschulabsolventen/-innen: Zweitbefragung 2007 des Hochschulabschlussjahrgangs 2002. BFS-Bildungsindikatoren. T 1.0, T 1.3, T 1.4. BFS 2007. www.bfs.admin.ch.
- **Grafik 5.4** – Gleiche Quelle wie Grafik 5.3. T 9.3, T 9.4. BFS-Bildungsindikatoren 2007, www.bfs.admin.ch.
- **Grafik 5.5** – BFS: Bildungsabschlüsse 2008. Sekundarstufe II und Tertiärstufe. Neuchâtel 2009, T 1.1.1 und T 1.1.2, S. 13–17 (Die Untergruppen der vergleichbaren Bildungsabschlüsse sind zusammengezählt und anteilsmässig auf die Gesamtkohorte eines durchschnittlichen Jahrgangs von 95 000 berechnet. Die Masterdiplome sind hier nicht mitgerechnet, um Doppelzählungen bei Hochschul-Curricula zu vermeiden. Masterdiplome sind in Bachelorabschlüssen schon voraussetzungsmässig integriert).
- **Grafik 5.7** – OECD / OCDE: Regards sur l'éducation 2009. Les indicateurs de l'OCDE. Tableau A 2.1, S. 60 (erfasst sind Maturitätsquoten nach ISCED/CITE 3A: Hochschulzulassungsquoten).
- **Grafik 5.8** – OECD: Education at a Glance 2009. OECD Indicators. Paris 2009. Tab. B2.1, S. 218.
- **Grafik 5.9** – Lehrlinge: BBT, Mitt. Hugo Barmettler, 13.6.2007. Gymnasien / Universitäten / Fachhochschulen: Schweizerische Koordinationsstelle für Bildungsforschung: Bildungsbericht Schweiz 2006. Aarau 2006. S. 100–101, 136–139, 150–151.
  BFS: Finanzen der Fachhochschulen 2004. Medienmitt. 18. April 2006. Grafik unten: ETH / Universitäten: Credit Suisse Economic Research: Geht die Schweiz innovativ mit Forschung um? Economic Briefing Nr. 44, Zürich. S. 22. Schweizerische Universitätskonferenz SUK, in: Der Bund, 21.4.2006.

- **Grafik 5.10** – Gleiche Quelle wie Fussnote 3. (Mühlemann/Wolter et al.), Tab.24–29, S. 55–61.
- **Grafik 5.11** – Bund: Botschaft des Bundesrats über die Förderung von Bildung, Forschung und Innovation in den Jahren 2008–2011. vom 24. Januar 2007. S.1231, 1370f.
  Total: BFS: Öffentliche Bildungsausgaben 2006. Bildungsstatistik Schweiz. Neuchâtel 2009. T14, S.73–74.
- **Grafik 5.12** – Bundesgesetz über die Berufsbildung (BBG) vom 13. Dezember 2002. SR 412.10 Artikel 60. (Berufsbildungsfonds). Sekretariat Lipa: Lehrstelleninitiative. Bern, Juni 1998. S. 18.
- **Grafik 5.13** – Marti, Jürg/St.Galler Zentrum für Zukunftsforschung: Bildungspolitik und Wettbewerbsfähigkeit. Schweizerischer Wissenschaftsrat. Bern Nr. 150/1994. Die Volkswirtschaft Nr. 6/1994. S. 17–21.

Bilder S. 91 – Lehrlinge: ullstein bild; Universität: Keystone, Martin Ruetschi

KAPITEL 6

Produktivität: Schlüsselgrösse der internationalen Konkurrenzfähigkeit

Das Kapitel im Überblick

Am Lohnniveau gemessen ist die Schweiz im internationalen Vergleich ein teurer Produktionsstandort. Allein aufgrund der Arbeitskosten beurteilt, wäre die Schweiz international kaum mehr konkurrenzfähig und wenig exportkräftig. Wir verstehen hier die Wettbewerbsfähigkeit als Fähigkeit eines Landes oder einer Region zur Erzeugung von Wohlfahrt und zur Behauptung auf den Weltmärkten.

Bei der internationalen Wettbewerbsfähigkeit kommt es aber nicht nur darauf an, was eine Arbeitsstunde kostet, sondern auch, was in dieser Stunde geleistet wird. Als Vergleichsmass für die internationale Konkurrenzfähigkeit gilt die Arbeitsleistung pro Stunde, das heisst die Arbeitsproduktivität.

Eine hohe Arbeitsproduktivität erlaubt höhere Löhne und tiefere Lohnstückkosten, die letztlich für die internationale Konkurrenzfähigkeit massgeblich sind. Die Arbeitsproduktivität hängt ganz entscheidend von der beruflichen Qualifikation und damit vom System der Berufsbildung und beruflichen Weiterbildung ab. Dazu spielt natürlich auch der Einsatz von Kapital eine Rolle, das in der Schweiz, ausser für die KMU und Firmengründer, genügend und billig zur Verfügung steht.

Im internationalen Wettbewerb stehende Branchen verfügen über eine hohe Produktivität und damit über eine starke Konkurrenzfähigkeit. Dem gegenüber weisen einige Inlandbranchen, die für die Binnenwirtschaft produzieren und oft auch geschützt sind, tiefe Arbeitsproduktivitäten auf. Das Gastgewerbe ist ein Lehrstück für eine Branche, die sich lange Zeit zu wenig für die Berufsbildung engagierte, dafür billiges und wenig qualifiziertes Personal im Ausland rekrutierte und dadurch ihre Strukturschwäche verlängerte.

Würde man die Schweiz nur nach den hohen Löhnen beurteilen, müsste man sie als wenig konkurrenzfähig einschätzen. Bei der Wettbewerbsfähigkeit kommt es aber nicht nur darauf an, was eine Arbeitsstunde kostet, sondern auch, was in dieser Arbeitsstunde geleistet wird. Die Leistung pro Stunde heisst Arbeitsproduktivität. Sie hängt entscheidend von der beruflichen Ausbildung ab und ist im Zeichen der globalen Wirtschaft die Schlüsselgrösse zur internationalen Konkurrenzfähigkeit.

Teuer – aber effizient

Die Schweiz ist ein teures Land. Die Löhne gehören zu den höchsten unter den Industrieländern. Allerdings dürfen bei internationalen Vergleichen nicht nur die Stundenlöhne verglichen werden, sondern besser die Arbeitskosten pro Stunde, die neben den Löhnen auch die Lohnnebenkosten (Lohnprozente für Altersvorsorge, Sozialversicherungen usw.) umfassen. Die Sozialbeiträge der Arbeitgeber sind in Deutschland, Holland, Frankreich, Österreich und den skandinavischen Ländern heute höher als bei uns. Wegen der hohen Löhne gehört die Schweiz allerdings zu den Ländern mit den höchsten Arbeitskosten in der Industrie. → **Grafik 6.1**

Produktivität ist die Schlüsselgrösse

Internationale Lohnvergleiche werden zwar häufig für die politische Argumentation oder zur Bekräftigung von Verhandlungspositionen zwischen Sozialpartnern beigezogen. Aber die Löhne respektive die Arbeitskosten sind nicht allein entscheidend für die Wettbewerbsfähigkeit und Exportstärke eines Landes im Weltmarkt. Der blosse Vergleich der Arbeitskosten als Beurteilungsmassstab für die Konkurrenzfähigkeit ist heute eine veraltete Sicht. Vielmehr kommt es auch auf die Wertschöpfung, die Produktivität und die Innovation an.[1]

Vergleicht man nämlich die Arbeitskosten im «World Competitiveness Yearbook» nach Ländern, gehörte die Schweiz 2006 mit rund 30 Dollar Arbeitskosten pro Arbeitsstunde zu den teuersten Industriestandorten der Welt. Allerdings liegen Norwegen (als Erdölproduzent ein Spezialfall), aber auch Dänemark, Deutschland, Finnland und Belgien – zum Teil wegen höherer Lohnnebenkosten für die Sozialversicherungen – noch höher als die Schweiz. → **Grafik 6.2, linke Seite** Wenn aber – und dies ist nun entscheidend – die Leistung pro Arbeitsstunde respektive die Wertschöpfung pro Arbeitsjahr verglichen wird, gehören die Industrie-Arbeitenden in der Schweiz zu den Spitzenperformern. Ihre Leistung pro Arbeitsstunde oder pro Arbeitsjahr, das heisst ihre hohe *Arbeitsproduktivität,* gehört zur Spitzengruppe aller Industriestaaten. → **Grafik 6.2, rechte Seite**

Damit müssen wir, ohne in den Lehrbuchstil verfallen zu wollen, hier zwei absolut entscheidende Merkgrössen definieren, ohne die das Verhältnis von Bildung, Humankapital und Konkurrenzfähigkeit in der Wirtschaft nicht verstanden wird, nämlich: die *Arbeitsproduktivität* und die *Lohnstückkosten*.

Die *Arbeitsproduktivität* wird als Wertschöpfung pro Zeiteinheit definiert; in der Regel als Wertschöpfung pro Arbeitsstunde oder Wertschöpfung pro Vollzeit-Arbeitsjahr. → **Grafik 6.3** Die Arbeitsproduktivität ist also ein Mass für die Effizienz der Arbeit. Je hochwertiger die Produkte oder je qualifizierter die Arbeit, desto grösser ist

---

Schwieriger Produktivitätsbegriff

Ich stelle immer wieder fest, dass sogar Wirtschaftspublizisten die Begriffe Produktion und Produktivität verwechseln.

- **Produktion** ist eine produzierte Gütermenge, korrekt gemessen mit der Wertschöpfung zu Marktpreisen. Die Wertschöpfung wiederum wird berechnet aus Umsatz abzüglich Vorleistungen (= Zulieferungen von anderen Produktionsbereichen oder Branchen).
- **Produktivität** jedoch ist ein Quotient, nämlich die Produktion pro Zeiteinheit, meist pro Arbeitsstunde oder pro Jahresarbeit gerechnet, wobei im letzteren Fall die Arbeitsstellen auf Vollzeitarbeitsjahre umgerechnet werden (sogenannte «vollzeitäquivalente Beschäftigte»).

Die statistische Erhebung der Arbeitsproduktivität ist recht anspruchsvoll und methodisch schwierig. Einerseits muss der Wert der Produktion (also die Wertschöpfung) und anderseits die effektiv geleistete Arbeitszeit gemessen und einbezogen werden. In der Schweiz wurde und wird die Arbeitsproduktivität systematisch unterschätzt. Noch heute ist das Bundesamt für Statistik (BFS) zurückhaltend bei der Publikation nomineller Produktivitätsziffern nach Branchen. Die Nachprüfung der Branchenproduktivitäten aufgrund der Einnahmen aus der Mehrwertsteuer, also eine Art Plausibilisierung, hat allerdings gezeigt, dass die Wertschöpfung in der Wirtschaft ständig höher liegt als dies bei den Betriebserhebungen des BFS durch Umfragen ermittelt wurde. Zudem ist die Erfassung des wirklichen Arbeitsvolumens in einigen Branchen mit grossen Schwierigkeiten verbunden. Das Volumen von Teilzeiterwerbsarbeit, der Arbeiten von Stagiaires, von Schwarzarbeit, von Überzeit und Überstunden kann nur geschätzt werden.[2]
Die Arbeitsproduktivität ist von zwei Faktoren abhängig: Einerseits von der technischen und organisatorischen Fähigkeit und Fertigkeit der arbeitenden Menschen (sogenannter Humankapital-Faktor) und anderseits von den eingesetzten Maschinen, Betriebsmitteln und Forschungsergebnissen (sogenannter Kapitaleinsatz). Entscheidend ist dabei wiederum das Berufsbildungssystem: Je besser ausgebildet die Arbeitenden sind, desto qualifizierter, spezialisierter, exakter und rationeller können sie arbeiten, und desto produktiver ist ein Betrieb oder eine Branche im Vergleich zu anderen.
Die Arbeitsproduktivität ist in diesem Zusammenhang vor allem eine Kenngrösse der Wettbewerbsfähigkeit bei international gehandelten Gütern. Es gibt durchaus Dienstleistungsbereiche, in denen die Arbeitsqualität nicht einfach mit der Arbeitsproduktivität messbar ist, etwa im Bereich von Pflegeleistungen (Pflegepersonal), von pädagogischen Leistungen (Lehrpersonen), aber auch bei Präsenzberufen (Portier, Polizist). Bei öffentlichen Gütern kann die Arbeitsleistung oft nicht mit dem Massstab der Produktivität beurteilt werden.

die Effizienz der Arbeit, also die Arbeitsproduktivität und damit die Konkurrenzfähigkeit. Produktivität gilt als eine Schlüsselgrösse für die Effizienz und die Wettbewerbsfähigkeit eines Betriebs, einer Branche oder eines Landes. Wer von Wettbewerb, von Globalisierung oder von Löhnen spricht, muss diesen Schlüsselbegriff der Produktivität intus haben, um daraus eine zentrale Erkenntnis zur Produktivität abzuleiten: *Es kommt nicht nur darauf an, was eine Arbeitsstunde kostet, sondern auch, wie viel in einer Arbeitsstunde produziert wird, also: wie produktiv gearbeitet wird.*

Lohnstückkosten als zweite Kenngrösse

Ein zweite wichtige Kenngrösse für die Wettbewerbsfähigkeit, die sich aus der Produktivität errechnen lässt, sind die sogenannten *Lohnstückkosten* (in Deutschland oft auch *Stücklohnkosten* oder US-englisch *Unit Value of Labor* genannt). Die Lohnstückkosten bilden eine rechnerische Kombination aus Arbeitskosten und Produktivität: Lohnstückkosten rechnen sich aus den Arbeitskosten dividiert durch die Arbeitsproduktivität. → **Grafik 6.3**

Hohe Arbeitskosten, dividiert durch einen hohen Produktivitätswert, führen zu tieferen, das heisst konkurrenzfähigeren Lohnstückkosten. Die Steigerung der Produktivität kompensiert mithin die teure Arbeit.

Die beiden Formeln zur Arbeitsproduktivität und zu den Lohnstückkosten sind ein Schlüssel zum Verständnis der Zusammenhänge um die Wettbewerbsfähigkeit. Die oft gehörte, politisch motivierte Warnung: Achtung, unsere Löhne sind zu hoch, die Industrie wandert ab, muss im Lichte der Produktivitätsbetrachtung stark relativiert werden.

Branchenproduktivität extrem unterschiedlich

Innerhalb der Schweiz ist die Arbeitsproduktivität von Branche zu Branche extrem verschieden. Während die Wertschöpfung pro Arbeitsstunde in der Elektrizitätswirtschaft (kapitalintensive Kraftwerke) oder bei Versicherungen auf dem Niveau von rund 200 Franken pro Arbeitsstunde liegt, ist sie in strukturschwachen Branchen der Binnenwirtschaft um ein Mehrfaches tiefer: In der Landwirtschaft 16 Franken, im Gastgewerbe 29 Franken, bei den persönlichen Dienstleistungen (Hauswirtschaft, Reinigung) 35 Franken und in der Bauwirtschaft 50 Franken pro Stunde. Im schweizerischen Mittel liegt die Arbeitsproduktivität bei 70 Franken pro Arbeitsstunde oder bei rund 123 000 Franken pro Jahr (auf einen vollzeitäquivalenten Beschäftigten umgerechnet). → **Grafik 6.4, siehe später auch Grafik 12.8 im Kapitel über das wirtschaftliche Wachstum**

Wir haben also eine enorm weite Bandbreite bei den branchenbezogenen Produktivitäten von mehr als eins zu zehn. Ganz besonders grosse Produktivitätsunterschiede erleben wir zwischen der wettbewerbsschwachen Binnenwirtschaft und dem der harten internationalen Konkurrenz ausgesetzten Exportsektor. Aus diesem Grund sind Durchschnittsproduktivitäten für die ganze Volkswirtschaft (sogenannte Overall Productivity) sehr problematisch und irreführend. Diesem irreführenden Rechnen mittels Durchschnittsproduktivitäten sind in früheren Jahren auch Amtsstellen (Seco) unterlegen, was zu einer amtlichen Unterschätzung der Konkurrenzfähigkeit der schweizerischen Exportwirtschaft führte und die damals herrschende depressive Stimmungslage akzentuierte. (Weiteres im Kommentar zu diesem Kapitel)

Hohe Löhne dank hoher Produktivität

Die private Firma BAK Basel Economics, die u. a. auf ländervergleichende, branchenbezogene Auftragsstudien spezialisiert ist, wagte eine eigene Berechnung von branchenbezogenen Produktivitäten. Sie zeigte auf, dass die Löhne einer Branche in der Schweiz sehr stark von der Arbeitsproduktivität abhängen: Branchen mit hoher Arbeitsproduktivität zahlen in der Regel auch hohe Löhne. Höhere Arbeitsproduktivität erlaubt höhere Löhne, ohne die Wettbewerbsfähigkeit zu beeinträchtigen. → **Grafik 6.5** Somit müsste die Lohnpolitik zum Beispiel der Arbeitnehmerverbände auch darauf ausgerichtet werden, die Arbeitsproduktivität der Beschäftigten zu erhöhen. Die Arbeitsproduktivität der Erwerbstätigen lässt sich im Verlauf ihres Berufslebens auch durch berufliche Weiterbildung und Qualifikationsverbesserung (Spezialisierung, neue Technologien, Sprachkompetenz, Rationalisierung der Betriebsabläufe usw.) erhöhen. Bessere Qualifikation bedeutet höhere Produktivität, höhere Produktivität heisst höhere Löhne. Die Lohnanpassung sollte grundsätzlich nach den Kriterien der Produktivitätsentwicklung gestaltet werden.

Es ist allerdings nicht möglich, für alle Branchen eine streng produktivitätsorientierte Lohnpolitik zu realisieren, da der Preis der Wertschöpfung oft gar nicht direkt messbar ist, zum Beispiel bei der Bildung, der Pflege, der Betreuung oder bei den öffentlichen Diensten. Es muss berücksichtigt werden, dass gesteigerte Produktivität oft auch höhere Arbeitsbelastung, Stress und Verschleiss bei den arbeitenden Menschen zur Folge haben kann. Hohe Produktivität hat also auch ihren Preis.

Exportsektor hoch produktiv

Entgegen der irreführenden Betrachtung mit Durchschnittsproduktivitäten zeigt eine nach Branchen differenzierte Beurteilung der Produktivitätsentwicklung, dass die schweizerische Exportindustrie ihre Produktivität enorm gesteigert hat; in den Krisenjahren 1992 bis 1998 sogar am stärksten. Im Jahr 2000 produzierte die schweizerische Industrie real rund 50 Prozent mehr Güter als 1980, und dies mit einem Viertel weniger

Beschäftigten. Die industrielle Arbeitsproduktivität ist also in den zwei Jahrzehnten zwischen 1980 und 2000 verdoppelt worden. → **Grafik 6.6** Oder, mit anderen Worten ausgedrückt: Rund 50 Industriebeschäftigte produzieren heute gleich viel wie 100 Beschäftigte vor 20 Jahren. Dies gilt vor allem für die Maschinen-, Metall-, Elektro- und Chemiebranche, also für jene exportierenden Wirtschaftszweige, die im internationalen Konkurrenzkampf stehen und auch massgeblich in die betriebliche Berufs- und Weiterbildung (Lehrstellen) investieren.

In den 1990er-Jahren erfuhr die Produktivitätsentwicklung zwischen den Branchen innerhalb der Schweiz eine enorme Spreizung: Während die Produktivität zwischen 1991 und 2006 in der Industrie um 53 Prozent gesteigert wurde, waren es im Bankensektor 72 Prozent aber im binnenmarktorientierten Baugewerbe nur gerade 5 Prozent. Im Gastgewerbe hingegen fiel sie sogar um 26 Prozent zurück. In der Gesamtwirtschaft resultierte von 1991 bis 2006 für alle Branchen ein Zuwachs von rund 21 Prozent oder von 1,3 Prozent pro Jahr. Diese Auseinanderentwicklung zeigt nochmals, wie Durchschnittswerte der Produktivität das Bild verfälschen.

Das Institut für Konjunkturforschung KOF der ETH und die (nunmehr aufgelöste) Eidgenössische Kommission für Konjunkturfragen haben die branchenbezogene Produktivitätsanalyse als Kontrapunkt zum Eidgenössischen Volkswirtschaftsdepartement (Seco) immer auch nach Branchen differenziert und diese Differenzen hervorgehoben.[3] → **Grafik 6.7**

Spitzenposition

Wenn man nicht die Durchschnittsproduktivität der Gesamtwirtschaft, sondern die Produktivitätswerte der einzelnen, im internationalen Wettbewerb stehenden Branchen vergleicht, dann steht die Schweizer Exportindustrie international heute gut da. Bei branchenbezogenen Ländervergleichen von Lohnstückkosten ist die Schweiz dank gestiegener Produktivität bedeutend besser positioniert als bei blossen Arbeitskostenvergleichen. Dank gesunkener Lohnstückkosten gehört sie sogar zu den konkurrenzfähigsten Ländern. Tieflohnländer wie Tschechien, Polen und die Slowakei zum Beispiel haben vergleichsweise wesentlich konkurrenzfähigere Löhne, nehmen aber mit ihrer tiefen Produktivität eine weniger gute Stellung ein.[4] Insgesamt kann man sagen, dass die schweizerische Industrie trotz hoher Arbeitskosten mit ihren Lohnstückkosten im internationalen Vergleich je nach Industriezweig im Bereich zwischen Mittelfeld und Spitzengruppe liegt.

Dieser statistische Befund zur hohen Arbeitsproduktivität der Schweizer Beschäftigten wird übrigens auch im subjektiven Urteil von 4000 weltweit beschäftigten Managern bestätigt, die vom IMD World Competitiveness Center in Lausanne befragt worden sind: Im Ranking der Unternehmensproduktivität im Rahmen der Globalisierungsstrategie nehmen die Schweizer Unternehmen eine Spitzenposition ein (dritter Rang nach

Österreich und Island).[5] Diese positive (aber subjektive) Einordnung steht im Gegensatz zur oft schlechten Selbsteinschätzung inländischer wirtschaftspolitischer Akteure.

Berufsbildung verbessert Produktivität

Ich entwickle hier eine Analyse des Zusammenhangs zwischen Berufsbildungsintensität und Produktivitätsentwicklung. Dies ist eine Fragestellung, die m. E. von der herrschenden Lehre und Forschung zu wenig beachtet wird.[6]

Ich wage zu behaupten, dass Branchen und Betriebe mit hoher Ausbildungsintensität dank hoher Anpassungsfähigkeit, Innovationsbereitschaft und Arbeitsproduktivität der Beschäftigten in der Regel (international) konkurrenzfähiger sind (wobei es immer auch Ausnahmen gibt, in denen Sonderfaktoren eine Rolle spielen).

Die Ausbildungsintensität der ganzen *Branchen* misst man mit dem Prozentanteil der Betriebe, die Ausbildung betreiben. In der Elektrizitätswirtschaft sind es 48 Prozent, in der Maschinenindustrie 30 Prozent der Betriebe, im Autogewerbe 36 Prozent, aber im Gastgewerbe nur gerade 10 Prozent aller Betriebe, die überhaupt Lehrlinge ausbilden. → **Grafik 6.8, linkes Diagramm**

Als Mass für die Ausbildungsintensität der einzelnen Betriebe gilt die *Anzahl Lernende pro 100 Beschäftigte.* Diese Kennziffer wird neuerdings durch die Erhebungen der eidgenössischen Betriebszählung erfasst und publiziert. In der Gesamtwirtschaft werden nach der letzten Betriebszählung von 2005 5,6 Lehrstellen pro 100 Vollzeitbeschäftigte (Vollzeitäquivalente) angeboten, was gleichbedeutend ist mit 4,7 Lehrstellen pro 100 Beschäftigte (Voll- und Teilzeit insgesamt). In der Maschinenindustrie sind es 7,0 Lehrstellen, im Autogewerbe gar 15,6 Lehrstellen und im Gastgewerbe nur 4,2 Lehrstellen pro 100 vollzeitäquivalente Beschäftigte. Als Norm, die allerdings nicht gesetzlich festgeschrieben ist, gilt seit vielen Jahren ein *Sollwert von 6 Lehrstellen pro 100 Beschäftigte.* → **Grafik 6.8, rechtes Diagramm**

Was bringt Branchen oder Firmen dazu, durch Lehrstellenangebote eine betriebliche Ausbildung zu betreiben? Der wichtigste Grund ist wohl die Branchenkultur. Gewerbliche Branchen (zum Beispiel Baugewerbe, Autogewerbe) und die traditionellen Industrien (zum Beispiel Maschinen-, Elektro- und Metallindustrie) haben eine Jahrzehnte alte Ausbildungstradition und basieren ihre branchenspezifischen Skills auf der eigenen Ausbildungskultur. Sodann spielt auch die Rendite der Lehrlinge eine Rolle, nämlich die Frage, wie viel produktive Leistungen sie dem Betrieb einbringen. → **Grafik 5.10** Am meisten Probleme gibt es bei neueren Branchen, in denen keine etablierten Berufsverbände bestehen und keine Ausbildungstradition besteht (zum Beispiel Informatikbereich, Freizeitbranchen, Fitness- und Wellness-Branche usw.). Eine ausgesprochen dürftige Ausbildungstätigkeit besteht ausgerechnet in den strukturschwachen Branchen – Branchen, die eine Erhöhung des Qualifikationsniveaus am nötigsten hätten.

Gastgewerbe und Tourismusbranche als Lehrbeispiele

Das Gastgewerbe und die Tourismusbranche sind Anschauungsbeispiele für eine Fallstudie, welche den Zusammenhang zwischen Ausbildungsintensität und Strukturstärke einer Branche aufzeigt. Im Gastgewerbe (Restaurants und Hotels) bildet nur jeder zehnte Betrieb überhaupt Lehrlinge aus. Dieses Gewerbe gehört zu den ausbildungsschwächsten Branchen (obschon einzelne Hotels auch für gute Lehrstellen sorgen). → **Grafik 6.9**

Mit 52 Prozent Ausländeranteil ist das Gastgewerbe der am meisten von ausländischen Beschäftigten abhängige Wirtschaftszweig. Jahrzehntelang haben Hoteliers und Wirte auf die Ausbildung von eigenem, einheimischen Personal verzichtet – ganz im Gegensatz zur österreichischen Tourismuswirtschaft. Dafür haben sie während Jahrzehnten wenig qualifizierte Beschäftigte (meist Saisonniers) mit tiefen Löhnen im Ausland rekrutiert. In den 1970er- und 1980er-Jahren waren dies Saisonniers aus Italien und Spanien, danach vor allem Arbeitskräfte aus dem Balkan und Portugal. Um Lohnkosten zu sparen, wurden oft Personen aus jugoslawischen Landdörfern rekrutiert – es gab in Zagreb, Belgrad und Lissabon sogar schweizerische Rekrutierungsbüros – und hierzulande nach einigen Tagen Einführungszeit als Servicepersonal eingesetzt. Dadurch litt die Qualität der Arbeit, die Service- und Sprachkompetenz und auch das Image des Berufs. Und je schlechter das Image eines Berufs ist, desto schwieriger wiederum gestaltet sich die Rekrutierung von Schulabgängern im Inland für die Berufslehre. Nicht verwunderlich, dass die Branche an Strukturschwäche und tiefer Produktivität litt und heute noch Mühe hat, schweizerische Jugendliche für eine Berufslehre zu gewinnen. Diese Schwäche ist zwar seit einigen Jahren auch in der Branche bekannt, aber die Unterlassungen der Vergangenheit lassen sich nur langfristig strukturwirksam korrigieren. Eine ähnliche Entwicklung in den 1980er- und 1990er-Jahren kann man auch für andere ausländerintensive Branchen nachzeichnen, insbesondere für das Baugewerbe, den Detailhandel und Teile der Textilindustrie. In einigen dieser Branchen wie im Baugewerbe oder im Detailhandel hat man aus dieser Strukturschwäche gelernt und man bildet wieder mehr Lehrlinge aus. → **Grafik 6.9**

Teufelskreis der Strukturschwäche

So zeigt sich ein Verursachungs- und Verstärkungsschema für die Ursachen und Folgen der tiefen Produktivität: Wenn eine Branche mit tiefem Lohnniveau zur Kosteneinsparung billige, ungelernte Arbeitskräfte im Ausland rekrutiert und sich die betriebliche Berufsbildungstätigkeit erspart, folgt daraus ein Mangel an Qualifikation und Innovationsfähigkeit, und daraus eine niedrige Arbeitsproduktivität, was wiederum das Merkmal von Strukturschwäche ist. Tiefe Löhne – Rekrutierung billiger ungelernter Arbeitskräfte – wenig betriebseigene Ausbildung – tiefe Qualifikation –

tiefe Produktivität – und damit tiefe Löhne. Das ist die zirkuläre Verursachung (oder «Circulus Vitiosus», «Teufelskreis») der Strukturschwäche einer Branche. → **Grafik 6.10**

Die Zeit der Rekrutierung von Saisonniers und wenig qualifizierten Arbeitskräften im Ausland ausserhalb der EU ist heute infolge veränderter ausländergesetzlicher Regelungen (Personenfreizügigkeit und 2-Kreise-Modell der Rekrutierungsländer) vorbei. → **siehe Grafik 9.2** Vom Produktivitätsstandpunkt aus betrachtet ist dies von Vorteil. In aller Stille ersetzt heute das Gastgewerbe die traditionellen Serviceangestellten aus dem Balkan und Südeuropa durch sprachlich kompetentere und meist besser ausgebildete Beschäftigte aus Deutschland, Nord- oder Osteuropa. Die eigene Ausbildungstätigkeit durch Lehrstellenschaffung in der Branche wurde allerdings nicht wesentlich intensiviert. Die Folge dieses Verdrängungseffekts ist eine höhere Sockelarbeitslosigkeit (siehe Kapitel 9). → **Grafik 9.8**

6.1 Schweizer produzieren mit hohen Arbeitskosten – wie andere Westeuropäer

Kosten in Euro pro Arbeitsstunde in der Industrie 2007 (Arbeitskosten = Stundenlohn + Lohnnebenkosten)

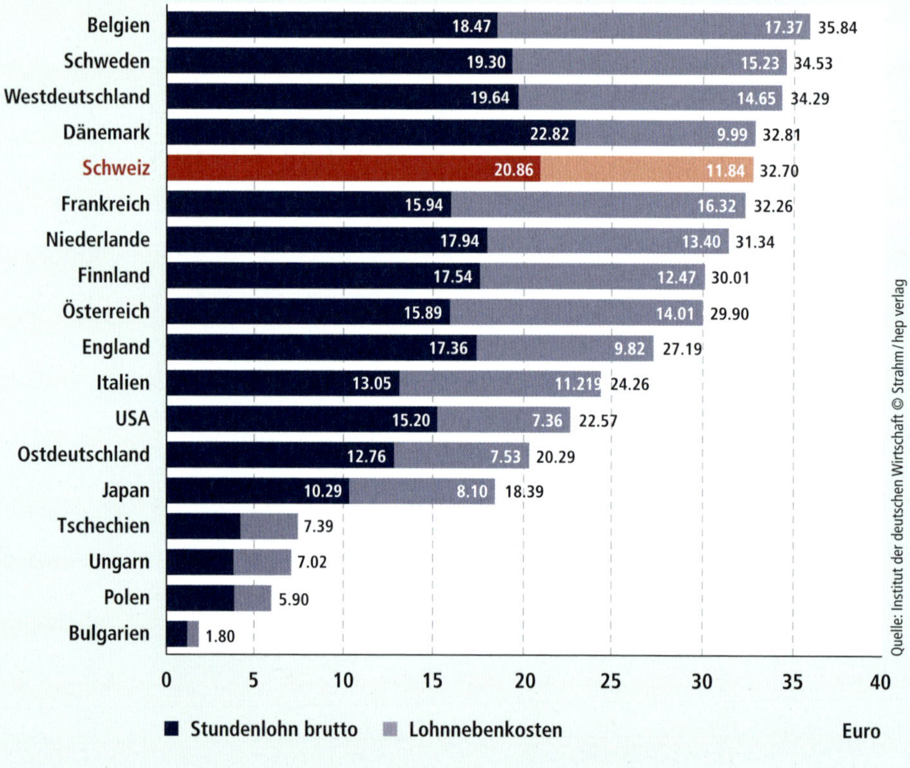

Die Schweiz produziert im Ländervergleich mit hohen Arbeitskosten in der Industrie. Trotz hohen Stundenlöhnen ist sie allerdings nicht der teuerste Produktionsstandort, weil die Lohnnebenkosten (= Lohnprozente für die Sozialversicherungen) bei uns weniger hoch sind als in andern europäischen Ländern. Pro Arbeitsstunde wurde 2007 in der schweizerischen Industrie im Durchschnitt mit 32.70 Euro oder rund 50 Franken Arbeitskosten gerechnet. Im Vergleich dazu lagen sie in Osteuropa bei 2–7 Euro.

6.2 Es kommt nicht nur darauf an, was eine Arbeitsstunde kostet, sondern auch, was in dieser geleistet wird

Was eine Arbeitsstunde kostet:
Lohn und Lohnnebenkosten Industrie
in Dollar pro Stunde, 2006

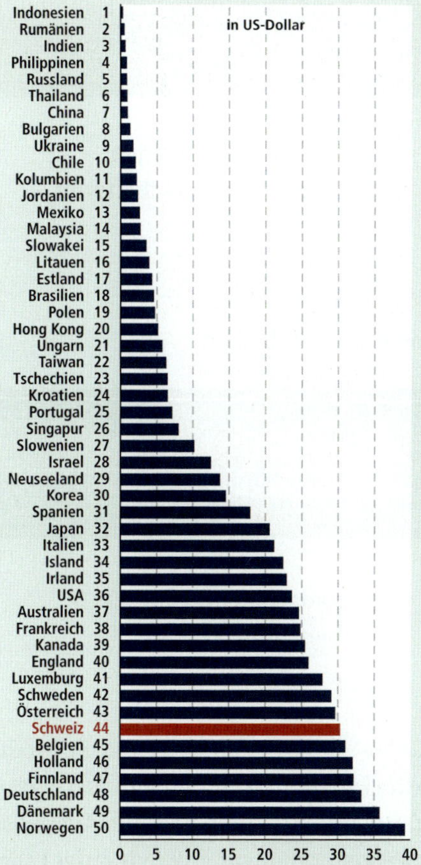

Was geleistet wird:
Arbeitsproduktivität in der Industrie
in Dollar pro Jahr, 2003

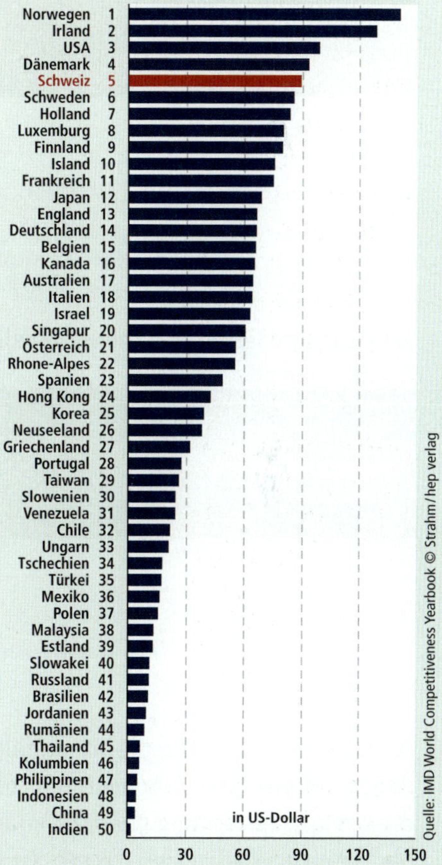

Werden nur die Löhne verglichen, gehört die Schweiz zu den teuersten Ländern. Wird aber die Leistung (Wertschöpfung) pro Arbeitsstunde oder pro Jahr verglichen – also die sogenannte Arbeitsproduktivität in der Industrie – dann gehört die Schweiz zu den Spitzenländern.

6.3 Schlüsselgrössen für die Konkurrenzfähigkeit sind Arbeitsproduktivität und Lohnstückkosten

Vergleichsgrösse für die Effizienz der Arbeit:

$$\text{Arbeitsproduktivität} = \frac{\text{Produktion (in Bruttowertschöpfung)}}{\text{Anzahl Arbeitsstunden}}$$

= Leistung pro Arbeitsstunde

oder = Leistung pro Vollzeit-Arbeitsjahr

Vergleichsgrösse für die internationale Konkurrenzfähigkeit:

$$\text{Lohnstückkosten} = \frac{\text{Arbeitskosten}}{\text{Arbeitsproduktivität}}$$

= Arbeitskosten, bereinigt durch die Arbeitsproduktivität

Die Schlüsselgrössen für die internationale Wettbewerbsfähigkeit sind die Produktivität und die daraus abgeleiteten Lohnstückkosten. Die Arbeitsproduktivität ist die Produktionsleistung (Wertschöpfung) pro Arbeitsstunde oder pro Arbeitsjahr. Die Lohnstückkosten sind die mit der jeweiligen Arbeitsproduktivität der Länder oder Branchen bereinigten (dividierten) Arbeitskosten. Mit höherer Produktivität senkt man die Lohnstückkosten und kompensiert damit die teure Arbeit. Je höher die Produktivität und Bildung, desto höhere Löhne sind möglich, um trotzdem konkurrenzfähig zu bleiben.

6.4 Die Arbeitsproduktivität variiert von Branche zu Branche – die Binnenwirtschaft liegt tiefer

Arbeitsproduktivität = Bruttowertschöpfung zu laufenden Herstellungskosten, dividiert durch die Zahl der effektiv geleisteten Arbeitsstunden 2008

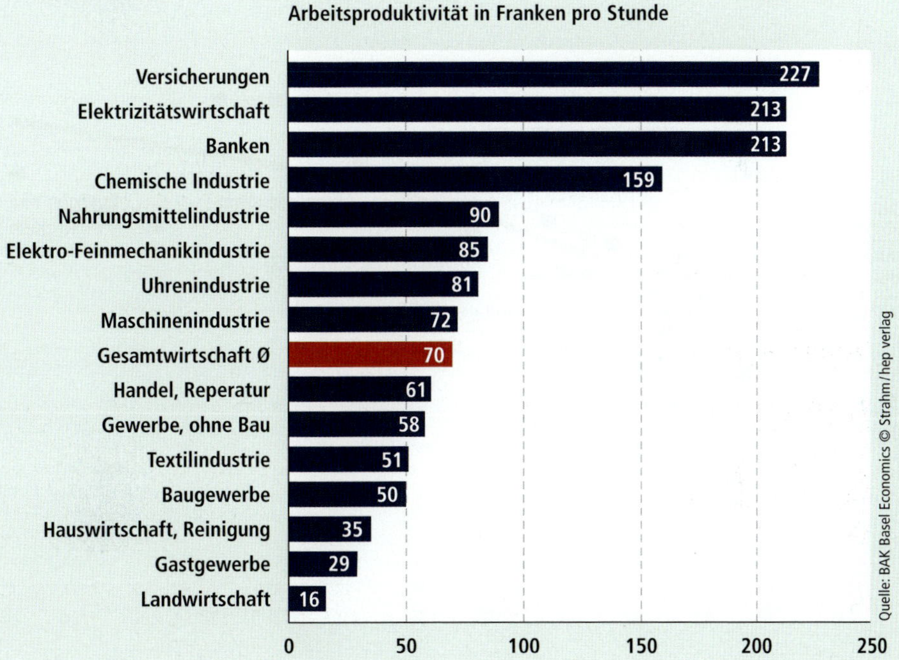

Unter den Branchen gibt es in der Schweiz enorme Differenzen in der Arbeitsproduktivität. Sie reichen von 16 Franken in der Landwirtschaft bis zu 227 Franken Wertschöpfung pro Arbeitsstunde in der Versicherungsbranche. Die Branchen in der wettbewerblich oft geschützten Binnenwirtschaft haben meist tiefere Arbeitsproduktivitäten. Branchen mit hoher Arbeitsproduktivität haben in der Regel mehr und besser ausgebildetes Personal. Arbeitsproduktivität und Berufsbildungsniveau hängen zusammen. → siehe auch Grafik 12.4

6.5 Höhere Arbeitsproduktivität dank besserer Ausbildung lässt höhere Löhne zu

Zusammenhang zwischen Stundenproduktivität und Stundenlohn ausgewählter Schweizer Branchen, 2006

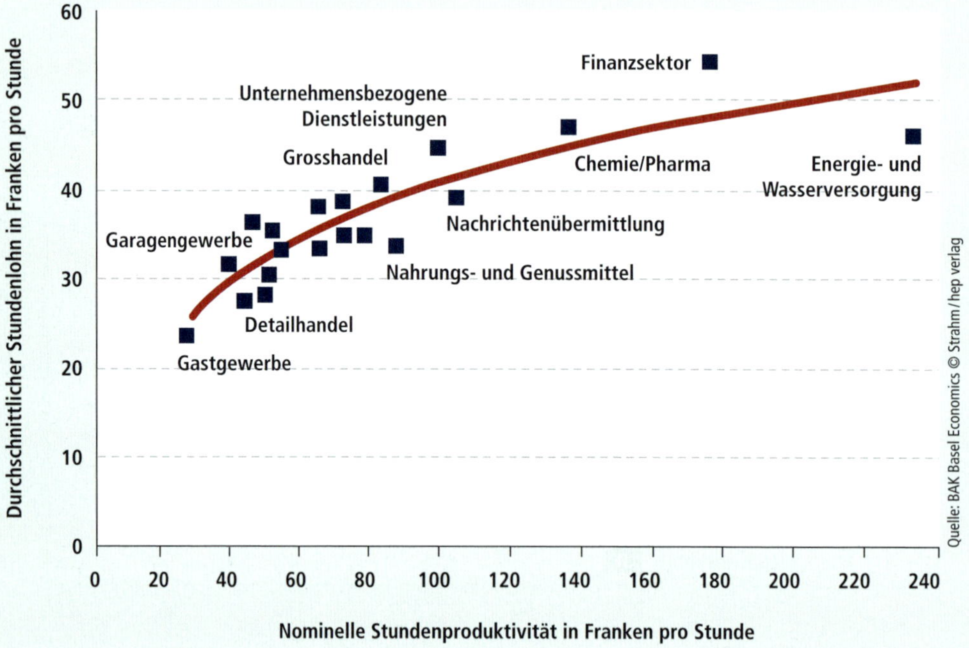

Eine höhere Arbeitsproduktivität ermöglicht höhere Löhne auch im Inland: Branchen, die im internationalen Wettbewerb stehen und eine hohe Innovation und/oder hohe Investitionen pro Arbeitsplatz aufweisen, können dank höherer Produktivität höhere Löhne zahlen. Denn höhere Produktivität heisst mehr Leistung pro Stunde und dies senkt die Produktionskosten. Die Ausbildung ist der entscheidenste Faktor für hohe Produktivität.

6.6 Enorme Produktivitätssteigerung in der CH-Industrie: Anderthalbfache Produktion mit einem Viertel weniger Beschäftigten

Entwicklung von Wertschöpfung, Beschäftigung und Arbeitsproduktivität in der schweizerischen Industrie insgesamt von 1980 bis 1999

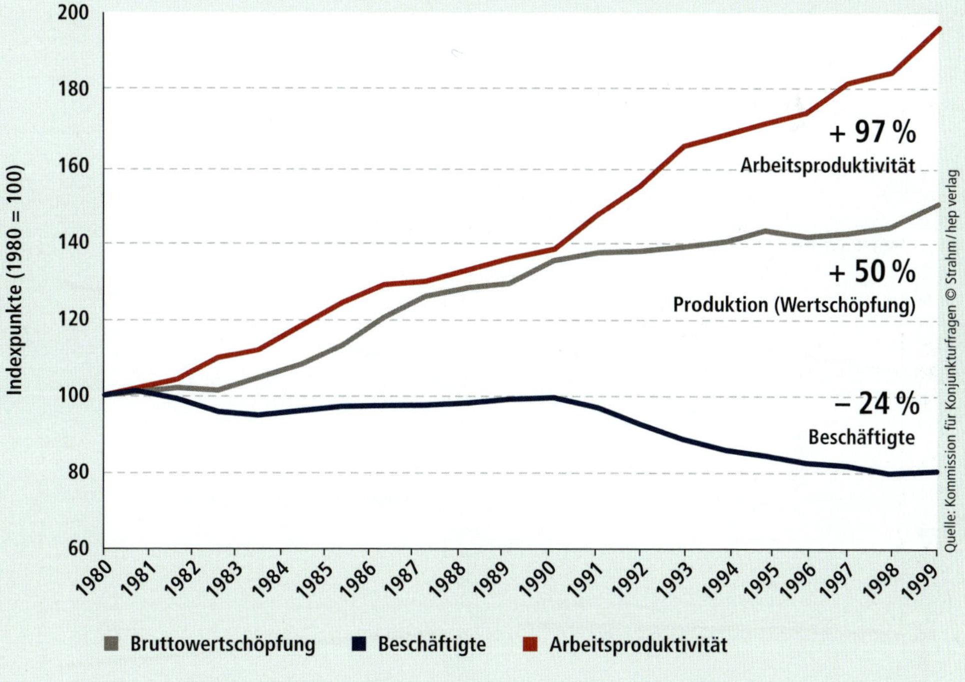

Entgegen dem früheren Krisengerede hat die schweizerische Industrie ihre Produktivität – und damit die internationale Konkurrenzfähigkeit mit einem Zuwachs von durchschnittlich 3,6 % pro Jahr enorm gesteigert. Seit 1980 hat sie ihre Produktion (Wertschöpfung) um 50 % erhöht und gleichzeitig den Personalbestand um ein Viertel (– 24 %) gesenkt. Die Produktivitätssteigerung um 97 % bedeutet, dass heute 51 Beschäftigte gleich viel produzieren wie 100 Beschäftigte vor zwei Jahrzehnten.

6.7 Schere öffnet sich: Starke Produktivitätssteigerung bei Branchen im internationalen Wettbewerb – schwache in der Binnenwirtschaft

Produktivitätsentwicklung von 1991 – 2006; Gesamtwirtschaft und Branchen

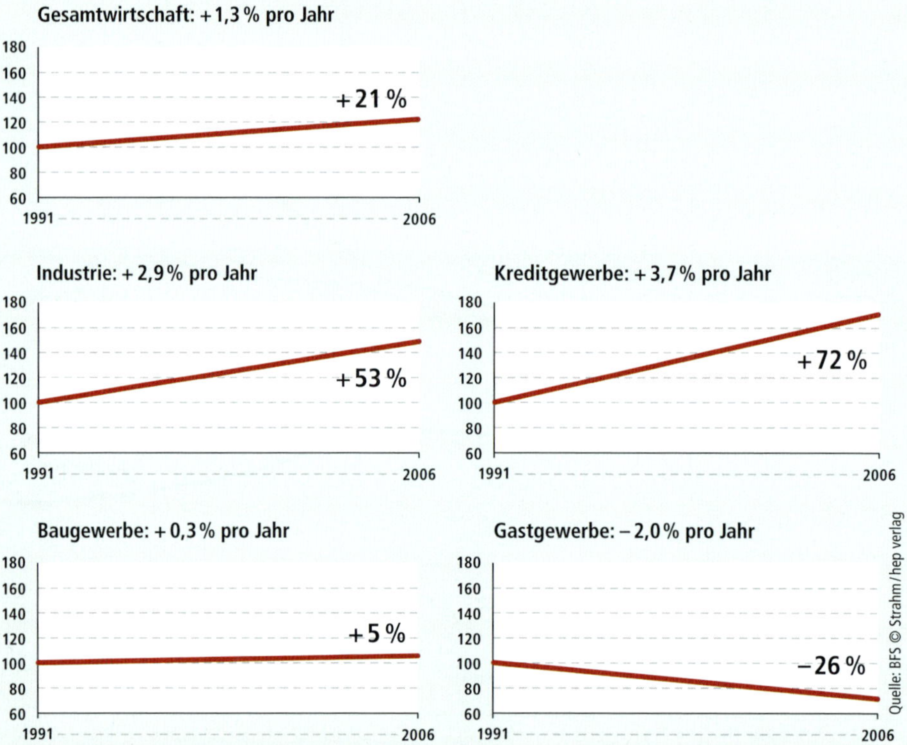

Die Schere der Produktivitätsentwicklung öffnete sich: In der Gesamtwirtschaft der Schweiz wurde die Arbeitsproduktivität nur um 1,3 % pro Jahr erhöht, was in 15 Jahren + 21 % ausmachte. Doch die Industrie steigerte sie um 53 %, das Baugewerbe nur um 5 % und der Kreditsektor um 72 %, allerdings mit einem scharfen Einbruch in der Finanzkrise 2008. Und im Gastgewerbe fiel sie in den 15 Jahren um 26 % zurück. Durchschnittswerte der Produktivität für die Gesamtwirtschaft sind deshalb wenig aussagefähig.

6.8 Branchen mit unterschiedlicher Berufsbildungsintensität

Ausbildungsintensität (Lehrstellen) der Branchen, 2005

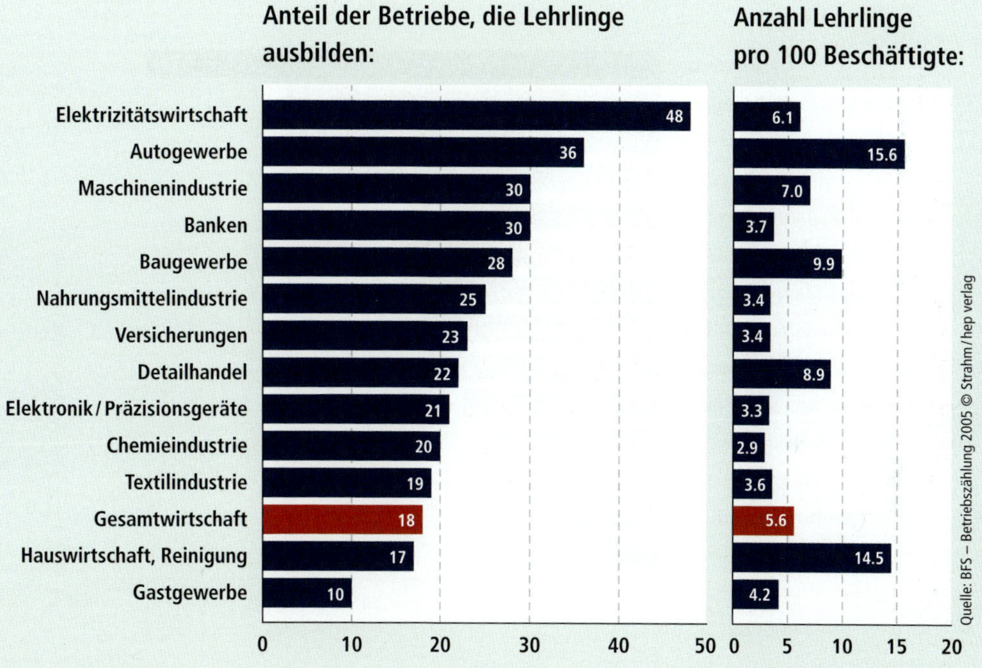

Branchen mit höherer Berufsbildungsintensität sind in der Regel produktiver: In der Energie- und Elektrizitätswirtschaft bilden 48 % aller Betriebe Lehrlinge aus; im strukturschwachen Gastgewerbe (Restaurants und Hotels) haben nur gerade 10 % aller Betriebe überhaupt Lehrlinge. In der Stromwirtschaft werden 6,1 Lehrstellen pro 100 Vollzeitbeschäftigte angeboten, im Gastgewerbe 4,2 %. Als Sollwert für jeden Betrieb werden 6 Ausbildungsplätze pro 100 vollzeitäquivalente Beschäftigte als ideal betrachtet.

6.9 Strukturschwache Branchen rekrutieren am meisten ungelernte ausländische Arbeitskräfte

Anteil des Arbeitsvolumens, das von ausländischen Erwerbstätigen erbracht wird, nach Branchengruppen 2003

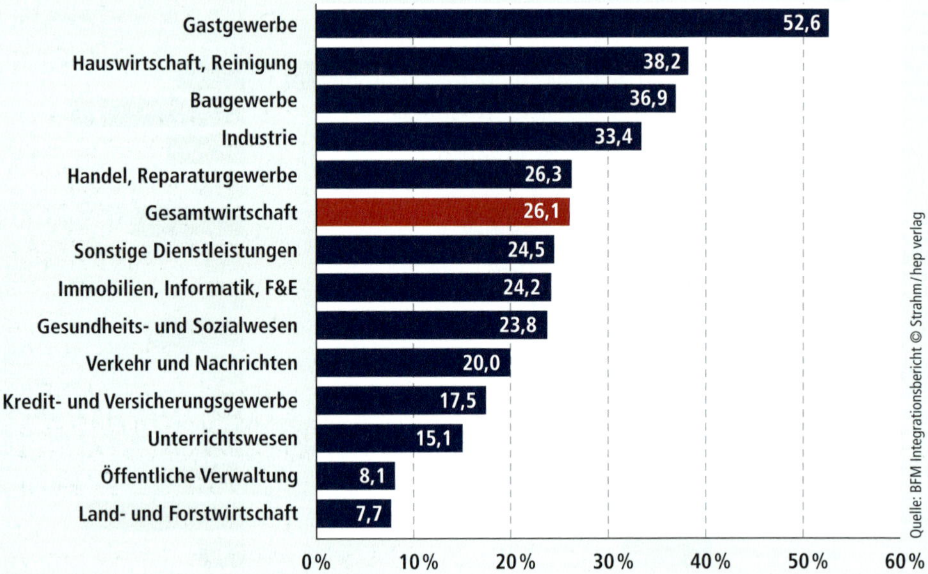

Wirtschaftszweige mit tieferer Arbeitsproduktivität – man spricht auch von «strukturschwachen Branchen» – sind meist auch Branchen mit einem hohen Ausländeranteil: Restaurants, Hotels, Reinigung, Baugewerbe, Teile der Industrie wie Textil, Detailhandel. Diese Branchen (Bau ausgenommen) bildeten selber zu wenig Personal aus und rekrutierten ungelernte ausländische Arbeitskräfte.

6.10 Circulus Vitiosus der Strukturschwäche von Branchen: Tiefe Löhne – wenig Ausbildung – tiefe Produktivität

Zirkuläre Verursachung («Teufelskreis») der Strukturschwäche von Branchen wie z. B. Gastgewerbe, Tourismus, Handel.

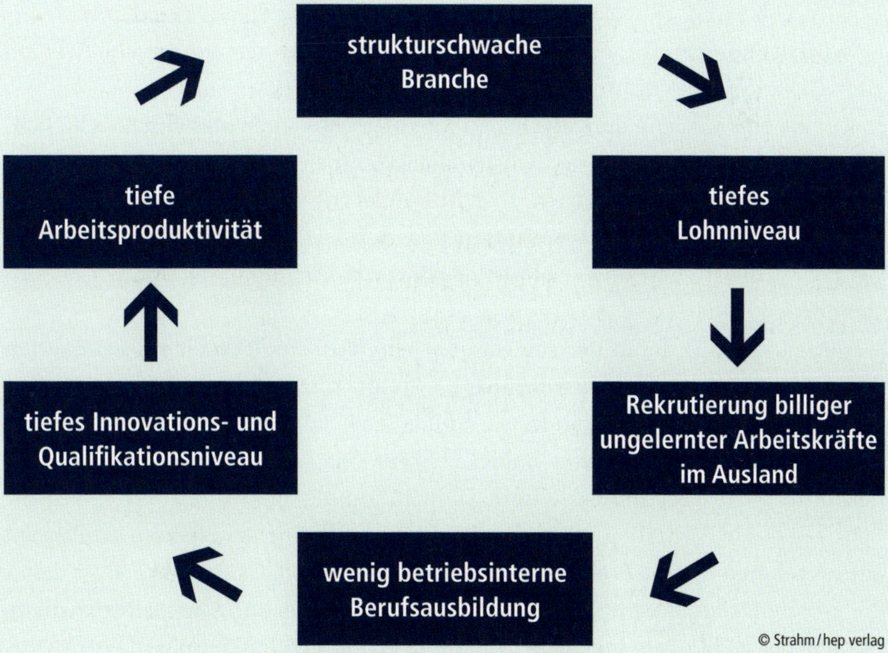

© Strahm / hep verlag

Strukturschwäche als Folge tiefer Arbeitsproduktivität führte zu tiefen Löhnen und zur Rekrutierung billiger ungelernter Arbeitskräfte statt zur branchen- und betriebseigenen Ausbildung. Die Folge war mangelnde Produktivitätssteigerung mittels Qualifikation und Innovation. Tiefe Produktivität wiederum heisst Strukturschwäche. Einen solchen «Teufelskreis» hatte das Gastgewerbe erlebt, als nur jeder zehnte Betrieb überhaupt Lehrlinge ausbildete und heute noch ausbildet (Betriebszählungsergebnisse 2005).

Kommentar zur Schlüsselbedeutung der Produktivität

Lohndumping – oder die Angst vor den Chinesen

Internationale Lohnvergleiche schüren Ängste. Während in der schweizerischen Industrie mit Arbeitskosten von durchschnittlich 30 Dollar pro Stunde gerechnet werden muss, liegen Südkorea mit 15 Dollar, Tschechien mit 6 Dollar und die Volksrepublik China mit nur 1 Dollar pro Arbeitsstunde um ein Mehrfaches tiefer (Zahlen von 2006). → **Grafik 6.2**

Wird der koreanische, der tschechische und besonders der chinesische Arbeiter zum «Lohndrücker» des schweizerischen Beschäftigten?

Mit internationalen Lohnvergleichen wird oft Politik und Polemik gemacht. Politiker rufen zum Masshalten und Gürtel-enger-Schnallen auf. Unternehmer drohen – oft vor den Lohnverhandlungen – mit Abwanderung und Produktionsverlagerung ins billigere Ausland. Globalisierungsgegner wiederum mobilisieren die Ängste vor der Weltwirtschaft und zeichnen das Bild von Lohndumping durch Tieflohnstandorte.

Hätten sich alle die in der schweizerischen Wirtschaftgeschichte geäusserten Abwanderungsdrohungen bewahrheitet, wäre die schweizerische Industrie schon zehnmal ins Ausland abgewandert. Und die Schweiz wäre, würde das Lohnargument stimmen, aufgrund ihres hohen Lohnniveaus kaum mehr exportfähig. Ein bekannter Schweizer Industrieführer, Edwin Somm, verstieg sich im Krisenjahr 1995 sogar zur Forderung, die Schweiz müsse die Löhne generell um 30 Prozent zurücknehmen und die Preise ebenfalls im gleichen Ausmass absenken. Dass damit die grösste Deflationsspirale ausgelöst worden wäre, verstand der selbstbewusste Firmenchef nicht – als Ingenieur verkannte er die makroökonomischen Zusammenhänge.

Mit der Behauptung (oder Androhung) tiefer Durchschnittsproduktivitäten betrieben, wie weiter oben erwähnt, auch offizielle Bundesstellen (Seco) und gewisse Ökonomen der «Basler Schule» Schwarzmalerei in Bezug auf die schweizerische Wirtschaftskraft. Noch im Jahre 2002 schürte der Wachstumsbericht des Bundesrates eine realitätsfremde Untergangsstimmung zur Wachstums- und Konkurrenzfähigkeit der schweizerischen Wirtschaft. Dabei stützte sich das Seco auf Durchschnittswerte für die Produktivität (sogenannte «Overall Productivity»), die bezüglich der hohen Produktivität in den Exportbranchen überhaupt nicht aussagefähig sind. Erst der Aufschwung nach 2003 und die enormen Erfolge im Export und in der Zahlungsbilanz → **siehe Grafiken 1.2 und 1.3** haben die Schwarzmaler – wenigstens vorübergehend – zum Verstummen gebracht.

Die schweizerische Wirtschaft war nie so schlecht und stand nie vor dem Abgrund, wie dies in den 1990er-Jahren und bis 2002 glauben gemacht worden ist. Vielleicht ist sie heute allerdings auch nicht so stark, stabil und zukunftstauglich, wie sie während der Hochkonjunktur in den Jahren 2006–2008 in der Wirtschaftspublizistik dargestellt worden ist. Wir werden in den Kapiteln 11 und 12 die von den internationalen Finanzmärkten ausgehenden Risiken für die Exportwirtschaft näher darstellen. Aus der jüngsten Wirtschaftsgeschichte lernen wir: Die Wirtschaftspublizistik ist mitunter sehr labil, an Modeströmungen orientiert und äusserst «klimaabhängig»!

Sinnestäuschung im Seco

Eine der grössten Fehlleistungen in der schweizerischen Wirtschaftspolitik der jüngeren Zeit stellte der erste Wachstumsbericht des Eidgenössischen Volkswirtschaftsdepartements von 2002 dar, welcher unter der Departementsleitung des seinerzeitigen Chefs EVD, Bundesrat Pascal Couchepin, vom Seco erarbeitet worden war.[7] Darin wurde die Arbeitsproduktivität in der Schweiz und deren Wachstum mit anderen Ländern verglichen, und zwar nur basierend auf einer gesamtwirtschaftlichen Durchschnittsproduktivität, ohne jede Differenzierung nach Branchen. (Diese Overall Productivity wurde erst noch kaufkraftbereinigt mit anderen Ländern verglichen, was für einen internationalen Vergleich der Konkurrenzfähigkeit von international handelbaren Gütern nicht angebracht ist.) Aufgrund dieser «Durchschnitts-Schau» wurden die Produktivität und das Produktivitätswachstum in der Schweiz viel zu negativ dargestellt. In der Wirtschaftswirklichkeit realisierte nämlich die exportorientierte Industrie (Maschinen-, Metall-, Elektro-, Pharma- und Chemiebranche) in den 1990er-Jahren zuvor einen enormen Produktivitätsanstieg, während Branchen in der Binnenwirtschaft stagnierten. → **siehe Grafiken 6.6 und 6.7** Ich habe, mit anderen, bereits damals den gravierenden Methodikfehler bemängelt.[8]

Betrachten Sie nochmals die wichtigen → **Grafiken 6.4 und 12.8:** Sie ersehen daraus, dass die Spreizung der Arbeitsproduktivität zwischen der strukturschwächsten und der stärksten Branche mehr als 1 zu 10 beträgt. Deshalb ist es unzulässig, einfach mit Durchschnittswerten aller Branchen zu operieren.

Wenn ein hoch entwickeltes Industrieland seinen Wohlstand steigert, werden mehr Erwerbstätige für persönliche Dienstleistungen wie zum Beispiel Reinigung, Massage, Wellness, Gastronomie etc. beschäftigt, und das Betreuungspersonal in Heimen und Kinder-Tagesstätten wird erweitert. Wenn ein zusätzlicher, hoch entlöhnter Bankier eingestellt wird, der dann aber ein tief entlöhntes Kindermädchen anstellt, dann wird dadurch die Durchschnittsproduktivität rechnerisch nivelliert und im Durchschnitt unter Umständen nur mässig erhöht. Diese hauswirtschaftlichen Hilfstätigkeiten mit tiefer Arbeitsproduktivität (sie laufen in der Statistik als «persönliche Dienstleistungen») erhöhen zwar die Produktion, senken aber die rechnerische Durchschnittsproduktivität einer reichen Volkswirtschaft. Ich führe das statistisch tiefe Wachstum der gesamtwirtschaftlichen Durchschnittsproduktivität, abgesehen von Messproblemen, vor allem auf diesen langfristigen Strukturwandel zur Dienstbotengesellschaft innerhalb der Wirtschaft zurück. Diese methodische Fehlleistung bei der Produktivitätsdarstellung hat damals zu Schwarzmalerei geführt, ist aber heute einer differenzierteren Betrachtung gewichen.

Objektiver Massstab Produktivität

In diesem Kapitel versuche ich aufzuzeigen, was bei allen Ängsten, Euphorien und Meinungsschwankungen als Anker für eine halbwegs objektivierbare Schlüsselgrösse zur Beurteilung der internationalen Wettbewerbsfähigkeit dienen soll: die Produktivität und Produktivitätsentwicklung.

Die Arbeitsproduktivität ist der Schlüssel für Konkurrenzfähigkeit trotz hoher Löhne und natürlich auch die Schlüsselgrösse für das Wirtschaftswachstum generell, wie in Kapitel 12 gezeigt wird.

Ich wiederhole hier die Kernaussage aus dem einführenden Teil des Kapitels: Es kommt nicht nur darauf an, was eine Arbeitsstunde kostet, sondern es zählt auch, was in dieser Arbeitsstunde geleistet respektive welcher Wert erschaffen wird. Die Löhne respektive Arbeitskosten müssen in Relation zur Produktivität beurteilt respektive mit der Produktivitätsziffer bereinigt werden. Eine hohe Arbeitsproduktivität erlaubt höhere Löhne und verschafft trotz hohen Löhnen einen Konkurrenzvorteil.

Ich wünsche, dass jeder und jede in der Wirtschaft Tätige, jede und jeder Lernende und jeder und jede Berufsfachschullehrer/-lehrerin, aber auch jede und jeder wirtschaftspublizistisch Wirkende diesen Begriff intus hat und in Kategorien von Produktivität denkt und urteilt. Ich wünsche dies aber auch allen Globalisierungs-Verängstigten, den Arbeitnehmenden, den Gewerkschaften und Verbandsvertretern und -vertreterinnen. Sie wären immuner gegen Globalisierungsängste, Lohndrückerei und Schwarzmalerei, würden sie die Löhne landesintern und/oder international immer in Relation zur Produktivität beurteilen.

Ich halte nicht viel von komplexen ökonomischen Theorien und Modellen; sie sind immer nur schwache Abbilder der Wirtschaftswirklichkeit, und in der Mehrzahl treffen ihre Prognosen nicht ein. Doch das Produktivitätskonzept scheint mir bei der Beurteilung der Konkurrenzfähigkeit erhärtet. Zwar gibt es zahlreiche Messprobleme bei der Produktivitätserfassung, aber zumindest im Lohn- und Wettbewerbsvergleich ist das Denkkonzept hilfreich. Der Produktivitätsbegriff wird häufig von jenen Ökonomen ignoriert, die keine Erfahrung und keinen persönlichen Bezug zum Produktionsprozess und zu betrieblichen Vorgängen haben. Wer Betriebe kennt, weiss, dass die Leistung pro Stunde, die Qualität des Arbeitens, die Fähigkeit, exakte Arbeiten zu verrichten, das Know-how, die neusten Maschinen und Betriebsmittel zu bedienen und die Bereitschaft, Betriebsabläufe zu verbessern, absolut entscheidend sind. Wem diese Abläufe vertraut sind, der begnügt sich nicht mit einer gesamtwirtschaftlichen Durchschnitts-Kenngrösse von Arbeitsproduktivität, sondern differenziert von Betrieb zu Betrieb, ja von Arbeitsplatz zu Arbeitsplatz.

Das Produktivitätskonzept hat, wie jedes ökonomische Modell, auch seine Grenzen. Es ist anwendbar für die industrielle und gewerbliche Produktion und für Dienstleistungen, die im Marktumfeld stehen. Es ist auch anwendbar bei der Beurteilung der globalen Wirtschaft, bei beweglichen Handelsgütern. Bei Leistungen jedoch, die sich nicht einfach mit Marktpreisen bewerten lassen, ist das Konzept nicht eins zu eins übertragbar. Was ist zum Beispiel die Produktivität in der Bildung? Was ist sie in einem Spital, bei einer kulturellen Leistung oder in einer öffentlichen Verwaltung? Wenn die Arbeitsleistung mangels Marktwert des Produktes einfach mit dem Lohn gleichgesetzt wird, verkommt die Produktivitätsmessung zum Zirkelschluss (tautologische Messung). Ich bin nicht der Meinung, dass die Produktivität in allen Lebensbereichen maximierbar ist oder sein soll. In der Erziehung, Betreuung, Pflege und Kultur gibt es Leistungen, deren Effizienz und Qualität mit dem Preis und dem Produktivitätsbegriff schwer erfassbar sind.

Produktivität und Berufsbildung – Kehrseiten derselben Medaille

Dieses Kapitel zeigt mit statistischen Zusammenhängen, was jeder und jedem betrieblich Tätigen aus eigener Erfahrung und Intuition hinlänglich bekannt ist: Die Arbeitsproduktivität hängt von der beruflichen Ausbildung und von der angeeigneten Innovationsfähigkeit ab. Produktivität und Bildung sind quasi die Kehrseiten ein- und derselben Medaille.

Branchen mit geringer Ausbildungstätigkeit sind in der Regel strukturschwach und niedrig produktiv. Branchen oder Firmen, die selber Lehrlinge ausbilden, ihr Personal weiterbilden und/oder auch Qualifizierte einstellen, sind in der Regel stärker, effizienter, produktiver und konkurrenzfähiger. Gewiss gibt es immer Ausnahmen und statistische Ausreisser, die im Einzelnen zu begründen sind, zum Beispiel weil sie spezifisch eigene, interne und statistisch nicht erfasste Bildungsgänge kennen (wie etwa in der Luftfahrt, in der Sport-, Kultur-, Unterhaltungsbranche usw.) Wir haben in den → **Grafiken 6.8 bis 6.10** am historischen Fallbeispiel des Gastgewerbes der 1970- bis 1990er-Jahre (Hotels, Restaurants, Tourismus) den Teufelskreis der Qualitätsverschlechterung dargestellt: Die Branche, die sich Ausbildungskosten sparte – nur jeder zehnte Gastwirtschaftsbetrieb bildet überhaupt Lehrlinge aus – und stattdessen billige, ungelernte Arbeitskräfte im Ausland rekrutierte, entwickelte sich durch ihre Vernachlässigung der Personalqualifizierung in Richtung Qualitätsmängel und Strukturschwäche.

Als *Mass für die betriebliche Ausbildungsintensität* gilt die neu von der eidgenössischen Betriebszählung erfasste Anzahl Lehrlinge pro 100 Beschäftigte. Mit dieser Kennziffer lässt sich die Anstrengung im Ausbildungswesen der Betriebe und Branchen in der Schweiz vergleichen.

Wie viele Lernende sollen ausgebildet werden? Obschon dies nicht im Gesetz festgelegt ist, gilt in der Berufsbildungsszene und im Gewerbe seit Jahrzehnten folgende Faustregel: Als eine genügende Ausbildungsintensität der Betriebe und Branchen gilt ein Sollwert von 6 Lehrstellen oder Ausbildungsplätzen pro 100 Beschäftigte.

Im schweizerischen Mittel werden, wie erwähnt, 4,7 Lehrstellen pro 100 Beschäftigte angeboten, was 5,6 Lehrstellen pro 100 vollzeitäquivalente Beschäftigte entspricht. → **Grafik 6.8**

Diese Norm von 6 Ausbildungsplätzen pro 100 lässt sich als Standard auch heute und in Zukunft auf Betriebe und Firmen anwenden. Die Bereitstellung von Lehrstellen für Lehrlinge oder Praktika für Studierende gilt als Qualitätsmerkmal für einen guten und konkurrenzfähigen Betrieb. Weil heute zwei Fünftel aller Grossunternehmen in der Schweiz durch ausländische Chief Executive Officers (CEO) geleitet werden, die oft von ihrer Herkunft keine Beziehung zum schweizerischen Berufsbildungskonzept haben, besteht die Gefahr einer Vernachlässigung und Marginalisierung dieser wichtigsten Qualifizierungsaufgabe auf dem Werkplatz Schweiz. Für die schweizerischen Akteure der Wirtschaftspolitik gilt es deshalb immer wieder hervorzuheben: Lehrstellen oder andere Ausbildungsplätze sind der Qualitätsstandard einer Schweizer Firma – quasi «State of the Art»!

Quellen Kapitel 6

[1] Aiginger, Karl: Wettbewerbsfähigkeit von Firmen, Regionen und Ländern. In: Die Volkswirtschaft Nr. 3/2008, EVD Bern, S. 19–22.

[2] Dem Autor sind die verwaltungsinternen, öffentlich nicht zugänglichen Überprüfungen und Plausibilitätsanalysen zur Produktivitätsermittlung und BIP-Berechnung bekannt. Zum Zeitpunkt der Redaktion sind sie leider nicht veröffentlicht. Siehe auch die Kritik an der BIP-Berechnung aus dem KOF ETH: Hartwig, Jochen, Trying to assess the Quality of Macroeconomic Data, the Case of Swiss Labour Productivity Growth as an Example. KOF Working Papers No.173, KOF ETH Zürich, Sept. 2007.

[3] Gleiche Quellen wie Grafiken 6.6 und 6.7.

[4] BAK Basel Economics: Die Maschinen-, Elektro- und Metallindustrie (MEM-Industrie) vor der Herausforderung der Ost-Erweiterung. Basel 2005, S. 52–57.

[5] IMD World Competitiveness Yearbook 2007, Lausanne 2007, Tab. 3.1.11.

[6] Nach der Redaktion dieses Textes ist eine Studie herausgebracht worden, die zumindest auf theoretischer, nicht-empirischer Basis den Zusammenhang zwischen Lehrlingsausbildung und Produktivitätseffekten im Lichte der Humankapitaltheorie darstellt: Mühlemann, Samuel, Wolter, Stefan C. et al: Lehrlingsausbildung – ökonomisch betrachtet. Ergebnisse der zweiten Kosten-Nutzen-Studie. Schweiz. Koordinationsstelle für Bildungsforschung SKBF. Verlag Rüegger, Chur und Zürich 2008, S. 12–24.

[7] Eidgenössisches Volkswirtschaftsdepartement EVD: Der Wachstumsbericht. Determinanten des Schweizer Wirtschaftswachstums und Ansatzpunkte für eine wachstumsorientierte Wirtschaftspolitik. Seco, Grundlagen der Wirtschaftspolitik Nr. 3D, Bern 2002.

[8] Strahm, Rudolf: Fragen zum Wachstumsbericht des Eidg. Volkswirtschaftsdepartements EVD. Kommission für Wirtschaft und Abgaben WAK des Nationalrats vom 18./19. November 2002, publiziert unter: www.rudolfstrahm.ch → Aktuelles.

- **Grafik 6.1** – Institut der deutschen Wirtschaft: Industrielle Arbeitskosten im internationalen Vergleich. IW-Trends. Vierteljahresschrift zur empirischen Wirtschaftsforschung. IW Heft 3/2008, Tab. 1. www.iwkoeln.de.
- **Grafik 6.2** – Arbeitskosten: IMD World Competitiveness Yearbook 2004. Lausanne 2004, Tab. 3.1.09. Produktivität: IMD World Competitiveness Yearbook 2007. Lausanne 2007, Tab. 3.2.01.
- **Grafik 6.4** – BAK Basel Economics. CH-Plus, April 2007. Basel. Tab. 4–15, S. 56. (Hier ist die Stundenproduktivität aufgeführt, in einem makroökonomischen Zusammenhang ist die Jahres-Arbeitsproduktivität gemäss BFS geeigneter, siehe → Grafik 12.8).
- **Grafik 6.5** – BAK Basel Economics: Die Bedeutung des Detailhandels für die Schweizer Volkswirtschaft. Basel, Mai 2006, Abb. 12, S. 27.
- **Grafik 6.6** – Kommission für Konjunkturfragen: Jahresbericht 1/2002. 381. Mitt. vom 6.9.2002, S. 28.
- **Grafik 6.7** – BFS: Arbeitsproduktivität. Methologie und Analyse der wichtigsten Resultate von 2001–2006. Neuchâtel 2008. T 7, S. 36
- **Grafik 6.8** – BFS: Betriebszählung 2005. Die wichtigsten Ergebnisse in Kürze. BFS Aktuell. Neuchâtel 2007, Februar 2007. Sowie: Sonderauswertung Ian Boborodea, BFS, 22.12.2006.
- **Grafik 6.9** – Bundesamt für Migration: Probleme der Integration von Ausländerinnen und Ausländern in der Schweiz, («Integrationsbericht»), im Auftrag des EJPD, Juli 2006, S. 44.

Bild S. 127: ullstein bild

KAPITEL 7

Globalisierung: wie sich das Hochlohnland Schweiz behauptet

Das Kapitel im Überblick

Globalisierung in der Weltwirtschaft und beschleunigter Strukturwandel bei uns stellen die markantesten Merkmale der Wirtschaftsentwicklung unserer Zeit dar. In diesem Kapitel wird beschrieben, was Globalisierung heisst und wie sich die Schweiz in der Weltwirtschaft positioniert; und in Kapitel 8 wird danach aufgezeigt, wie sich die Globalisierung auf den Strukturwandel und auf die arbeitenden Menschen in der Schweiz auswirkt.

Die Globalisierung hat mit den neuen Spielregeln der Welthandelsorganisation WTO einen Liberalisierungsschub, eine neue Dimension und Beschleunigung erfahren. Insgesamt gehört die schweizerische Wirtschaft zu den Globalisierungsgewinnern; doch es gibt innerhalb des Landes Globalisierungsgewinner und Globalisierungverlierer.

Die Schweiz gehört mit ihrer hohen Exportquote und den zahlreichen Auslandniederlassungen der multinationalen Konzerne zu den Ländern mit der höchsten Integration in die Weltwirtschaft. Die grossen Schweizer Konzerne schaffen praktisch nur noch im Ausland zusätzliche Arbeitsplätze, während sie im Inland beschäftigungsmässig stagnieren oder rückläufig sind. Demgegenüber stellen die kleinen und mittleren Unternehmen KMU das Rückgrat der Beschäftigung in der Schweiz dar.

Wo es um den reinen Preiswettbewerb geht, hat die Schweizer Wirtschaft wenig Chancen auf dem globalen Markt. Aber mit Qualität und Hightech, mit spezialisierten Nischenprodukten und massgeschneiderten Lösungen jedoch behauptet sie sich bestens. Aus diesem Grunde sind die Anstrengungen in der Berufsbildung sowie in der Forschung und Innovation die wichtigsten strategischen Faktoren zur Behauptung auf den Weltmärkten.

China und Indien erzeugen einen neuen Globalisierungsschub und verstärken weltweit den Preisdruck. Als Hochlohnland kann sich die Schweiz nur mit Produkten behaupten, bei denen nicht der Preis entscheidend ist. Demgegenüber entscheiden die Qualitätsarbeit und die hohe Technologie über ihre Konkurrenzfähigkeit auf den Weltmärkten. Deshalb sind Berufsbildung, Forschung und Innovation bei uns die wichtigsten strategischen Faktoren für die Wettbewerbsfähigkeit der Zukunft.

Globalisierung und Strukturwandel: die markantesten Merkmale der Wirtschaftsentwicklung

Die Globalisierung der Wirtschaft ist kein neues Phänomen. Sie schreitet seit Jahren voran, doch in diesem Jahrzehnt hat sie sich aufgrund neuer Rahmenbedingungen und Spielregeln der Welthandelsorganisation WTO (World Trade Organisation, früher GATT) enorm beschleunigt. Die fundamentalen Spielregeln des Freihandels sind in den Abkommen der WTO verankert und von derzeit 153 Mitgliednationen akzeptiert. ➔ **Grafik 7.1 und 7.2**

Die Beseitigung der Zölle und der sogenannten nichttarifarischen Handelshemmnisse (zum Beispiel Produktenormen, Umwelt- oder Gesundheitsvorschriften) verschärften weltweit und teilweise landesintern die Konkurrenzsituation. Neu entstand ein verschärfter Wettbewerb nicht nur bei Warenmärkten, sondern auch im Bereich der Dienstleistungen, zum Beispiel bei Versicherungen, Telekommunikation, Verkehr und Post. Die 1995 neu eingeführten WTO-Regeln führten auch zu einer Verstärkung der Rechte des geistigen Eigentums wie Patentrechten, Markenrechten und Urheberrechten. Diese Regeln verschaffen grossen Konzernen, welche in der Lage sind, weltweit anerkannte Marken oder Patente durchzusetzen, einen zusätzlichen Marktvorteil in der Welt.

Die Spielregeln der WTO

Die WTO wurde 1995 als universale, gouvernementale Handelsregulierungsorganisation gegründet, indem die früheren GATT-Verträge von 1948 in die Welthandelsorganisation eingebracht worden sind und diese mit einem Schiedsmechanismus (einer Art «Schiedsgericht») ausgestattet worden ist. Die ersten Verträge des **General Agreement on Tariffs and Trade (GATT),** oder **Allgemeines Zoll- und Handelsabkommen,** wurden 1948 in Kraft gesetzt. Die Schweiz war von Anfang an mit dabei.
Ende des Zweiten Weltkriegs betrug der Zollschutz der Industrieländer für Importwaren im Durchschnitt sage und schreibe 45 Prozent des Warenwerts. Mit dem GATT beabsichtigten die Gründerstaaten, diesen Protektionismus abzubauen. Erste Schritte waren gegenseitige Zollsenkungen. Heute, sechs Jahrzehnte nach der GATT-Gründung, beträgt das Zollniveau durchschnittlich nur noch 3 Prozent des Warenwertes. Dabei werden heute die industriell hergestellten Produkte unter den GATT-Mitgliedstaaten praktisch zollfrei gehandelt. Nur im Agrarbereich und bei wenigen ausgewählten Industrieprodukten (zum Beispiel Textilien) bestehen noch namhafte Schutzzölle.

Der schrittweise Abbau von Zöllen im Rahmen des GATT-Systems ist als der eigentliche Beschleuniger der wirtschaftlichen Globalisierung zu betrachten. Als treibende Kraft dieses allmählichen Zollabbaus bis hin zur Zollbeseitigung wirkte das vertraglich verankerte Meistbegünstigungsprinzip: Jeder GATT-Staat muss allen anderen GATT-Mitgliedländern dieselben Zollvergünstigungen gewähren, die er mit dem am meisten begünstigten Land ausgehandelt hat. Ein Beispiel zur Veranschaulichung des Mechanismus der Zollsenkung: Als die Schweiz ihre Schutzzölle für französische Autos senkte – im Gegenzug senkte Frankreich aufgrund von Verhandlungen seine Zölle für Schweizer Uhren – galten die neuen, tieferen Schweizer Zollsätze auf Autos nicht nur für das meistbegünstigte Frankreich, sondern ebenso für Autos aus Deutschland, Italien oder Japan. Das meistbegünstigte Land wird also zum Standard für die Gleichbegünstigung aller anderen GATT-Mitgliedländer.

Mit diesem Mechanismus der gegenseitigen Zollsenkung wurden zwischen 1948 und 1995 die Industriezölle zwischen den GATT-Staaten in neun Verhandlungsrunden praktisch beseitigt. Die letzte grosse realisierte Zollsenkungs-Runde, die sogenannte Uruguay-Runde (sie wurde von 1986 bis 1993 verhandelt), führte zur bisher weitesten Handelsliberalisierung unter den nunmehr 151 GATT/WTO-Mitgliedländern. Die Uruguay-Runde führte auch zur Gründung der WTO, welche heute als Verhandlungsbehörde und Schiedsinstanz die zuvor geltenden GATT-Verträge übernommen hat.

Gleichzeitig mit der Uruguay-Runde wurden 1995 auch neue Abkommen über den Freihandel mit Dienstleistungen (GATS) wie Versicherungen, Telekommunikationsmärkte und Transportwesen eingeführt. Mit einem weiteren Abkommen (TRIPS) wurden auch Rechte des geistigen Eigentums, also Patentrechte, der Markenschutz und Urheberrechte für Musik-, Film- und Buchproduktionen weltweit durchgesetzt.

Diese verbindlichen Grundsätze und Rahmenbedingungen des multilateralen WTO/GATT-Vertragssystems dienen dazu, den Welthandel von Waren und Dienstleistungen zu liberalisieren, die nationalen Grenzen für den Handel abzubauen, und allen Anbietern in allen WTO-Mitgliedstaaten mit dem Meistbegünstigungsprinzip eine Gleichbehandlung zu gewähren. → **Aufzählung in Grafik 7.1** Die Spielregeln für die internationalen Finanzmärkte werden hingegen nicht von der WTO, sondern im Rahmen des Internationalen Währungsfonds IWF und der Bank für Internationalen Zahlungsausgleich BIZ, neu auch vom Financial Stability Board FSB, festgeschrieben. → **siehe Kapitel 11**

Die Schiedsinstanzen der WTO können Sanktionen gegen Mitgliedländer verhängen, wenn diese die Verletzung von GATT/WTO-Regeln tolerieren. Solche Sanktionen bestehen aus zeitlich befristeten Strafzöllen, welche die geschädigten Länder gegenüber dem regelverletzenden Staat erheben können.

WTO – «sozial und ökologisch blind»?

Das WTO-System hat eine rein wirtschaftliche Ausrichtung. Das Ziel ist weltweiter Freihandel, und dieser wird allen anderen Zielen übergeordnet. Andere, weitergehende Ziele internationaler Abkommen wie zum Beispiel Umweltschutzabkommen (etwa das Rio-Abkommen und das Kyoto-Protokoll) oder die Kernkonventionen der Internationalen Arbeitsorganisation (Verbot von Kinderarbeit, Zwangsarbeit, rassischer oder geschlechterbezogener Diskriminierung in der Arbeit) werden von der WTO nicht als gleichwertig anerkannt. Deshalb kritisieren Globalisierungskritiker und NGOs, die WTO sei «sozial und ökologisch blind». Sie fordern, die international ausgehandelten

Sozial- und Ökostandards seien in der WTO-Streitschlichtungspraxis als gleichwertig wie die Freihandelsregeln anzuerkennen. Das sogenannte «Ökodumping» und «Sozialdumping», also das Unterlaufen von bisherigen ökologischen und sozialen Normen der Industriestaaten, soll so vermieden werden.

Die seit 2001 laufende neue Verhandlungsrunde, die sogenannte Doha-Runde, ist wegen tiefgreifender Interessendifferenzen vor allem im Bereich der Landwirtschaftsprodukte noch nicht abgeschlossen (Stand 2010). Das multilaterale System der WTO, das alle Vertragsstaaten gleich behandelt, wurde in den letzten Jahren auch durch die USA-Administration unterlaufen, indem die USA mit einzelnen, ihr nahe stehenden Regierungen bilaterale Handelsabkommen abschlossen, welche die Gleichbehandlung aller aushebelt.

Enormer Globalisierungsschub

Als Folge der Welthandelsliberalisierung im Rahmen der WTO sind Handelsströme in der Weltwirtschaft in diesem Jahrzehnt rascher als je zuvor gewachsen. Den neuen Wachstumsschub lösten die WTO-Liberalisierungsregeln aus, welche bisherige Handelshemmnisse und Behinderungen an den Landesgrenzen beseitigten und vor allem den Weltmarktzugang von neuen Handelspartnern, den sogenannten BRIC-Staaten (**B**rasilien, **R**ussland, **I**ndien und **C**hina) erleichterten. (Wobei Russland noch nicht Vollmitglied der WTO ist, aber vom Rohstoffhunger der andern Länder profitiert.)

Seit dem Jahr 2000 steigt der weltweite, grenzüberschreitende Warenverkehr doppelt so schnell wie die Güterproduktion: Wenn das Bruttoinlandprodukt BIP weltweit um 1 Prozent zunimmt, wachsen die Weltexporte um rund 2 Prozent. → **Grafik 7.3**

Bedingt durch die weltweite Finanzmarkt- und anschliessende Wirtschaftskrise haben sowohl weltweite Exporte als auch die Produktion in den Jahren 2008/2009 einen vorübergehenden Trendeinbruch erfahren.

Schweiz stark auslandorientiert

Die Schweiz gehört zu den am stärksten mit der Weltwirtschaft verflochtenen Ländern der Welt. Nach dem jährlich publizierten Globalisierungsindex der US-Zeitschrift Foreign Policy stand unser Land 2006 nach Singapur an zweiter Stelle der am meisten globalisierten Länder.[1] Aufgrund eines anderen Ratings, dem Globalisierungsindex der Konjunkturforschung ETH (KOF ETH), lag die Schweiz im Jahr 2004 auf Rang 8 der globalisiertesten Staaten. Ein Integrationsrückstand fiel bei diesem Index vor allem im politischen Bereich ins Gewicht.[2] Die mit der hohen Exportkraft einhergehende aussenwirtschaftliche Verflechtung der Schweiz haben wir bereits in Kapitel 1 dokumentiert. → **Grafiken 1.2 und 1.3**

Die schweizerischen Waren- und Dienstleistungs-Exporte betrugen im Jahr 2008 rund 56 Prozent des Bruttoinlandprodukts BIP, die Importe hingegen 45 Prozent des BIP.[3] Rechnet man nur die Wertschöpfungsanteile auf, kann man grob sagen: Mehr als ein Drittel unserer Einkommen werden im Wirtschaftsverkehr mit dem Ausland verdient.

Diese hohe Verflechtung mit der Weltwirtschaft bringt uns Nutzen, birgt aber auch Risiken und die Gefahr der Abhängigkeit von den Schwankungen der Weltkonjunktur. Das Bruttoinlandprodukt der Schweiz ist stark abhängig von der weltwirtschaftlichen Entwicklung der wichtigsten Handelspartner, namentlich der europäischen Länder. Das Wirtschaftswachstum in der Schweiz ist im Verhältnis von 100 zu 70 von unseren Export abhängig, oder im Verhältnis von 100 zu 62 von der Konjunktur unserer wichtigsten Handelspartner-Länder.[4] Auf die grossen Konjunkturrisiken, die von den globalisierten und liberalisierten Finanzmärkten ausgehen, werden wir im Kapitel 11 über die internationale Finanzarchitektur eingehen.

Nach Europa ausgerichtet

63 Prozent aller schweizerischen Warenexporte gehen in die Länder des europäischen Wirtschaftsraums (EU- und EWR-Länder und EFTA-Staaten). Von allen schweizerischen Importen stammen zudem 81 Prozent aus dem EU-/EWR-Raum.

Im Vergleich dazu gehen nur 9 Prozent unserer Exporte in die USA, und gesamthaft 15 Prozent nach den Transformationsländern wie China und Osteuropa und nach Schwellenländern wie Indien und Ländern Südamerikas. Die übrigen Entwicklungsländer partizipieren mit nur gerade 8 Prozent. ➔ **Grafik 7.4**

Wenn die europäischen Länder einen konjunkturellen Schnupfen haben, überträgt sich dies auf die schweizerische Wirtschaft in Form einer Lungenentzündung. Bereits eine Stagnation im Ausland (besonders in Europa) bringt für die schweizerische Investitionsgüterindustrie eine Rezession. Diese starke Ausrichtung unserer Wirtschaft auf die europäischen Handelspartner fordert auch die Schweizer Wirtschaftspolitik heraus: Die Europapolitik und die Angleichung, Harmonisierung oder Übernahme von europäischen Normen werden auch in Zukunft wirtschaftspolitisch absolute Priorität haben. Abkommen mit andern Staaten ausserhalb Europas sind auch wichtig, aber deren handelspolitische Wirkung ist quantitativ nachrangig.

Schweizer Wirtschaft globalisiert

Der schweizerische Wirtschaftsstandort ist längst globalisiert. Die grossen multinationalen Industriekonzerne der Schweiz produzieren seit langem im Ausland. Die zehn grössten Konzerne beschäftigen zwischen 80 und 97 Prozent ihrer Arbeitnehmenden in ihren eigenen ausländischen Filialen, Tochtergesellschaften und Niederlassungen (sogenannte Direktinvestitionen im Ausland). Einzig der Swatch-Konzern bildet eine Ausnahme mit «nur» 46 Prozent Auslandbeschäftigten. Von der gesamten schweizerischen Wirtschaft, und zwar alle Unternehmen im In- und Ausland zusammengerechnet, sind insgesamt etwa 36 Prozent der Arbeitsplätze im Ausland. → **Grafik 7.5**

Während in der Schweiz 4 Millionen Arbeitsplätze angeboten werden, sind weitere 2,4 Millionen Beschäftigte in schweizerischen Direktinvestitionen im Ausland tätig. Bemerkenswert ist der Zuwachs: Vor allem die grossen Konzerne wachsen nur noch im Ausland. Innert zwei Jahrzehnten, von 1985 bis 2008, ist die Zahl der Arbeitsplätze in der Schweiz zwar um 43 Prozent gewachsen, in den schweizerischen Direktinvestitionen im Ausland hingegen hat ihre Zahl um 242 Prozent zugenommen. → **Grafik 7.6**

Auf die Beschäftigung bezogen, bilden umso mehr die kleinen und mittleren Unternehmen KMU das Rückgrat der Wirtschaft in der Schweiz, wie wir bereits in Kapitel 1 dargestellt haben. → **Grafik 1.7**

Globale Firmenstrategien

Die multinationalen, im harten internationalen Wettbewerb stehenden Konzerne entwickeln mit der Globalisierung neue Verhaltensmuster, wie wir sie vorher nie gekannt haben, und die natürlich die Arbeitswelt und die Anforderungen an die Beschäftigten stark verändern. → **Grafik 7.7**

Konzerne verlagern zum Beispiel ihre arbeitsintensiven und ausgereiften Produktionsvorgänge ins Ausland *(Offshoring),* von wo aus dann Drittländer bedient werden. Sie suchen einen steuergünstigen Standort für ihr Konzern-Hauptquartier oder verlagern viele Produktionsabläufe an externe Zulieferer, wobei auch lokale KMU einbezogen werden *(Outsourcing).* Sie suchen mit mehr Innovationen einen Vorsprung auf den Märkten *(Forschung & Entwicklung, Patentierungen).* Sie verstärken ihre Position zum Beispiel mit der externen Beschaffung von Beratungsleistungen *(Consulting),* mit mehr Werbepräsenz *(Marketing)* oder mehr politischer Einflussnahme zur Durchsetzung günstiger Rahmenbedingungen oder von Sonderinteressen in den Standortländern *(Lobbying).* In anderen Fällen versuchen sie, Gewinne durch konzerninterne Verrechnungspreise zu verschieben *(Transfer Pricing),* oder sie verlagern Schwankungsrisiken in der Produktion an Unterlieferanten, die ihnen nach Bedarf Halbfabrikate zuliefern *(Subcontracting).* Die OECD ist daran, diese neuen Unternehmensmethoden im Zeichen der Globalisierung zu typologisieren und zu erfassen.[5] Alle diese Trends haben auch Rückwirkungen auf die Arbeitswelt: Die beruflichen Anforderungen und die Flexibilität werden grösser, die Ansprüche an das Mobilitätsverhalten der Arbeitnehmenden steigen.

Diese Verhaltensmuster der globalisierten Wirtschaft verändern auch die Struktur des Welthandels. Heute sind rund die Hälfte aller grenzüberschreitenden Warenströme sogenannte «konzerninterne Transaktionen»: Die Hälfte aller Güter, die über die Ländergrenzen verschoben werden, bleiben innerhalb des gleichen Konzerns.

Mit der Globalisierung findet auch ein intensiverer Austausch von Managern und höher qualifizierten Arbeitskräften über die Grenzen hinweg statt. In der Schweiz sind heute in den grossen Firmen rund zwei Fünftel aller Konzern-Spitzenmanager Ausländer.

Unterschiedliche Positionierung auf den Weltmärkten

Die hohe Exportkraft der Schweiz ist das Resultat einer starken, aber nach Branchen unterschiedlichen Positionierung in einigen globalen Spezialitätenmärkten.

→ **Grafik 7.8**

Gemäss Untersuchung der Konjunkturforschung KOF ETH über den High-Tech-Anteil der Exportgüter verfügt die Schweizer Industrie über eine starke Weltmarktposition in den Bereichen *wissenschaftliche Instrumente* wie Präzisions- und Messinstrumente, Medizinalgeräte und teure Uhren (1. Rang), bei *Pharmaprodukten* (1. Rang), bei *Chemieprodukten* (2. Rang) und bei *Maschinen* ohne Stromerzeugung wie Apparate, Werkzeugmaschinen, Gasturbinen, Textilmaschinen (1. Rang). Auf den hinteren bis hintersten Rängen der 14 Spitzenländer liegt die Schweiz jedoch bei der Luftfahrt (9. Rang), bei *elektrischen Maschinen* wie Generatoren (12. Rang) und bei *Elektronik und Computern* (je 14. Rang). In etlichen High-Tech-Märkten ist die Schweiz führend, in anderen technologisch abgehängt.

In einigen neueren Wachstumstechnologien ist noch nicht klar ersichtlich, ob und wie sich die Schweizer Wirtschaft international positionieren und wie wettbewerbsfähig sie werden kann: zum Beispiel bei der *Nanotechnologie,* der *Biotechnologie* und bei *neuen Materialtechniken.*

Die globale Wettbewerbsfähigkeit der Industriezweige hängt im Wesentlichen von zwei Faktoren ab:

- Erstens vom technischen Know-how und der technologischen Innovation, welche wiederum von der Berufsbildung und Weiterbildung der Spezialisten und von der Forschungsintensität und -qualität abhängen (sogenanntes «Humankapital»);
- zweitens von der Wettbewerbsintensität in diesen Bereichen, welche die Geschwindigkeit der Innovationen verstärkt.

Auf die spezielle Positionierung der Schweiz auf den internationalen Finanzmärkten wird in Kapitel 11 eingegangen → siehe Grafik 11.1.

Chance nur mit Qualitätsprodukten

Bei Massenkonsumgütern und ausgereiften Technologien, wo der Preis die entscheidende Rolle spielt, hat die Schweiz auf dem Weltmarkt kaum noch eine Chance. Man denke etwa an Haushaltgeräte, Bekleidung, Fahrzeuge, Holz-, Leder- und Kunststofferzeugnisse. Wo aber Spezialprodukte gefragt sind, bei denen die technologische Innovation, die Qualität, die massgeschneiderte Lösung entscheidender sind als der Preis, hat die Schweizer Industrie dank qualifiziertem Personal und Innovationen gute Chancen. Dies wurde von einer Marktanalyse der Research-Abteilung der Credit Suisse erneut belegt. → **Grafik 7.9**

62 Prozent aller Schweizer Exportprodukte gehen in Weltmarktbereiche, in denen hauptsächlich der Qualitätswettbewerb im Vordergrund steht. Es handelt sich zum Beispiel um Märkte für Apparate, Messgeräte, Medizinalgeräte, Pharmaprodukte und Spezialanfertigungen von Werkzeugmaschinen etc. In diesen qualitätsorientierten Weltmarktbereichen weisen 93 Prozent der Schweizer Exportprodukte Qualitätsvorteile gegenüber Produkten anderer Herkunft auf. Sie sind meist teurer, aber konkurrenzfähig und marktführend dank hoher Qualität.

38 Prozent der schweizerischen Exportprodukte gehen in internationale Teilmärkte, in denen vor allem der Preiswettbewerb wirksam ist und über Marktanteile entscheidet. Dies trifft zum Beispiel zu für Papiere, Holzprodukte und Metallerzeugnisse. In diesen Marktsegmenten bieten nur gerade 15 Prozent der Schweizer Exportprodukte einen Preisvorteil – sie sind also preislich nicht sehr konkurrenzfähig. → **Grafik 7.9**

Diese Stärke der schweizerischen Industrie im Qualitätsbereich führe ich darauf zurück, dass sich die hoch konkurrenzfähigen Branchen, die im harten Wettbewerb stehen, seit Jahrzehnten durch eine sorgsam gepflegte Berufsbildungstradition auszeichnen. Man denke etwa an die Feinapparate-, Maschinen- und Elektroindustrie oder an die Uhrenindustrie. Die Berufsstandards des (ehemaligen) Feinmechanikers, des Elektromechanikers, des spezialisierten Uhrmachers bis hin zum heutigen Polymechaniker entsprechen oft den Berufsstandards ausländischer Techniker oder Ingenieure – und übertreffen diese in Bezug auf praktische Handfähigkeiten und Arbeitspräzision. Die schweizerischen Fachhochschulabsolventen und -absolventinnen übertreffen ihre ausländischen Kollegen und Kolleginnen, weil sie neben dem Ingenieurwissen zuvor auch von Grund auf die berufspraktischen Fähigkeiten erworben haben. Dies ist meist der wichtigste Grund, dass relativ viele amerikanische, neu auch asiatische Konzerne Niederlassungen und Beteiligungen im Bereich der Präzisions- und Mikrofertigung in der Schweiz suchen. Nicht die Arbeitskosten oder die Besteuerung, sondern die Qualität des Humankapitals stehen für deren Standortentscheid im Vordergrund.

Globalisierung beflügelt die Wirtschaft

Müssen wir nun im Zeichen der fortschreitenden Globalisierung die billigen China-Produkte oder die indischen Software-Lieferanten fürchten?

Wir müssen sie gewiss als Herausforderung betrachten. Aber die Ängste um die Verdrängung vom Weltmarkt durch die Schwellen- und Transformationsländer sind unbegründet. Dies beweisen die Handelsbilanzen mit diesen neuen Globalisierungsgewinnern: Die Schweiz hat nämlich in diese Länder bisher mehr exportiert als sie von ihnen (billigere) Waren bezog. Sie hat von deren Globalisierung geradezu profitiert: Das starke Wirtschaftswachstum der Globalisierungsländer in Asien und Osteuropa führte zu einem Nachfragesog an schweizerischen Investitionsgütern wie Werkzeugmaschinen, Textilmaschinen, Präzisions- und Messgeräten bis hin zu Luxusuhren. Deshalb erwirtschaftet die Schweiz gegenüber Hongkong, Taiwan, Südkorea, Indien, der Türkei, Brasilien und Russland hohe Exportüberschüsse. Einzig mit China ist die bilaterale Handelsbilanz ausgeglichener; in den Jahren 2006 und 2007 ergab sich aber auch hier ein Exportüberschuss zu Gunsten der Schweiz. Zusammengefasst: Wir liefern teure Präzisions-, und sie liefern Tieflohnprodukte. ➔ **Grafik 7.10**

Entgegen der häufigen reflexartigen Aussage: «Tieflohnländer bedrohen uns», hat es die schweizerische Wirtschaft geschafft, vom Aufschwung gerade dieser Länder am meisten zu profitieren und die Handelsbilanz zu verbessern. Sie ist per saldo ein Globalisierungsgewinner. Dass es im Inland auch einzelne Branchen und Berufe als Globalisierungsverlierer gibt, wird in Kapitel 8 über den Strukturwandel im Inland ausgeführt.

7.1 Die Spielregeln der globalen Wirtschaft

Fundamentale Grundregeln des Weltwirtschaftssystems nach den bindenden Abkommen von WTO/GATT

Meistbegünstigung

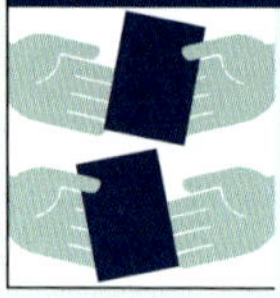

Handelsvergünstigungen, die sich zwei WTO-Staaten gewähren, müssen bei sämtlichen Vertragsstaaten angewandt werden.

Nichtdiskriminierung

Kein WTO-Mitglied darf ein anderes benachteiligen und Meistbegünstigung nur ausgewählten Vertragsstaaten gewähren.

Zölle als Grenzschutz

Ein Importschutz an der Grenze darf nur in Form von Zöllen und nicht mit Kontingenten oder anderen Massnahmen erfolgen.

Öffentliche Aufträge

Bauten und Beschaffungen der öffentlichen Hand müssen international ausgeschrieben werden.

Inländerbehandlung

WTO-Mitglieder dürfen ausländische Anbieter, Waren oder Dienstleistungen nicht schlechter als inländische behandeln.

Geistiges Eigentum

Patente, Marken und Urheberrechte müssen in allen WTO-Mitgliedstaaten respektiert werden.

Quelle: WTO © Strahm / hep verlag

Dies sind sechs fundamentale Wettbewerbsprinzipien des Vertragssystems der Welthandelsorganisation WTO (früher Gatt-Abkommen), die für alle 153 WTO-Mitgliedstaaten verbindlich gelten. Diese Rahmenbedingungen zielen auf die Beseitigung von Handelshemmnissen an der Grenze und die Gleichbehandlung aller zur Liberalisierung der Weltwirtschaft. Nationale Regeln wie produktbezogene Umweltschutz-, Sozialschutz- und Gesundheitsvorschriften werden von der WTO als «Handelsschikanen» abgelehnt. Deshalb gilt die WTO als «ökologisch und sozial blind».

7.2 Die Spielregeln der Welthandelsorganisationen WTO werden immer universaler

Mitgliedstaaten und Länder mit Beobachterstatus der World Trade Organization WTO

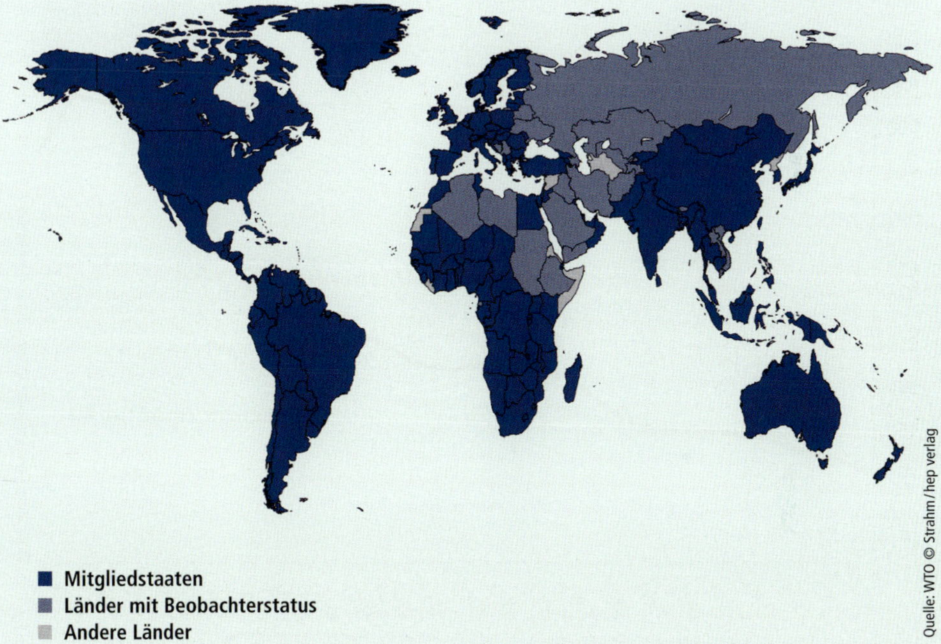

Quelle: WTO © Strahm / hep verlag

Die Welthandelsorganisation WTO mit Sitz in Genf ist mit 153 Mitgliedstaaten eine zunehmend universelle Organisation, welche global die liberalisierten Spielregeln des Warenhandels und des Dienstleistungsverkehrs bestimmt. Weitere Länder, darunter Russland, haben als Beitrittskandidaten einen Beobachterstatus. Die Gatt-/WTO-Spielregeln, die für alle Länder gelten, werden allerdings zunehmend durch regionale Handelsräume wie die EU und durch bilaterale Freihandelsabkommen teilweise unterhöhlt. – Die WTO ist 1995 aus dem 1948 gegründeten Allgemeinen Zoll- und Handelsabkommen (Gatt) hervorgegangen. Die Schweiz ist seit der Gründung dabei.

7.3 Globalisierung: Der Welthandel wächst rascher als die Weltproduktion

Weltweite Exporte und weltweites Bruttoinlandprodukt (BIP), 1987 – 2009

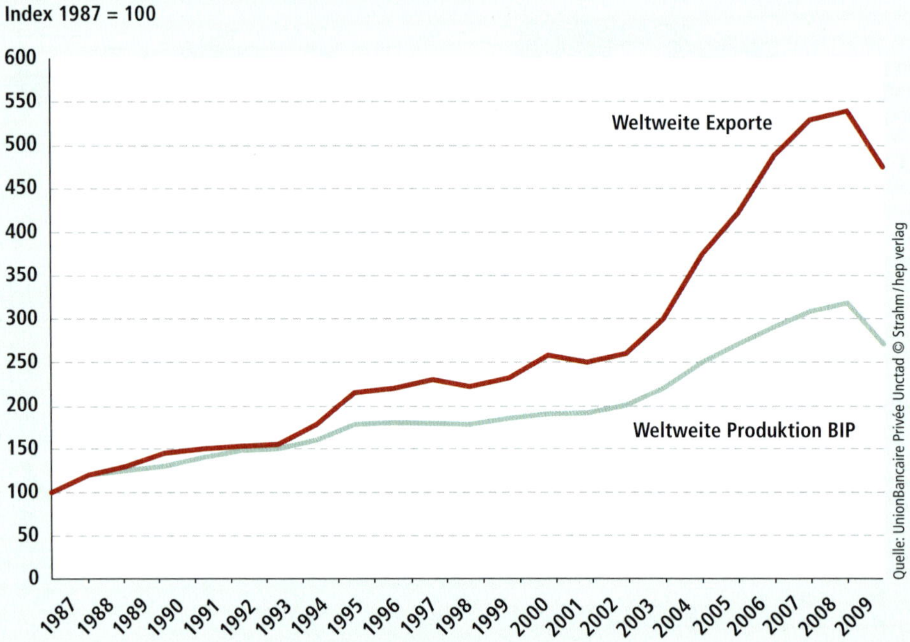

In den letzten zwei Jahrzehnten wuchsen die Exporte aller Länder um durchschnittlich 7,5 %, das Welt-BIP um durchschnittlich 4,5 % pro Jahr. Der Welthandel boomt und wächst seit 2000 dank der WTO-Liberalisierung sogar doppelt so rasch wie das Bruttoinlandprodukt. Vor allem Brasilien, Russland, Indien und China (sogenannte BRIC-Staaten) gehören zu den starken Exportlokomotiven der globalisierten Wirtschaft. Die Schweiz profitiert als Exportland vom Nachfrageboom dieser Länder.

7.4 Der europäische Binnenmarkt ist und bleibt wichtigster Handelspartner der Schweiz

Anteil der Ausfuhren und Einfuhren der Schweiz nach Wirtschaftsräumen, 2008

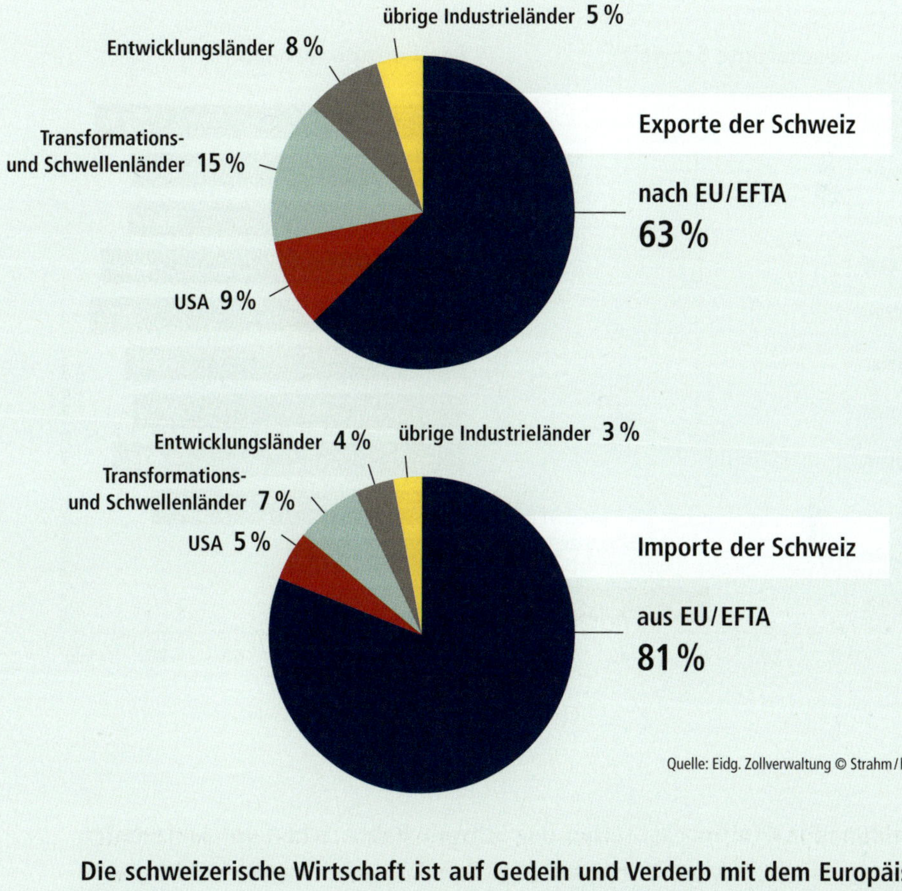

Quelle: Eidg. Zollverwaltung © Strahm/hep verlag

Die schweizerische Wirtschaft ist auf Gedeih und Verderb mit dem Europäischen Wirtschaftsraum (EU- und EWR-Staaten) verbunden: Von allen Warenexporten wurden 2008 rund 63 % in den europäischen Binnenmarkt geliefert. Zudem beziehen wir 81 % unserer Importe aus Europa. Mit dieser starken Verflechtung profitiert die Schweiz von der Prosperität in Europa und der Stabilität des Euro. Sie leidet, wenn die EU-Wirtschaft stagniert.

7.5 Die Schweizer Wirtschaft ist längst globalisiert und produziert im Ausland

Auslandanteil an den Beschäftigten der 10 grössten Schweizer Industriekonzerne, 2006.

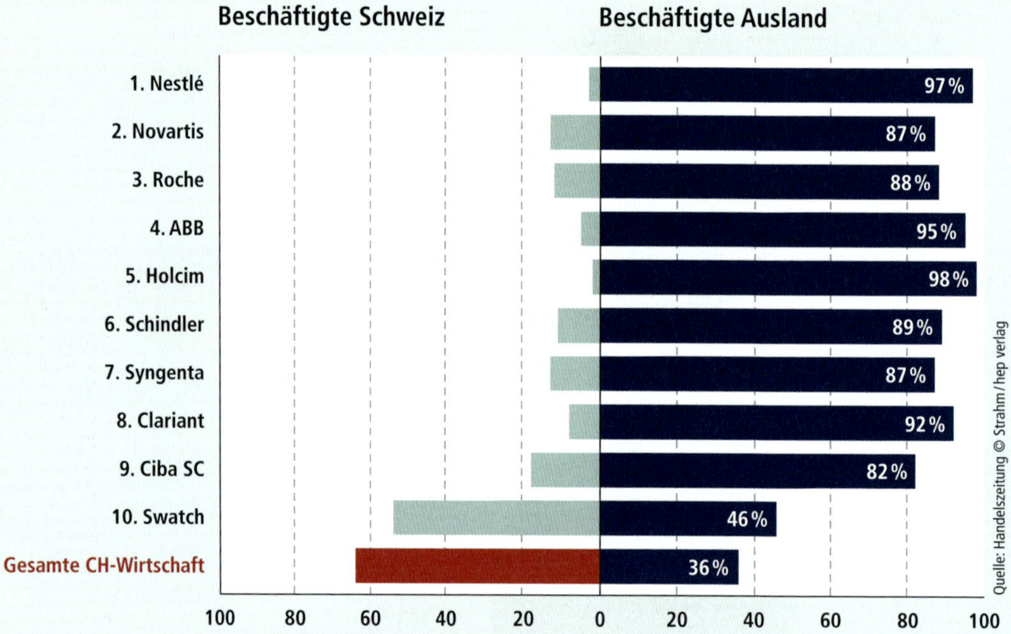

Die multinationalen Gesellschaften der Schweiz haben schon vor Jahrzehnten begonnen, ihre Produktion in ihre ausländischen Niederlassungen, Tochtergesellschaften und Filialen (sogenannte Direktinvestitionen im Ausland) zu verlagern. Heute hat jeder der 10 grössten Schweizer Industriekonzerne (ausser Swatch) über 80 % seiner Beschäftigten im Ausland. Von der gesamten schweizerischen Wirtschaft sind rund 2 Millionen Arbeitsplätze oder 36 % aller Beschäftigten in ausländischen Direktinvestitionen.

7.6 Schweizer Firmen schaffen mehr Arbeitsplätze im Ausland als in der Schweiz

Zahl der Beschäftigten in der Schweiz und in schweizerischen Unternehmen im Ausland (Direktinvestitionen): Entwicklung von 1985 bis 2008

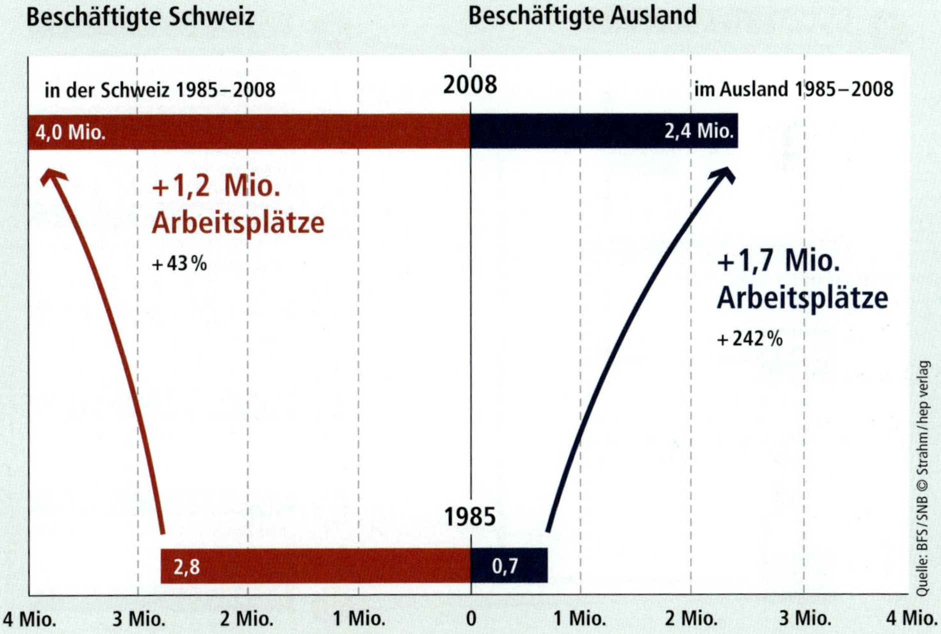

Grosse Konzerne wachsen beschäftigungsmässig stärker im Ausland. Zusätzlich zu den 4 Millionen Beschäftigten in der Schweiz sind noch 2,4 Millionen Personen in schweizerischen Konzernniederlassungen (Direktinvestitionen) im Ausland angestellt. Von 1985 bis 2008 ist die Zahl der Beschäftigten in der Schweiz um 43 % (+1,2 Millionen Arbeitsplätze) gewachsen, in den schweizerischen Direktinvestitionen im Ausland jedoch um 242 % (+1,7 Millionen Arbeitsplätze).

7.7 Wie die grossen Firmen auf die Globalisierung reagieren

10 mögliche Reaktionsmuster multinationaler Konzerne und betriebliche Strukturanpassungen in der globalen Konkurrenz

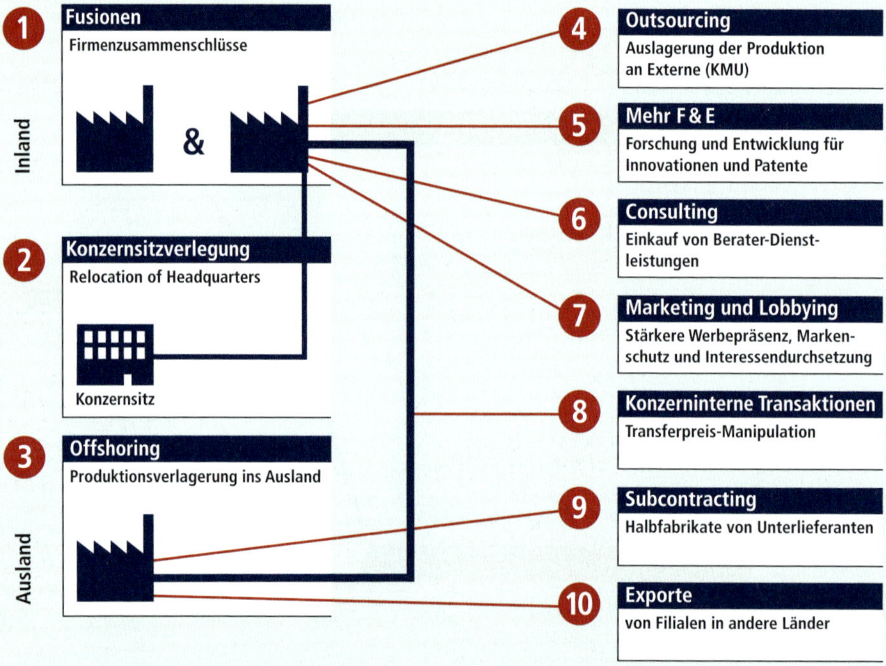

Grosse Unternehmen reagieren auf den scharfen globalen Wettbewerb mit neuen Betriebsmodellen und Umstrukturierungen. Mögliche Reaktionen sind u. a. Firmenzusammenschlüsse (1) zur stärkeren Marktbeherrschung, Produktionsverlagerungen ins Ausland (Offshoring) (3), Verlegung des Konzernsitzes zur Steueroptimierung (2) und Outsourcing von Produktionsvorgängen an KMU (4). Dazu gehören auch mehr Forschung und Entwicklung (5), mehr Berater (6), Marketing und Lobbying (7), interne Transferpreismanipulationen (8) und mehr Unterlieferanten (9).

7.8 Wie sich die schweizerische Exportindustrie in den globalen Hightech-Güter-Märkten positioniert

Rangierung der Länder nach ihrem Hightech-Anteil am Export verschiedener Industrien

Rang	1.	2.	3.	4.	5.	6.	7.	8.	9.	10.	11.	12.	13.	14.
Wissenschaftliche Instrumente	CH	D	S	J	DK	US	E	F	SF	GB	I	NL	B	A
Pharma	CH	DK	B	I	A	E	F	S	GB	D	US	NL	J	SF
Chemie	E	CH	B	F	D	I	DK	GB	NL	US	A	J	S	SF
Maschinen ohne Stromproduktion	CH	I	B	S	E	D	J	US	A	F	GB	SF	NL	DK
Luft- und Raumfahrt	F	US	D	I	GB	E	S	A	CH	DK	B	NL	J	SF
Elektrische Maschinen	J	A	D	GB	S	B	I	US	E	NL	DK	CH	F	SF
Elektronik	SF	S	J	A	GB	DK	US	E	D	F	I	B	NL	CH
Computer	NL	J	B	GB	US	D	E	A	DK	F	I	S	SF	CH

Quelle: KOF ETH © Strahm/hep verlag

Der High-Tech-Anteil an den wichtigsten Industriegütern ist entscheidend für die Konkurrenzfähigkeit eines Hochlohnlandes. Bei wissenschaftlichen Instrumenten (Präzisionsmessgeräten, Medizinalgeräten, Spitzenuhren), bei Pharma- und Chemieprodukten und bei Maschinen ohne Stromproduktion (Werkzeugmaschinen etc.) ist die Schweizer Industrie hoch spezialisiert. In anderen Bereichen ist sie wenig präsent. (Die Länderrangierung erfolgte nach dem RSCA-Index, Revealed Symmetric Comparative Advantage, aufgrund des High-Tech-Anteils im jeweiligen Exportsektor.)

7.9 Schweizer Industrie positioniert sich auf Weltmärkten mit Qualitätsvorteilen

Anteile der schweizerischen Exporte, die international im Qualitäts- und im Preiswettbewerb stehen, sowie Vorteilsnutzung der Exporteure, 2005

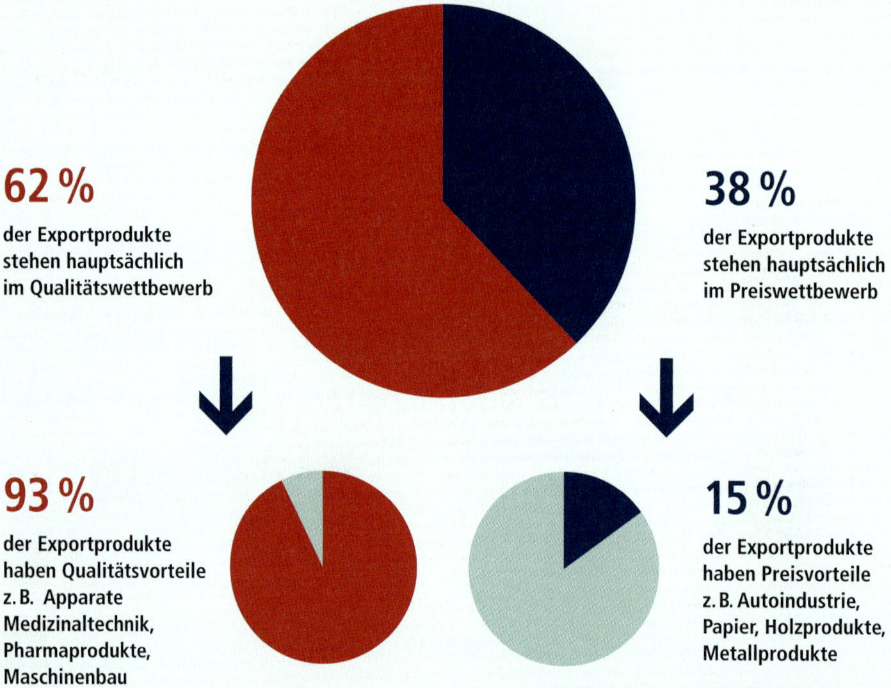

Quelle: Credit Suisse Economic Research © Strahm/hep verlag

Das Hochpreis- und Hochlohnland Schweiz behauptet sich auf den globalen Märkten mittels Qualitätswettbewerb, nicht mittels Preiswettbewerb. 62 % der Exporte gehen in internationale Märkte, bei denen Qualität und Innovationen wettbewerbsentscheidend sind. Von diesen Exporten haben 93 % der CH-Produkte auch Qualitätsvorteile. Immer noch 38 % der Ausfuhren gehen in Märkte, bei denen der Preiswettbewerb entscheidet. Aber in diesen haben nur 15 % der CH-Produkte wirklich einen Preisvorteil.

7.10 Die Globalisierung bringt der Schweiz trotz hoher Löhne mehr Exportüberschüsse – dank hoher Qualität

Schweizerische Warenimporte und -exporte gegenüber Schwellen- und Transformationsländern mit starkem Vormarsch in der Weltwirtschaft, 2008

in Milliarden Franken

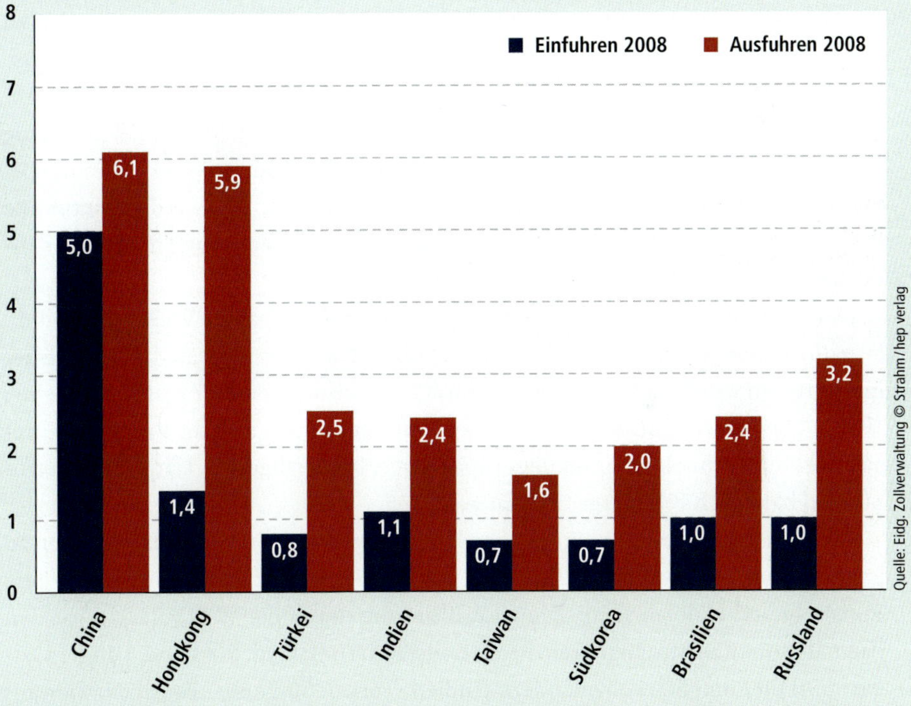

Die Schweiz ist per saldo Gewinnerin der Globalisierung. Wir exportieren in die Globalisierungsländer mehr als wir von dort importieren. Zwar werden unsere traditionellen Industrien durch Billigimporte mit ausgereiften Technologien (Holz, Leder, Papier, Textil, Metall, Spielwaren) verdrängt. Aber gleichzeitig liefert die Schweizer Industrie mit hochpreisigen Investitionsgütern, Instrumenten, Medizinal- und Pharmaprodukten und Luxusuhren mehr als wir importieren. Wir liefern teure Präzision – sie liefern Billiglohnprodukte.

Kommentar zur Globalisierungsdebatte

Wie behaupten wir uns in der Globalisierung?

Viele haben es noch nicht bemerkt, einige spüren es und wiederum einige sind besorgt: Wir erleben eine historische Verschiebung der globalen Kräfteverhältnisse in der Weltwirtschaft. Die Volkswirtschaften von Brasilien, Russland, Indien und China (sogenannte BRIC-Staaten) entwickeln sich rasant und werden zu Motoren des weltweiten Wirtschaftswachstums. Ihre multinationalen Konzerne werden zu neuen Playern auf der Bühne der Weltwirtschaft. Einige dieser Länder haben Staatsfonds mit astronomischen Investitionsmitteln angehäuft, welche in Zukunft in unsere Konzerne investieren. → Kapitel 11 Es versteht sich, dass damit eine Verschiebung des globalen Machtgleichgewichts verbunden ist, wie dies auch das World Economic Forum festgestellt hat.[6] Es ist zu erwarten, dass diese neuen Player der Weltbühne bald einmal auch bei uns auf den Plan treten und schweizerische Firmen oder Industriekonzerne aufkaufen werden.

Der Beitritt Chinas zur Welthandelsorganisation WTO hat die Weltgüterproduktion innert weniger Jahre nach Asien verschoben. Nach dem Abbau der Handelsbehinderungen wurde die Weltwirtschaft mit einer immensen Flut von chinesischen Waren überschwemmt. Der Grossteil kommt heute noch aus der Produktion mit ausgereiften Technologien: Textilien, Spielzeuge, Haushaltgeräte, Haushalt-Elektronik und bald auch Fahrzeuge und Chemikalien.

Aus Indien sind demgegenüber vor allem preisgünstige Software-Lieferungen zu erwarten und aus Osteuropa Produkte aus der Schwerindustrie und verarbeitete Rohstoffe und Halbfabrikate. Die Globalisierung durch die WTO-Regeln hat den ehemals kommunistischen Transformationsländern (China, Russland, Länder Osteuropas) und den Schwellenländern (Indien, Türkei, Südkorea, Brasilien, Taiwan) einen enormen Wirtschaftsaufschwung gebracht. Andere, vor allem afrikanische Länder, die zur Gruppe der Ärmsten gehören, werden demgegenüber anteilsmässig vom Weltmarkt verdrängt.

China: Menschliche Opfer im Osten – Ängste im Westen

Die rasante und mit wenig sozialen und ökologischen Leitplanken flankierte Industrialisierung des Ostens hat einerseits den Staaten zu enormen Handelsüberschüssen verholfen, aber anderseits der dortigen industriellen Arbeitnehmerschaft der ersten Generation immense Opfer und Verzichte auferlegt. Berichte aus China über die Ausbeutung von Arbeitskräften und über den rücksichtslosen Umgang mit der Umwelt haben bei uns in der Schweiz, aber auch in ganz Europa und in den USA menschliche Abwehrreflexe gegen die Globalisierung hervorgerufen und Ängste bei der hiesigen Arbeiterschaft geschürt.

In diesem Jahrzehnt produziert China noch billige Massenkonsumgüter, bei denen der Preiswettbewerb über den Konkurrenzvorsprung entscheidet. Im nächsten Jahrzehnt sind indes sehr wohl auch High-Tech-Exporte möglich, welche die spezialisierte Industrieproduktion der Industrieländer kopieren und konkurrenzieren können. Mit den enormen Exportüberschüssen hat sich die Volksrepublik China

---

Beispiel: Li Mei, Arbeiterin in einer Computer-Fabrik in China[7]

Li Mei, warum sind Sie zum Arbeiten in die Industriezone Dong Guan gekommen?

Ich bin in einer Bauernfamilie im Süden Chinas aufgewachsen. Die Schulgebühren im Dorf waren hoch, und meine Eltern waren wegen der Baukosten des Hauses verschuldet. So habe ich als Sechzehnjährige beschlossen, in die Stadt zu gehen, um Geld für die Familie zu verdienen.

Was machen Sie in der Fabrik?

Ich arbeite in einer Montageanlage für Computer-Tastaturen. Meine Aufgabe ist es, acht Buchstaben an jeder Tastatur anzubringen: das H, G, T, Z, U, V, B und N.

Und wie viele Tastaturen stellen Sie pro Tag her?

Eigentlich beträgt die Quote 6000 Tastaturen pro Tag, aber dazu müsste man extrem schnell arbeiten. Die neuen Arbeiterinnen haben da Mühe, zu folgen.

Wie viel verdienen Sie für diese Arbeit?

Ich verdiene ungefähr 3,1 Yuan pro Stunde (50 Rappen).

Ist das für den Lebensunterhalt ausreichend?

Mit den Überstunden ja. Die letzten Monate brauchte ich 500 Yuan meines Lohnes, und den Rest, 450 Yuan, habe ich meinen Eltern geschickt. Aber ich achte sehr auf mein Geld: Ich lebe in der Fabrik, gehe nie aus und ich kaufe mir nie Früchte.

Wie viele Stunden arbeiten Sie pro Tag?

Das hängt von den Bestellungen ab. Im letzten Monat gab es viel zu tun. Ich arbeitete 11 Stunden pro Tag, und dies 28 Tage lang in Folge.

Was möchten Sie ändern in der Fabrik?

Die Verpflegung: Sie ist scheusslich. Manchmal ist das Fleisch verdorben, und ich esse den ganzen Tag nichts. Ich trinke dann Wasser. Wir haben uns bei der Direktion beschwert, aber bis jetzt gab es keine Verbesserung.

die nötigen Devisenreserven angehäuft, um in Europa und Nordamerika Firmenkonglomerate aufzukaufen, Technologien abzuziehen und in die internationalen Finanzmärkte einzudringen. Mit China und seinen 1,4 Milliarden Menschen und einem riesigen Arbeitskräftereservoir im Hinterland, ist als potenter Player im internationalen Wettbewerb zu rechnen. Für die traditionelle Industrieproduktion in den Industrieländern ist dies eine Herausforderung: Chance und Bedrohung zugleich.

Indien: Dienstleistungs- und Software-Lieferant

Während Chinas Stärke in der industriellen Fertigung liegt, hat Indien vor allem mit Dienstleistungen, Software-Entwicklungen und Informatikleistungen eine bedeutende Weltmarktposition erreicht, die auch hiesige Informatikberufe zu Auslagerungskandidaten machen kann. Zahlreiche Schweizer Firmen haben begonnen, Software-Informatik-Dienstleistungen (zum Beispiel Massenfakturierungen) nach Indien auszulagern. Einige Firmen befinden sich noch in der Phase, testmässig Pilotprojekte für die Produktionsverlagerung nach Indien durchzuspielen. In praktisch allen Fällen jedoch bleibt die Leitung, Koordination und das Zusammenfügen der Komponenten (Assembling) in der Schweiz. → **siehe Beispiel in Box, nächste Seite**

Reaktionsmuster in der globalisierten Wirtschaft

Im Hochlohnland Schweiz hat die Wirtschaft glücklicherweise relativ früh begonnen, sich dem globalen Wirtschaftswettbewerb anzupassen, arbeitsintensive und ausgereifte Produktionstechniken in Niedriglohnländer auszulagern, sich auf eine hochpreisige Spezialitätenproduktion zu konzentrieren und auf den Weltmärkten Nischen mit Qualitätsprodukten zu besetzen.[9] Andere europäische Industrieländer wie Italien und Spanien etwa, die eine recht grosse Textilproduktion aufrecht erhalten haben, sind heute viel stärker von der chinesischen Offensive mit Textilprodukten betroffen. Immer weniger konkurrenzfähig im traditionellen Industriebereich sind auch die Vereinigten Staaten. Durch die Vernachlässigung der Berufsbildung in der US-Industrie sind sie nur noch in wenigen Industriebereichen (Rüstungsgüter, Raumfahrt, Grosscomputer) global konkurrenzfähig; und sie erwirtschaften Jahr für Jahr ein Handelsbilanzdefizit in astronomischer Höhe.

Wird nun die Schweizer Wirtschaft durch die globale Konkurrenz eine weitere Industriedemontage erfahren müssen? Es ist vielleicht irritierend, aber realistisch, sich auf folgendes Muster der internationalen Arbeitsteilung einzustellen: Bei beweglichen, handelbaren Gütern, bei denen der Preiswettbewerb entscheidend oder sehr bedeutend ist, hat die Schweiz auf dem Weltmarkt keine Chancen. Bei Inland-Gütern und Inland-Dienstleistungen, bei denen eine Auslagerung ins Aus-

Beispiel: Internationale Software-Lieferanten in Mumbai (früher Bombay), Indien

Die Firma Datamatics ist eine aufstrebende und für indische Verhältnisse sehr gut geführte Firma. Sie arbeitet zu hundert Prozent für den Export von Informatikdienstleistungen. Ihren Sitz hat sie in der Zollfreizone Seepz in Bombay. Das ist eine Zero-Tax-Zone: Keine direkten Steuern, keine Zölle, keine Mehrwertsteuer, massiv reduzierte Grenzformalitäten. Die Freizone mit über hundert Firmen ist eingezäunt wie ein Militärareal, mit uniformierten Wächtern, Erkennungsbatch-Kontrollen beim Eingang und elektronischer Überwachung jeder Personenbewegung.
In der Firma Datamatics arbeiten 2000 Personen, praktisch zu hundert Prozent indische Universitätsabsolventen und -absolventinnen, in den Bereichen Ingenieurwissenschaften, Informatik, Mathematik und Technologie, die Hälfte davon mit Postgraduate-Weiterbildung (Master, Doctor). Das Umsatzwachstum von Datamatics beträgt etwa 25 Prozent pro Jahr. Fast alle Mitarbeiterinnen und Mitarbeiter – ein gutes Drittel sind Frauen – sind zwischen 25 und 35 Jahre alt. Sie sind optimistisch, zukunftsgläubig und leben mit dem Gefühl der ökonomischen Aufbruchstimmung. Als sogenannte «White-Collar-Worker» («Weiss-Kragen-Berufe») ist niemand von ihnen gewerkschaftlich organisiert.
Eine grosse Abteilung in einem Grossraumbüro arbeitet für wissenschaftliche Zeitschriften (Lancet, Elseviers). Meist Frauen, alle mit Hochschulausbildung in Sprachen und Informatik, formatieren am Bildschirm die Artikel, platzieren die Fussnoten und extrahieren die Abstract-Kennwörter für globale Suchmaschinen. Die Artikel werden online von Autoren und Forschern an Universitäten resp. von Redaktionen irgendwo auf der Welt abgeschickt. Diese Frauen mit guten Sprach- und Informatikanwender-Kenntnissen arbeiten routinemässig 8 Stunden pro Tag. Gearbeitet wird in drei Schichten, also rund um die Uhr und an sieben Wochentagen. Die Arbeitnehmenden haben für indische Verhältnisse gute Arbeitsbedingungen mit 6-Tagewoche zu acht Stunden, mit einer Woche bezahlten Ferien pro Jahr und zusätzlich zwei bezahlten gesetzlichen Feiertagen. Der Lohn beträgt etwa 10 000 Rupien (rund 300 Franken) pro Monat. Das sind rund vier- bis sechsmal mehr, als ein dortiger Taxifahrer verdient.
Die Entwicklungsingenieurinnen und -ingenieure der gleichen Firma arbeiten 5 Wochentage und verdienen mehr, etwa zwischen 300 000 und 800 000 Rupien pro Jahr, was einen Jahreslohn von 9000 bis 25 000 Franken (als absolute Spitze) ergibt. Die Schweizer PostFinance, die Software-Entwicklungen an diese Firma in Mumbai auslagert, rechnet für einen Informatiker in der Schweiz mit etwa 250 000 Franken Arbeitsplatzkosten pro Jahr (brutto, unter Einbezug aller Arbeitsplatz- und Lohnnebenkosten). Vergleicht man die Lohnkosten, kann allerdings nicht mit einem Verhältnis von 1 zu 10 gerechnet werden, denn durch die Produktionsverlagerung entstehen Transaktionskosten. Die Leitung von PostFinance Schweiz rechnet bei der Produktionsverlegung nach Indien mit einer Lohnkosteneinsparung von etwa zwei Dritteln der hiesigen Kosten. Diese indische Firma arbeitet – vorläufig – als blosser Subcontractor, sie ist reiner Zulieferer, das Endprodukt ist ausschliesslich im Besitz des Konzerns in der Schweiz, welcher die volle Wertschöpfung des Innovationsvorsprungs für sich beanspruchen kann. – Auch drei Jahre nach Start des Software-Outsourcings ist Postfinance mit Datamatics noch in Geschäftsverbindung, aber die Software-Produktionsverlagerung nach Bombay hält sich in einem bescheidenen Mass (2007).
Indien will in den nächsten fünf Jahren vier Millionen High-Tech-Arbeitsplätze für den globalen Markt schaffen und dazu fast vollzählig Universitätsabsolventen und -absolventinnen einsetzen. – So manifestiert sich der indische Weg der Globalisierung, der Weg in die globale Wissens- und Kommunikationsgesellschaft.[8]

land *(Offshoring)* kaum möglich ist, sieht es anders aus. Eine Auslagerbarkeit *(Offshorability)* von nahezu null weisen Berufe auf, die ihre Dienstleistungen vor Ort erbringen müssen, wie etwa Coiffeur/Coiffeuse, Krankenpfleger/-in, Briefträger/-in, Polizist/-in, Landwirt/-in oder Lehrer/-in. Bei etwa 80 Prozent aller Beschäftigten der heutigen Wirtschaftsstruktur der Schweiz ist die Gefahr (respektive Chance) einer Produktionsverlagerung ins Ausland gering oder nicht gegeben. Für Industrie-Beschäftigte und international tätige Firmen jedoch bedeutet die Produktionsverlagerung eine reale Herausforderung. Die *Offshorability* ihrer Produktionsabläufe ist hoch.

Welche Produktionen der internationalen Güter aber verbleiben nun in der Schweiz? Es sind die qualitativ hochstehenden Produktionsvorgänge. In fast jedem Industriebereich, welcher der Globalisierung und dem Strukturwandel unterworfen war oder ist, ist eine technologisch aufgerüstete Restproduktion im Inland verblieben. Diese verbleibende industrielle Fertigung konzentriert sich auf Spezialitäten, bei welchen die Technologie, die Innovation, die Präzisionsarbeit oder das Design entscheiden und nicht der Preis.

In einer Untersuchung, in der 18 international erfolgreiche KMU aus der Schweiz porträtiert werden, wird herausgearbeitet, was die Gemeinsamkeit für den Erfolg auf den Weltmärkten darstellt: «Sie haben ihre Nische gefunden, sei es durch eine bewusste Entscheidung oder durch günstige situative Umstände.» Als Erfolgsfaktoren der international konkurrenzfähigen «Swissness» werden neben der Innovation und dem Wettbewerb folgende «Schweizer Eigenschaften» herausgearbeitet: Qualität, Präzision, Zuverlässigkeit, Verlässlichkeit der Produkte. Bildungspolitisch zieht die Studie den Schluss: «Die gut ausgebildeten und zuverlässigen Schweizer Arbeitskräfte tragen natürlich ebenfalls zur Qualität der Produkte und damit zum Erfolg der KMU im Ausland bei. Die Mehrsprachigkeit der Schweizer und deren Offenheit erleichtern ihnen den Zugang zu ausländischen Märkten». Es versteht sich, dass praktisch alle dieser 18 analysierten Schweizer Erfolgsbetriebe aktive Berufsbildung durch eigene Lehrstellen betreiben.[10]

Solche Beispiele aus Spezialmärkten zeigen, dass die Schweiz selbst in Industriebranchen, die als traditionell und ausgereift gelten, hochpreisige und hochwertige Spezialitätenprodukte liefern kann. Neben der hochpräzisen Spezialitätenfertigung spielen oft auch Design, Prestigeorientierung und Marketingkunst eine entscheidende Rolle.

Nun haben wir erlebt, dass in den letzten Jahren gewisse Ökonomieprofessoren sowie Think-Tank- und Seco-Exponenten immer wieder die Schwächen der schweizerischen Exportwirtschaft quasi als «Sanierungsfall» gebrandmarkt haben («Die Schweiz wird bald zum Armenhaus Europas»). Und folgt man dem Lehrbuch, müsste die Schweiz als Hochlohnland auf den Weltmärkten längst verschwunden sein. Würde man, wie dies manche Ökonomen tun, nur auf ihre hohen Löhne und Arbeitskosten abstellen, wäre sie längst weg vom Weltmarkt-Fenster. Wie schon im

Wo die Schweizer Industrie trotz hoher Kosten Champion ist

Textilien: Ein Grossteil der schweizerischen Textil- und Bekleidungsindustrie ist verschwunden. Die Textilproduktion wurde schon früh zuerst nach Südeuropa, dann Osteuropa und Nordafrika und jüngst nach Asien ausgelagert. Bei nicht brennbaren Spezialstoffen für Sitzbezüge und Teppiche in Flugzeugen jedoch hat sich die Langenthaler Firma Lantal einen Weltmarktanteil von über 60 Prozent gesichert. Dank der Nichtentflammbarkeit und dem Design ihrer Produkte kann sich die Firma weltweit im Hochpreissegment behaupten. Spezialisierte Textilanbieter von Stickereiprodukten für teure Hochzeitskleider oder Prestige-Wäsche für Geschäftsleute im Hochpreissegment sind ebenfalls in der Schweiz verblieben.

Maschinenbau: Die Firma Fritz Studer in Thun ist dank des Präzisionsvorsprungs Weltmarktführerin bei Rundschleifmaschinen, und ihre Verkäufe wachsen dreimal schneller als die Branche. Zweihundert solcher Firmen im MEM-Bereich (Maschinen-, Elektro- und Metallindustrie) haben Weltmarkt-Status.

Uhrenindustrie: Die traditionelle Anker-Uhrenproduktion ist in der Schweiz fast verschwunden, und die ursprüngliche Swatch-Technologie (Uhren in Spritz-guss-Gehäusen) wird im Ausland im grossen Stil nachgeahmt. Hingegen hat die Swatch Biel mit ihren Design-Swatch-Modellen ihre führende Stellung behalten. Im Hochpreissegment der Luxusuhren verfügen die Schweizer Marken über einen Weltmarktanteil von über 80 Prozent. Präzision, verbunden mit Design und Marketing-Know-how, sind entscheidend für diese Dominanz.

Medizinalgeräte: Dank hoher Präzision und Innovation verfügen einige Schweizer Medizinalgeräte- und Implantate-Hersteller über eine weltweit dominierende Position in einzelnen Medizinalmarktsegmenten (Disetronic, Ypsomed, Straumann, Synthes-Stratec, Phonak, Tecan, aber auch viele KMU-Nischenspezialisten mit wenig bekannten Namen). Kennzeichen der Schweizer Hersteller sind einerseits die hohe Präzision und anderseits die sehr tiefe Fehlerquote. Im Medizinalbereich verursacht jedes fehlerhafte Produkt hohe Haftungskosten und Reputationsschäden. Im Industriebereich «Systeme für diagnostische und therapeutische Zwecke bei Mensch und Tier» gibt es in der Schweiz mittlerweile 500 Firmen mit 30 000 Beschäftigen. Die Schweiz ist deshalb zur ersten Adresse für die Medizinaltechnologien geworden, weil die Kombination von medizinischem Erfindergeist der Ärzte mit dem praktischen Know-how der Präzisions- und Mikrotechnologie gelungen ist. Viele Diagnose- und Therapiegeräte-Entwicklungen wären ohne die Tüftlerarbeit und Präzisionsanstrengungen der Fein- und Mikromechaniker, Elektroniker und Materialtechnologen schon gar nicht möglich gewesen.[11]

Schuhe: Sogar die Schuhindustrie der Schweiz ist nicht ganz verschwunden. Die Firma Bally, die heute US-Investoren gehört, bedient die 200 eigenen Luxus-Verkaufsgeschäfte in aller Welt von der Schweiz aus mit High-Mode-Schuhen im Höchstpreissegment. Sie hat ihren Sitz im Tessin (Caslano); am ehemaligen Firmensitz in Schönenwerd SO ist nur noch das Firmenmuseum verblieben. Mit hochpreisigen Kreationen führen auch weitere Spezialfirmen wie Künzli-Schuhe (Orthopädie-Schuhe), Kandahar oder Fretz Men ihre rentable Produktion weiter.

Firmen hüten konkrete Angaben über Marktanteile in Spezialmärkten oft als Geschäftsgeheimnis. Deshalb ist die Marktdominanz oft nicht ersichtlich und wird nicht bekannt gegeben. Allen gemeinsam ist, dass sie teure Spezialitäten kreieren, bei welchen die Qualitätsarbeit und das Design entscheidender sind als der Preis und der Lohn der Angestellten.

Kapitel 6 dargestellt, kommt es eben nicht nur darauf an, was eine Arbeitsstunde kostet, sondern welche Qualitätsarbeit in dieser Stunde geleistet wird.

Neben den in Kapitel 2 aufgezählten Paradoxa läuft auch diese Entwicklung konträr zur Lehrbuch-Doktrin; der Industriestandort Schweiz hat trotz hohen Preisen und Kosten in vielen Bereichen seine Stärke auf dem Weltmarkt behalten. Er hatte sie schon in den 1990er-Jahren, ist damals aber der Rezession im Ausland und, wie man heute weiss, den währungspolitischen Fehlleistungen der Nationalbank (Frankenaufwertung) zum Opfer gefallen.

«Swissness» als Markttrümpfe

Stärken der Schweizer Industrie sind innovative Lösungen, massgeschneiderte Produktionen, Nischenprodukte, Design und gute Dienstleistungen wie Servicegarantie, Termintreue, Verlässlichkeit, Garantieleistungen und Mehrsprachigkeit. Schlüsselfunktionen bei diesen Stärken haben die *Berufsbildung* und die *praxisorientierte höhere Bildung* für Ingenieure/Ingenieurinnen und Techniker/Technikerinnen. Im weltweiten Spezialitätenmarkt sind *Exaktheit, Präzision, Termintreue, Zuverlässigkeit, Innovationsbereitschaft und Kommunikationsfähigkeit* des Personals wichtige Qualifikationen, welche die hohen Löhne rechtfertigen und aufwiegen. Man könnte diese Wertschöpfungsqualifikationen in neuer Redeweise als «Swissness» bezeichnen. Es sind dies Qualitäten, die nicht primär von der akademischen Welt ausgehen (gute Akademiker gibt es überall), sondern von den Qualifikationsstandards der beruflichen Ausbildung und der beruflichen Weiterbildung.

Als Wertschöpfungsfaktoren spielen wie erwähnt auch oft ökonomisch unterschätzte Fähigkeiten im Bereich von *Design und Kunst* eine Rolle, welche im Marktprozess zu einer hohen Wertschöpfung beitragen können. All diese Eigenschaften schliessen vorläufig eine direkte Konkurrenzierung durch China aus – vorläufig.

Die Konjunkturforschung KOF ETH kommt in ihrer vergleichenden Evaluation der Innovationskraft der Schweizer Wirtschaft zum Schluss, dass die qualifizierten Arbeitskräfte zentral sind für die Behauptung in der globalen Wirtschaft: «Deshalb bleibt die Stärkung der Humankapitalbasis der Schweizer Wirtschaft, auf die wir seit der ersten Innovationserhebung von 1990 immer wieder mit Nachdruck hingewiesen haben, ein zentrales Element einer innovationsorientierten Wirtschaftspolitik.»[12]

Die Produktionsverlagerung (Outsourcing und Subcontracting) nach Ostasien ist heute in der Management-Lehre die häufig propagierte Firmenstrategie. Ich wäre aber nicht erstaunt, wenn ganz bestimmte Produktionsvorgänge – sowohl im technisch-mikromechanischen wie auch im Software-Bereich – nach einigen schlechten Ausland-Erfahrungen wieder durch «Insourcing» an den Standort Schweiz zurückverlagert würden. Jede Management-Glaubenslehre erlebt nämlich ihre Blüte und dann oft auch ihre Korrektur an der Praxis.

Wettbewerb oft entscheidend

Treibende Kraft für marktorientierte Innovationen und höhere Qualität ist der Wettbewerbsdruck. Deshalb sind die im internationalen Wettbewerb stehenden Branchen erfolgreicher, wertschöpfungsintensiver und konkurrenzfähiger als die protektionistisch geschützten. Protektionismus und Marktabschottung haben öfters sogar zum Niedergang einzelner Branchen geführt.

Wirtschaftsstrategie: Konzentration auf Berufsbildung, Forschung und Wettbewerb

Strategische Schlüsselgrössen für die Behauptung im globalen Markt sind also praxisbezogene Bildung und Forschung und eine entschlossene Wettbewerbspolitik. Die Strategie, mit der sich ein hoch entwickeltes Industrieland wie die Schweiz

---

Beispiel: Handy-Produktion durch politischen Heimatschutz verloren

Die skandinavischen Länder sind bei der Produktion von Mobilcom-Geräten (Handys) weltmarktführend; die Schweizer Industrie hingegen hat eine unbedeutende Position. Das kam so: Die skandinavischen Länder liberalisierten ihren Telefonmarkt bereits Anfang der 1990er-Jahre, die Schweiz erst nach 1998.
Im Jahr 1990 produzierten Nokia als nationaler Alleinanbieter für Finnland, Ericsson als Alleinanbieter für Schweden und die Ascom als Quasi-Monopolist für den Schweizer Markt Telefonapparate. Die frühe Liberalisierung und Telecom-Marktöffnung in Finnland und Schweden zwang Nokia und Ericsson, sofort mit neuen Produkten zu reagieren. Sie entwickelten mobile Telefongeräte und bedienten damit den liberalisierten einheimischen Markt und bald darauf auch den Weltmarkt. Die ersten Mobilcom-Telefone waren etwa so gross und unhandlich wie Bierflaschen. Der Lerneffekt der frühen Markteinführung brachte die Finnen und Schweden aber zu technologischen Weiterentwicklungen und Miniaturisierungen. Mit den grösseren Serien entstanden Skaleneffekte und immer bessere, miniaturisierte Mobilgeräte. Die Skandinavier erlangten mit Ericsson und Nokia auf dem weltweiten Handy-Markt eine Vormachtstellung (Ericsson fusionierte später mit Sony).
In der Schweiz hatte die Ascom (ein Fusionsprodukt von Autophon und den Hasler-Werken) ebenfalls früh ein mobiles Telefongerät (das sogenannte «Natel A») entwickelt, doch durch die um Jahre verzögerte Liberalisierung des Schweizer Telecom-Marktes bestand kein Wettbewerbsdruck zur technologischen Fortentwicklung und Miniaturisierung. Ascom kam zu spät mit ihrem Produkt und verlor ihre Stellung im Handymarkt vollständig; heute produziert sie noch spezialisierte Polizei-Funkgeräte.
Der fehlende Wettbewerbsdruck führte zu einem Innovationsrückstand und letztlich zum Weltmarktverlust der Schweiz im Mobilcom-Gerätemarkt. Verblieben ist ihr eine Marktnische mit einer Spezialproduktion für Polizeifunk im Hochpreissegment. Die Verhinderung und Verzögerung der Marktliberalisierung im Telecom-Bereich in den 1990er-Jahren – als vermeintlicher Heimatschutz für bestehende Arbeitsplätze und für den Service public begründet – hat der Wirtschaft und dem Erhalt von Arbeitsplätzen im Endeffekt geschadet.

auf dem Weltmarkt behaupten kann, besteht vor allem in der Stärkung des Bildungs- und Berufsbildungssystems und daneben in der Öffnung der Märkte. Diese wirtschaftspolitische Strategie muss sich im Dreieck: Bildungs- und Berufsbildungssystem / Wirtschaft / Staat verwirklichen. Wenn einer dieser drei Partner fehlt oder Schwächen zeigt, wird auch die Strategie verfehlt. Diejenigen europäischen Länder, welche im Wachstums- und Konkurrenzfähigkeits-Rating am meisten aufgeholt haben, allen voran Finnland und Irland, haben genau diese wirtschaftspolitische Strategie mit den drei Säulen Bildung / Wirtschaft / Staat erfolgreich verwirklicht.

Quellen Kapitel 7

[1] NZZ vom 14.11.2006, S. 19.

[2] www.globalization.kof.ch und NZZ 20./21.1.2007, S. 25.

[3] Volkswirtschaftliche Gesamtrechnung der Schweiz im Jahr 2008. SNB: Statistisches Monatsheft, Februar 2010, Tab. P1.

[4] Brunetti, Aymo: Zum Nutzen der Aussenhandelsstatistik für das Seco, in: Forum Z. Informationsmagazin des Schweizer Zolls, Juni 2007.

[5] Siehe Quellen zu Grafik 7.6

[6] Schwab, Klaus/World Economic Forum: Der Wandel in den Köpfen lässt warten. In: Tages-Anzeiger 6.9.2007, S. 11.

[7] Brot für Alle/Fastenopfer: Wir glauben. Arbeit muss menschenwürdig sein. Agenda Ostern 2007.

[8] Strahm, Rudolf: Bericht über Firmenbesuche in Mumbai/Bombay, Indien, Februar 2004 (Ausschnitt), Nachtrag 2007.

[9] Hotz-Hart, Beat et al.: Exzellent anders! Die Schweiz als Innovationshost. Verlag Rüegger, Zürich/Chur 2006.

[10] Tinner, Roger: Swiss made. Was Schweizer KMU erfolgreich macht. IBM Schweiz, KMU Campus und Verlag Neue Zürcher Zeitung, Zürich 2007, besonders S. 196 f.

[11] NZZ vom 6./7. Mai 2000, S. 29

[12] Arvanitis, Spyros et al.: Innovationsaktivitäten in der Schweizer Wirtschaft. Analyse der Ergebnisse der Innovationserhebung. Studie der KOF ETH im Auftrag des Seco. Seco/EVD Bern 2007, S. 205.

- **Grafik 7.1** – Bundesrat: Botschaft vom 19.09.1994 zur Genehmigung der GATT/WTO-Übereinkommen (Uruguay-Runde), Nr. 94.079, S. 116–378.
- **Grafik 7.2** – World Trade Organization, 2005. www.wto.org.
- **Grafik 7.3** – Union Bancaire Privée, in: NZZ vom 8.12.2005. Nachführung: Unctad Handbook of Statistics 2008. Genf 2008. Tab. 1.2/8.2. http://stats.unctad.org. IMF World Economic Outlook. Oktober 2009. www.imf.org.
- **Grafik 7.4** – Schweizerische Aussenhandelsstatistik, unter: www.zoll.admin.ch. Sowie: Die Volkswirtschaft, Nr. 3/2009, Tab B 3.4.
- **Grafik 7.5** – Handelszeitung: Top 2007. Die grössten Unternehmen der Schweiz. Zürich 2007, S. 21.
- **Grafik 7.6** – Beschäftigung: BFS: Betriebszählungsergebnisse 2008, Industrie und Dienstleistungen. BFS Medienmitteilung, 29.9.2009, T1, 5.5 (ohne 1. Sektor). Personalbestand Ausland: SNB: Statistisches Monatsheft, Dezember 2009, Tab. S. 1.3.
- **Grafik 7.7** – OECD: Offshoring and Employment. Trends and Impacts. Paris 2007. OECD: Handbook on Economic Globalisation Indicators. Paris 2005.
- **Grafik 7.8** – Arvanitis, Spyros et al.: Internationale Wettbewerbsfähigkeit: Wo steht der Standort Schweiz? Konjunkturforschungsstelle KOF ETH. vdf Hochschulverlag ETH Zürich 2005, S. 144.
- **Grafik 7.9** – Credit Suisse Economic Research: Swiss Issues Branchen. Qualität – einzige Chance der Exportindustrie?, Zürich 2006, S. 17 f.
- **Grafik 7.10** – Schweizerische Aussenhandelsstatistik, nach: www.zoll.admin.ch (Jahr 2008)

Bild S. 153: Keystone, Michael Reynolds

KAPITEL 8

Strukturwandel: Berufsbildung und Weiterbildung als Schlüssel

Das Kapitel im Überblick

Die wichtigste Auswirkung der Globalisierung der Wirtschaft besteht darin, dass bei uns der Strukturwandel beschleunigt wird. Der Industriesektor schrumpft und wird angesichts des starken internationalen Wettbewerbsdrucks zu noch mehr Spezialisierung, zu höherer Qualität und zu mehr High-Tech-Anteil in der Produktion angetrieben. Demgegenüber verschwinden ausgereifte, traditionelle Industrietechnologien, respektive sie werden ins Ausland verlagert.

Der Niedergang traditioneller Branchen und der Aufstieg neuer Wirtschaftszweige und Firmen zwingt die arbeitenden Menschen zu mehr beruflicher Mobilität. Im Alter von 24 Jahren arbeiten bereits 35 Prozent aller Erwerbstätigen in der Schweiz nicht mehr im ersterlernten Beruf. Von allen Erwerbstätigen aller Altersgruppen haben 49 Prozent mindestens einmal in ihrem Leben den Beruf und die Branche gewechselt (man spricht hier von der «Rotationsquote»). Markant ist die Tatsache, dass Erwerbstätige mit Berufsabschluss wesentlich besser zum Berufswechsel befähigt sind als Ungelernte. Das Berufsbildungssystem bildet eine wichtige Voraussetzung zur besseren und leichteren Bewältigung des Strukturwandels.

Allerdings weist das Berufsbildungssystem einen gravierenden Mangel auf: Es hinkt selber dem Strukturwandel hintennach. Die Verteilung der Lehrstellen nach Wirtschaftsbranchen entspricht heute in etwa der Verteilung der Beschäftigten vor 20 Jahren. Gewerbliche und industrielle Branchen bilden mehr Lernende aus, als sie nach der Ausbildung beschäftigen können. Umgekehrt bieten viele Dienstleistungszweige zu wenige Lehrstellen an.

Bisherige Branchen und Unternehmen verschwinden – neue Wirtschaftszweige, neue Technologien und neue Unternehmen entstehen. Der Strukturwandel in der Wirtschaft ist das markanteste Merkmal der Globalisierung. Für die Bewältigung dieser Veränderungen sind das Bildungssystem, die Berufsbildung und die berufliche Weiterbildung entscheidend. Personen mit Berufslehre und/oder weitergehender Ausbildung der Tertiärstufe haben es leichter, auf einen neuen Beruf umzusteigen als Ungelernte.

Die Wirtschaft verändert sich

Der Strukturwandel in der schweizerischen Wirtschaft wird durch die Globalisierung beschleunigt. Traditionelle Industrien im Inland werden abgebaut (Desindustrialisierung); ihre Erzeugnisse werden durch importierte Industrieprodukte mit ausgereiften Technologien aus dem Weltmarkt ersetzt. Was bleibt, sind Industrien mit High-Tech-Technologien, Spezialisierungen und qualitativ hochstehender Arbeit – oder dann Produkte, bei denen das Design und der Luxusstatus marktentscheidend ist. Gleichzeitig wächst der Dienstleistungssektor im Inland weiter. Die Schweiz entwickelt sich zu einer Dienstleistungs- und Wissensgesellschaft; man spricht von einer Knowledge-Based-Economy. (Die Finanzmärkte werden separat in Kapitel 11 beleuchtet).

Der Strukturwandel ist keine neue Erscheinung, er wird durch die Liberalisierung der Weltmärkte aber beschleunigt. Innert hundert Jahren (1905–2005) sank der Anteil der Beschäftigten im *Primärsektor* (Landwirtschaft und Bergbau) von 45 auf knapp 4 Prozent. Er wird sich nochmals halbieren. ➔ **Grafik 8.1**

Der *Industrie- und Bausektor (Sekundärsektor)* erreichte nach einem Anstieg bis Mitte der 1960er-Jahre eine Spitze von rund 53 Prozent Beschäftigtenanteil und sank danach auf ein Niveau von heute 23 Prozent. Der «Arbeiter im blauen Gewand» verliert laufend Anteile, und dies seit der jüngsten WTO-Welthandels-Liberalisierungsrunde (seit 1995) noch beschleunigt.

Dem gegenüber ist der *Dienstleistungssektor (Tertiärsektor)* kontinuierlich am Steigen und umfasst heute rund 73 Prozent der Beschäftigten in der Schweiz. Dieser sehr heterogene Sektor reicht von tief entlöhnten Reinigungs- und Betreuungsberufen (sogenannte persönliche Dienleistungen) bis hin zu hoch bezahlten Informatik-, Finanzmarkt- oder Beratungsdienstleistungen.

Sterbende und neu entstehende Branchen

Die weltweite Handelsliberalisierung nach dem Zweiten Weltkrieg wurde, wie im vorangehenden Kapitel 7 beschrieben, seit 1948 durch die GATT/WTO-Zollsenkungsrunden ausgelöst. Sie hat in der schweizerischen Wirtschaft zum Abbau traditioneller Branchen mit ausgereiften Technologien geführt, weil der Landesbedarf zunehmend durch preisgünstige Importe gedeckt werden konnte. Neben der Landwirtschaft, deren Beschäftigtenanteil durch die Mechanisierung nach 1945 ständig rückläufig war, wurden die Holz- und die Lederverarbeitung in der Schweiz als erstes abgebaut und bis heute – bis auf ein kleines Segment von Hochpreis-Qualitätsmöbeln und -schuhen – fast zum Verschwinden gebracht. Bedingt durch den beschleunigten Zollabbau und Zollpräferenzen für Entwicklungsländer wurden sodann in den 1960/1970er-Jahren allmählich die arbeitsintensive Textil- und Bekleidungsindustrie dezimiert. In den 1970er-Jahren verschwand, durch die Technologie-Entwicklung bedingt, die traditionelle Uhrenherstellung (Anker-Uhren). Später wurden die Grundstoff- und Metallindustrie (Giessereien) bis auf einen kleinen Restbereich zum Verschwinden gebracht sowie Teile der Maschinenindustrie mit älteren Technologien (zum Beispiel Motoren- und Fahrzeugherstellung). In den 1990er-Jahren wurde ein Teil der Chemieproduktion (die in den 1950er- und 1960er-Jahren zuvor einen ungeahnten Aufschwung genommen hatte) eingestellt respektive ins Ausland verlegt; die alten Chemiekonzerne fokussieren heute ihre Forschung und Entwicklung auf den wachsenden und weltweit mit staatlichen Preisen geschützten Pharmasektor. → **Grafik 8.2**

Diese Desindustrialisierung hat hunderttausende von Beschäftigten zum Branchen- und Berufswechsel gezwungen. Gleichzeitig mit dem «Industriesterben» ging jedoch ein Aufstieg neuer Branchen einher. Nach dem Zweiten Weltkrieg expandierten zunächst die Industrien zur Versorgung der Haushalte mit Gerätschaften (Haushaltgeräte, Haustechnik) sowie die Chemieproduktion. Letztere bildete sich 30 Jahre später, etwa ab 1980, durch die Zunahme von Importprodukten wieder zurück. Zunehmend expandierten auch Dienstleistungsbereiche wie Unterrichtswesen, Alterspflege, ITC-Branchen und ganz stark die Kommunikations-Technologien bis hin zum internationalen Reisesektor und zur Beratungsbranche. → **Grafik 8.2**

Der Schreibende begann seinen Berufseinstieg Ende der 1950er-Jahre mit einer Laborantenlehre mit anschliessendem Chemiestudium, damals die neusten und modernsten Berufe. Etwas mehr als vier Jahrzehnte später wurde die Chemieabteilung der Ingenieurschule («Technikum») Burgdorf mit einem Schlussakt für die Veteranen feierlich geschlossen; und die seinerzeit modernsten Labor- und Analysegeräte wurden als Museumsgegenstände ausgestellt. Innert vier Jahrzehnten ist aus der damals modernsten Aufsteiger-Technologie ein Museumsstück geworden.

«Völkerwanderung» von Branche zu Branche

Die Betriebszählungen der Jahre 2001 und 2008 förderten zu Tage, dass in sieben Jahren der Primärsektor (Landwirtschaft) 37 000 Arbeitsplätze verloren, aber der Tertiärsektor (Dienstleistungen) 285 000 neue Beschäftigte gewonnen hat. Der Industriesektor nahm nur noch um 48 000 Beschäftigte zu. Es fand gewissermassen eine beschäftigungsmässige Verschiebung von schrumpfenden zu aufsteigenden Branchen statt. → **Grafik 8.3**

Laufend sind neue Technologien und Berufsbilder entstanden. Von 2001 bis 2008 wuchsen beschäftigungsmässig der Pflegebereich, die Banken, die Pharmaindustrie und die Datenverarbeitungsindustrie, während Maschinen- und Chemieindustrie sowie Hotellerie schrumpften. → **Grafik 8.3**

Mobilität und Berufsbildung

Der Strukturwandel bringt einerseits volkswirtschaftliche Vorteile, weil er zu höherer Produktivität führt und besseren Technologien zum Durchbruch verhilft. (The Power of Productivity → **Grafik 12.5**). Andererseits verursacht der Strukturwandel auch Kosten in Form von Investitionen für neue Maschinen und Einrichtungen sowie in Form von Folgelasten des Berufs- und Branchenwechsels der Arbeitnehmenden. Die Anforderungen an die Arbeitnehmenden zur Bewältigung des Strukturwandels werden von vielen Ökonomen, welche in der Regel von der betrieblichen Realität und vom Wert der Arbeit wenig praktische Kenntnisse haben, meist ignoriert. Der Ökonom fragt: Was ist der Kapitalbedarf des Strukturwandels? – und nur wenige fragen: Was sind die bildungsmässigen Anforderungen an das betroffene Personal? Der Strukturwandel verursacht auch menschliche und soziale Kosten: Berufswechsel, Stress, Ängste vor Entlassung oder Nichtgenügen, psychische Belastung sowie Lernaufwand und Umschulungs- oder Weiterbildungskosten für Arbeitgeber und Arbeitnehmende.

«Schumpeter'scher Kapitalismus»

Das Sterben und die Neuentstehung von Unternehmen und Branchen wird etwa als «Schumpeter'scher Kapitalismus» bezeichnet. Der österreichische Ökonom Joseph A. Schumpeter (1883 – 1950), der zuvor Finanzminister in Österreich war und später in Harvard lehrte, entwickelte eine dynamische Unternehmenstheorie, welche den technologischen Wandel und die Produktivitätsentwicklung mit einbezog. Er sprach 1940 vom «Prozess der schöpferischen Zerstörung» des dynamischen Unternehmers und meinte damit, dass die neuen Unternehmer dank dem technischen Fortschritt in der Wettbewerbswirtschaft dank neuen, billigeren Produktionsmethoden oder besseren Produkten ständig andere, bisherige Unternehmen verdrängen.

Die Schumpeter'sche Theorie der Unternehmung ist heute noch eine Sichtweise, die viel zum Verständnis des Strukturwandels und des Wachstums, aber auch zur Ableitung von Konsequenzen für die Ausbildung beiträgt. Denn der Strukturwandel stellt eine gewaltige Herausforderung an das Berufsbildungsbildungssystem dar.

Heute arbeiten 35 Prozent der Erwerbstätigen bereits im Alter von 24 Jahren nicht mehr im ersterlernten Beruf, das heisst, sie haben schon einmal in ihrem Arbeitsleben den Beruf und die Branche gewechselt. Die Statistiker sprechen dabei von der *Rotationsquote,* die mit dem Totalzensus der letzten eidgenössischen Volkszählung des Jahres 2000 erfasst wurde. Die Rotationsquote der gesamten Erwerbsbevölkerung aller Altersklassen beträgt 49 Prozent, das heisst rund die Hälfte aller Erwerbstätigen hat mindestens einmal im Leben den Beruf gewechselt (wobei diese statistische Erfassung immer auch einen Branchenwechsel mit einschliesst). → **Grafik 8.4**

Die Zeiten, da ein Beruf gelernt und dieser Beruf von der Lehre bis zur Pensionierung ausgeübt wird, sind für die Mehrheit der Bevölkerung vorbei. Die Auszubildenden müssen sich darauf einstellen, dass sie in ihrer Berufskarriere einmal oder unter Umständen mehrere Male den Beruf wechseln und sich auf jeden Fall ständig weiterbilden müssen.

Sehr bedeutsam an den Volkszählungsergebnissen ist der Befund, der aus der → **Grafik 8.4** herauszulesen ist: Wer eine Berufslehre oder eine Lehre mit einer weitergehenden Berufsausbildung in einer Höheren Fachschule oder Fachhochschule absolviert hat, ist signifikant besser zum Strukturwandel befähigt als eine ungelernte Erwerbsperson ohne nachschulische Ausbildung. Die Rotationsquote beträgt nämlich bei Ungelernten 37 Prozent, bei Erwerbstätigen mit Berufslehrabschluss hingegen 50 Prozent. Bei Absolventen/-innen einer Höheren Fachschule ist sie 55 und bei Fachhochschul- und Universitätsabsolventen/-innen 56 Prozent. Wer über eine berufliche Grundbildung verfügt, ist deutlich besser befähigt, im Verlauf des Lebens auf einen neuen Beruf umzusteigen und den Strukturwandel zu bewältigen. Und wer eine weitergehende Ausbildung hinter sich hat, ist noch berufsmobiler.

Ein deutlicher Unterschied ist überdies auch bei den Geschlechtern auszumachen: Die Rotationsquote liegt bei männlichen Erwerbstätigen aller Altersstufen mit 54 Prozent wesentlich höher als bei Frauen, deren Rotationsquote 43 Prozent beträgt. Die Benachteiligung der Frauen könnte einerseits auf den höheren Anteil an weiblichen Ungelernten → **siehe Grafik 3.6** und anderseits auf die Rollenteilung und die damit verbundenen Defizite an Aktivjahren (Erziehungsunterbrüche) bei Frauen zurückzuführen sein. → **Grafik 8.4**

Strukturwandel erfordert mehr Ausgebildete

Die schweizerische Wirtschaft meldet einen Mangel an gelernten Arbeitskräften und gleichzeitig einen Überfluss an Ungelernten sowie – weniger deutlich – an Personen mit einer Anlehre (nach heutiger Lesart: Personen mit einer Grundbildung mit Attest). Im Bau- und Industriebreich (Sekundärsektor) meldeten bei der Betriebszählung 17,9 Prozent aller Unternehmen einen Mangel an gelernten Arbeitskräften (Mehrbedarf) und nur 3,8 Prozent machten einen Überfluss an Personen mit Berufsbildung geltend. Umgekehrt jedoch verhielten sich die Aussagen zu den Ungelernten: 26,8 Prozent der Betriebe gaben an, sie hätten einen Überfluss (Abbaubedarf) an Ungelernten und nur 1,2 Prozent meldeten einen Mehrbedarf. → **Grafik 8.5** Beim Tertiärsektor sind die Ausbildungsanforderungen ähnlich gelagert.

Diese Befragungsresultate aus den Arbeitsmarktindikatoren des Bundesamts für Statistik BFS zeigen seit Jahren das gleiche Bild: Die Wirtschaft benötigt mehr ausgebildetes Personal und beschäftigt tendenziell zu viele Erwerbstätige mit zu tiefer Berufsqualifikation. Die von den eher strukturschwachen Branchen – etwa von Landwirten, Wirten oder Baumeistern – vorgebrachten Argumente zur Rechtfertigung der Migration und Rekrutierung unqualifizierter Tieflohnarbeiter im Ausland treffen zumindest für den Grossteil der Wirtschaft und für die innovativen Betriebe nicht zu. Die schweizerische Wirtschaft braucht nicht Hilfskräfte, sondern qualifizierte Arbeitnehmende mit zumindest einer beruflichen Grundbildung. Und sie erfordert eine ständige berufliche Weiterbildung der Beschäftigten im Laufe ihres Berufslebens.

Berufsbildungssystem hinkt dem Strukturwandel nach

Wie eingangs des Kapitels erwähnt, geht die Zahl der Erwerbstätigen im Primärsektor (Landwirtschaft und Gartenbau) sehr stark und im Sekundärsektor (Industrie und Bau) schrittweise zurück, während der Tertiärsektor mit den zahlreichen Dienstleistungsberufen immer mehr Erwerbstätige benötigt. Die Volkszählungsergebnisse von 1970 bis 2000 belegen diesen bereits dargestellten Trend. → **Grafik 8.6. Die drei Grafiken 8.6, 8.7 und 8.8 sind synoptisch miteinander zu betrachten**

Die Zahl der Lernenden in diesen Sektoren ist aber diesem Trend nicht gefolgt. Im Gegenteil, die Zahl der Lernenden pro 100 Erwerbstätige ist von 1970 bis 2000 im Primär- und Sekundärsektor gewachsen, in den Berufen von Industrie und Gewerbe zum Beispiel von 7 auf 11,7 Lernende pro 100 Erwerbstätige. Hingegen ist die Ausbildungsquote ausgerechnet im wachsenden Dienstleistungssektor leicht zurückgefallen, nämlich von 4,5 auf 3,9 Lehrstellen pro 100 Dienstleistungs-Erwerbstätige. → **Grafik 8.7** Als Folge dieser gegenläufigen Entwicklung bilden Industrie und Gewerbe mehr Jugendliche aus, als sie absorbieren können. Im Jahr 2000 betrug der Ausbildungsüberschuss des Sekundärsektors 6,9 Prozent. Dem gegenüber weist der Dienstleistungssektor ein Ausbildungsdefizit von 7,5 Prozent auf. In den Dienstleistungsberufen werden also nicht genügend Lehrstellen angeboten. → **Grafik 8.8** Diese Diskrepanz zwischen Erwerbstätigen-Verteilung und Lehrstellen-Verteilung ist der Grund für den bereits erwähnten häufigen Berufswechsel, für die hohe Rotationsquote. → **Grafik 8.4**

Die heutige Struktur der Lehrstellenverteilung entspricht in etwa der Wirtschaftsstruktur der 1970er- oder 1980er-Jahre. Die Berufsbildungsintensität in den Betrieben ist also dem Strukturwandel nicht gefolgt. Vor allem die neueren Branchen in den

Bereichen Informatik, Telematik, Freizeit- und Sportbetreuung, Finanzdienstleistungen, aber auch das Gesundheitswesen (vor allem die Spitäler und Heime auf der Sekundarstufe IIB) bilden zu wenig Personal aus. Sie rekrutieren Ausgebildete aus anderen Branchen oder Spezialisten aus dem Ausland. Diesen Rückstand des Berufsbildungssystems im Branchenwandel betrachte ich als eine markante *Schwäche des schweizerischen Berufsbildungssystems.*

Zukunftsentwicklung wohin?

Wohin läuft die Wirtschaftsentwicklung in Zukunft? Welche Branchen sind gefragt und welche werden im Zuge des Strukturwandels aus der Schweiz ins Ausland verlagert? Welche Branchen werden technologisch überholt oder wegen Standortnachteilen vom Markt verdrängt? Diese Fragen brennen Berufs- und Laufbahnberatern/-innen und Lehrpersonen der Oberstufen unter den Nägeln.

Die Research-Abteilung der Credit Suisse hat aufgrund verschiedener Weltmarktfaktoren eine Chancen- und Risikenbewertung der schweizerischen Wirtschaftsbranchen vorgenommen und diese auch nach ihrer Grösse gewichtet. An der Spitze der chancenreichsten Industriebranchen figurieren die chemisch-pharmazeutische Industrie und die Präzisionsinstrumentenindustrie, wozu auch Hochpreisuhren und medizinaltechnische Instrumente (Herzschrittmacher, Implantate, Gelenkprothesen, Messinstrumente) gehören. Generell gehören Berufe rund um das Gesundheitswesen zu den wachsenden und chancenreichsten Berufsfeldern. Auf der anderen Seite gehören die strukturschwachen Branchen wie Landwirtschaft, Gastgewerbe oder Teile der Bekleidungsindustrie und des Landverkehrs eher zu den absteigenden Wirtschaftszweigen. → **Grafik 8.9**

Zukunftsprognosen sind stets risikoreich. Aber ich würde aufgrund der Produktivitätsentwicklungen die Darstellung der Credit Suisse Research für plausibel halten. Sie könnte auch als Orientierung für die Schwerpunktbildung in der Berufsbildung und beruflichen Weiterbildung dienen. Die Zukunftsbetrachtungen der Credit Suisse Research gehen allerdings von den bestehenden, messbaren Branchen aus. Sie verlängern, wie die meisten Prognosen, den Trend von der Gegenwart in die Zukunft. Neue Technologien wie zum Beispiel Oberflächen- und Materialtechniken, Nanotechnologie, medizinische Therapien mittels Biotechniken (Gentechnik), Umwelt- und Energieeffizienz-Branchen, Sicherheitstechnologien, aber auch Ansätze zu künstlicher Intelligenz in neueren Forschungs- und Entwicklungsgebieten sollten für die Beschäftigungsperspektiven der Zukunft ebenfalls mit berücksichtigt werden. Ihre Dimension ist heute aber noch nicht messbar.

8.1 Der Strukturwandel in Richtung Dienstleistung und Desindustrialisierung hat sich beschleunigt

Anteil der Beschäftigten in der Schweiz nach Wirtschaftssektoren: Jahrhundert-Entwicklung 1905–2005

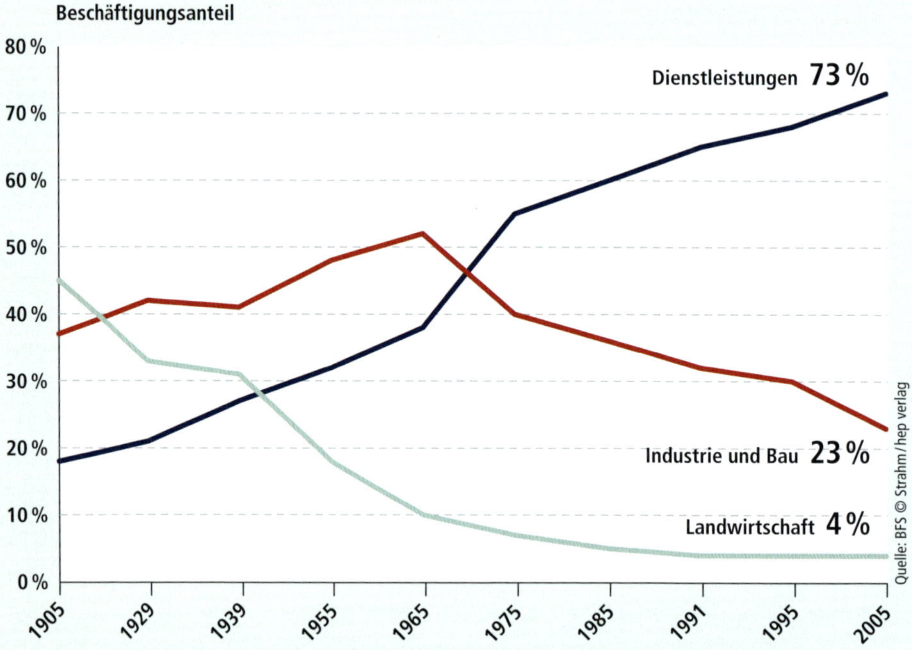

Der Strukturwandel in der Wirtschaft ist eine ebenso markante wie alte Erscheinung. Er ist seit über hundert Jahren im Gang. Seit Mitte der 1990er-Jahre hat er sich durch die Globalisierung der Wirtschaft beschleunigt. Der Industrie- und Bausektor, der Mitte der 1960er-Jahre noch mehr als die Hälfte der Beschäftigen umfasste, geht ständig zurück, auf heute rund 23 %. Dagegen stieg der Dienstleistungssektor auf 73 % Beschäftigtenanteil.

8.2 Traditionelle Industrien verschwinden, neue Wirtschaftszweige steigen auf

Aufstieg und Niedergang von Wirtschaftszweigen, gemessen an der Entwicklung der Beschäftigten, im Zeitraum von 1945 bis 2010

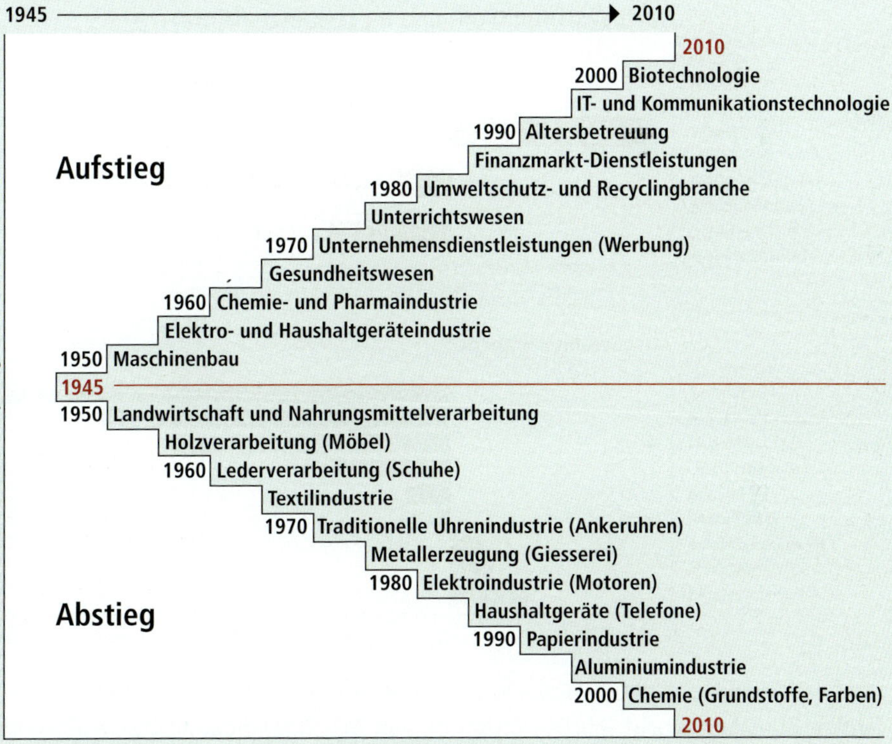

Quelle: Credit Suisse Economic Research © Strahm / hep verlag

Ständig verschwinden Unternehmenszweige in traditionellen Branchen – und neue in aufsteigenden Branchen werden gegründet. Produkte mit ausgereiften Technologien werden im preisgünstigeren Ausland hergestellt und verdrängen die Industrie in der Schweiz. Was von der Branche im Hochlohnland verbleiben kann, sind qualitativ hochwertige Spezialitäten und Nischenprodukte im Hochpreisbereich. Der Niedergang der alten Branchen ist verbunden mit dem Aufstieg neuer, innovativer Technologien und Produktionszweige.

8.3 Der Strukturwandel mit wachsenden und schrumpfenden Branchen erzwingt berufliche Mobilität

Zunahme / Abnahme in Prozent der Beschäftigten nach Sektoren und ausgewählten Branchen, 2001 – 2008

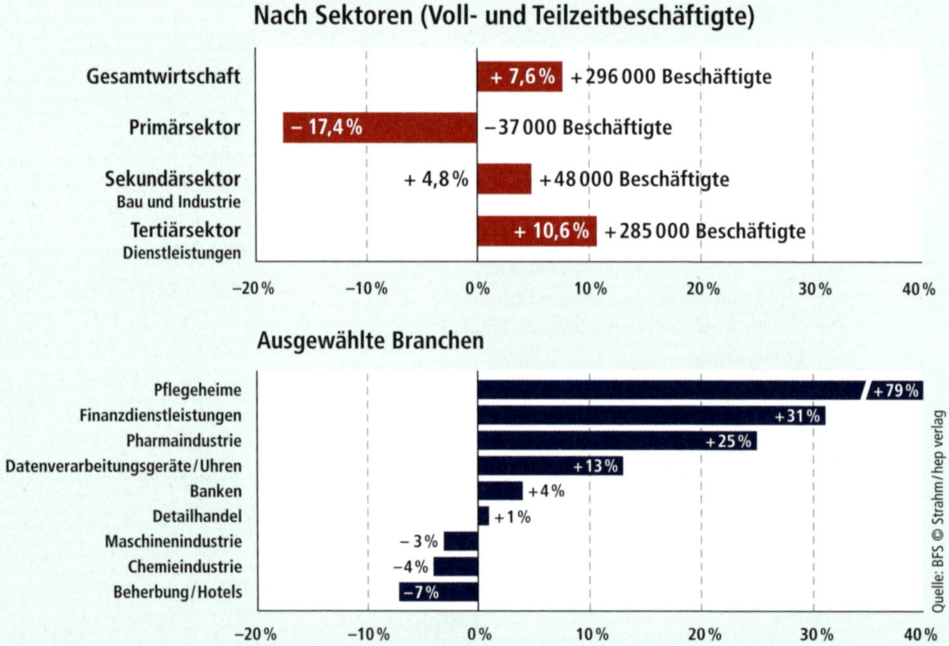

Der beschleunigte Strukturwandel in der Wirtschaft mit wachsenden und schrumpfenden Branchen macht jährlich Tausende von Arbeitnehmenden zu beruflichen Nomaden. Von 2001 bis 2008 sind 37 000 Beschäftigte im Landwirtschaftsbereich ausgestiegen, im Sekundärsektor (Bau und Industrie) sind per saldo zwar 48 000 neue Arbeitsplätze entstanden, aber in mehreren traditionellen Industriezweigen, wie Maschinen- oder Chemieindustrie sind trotz Wirtschaftsboom Arbeitsplätze abgebaut worden. Im Dienstleistungssektor (Tertiärsektor) sind 285 000 neue Arbeitsplätze entstanden. An der Spitze mit + 79 % stehen die Alters- und Pflegeheime, gefolgt von Dienstleistungen im Finanzbereich mit + 31 %. Die grosse berufliche Mobilität erfordert ein grosses Engagement in Weiterbildungsaktivitäten.

8.4 Der Strukturwandel zwingt zum Branchenwechsel – die Berufsbildung erleichtert den Berufswechsel

Anteil der Erwerbstätigen, die mindestens einmal den Beruf gewechselt haben (Rotationsquote), nach Totalzensus Eidgenössische Volkszählung 2000

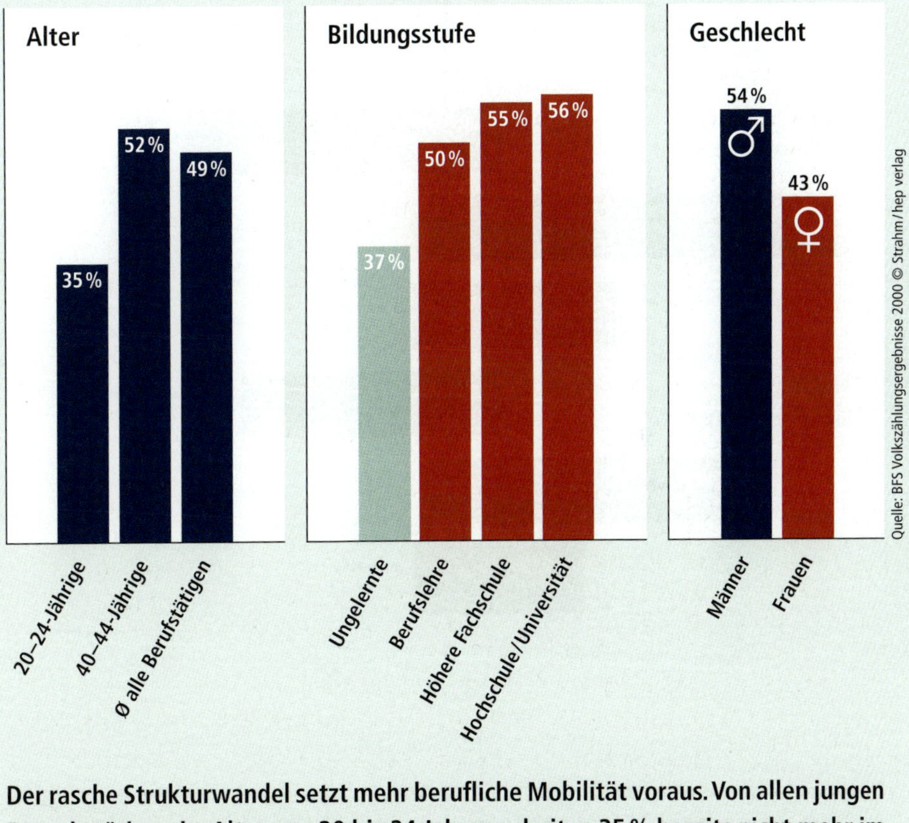

Der rasche Strukturwandel setzt mehr berufliche Mobilität voraus. Von allen jungen Erwerbstätigen im Alter von 20 bis 24 Jahren arbeiten 35 % bereits nicht mehr im ersterlernten Beruf, haben also mindestens einmal Beruf und Branche gewechselt. Diese sogenannte Rotationsquote beträgt im Durchschnitt der Erwerbstätigen aller Altersstufen 49,5 %. – Auffallend ist die signifikant höhere berufliche Mobilität von Berufslehre-Absolventen mit 50 % Rotationsquote, gegenüber nur 37 % bei Ungelernten. Die Ausbildung befähigt auch zum späteren Berufswechsel.

8.5 Die Wirtschaft braucht mehr gelernte und weniger ungelernte Arbeitskräfte

Anteil der schweizerischen Betriebe, die einen Mangel oder einen Überfluss an Arbeitskräften melden 2003/2006

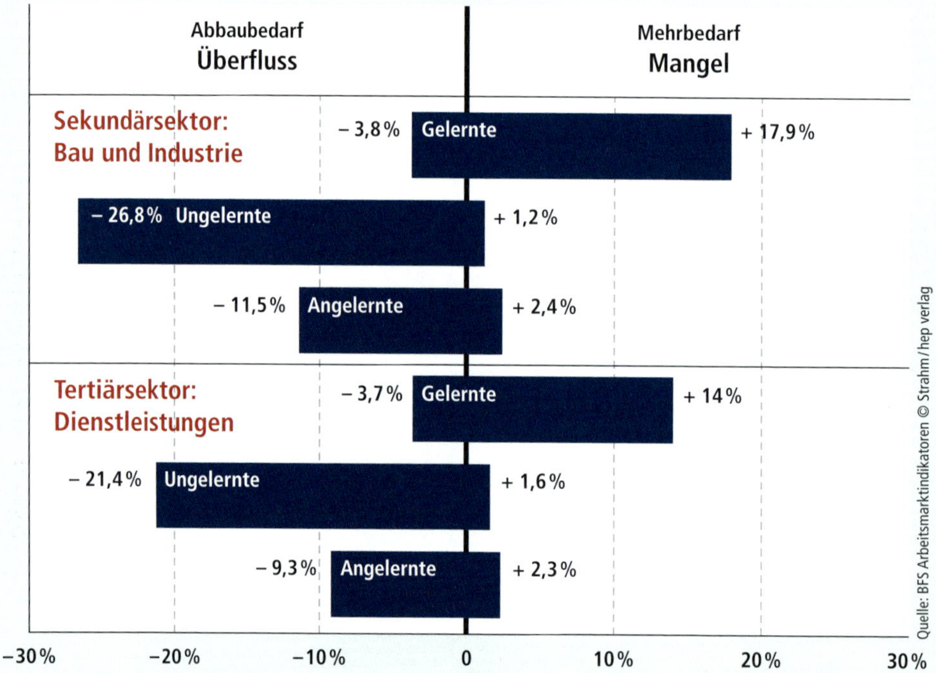

Die Wirtschaft braucht mehr qualifizierte Arbeitskräfte und weniger Ungelernte. In der Betriebsbefragung des BFS meldeten 17,9 % aller Betriebe im Sekundärsektor einen Mangel an Gelernten, aber 26,8 % einen Überfluss (= Abbaubedarf) an Ungelernten. Nur gerade 1 bis 2 % aller Betriebe verzeichnen einen Mangel an Ungelernten oder Angelernten (die Betriebe sind gewichtet nach ihrer Beschäftigtenzahl). Die überflüssigen weniger Qualifizierten werden beim nächsten Konjunktureinbruch ausscheiden.

8.6 Entwicklung der Erwerbstätigen: abnehmend im Sekundärsektor – ansteigend im Tertiärsektor

Entwicklung des Erwerbstätigenanteils in Prozenten nach Wirtschaftssektoren. Volkszählungen 1970, 1980, 1990 und 2000

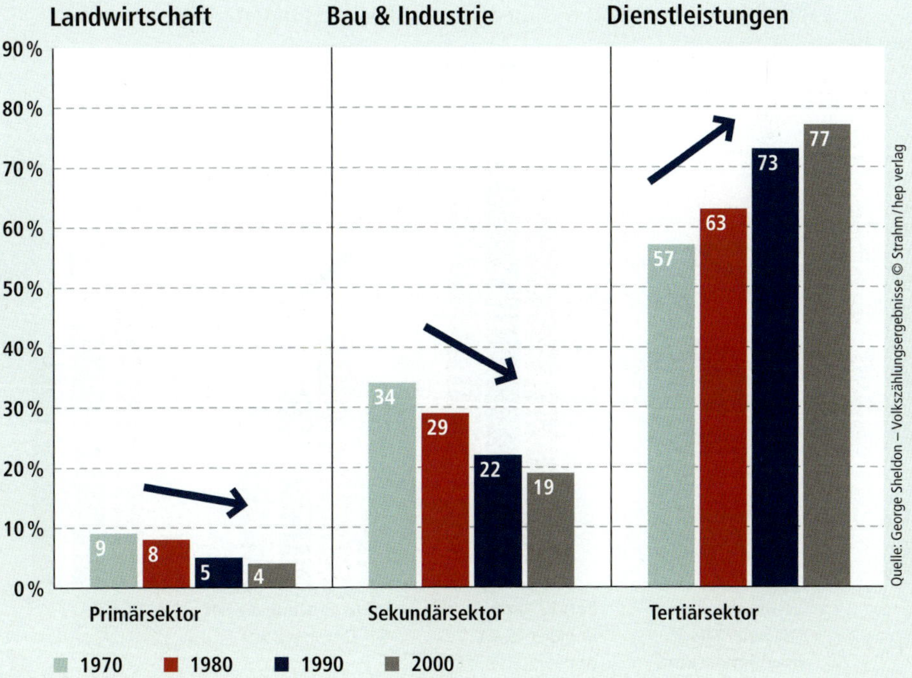

Aufgrund der eidgenössischen Volkszählungen nahmen von 1970 bis 2000 die Erwerbstätigen im Sekundärsektor (Bau und Industrie) von 34 auf 19 % ab, während ihr Anteil im Tertiärsektor (Dienstleistungen) von 57 auf 77 % zunahm. (Hier sind im Gegensatz zu Grafik 8.1 alle Erwerbstätigen, also auch die Selbständigerwerbenden und Teilzeitarbeitenden erfasst, bei 8.1 nur die Beschäftigten mit Arbeitsvertrag). → Vergleichen Sie mit der Lehrlingsverteilung in folgender Grafik 8.7

8.7 Entwicklung der Lehrlinge: relativ zunehmend im Sekundärsektor – abnehmend im Tertiärsektor

Anzahl Lehrlinge pro 100 Erwerbstätige (Lehrlingsquote) im gleichen Beruf nach Wirtschaftssektoren. Volkszählungen 1970, 1980, 1990 und 2000

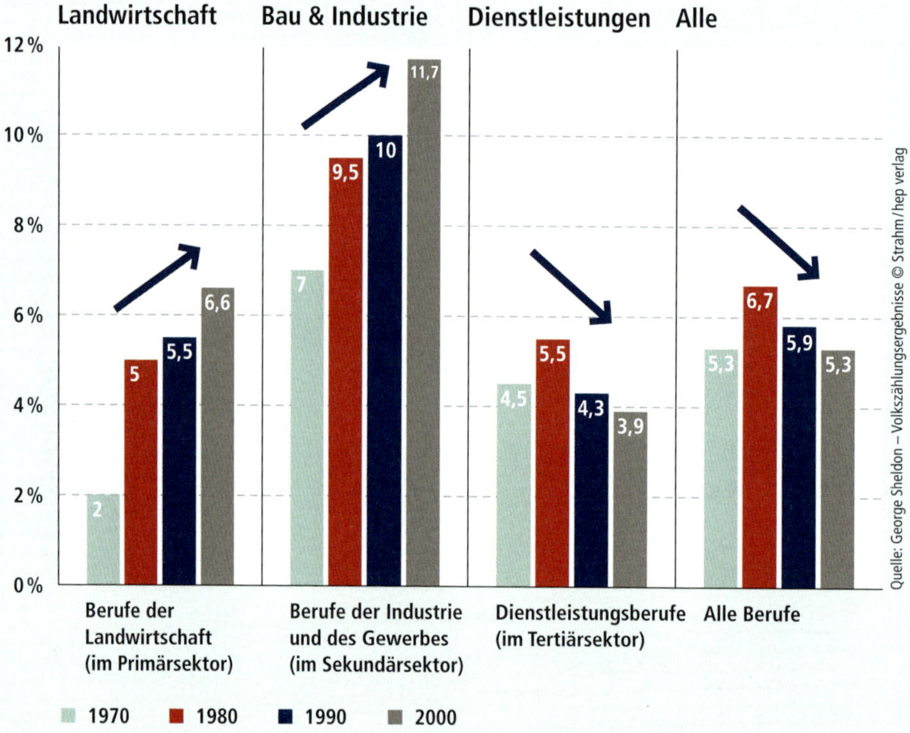

Die Ausbildungsintensität ist in Industrie und Gewerbe bedeutend höher als im Dienstleistungssektor. Bei den Berufen von Industrie und Gewerbe nahmen die Lehrlinge 1970 bis 2000 von 7 auf 11,7 pro 100 Erwerbstätige sogar zu. In den Dienstleistungsberufen jedoch gab es einen leichten Rückgang von 4,5 auf 3,9 Lehrlinge pro hundert Erwerbstätige in diesem Sektor. (Hier geht es um die Zahl der Lehrlinge pro 100 Erwerbstätige im Sektor, in Grafik 6.2 jedoch um die Zahl der Lehrlinge pro 100 Betriebsangehörige.) → Siehe die Saldowirkung in folgender Grafik 8.8

8.8 Entwicklung von Erwerbstätigen / Lehrlingen: Berufsbildungsüberschuss im Sekundärsektor – Defizite im Tertiärsektor

Ausbildungsüberschüsse (+) und Ausbildungsdefizite (–) nach Wirtschaftssektoren; Saldo aus den Volkszählungen 1970, 1980, 1990 und 2000

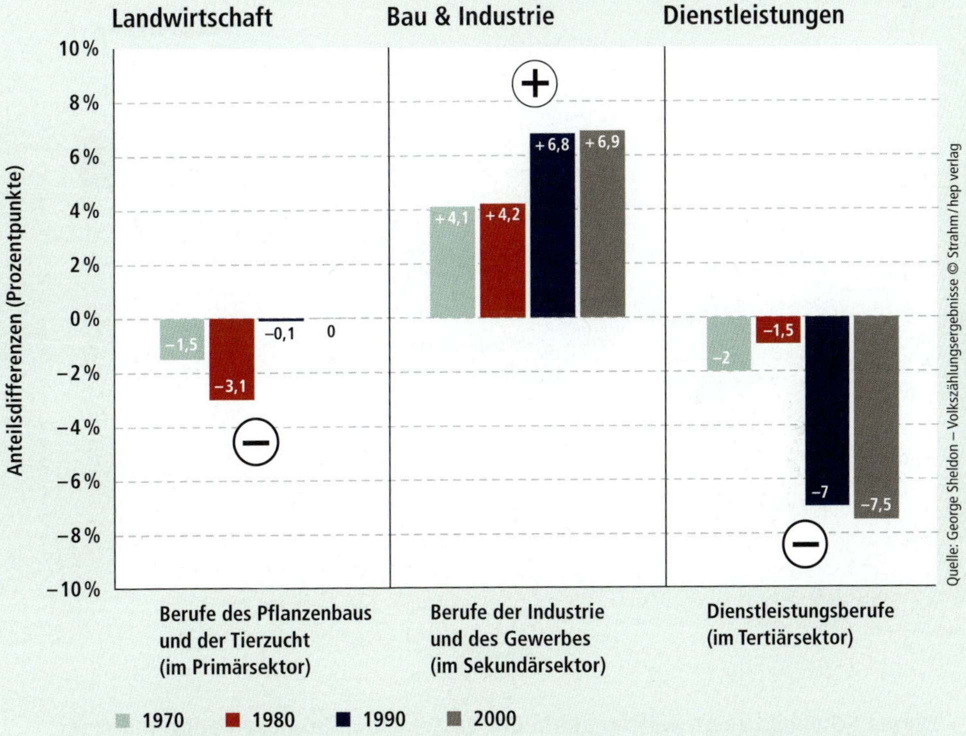

Der zahlenmässig schrumpfende Industrie- und Bausektor bildet 6,9 % mehr Lehrlinge aus als er absorbieren kann. Umgekehrt bildet der wachsende Dienstleistungssektor 7,5 % zu wenig Lehrlinge in Dienstleistungsberufen aus und verursacht einen Mobilitätssog. Der Vergleich der zwei vorangehenden Grafiken 8.6 und 8.7 zeigt: Das Berufsbildungssystem entspricht mit seiner Lehrberufsverteilung der Wirtschaftsstruktur vor 20 Jahren – es hinkt der Wirtschaftsentwicklung hinterher.

8.9 Wie der Strukturwandel in Zukunft vermutlich weitergeht

Chancen-Risiken-Bewertung von Branchen und Unternehmen im internationalen respektive nationalen Wettbewerb der Zukunft; Einschätzung einer Grossbank (Kreisgrösse entspricht dem Anteil an der Wirtschaftsleistung BIP)

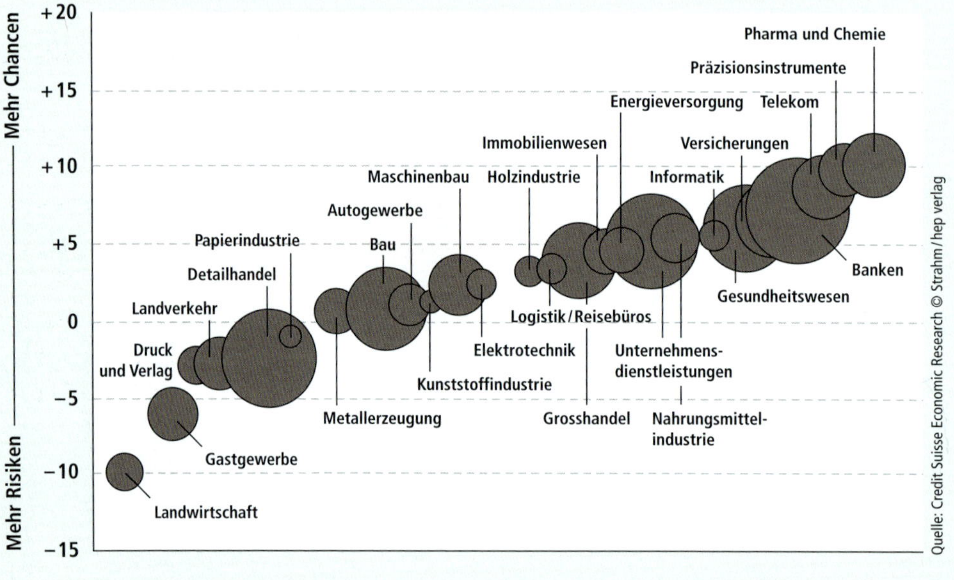

Dieses Schaubild zeigt, welche der heute bestehenden Branchen aufgrund einer Bewertung der Chancen und Risiken im Zeichen der Globalisierung mutmasslich wachsen oder schrumpfen: Spitzen-Wachstumsbranchen sind die Pharmaindustrie und die Erzeugung von Präzisionsinstrumenten inklusive Hochpreisuhren und Medizinalgeräte. Schwache Branchen wie Landwirtschaft, Gastgewerbe und Hotellerie und andere sind eher im Rückgang. Bei dieser Einschätzung der Credit Suisse Research sind Zukunftstechnologien wie Nanotech, Biotech oder Energieeffizienz nicht einbezogen.

Kommentar zum Verhältnis von Strukturwandel und Bildung

Den Strukturwandel bewältigen und für die Wirtschaft der Zukunft ausbilden

Der rasche Strukturwandel ist das markanteste Wesensmerkmal der heutigen Wirtschaftsentwicklung. Wir befinden uns auf dem Weg zu einer Dienstleistungs- und Wissensgesellschaft. Traditionelle Industrien mit ausgereifter Technologie verschwinden. Sich behaupten oder sogar wachsen kann die industrielle Produktion mit hoher Spezialisierung, starker Innovationsorientierung und hohem High-Tech-Anteil. Meines Erachtens hängt der Reichtum eines reichen Industrielandes stark davon ab, wie dessen Wirtschaft den Strukturwandel bewältigt.

Dieser Strukturwandel muss technologisch, psychisch und politisch bewältigt werden. Die ganz wichtige → **Grafik 8.4** zeigt, dass die Berufsbildung und die Bildung entscheidend sind für den Wechsel in neue Berufe und neue Branchen. Beschäftigte mit Berufslehre oder höherer Ausbildung sind eher in der Lage, beruflich umzusteigen als Ungelernte. Die Berufsbildung ist auch der Schlüssel zum Berufswandel. Dies gilt auch für die Tertiärbildung (Fachhochschulen, ETH und Universitäten), nur hat diese demografisch einen beschränkten Beschäftigtenanteil. In → **Grafik 8.5** wird auch deutlich, dass die Wirtschaft mehr gelernte Berufsleute benötigt, während bei ungelernten Beschäftigten ein Überfluss besteht.

Berufsbildungssystem auf die Zukunft ausrichten

In diesem Kapitel wird gezeigt, dass die strukturelle Aufteilung der Lehrlingszahlen auf die einzelnen Branchen dem wirtschaftlichen Strukturwandel nachhinkt. → **Grafiken 8.6, 8.7, 8.8**

Das Berufsbildungssystem hat, bei aller Wertschätzung, die ich ihm zumesse, ein Problem: Der beschäftigungsmässig schrumpfende Bau- und Industriesektor bildet mehr Lernende aus, als er Ausgebildete mit beruflicher Grundbildung in der Folge absorbieren kann. Und umgekehrt bildet der beschäftigungsmässig wachsende Dienstleistungssektor zu wenig Lehrlinge aus. Deshalb erleben wir eine so grosse berufliche Mobilität bereits kurz nach erfolgter Ausbildung.

Diese nachhinkende Berufsbildungsstruktur ist ein volkswirtschaftlicher Kostenfaktor, denn wenn die Leute in die «falsche» Richtung ausgebildet werden, müssen sie sich bald nach der beruflichen Grundbildung neu orientieren und neue Ausbildungskosten auf sich nehmen. Hier besteht Handlungsbedarf. Es braucht mehr Lehrstellen im Dienstleistungssektor. Der Sollwert von 6 Lehrstellen pro 100 Beschäftigte sollte in den Firmen der wachsenden Branchen mindestens erreicht oder sogar überschritten werden. Vor allem die noch aufsteigenden Branchen wie Informatik, Telematik, Gesundheitsberufe (Pflegefachpersonen), aber auch Berufe im Freizeitgeschäft, vom Fitness- und Sport- bis zum Wellness-Bereich, weisen Defizite in der Ausbildungsintensität auf. Die Spitäler und Pflegeinstitutionen zum Beispiel laufen in den nächsten Jahren in einen akuten, selbst verschuldeten Mangel an ausgebildeten Pflegefachpersonen der Sekundarstufe IIB hinein. Die Kantone und Institutionen haben zu lange und zu viel nur die Pflegeausbildung auf der Tertiärstufe gefördert und die berufspraktische Ausbildung der traditionellen «Krankenschwester» und des «Krankenpflegers» vernachlässigt.

Es fragt sich, ob die heutige BBT-Praxis in der beruflichen Grundbildung, sich immer an den Organisationen der Arbeitswelt (ODA, das heisst Berufsverbände der Arbeitgeber und Arbeitnehmenden) zu orientieren, noch genügt. Die neuen Berufe werden vom BBT stets nach den angemeldeten Bedürfnissen der ODA definiert. Gerade in neuen Berufsfeldern gibt es aber keine etablierten Berufs- und Branchenverbände. Deswegen fehlt der Druck, neue Berufe zu definieren und frühzeitig Ausbildungsplätze in den Zukunftsberufen zu schaffen. Es dauerte zum Beispiel 13 Jahre, bis das Berufsbild «Fitnessberater/-in» geschaffen worden ist und in diesem Beruf Lernende ausgebildet worden sind. In diesem Bereich hat das Berufsbildungssystem einen Nachholbedarf an effektivem, vorausschauendem Engagement.

Jede Lehre dient der «Employability»

Nun möchte ich aus diesem Befund nicht den Vorwurf ableiten, der gewerblich-industrielle Sektor bilde zu viele Lernende aus. Zwar können nicht alle beruflich Ausgebildeten im erlernten Berufsfeld verbleiben. Aber jede nachschulische Ausbildung in einer betrieblichen Lehre besitzt einen hohen Wert dank ihrer Bedeutung in der arbeitsmarktlichen Integration. Wenn jugendliche Schulabgänger im Alter von 16 oder 17 Jahren eine Betriebslehre absolvieren, ist dies für ihre Fähigkeit und ihren Willen zur Erbringung praktischer Leistungen und damit für ihre Arbeitsmarktfähigkeit (für die «Employability») von lebenslänglichem Nutzen, auch wenn sie später den Beruf wechseln.

Modularisierung der Berufsbildung in Berufsfeldern (Reformvoschläge)

Der rasche Wandel von Berufen erfordert eine Reform des Berufsbildungssystems durch Zusammenfassung von spezialisierten Berufen in Berufsfelder. Denn zu starke Spezialisierung verhindert oft die Rezeption neuer, fortgeschrittener Technologien. Wir haben zum Beispiel in den 1990er-Jahren erlebt, wie Telefonmonteure im Analogbereich in einer vierjährigen Berufslehre ausgebildet wurden; am Ende ihrer Lehrzeit war die Analog-Technik bereits im Verschwinden begriffen.

Vorbildlich für die neue Entwicklung ist die auf Betreiben der Maschinenindustrie geschaffene Berufsbezeichnung des Polymechanikers: Neun verschiedene Mechaniker-Spezialberufe wurden in den 1990er-Jahren zu einer vierjährigen Berufslehre des Polymechanikers zusammengefasst mit einer modularisierten beruflichen Grundbildung: Zwei Jahre Grundausbildung mit der Vermittlung von Allgemeinwissen und beruflichem Grundwissen und anschliessende zwei Lehrjahre mit einer Spezialisierung in einer bestimmten Mechaniker-Fachrichtung (welche dann später in einer Weiterbildung durch neue Spezialisierungen ersetzt oder ergänzt werden kann). Die heute rund 300 Berufe sollten zu etwa 40 Berufsfeldern zusammengefasst werden, welche je einen breiteren Sachbereich abdecken und damit die zukünftigen technologischen Entwicklungen breiter zu erfassen vermögen. Obschon diese Reorganisation in den 1990er-Jahren vorgesehen und angekündigt worden war, ist die Modulasierung nach Inkraftsetzung des neuen Berufsbildungsgesetzes BBG ins Stocken geraten und vom BBT nicht mehr weiter verfolgt worden.

Berufsbildung für Arbeitsplätze von morgen

In welche Richtung bewegt sich der Strukturwandel? Wo sind die Arbeitsplätze von morgen? Lehrpersonen in Oberklassen, Berufs- und Laufbahnberater/-innen fragen sich zu Recht, welches denn die Branchen, die gefragten Berufe und Kompetenzen der Zukunft sind, welche Branchen und Berufskompetenzen man den jungen Leuten in der Beratungstätigkeit empfehlen soll.

In → **Grafik 8.9** ist aufgrund einer Produktivitäts- und Kompetitivitätsanalyse der Credit Suisse Economic Research dargestellt, welche Branchen und Unternehmen vermutlich weiterhin wachsen werden: Die Pharmabranche und die Herstellung neuer Medizinalgeräte, der ITC-Bereich, die Finanzmarktbranche (Banken und Versicherungen), das Gesundheitswesen inklusive Altersbetreuung oder die Freizeitberufe (Touristik). Gleichzeitig werden neue Spezialisten und Technologien zur Bewältigung der Rohstoffverknappung (Erdöl) und zur Nachhaltigkeit gefragt sein: Energieeffizienz und Rohstoffeffizienz, Recycling-Technologien. Neue Felder wie Biotechnologie, Nanotechnik, Wellness- und Lifestyle-Bedürfnisse sind noch nicht ausgelotet und deshalb analytisch nicht erfasst.

Stichworte zu den Arbeitsplätzen von morgen

Hier sind einige weitere vermutete Entwicklungstrends aufgeführt, wie sie von der Credit Suisse Research für das Hochkostenland Schweiz prognostiziert werden.[1]

- Tätigkeiten mit Forschungs-, Entwicklungs-, Prozess- und Wissensvorsprung als Basis: zum Beispiel neue Materialien, Textilien mit hohem Technologiegehalt, Agrar-und Lebensmitteltech, Biotech, Medtech, wissenschaftliche Instrumente, Gentech, Pharma, Spezialitätenchemie, Life Science, Physik, Nukleartech, Wasserstofftech, Raumfahrttech, Mikro- und Nanotech, Lasertech, ICT, ICT-Dreidimensionalität, Messsysteme, Zeitmessung, Präzisionsinstrumente, Optoelektronik, Sensoren, Automatisierungstech, Robotics, künstliche Intelligenz, Logistik- und Transporttech, Klima- und Umwelttech, Wasserwirtschaft, Hochleistungstech, Energieeffizienztech, Spitzendesign inkl. Architektur, Infrastruktur- und Ingenieurtech (Brücken, Tunnels)
- Mechanik / Elektromechanik, kombiniert mit Elektronik
- Qualitätshandwerk: Einzelanfertigungen auch als Exportgut
- Bio-Produkte, Functional Food, Gesundheit, Körperpflege, Wellness als Exportgut
- Problemlösungen im Gebiet von Nachhaltigkeit und Sicherheit aller Art
- Individualisierbare Produkte und Dienstleistungen: «Marken-Erlebnis»
- Convenience-Produkte und Dienstleistungen: 7 x 24 Std.
- Produkte und Dienstleistungen für die neue Lebenskultur der «jungen Alten»
- Produkte und Dienstleistungen mit positiven Emotionen bei den Kunden, basierend auf Design, Styling, Retro-Chic, Luxus- und Sinnesorientierung, Sicherheitsbedürfnis, Manieren, Stil, Gastrokultur, Geschmack, Sprachkenntnissen (zum Beispiel: Uhren, Schmuck, Architektur, Sicherheitsvorrichtungen, Süssigkeiten, Qualitätstourismus auch ohne Luxus)
- Hohe Servicequalität mit freundlichem, sprachkundigem Personal mit Stil: zum Beispiel Tourismus, Gesundheit, Shopping, Haushalt
- «Caring and Curing Switzerland» mit weltweitem Image: Die Schweiz als internationales Qualitäts-Dienstleistungszentrum für professionelle Check-ups und Check-ins im Verbund für Finanzen, Versicherungen, Vorsorge, Risikomanagement, Projektmanagement, Planung, Handel, Kommunikation, Information, Kontrolle, Expertisen aller Art, Beratungen, Schiedsgerichte, Ausbildung, internationale Organisationen, Transport – dies alles in Verbindung mit Erholung, Erlebnis, «Abenteuer», Gesundheit, Spitzenmedizin, Altersfürsorge, Ernährung, Entspannung, Bewegung, Sport, Bildung, Kunst, Kultur, Auktionen, Shopping, Messen, Unterhaltung und Kongressen (allenfalls auch im Transit)
- Digitale, virtuelle und interaktive Dienstleistungen
- Bildung, Weiterbildung, Forschung als Exportgut: Mit entsprechenden internationalen Netzwerken
- Beratung und Vermittlung in Zeiten von Heterogenität, Verflechtung, Volatilität und Risiken
- Die Schweiz als Zentrum von ausländisch beherrschten Holdinggesellschaften, Managementgesellschaften, Beteiligungsgesellschaften, Hauptquartieren und Muttergesellschaften mit internationaler Ausrichtung. Die international orientierte, gastfreundliche, zugängliche, vielsprachige Schweiz im Zentrum Europas – mit kundenfreundlichem, speditivem Service der öffentlichen Hand.
- Die Schweiz als Zentrum humanitärer Funktionen
- Produkte und Dienstleistungen mit hohem Prestige und hoher Qualität, mit klarer Marktstrategie, mit internationalem Branding und weltweiter Akzeptanz.

Schätzungsweise zwei Drittel (nach andern Schätzungen sogar 80 Prozent) aller Berufsfelder gehören zum *Domestic Sector*, zum Binnensektor, der nicht durch Produktionsverlagerung ins Ausland bedroht ist. Typische Berufe und Berufsfelder, die im Inland verbleiben, sind etwa Coiffeure/-eusen, Krankenpflege, Lehrpersonen, Polizisten/-innen, Automechaniker/-innen, Bäcker/-innen, Metzger/-innen und viele mehr. Sie umfassen sowohl neue wie auch traditionelle, hoch qualifizierte als auch niederschwellige Berufe.

Schlüsselkompetenzen sind gefragt

Moderne Betriebsorganisationen und Unternehmensformen → **siehe Grafik 7.6** erfordern nicht nur berufsspezifische Fähigkeiten und Kenntnisse, sondern auch multifunktionale Kompetenzen, man spricht von «Schlüsselkompetenzen», welche vor allem für rationelle und menschengerechte Betriebsabläufe entscheidend sind. Hier einige Konkretisierungen von Schlüsselkompetenzen[2]:

1. *Methodenkompetenz,* zum Beispiel Strukturieren der Arbeit, Projektmanagement, Zeitmanagement, Grafik- und Diagrammdarstellung, Lernstrategien.
2. *Sprachkompetenz,* zum Beispiel Kommunikation, Lesetechnik, Beschreibung und Protokollieren, Fremdsprachenkenntnis.
3. *Selbst- und Sozialkompetenz,* zum Beispiel Selbstmanagement, Konzentration, Stressbewältigung, Teamfähigkeit, Konfliktbewältigung, Auftreten und Benehmen.
4. *Handlungskompetenz,* zum Beispiel Selbstbeurteilung, Portfoliobeurteilung.

Diese, besonders von der Industrie geforderten, Schlüsselkompetenzen sind vor allem in den Lehrmaterialien entwickelt aber im schulischen Unterricht der beruf-

Kompetenzen in der globalen Wirtschaft

Der amerikanische Autor eines Weltbestsellers über die globalisierte Wirtschaft, Thomas L. Friedman, hat mit sieben Fragen eine Art Check-Liste für das Anforderungsprofil an den arbeitenden Menschen in der globalen Wirtschaft formuliert.[3] Allerdings fehlen in diesem Raster – typisch für die amerikanische Wirtschaft – die Anforderungen an die technisch-handwerklichen Fähigkeiten. Die sieben Globalisierungsanforderungen Friedmans sind:

1. Können Sie kooperieren und organisieren?
2. Können Sie kombinieren?
3. Können Sie gut erklären?
4. Können Sie Abläufe optimieren?
5. Sind Sie flexibel und anpassungsfähig?
6. Sorgen Sie sich um unsere Umwelt?
7. Haben Sie Persönlichkeit?

lichen Grundbildung noch nicht wirklich umgesetzt worden. Deren Umsetzung benötigte entsprechende zusätzliche Unterrichtslektionen oder – pädagogisch geeigneter – entsprechende Block-Unterrichtswochen.

Coaching in der Berufsbildung

Neben Friedman befassen sich noch Dutzende anderer Autoren betriebswirtschaftlicher Bücher mit den Anforderungen an den «globalisierten Menschen». Die OECD hat bereits ganze Manuale für die Bildung und Kompetenzen-Förderung im Rahmen von Unternehmensstrategien in der globalen Wirtschaft formuliert.[4]

Bei der Lektüre dieser ambitiösen Soll- oder Muss-Anforderungen an den arbeitenden Menschen stellt sich dem Praktiker die naheliegende Frage: Wie viele Beschäftigte können alle diese Ansprüche erfüllen? Die Wirtschaft stellt einen Anspruchskatalog an den «flexiblen Menschen» (ein Begriff von Richard Sennett), den nicht alle zu erfüllen vermögen. Sensible Menschen oder Erwerbstätige mit niederschwelliger Ausbildung sind diesen Ansprüchen nicht gewachsen und werden durch Wettbewerbsprozesse und den Strukturwandel aus dem Arbeitsprozess gedrängt, was selbstredend hohe soziale Folgekosten nach sich zieht (wie in Kapitel 4 ausführlich dargestellt).

Ich bin der Meinung, dass ein intensives, individuelles Coaching der Betroffenen *(Case Management)* zur arbeitsmarktlichen Integration oder Teilintegration wenigstens teilweise an das Problem herankommt. Schulisch schwächere Menschen, ausländische Jugendliche und Frauen im Berufswiedereinstieg sollen mit einer individuellen fachlichen Betreuung bei der Ausbildung und der Integration in den Arbeitsmarkt begleitet werden. Die Problematik wird uns im folgenden Kapitel 9 über die Migrationsfrage erneut beschäftigen.

Weiterbildung, lebenslanges Lernen und soziale Absicherung (Reformvorschläge)

Die berufliche Weiterbildung («lebenslanges Lernen») ist eine wirksame Strategie zur Bewältigung des Strukturwandels. Die Schweiz gehört zu jenen Ländern, in welchen die Weiterbildung intensiv gepflegt wird. Die Erwerbstätigen absolvieren im Durchschnitt 11 Weiterbildungstage pro Jahr. Nicht zuletzt diese rekurrente berufliche Aus- und Weiterbildung leistet einen gewichtigen Beitrag zur Bewältigung des Strukturwandels. Sehr viel wird von einzelnen Betrieben und Branchenverbänden sowie von privaten Anbietern unternommen. Insgesamt besteht aber in der Weiterbildung ein Wildwuchs von Diplomen und Abschlüssen, die der Mobilität im Arbeitsmarkt nicht förderlich ist. Insbesondere haben wir auch ein Missverhältnis der

Weiterbildungsaktivitäten nach dem Lebensalter: Während die 15- bis 24-Jährigen durchschnittlich 24 Weiterbildungstage im Jahr absolvieren, sind es bei den 55- bis 64-Jährigen nur noch deren sieben. Dabei würde der ständige technologische Wandel gerade bei den älteren Beschäftigten mehr Weiterbildung erfordern. Einige der frei gewachsenen Weiterbildungsinstitutionen haben ein schlechtes Preis-Leistungs-Verhältnis. Der Bund muss in den nächsten Jahren die Weiterbildung stärker koordinieren, zertifizieren und auch finanziell fördern. Über ein Weiterbildungsgesetz wird seit Jahren gesprochen. (Ich bin persönlich der Meinung, dass gleichzeitig das 4. Kapitel des BBG über die berufsoerientierte Weiterbildung *und* ein Bundesgesetz über die Weiterbildung an die Hand genommen werden müssten, beides koordiniert und im gesamtwirtschaftlichen und gesellschaftlichen Interesse.)

Schliesslich muss der Strukturwandel aber auch sozial abgesichert werden. Denn betroffene und verunsicherte Arbeitnehmer werden ängstlich, risikoscheu, nationalistisch und globalisierungskritisch. Die Verbindung von beruflicher Mobilität und sozialer Absicherung (zum Beispiel durch Arbeitslosenversicherung, Sozialhilfe mit Wiederintegrationsperspektive, Umschulungsbeihilfen usw.) sind gefragt – eine Art von «Flexicurity», das heisst die Kombination von Flexibility und Security. Wir haben bereits in Kapitel 4 die aktivierende Sozialpolitik als wichtige Zukunftsperspektive der Sozialpolitik dargestellt. Die «Flexicurity» erfordert auch stabile und sozial verträgliche Arbeitsbeziehungen.

Quellen Kapitel 8

[1] Dörig, Hans Ulrich, Credit Suisse: Stichworte zu den Arbeitsplätzen von morgen im Hochkostenland Schweiz. In: NZZ vom 11./12. 6. 2005.

[2] Maurer, Beat et al.: Handbuch Kompetenzen, Strategien zur Förderung überfachlicher Kompetenzen. hep verlag, Bern 2005, S. 1. Kyburz-Graber, Regula (Hrsg.): Kompetenzen für die Zukunft. Nachhaltige Entwicklung konkret. hep verlag, Bern 2006.

[3] Friedman, Thomas L.: Die Welt ist flach. Eine kurze Geschichte des 21. Jahrhunderts. Suhrkamp Verlag, 2006. S. 344f.

[4] OECD: Moving up the value chain: Staying competitive in the global economy. Main Findings. Paris 2007.

- **Grafik 8.1** – BFS: Statistisches Jahrbuch der Schweiz. Div. Jahrgänge. Grafik: Der Bund,16.11.2005, S. 35.
- **Grafik 8.2** – Credit Suisse Economic Research: Schweiz im Wandel – Branchen als Bausteine des Wachstums. Economic Briefing Nr. 41, Zürich 2005, Fig. 4, S. 10 (vom Autor ergänzt).
- **Grafik 8.3** – BFS Betriebszählungsergebnisse. Industrie und Dienstleistungen. Medienmitteilung 29.9.2009 sowie Exceltabellen T6.2.1.1. www.bfs.admin.ch.
- **Grafik 8.4** – Flückiger, Yves/Falter, Jean-Marc: Bildung und Arbeit. Entwicklung des Arbeitsmarktes in der Schweiz. Eidg. Volkszählung 2000. BFS Neuchâtel Oktober 2004, Grafik 17, S. 35.
- **Grafik 8.5** – BFS: Arbeitsmarktindikatoren 2005. Neuchâtel 2005, Tab. 41, S. 109.
- **Grafik 8.6** – Sheldon, George: Der berufsstrukturelle Wandel der Beschäftigung in der Schweiz 1970 – 2000. Strukturerhebung Eidg. Volkszählung. BFS Neuchâtel, November 2005, Grafik 9, S. 25.
- **Grafik 8.7** – Gleiche Quelle wie Grafik 8.6, Grafik 16, S. 54.
- **Grafik 8.8** – Gleiche Quelle wie Grafik 8.6, Grafik 13, S. 47.
- **Grafik 8.9** – Credit Suisse Economic Research: Swiss Issues Branchen. Systematische Bewertung von branchenspezifischen Chancen und Risiken. Zürich Juli 2007.

Bilder S. 183: ullstein bild

KAPITEL 9

Migration: Ausländerintegration in der Wirtschaft

Das Kapitel im Überblick

Dieses Kapitel beleuchtet den arbeitsmarktlichen Aspekt der Migration. Denn die Ausländerfrage spielt für den Arbeitsmarkt, die Berufsqualifikationen und die Branchenentwicklung eine wichtige Rolle.

Wir unterscheiden historisch grob zwischen zwei Typen von Immigration auf dem schweizerischen Arbeitsmarkt: Die Rekrutierung von ausländischen Arbeitnehmenden in der Zeit von 1960 bis etwa 2000 und das neue Zuwanderungsregime aufgrund der EU-Personenfreizügigkeit seit dem Jahr 2002. Selbstverständlich war der Übergang vom einen zum andern Migrationstypus fliessend.

Von den Arbeitskräften, welche von der Schweizer Wirtschaft im letzten Jahrhundert im Ausland rekrutiert worden sind, waren mehr als zwei Drittel Ungelernte. Sie stammten zunächst aus den Ländern Südeuropas, später dann auch aus dem Balkan und der Türkei. Die schweizerischen Behörden, ebenso die Wirtschaft und die Verbände, unterliessen eine aktive Integrationspolitik zur Arbeitsmarktbefähigung und beruflichen Nachholbildung. Die meisten Ausländerinnen und Ausländer sind ursprünglich vom Gastgewerbe, vom Bau und von der Landwirtschaft rekrutiert worden. Die heute übermässige Beanspruchung des Sozialversicherungssystems durch Personen mit Migrationshintergrund ist eine direkte Folge der Rekrutierung von Ungelernten durch diese Branchen sowie der mangelnden Integration und Nachholbildung dieser ausländischen Arbeitnehmenden.

Das seit dem Jahr 2002 geltende Immigrationsregime basiert auf dem Zwei-Kreise-Modell mit der Favorisierung der EU-Personenfreizügigkeit. Rekrutiert werden nun mehrheitlich höher und hoch Qualifizierte. Dabei stellt sich die Frage, ob diese Art der Immigration einfach als Konjunkturpuffer dient und ob nicht längerfristig der Arbeitslosensockel angehoben wird.

Die ausländischen Arbeitskräfte stellen heute einen Viertel aller Erwerbstätigen in der Schweiz. Seit den 1960er-Jahren bis etwa ins Jahr 2000 wurden mehrheitlich Personen ohne Berufsabschluss (Ungelernte) in den schweizerischen Arbeitsmarkt geholt. Daraus erwachsen heute grosse soziale Folgelasten. Die neue Einwanderung aufgrund der EU-Personenfreizügigkeit besteht vorwiegend aus höher qualifizierten Arbeitnehmenden mit Berufsabschluss.

Die Ausländerproblematik ist ein Problem der Bildungsdefizite

Mehr als ein Fünftel der Wohnbevölkerung in der Schweiz und rund ein Viertel aller Arbeitskräfte sind Ausländerinnen und Ausländer. Dieser statistisch hohe Ausländeranteil ist auch darauf zurückzuführen, dass bei uns die Einbürgerung langsamer als anderswo vor sich geht. Denn mehr als die Hälfte der ausländischen Wohnbevölkerung sind Menschen, die in der Schweiz geboren oder mehr als 15 Jahre im Lande sind. In andern Staaten wären diese bereits eingebürgert. → **Grafik 9.1**

Die Migrationsfrage spielte und spielt in der wirtschaftlichen und demografischen Entwicklung der Schweiz und deren Arbeitsmarkt eine entscheidende Rolle. Die Ausländerproblematik stellt ein Querschnittthema dar und tangiert viele Aspekte der Wirtschaftspolitik. Deshalb ist sie bereits in den Abhandlungen über das Verhältnis von Berufsbildung und Arbeitslosigkeit → **Grafiken 3.5 und 3.12** und über die ausländerintensiven und strukturschwachen Branchen → **Grafiken 6.9 und 6.10** thematisiert. Ich beschränke mich in diesem Kapitel auf die wirtschaftliche Seite der Arbeitsmarktmigration und beleuchte die wichtigen kulturellen, gesellschaftlichen, konfessionellen und politischen Aspekte der Ausländerfrage nur am Rande, im Wissen, dass dies eine Verkürzung der Problematik darstellt.

Aus wirtschaftlicher Sicht kann die Ausländerproblematik auf einen kurzen Nenner gebracht werden: Das Grundproblem ist nämlich die mangelnde berufliche Ausbildung und Qualifizierung, oder pointiert ausgedrückt: *Ausländerproblem gleich Ausbildungsproblem.* Diese Analyse hat nichts mit nationalistischen Reflexen zu tun, es geht um eine unvoreingenommene Analyse des Arbeitsmarktes.

Ausländer gleich Ausbildungsdefizit

Die Schweiz trägt heute die «Altlasten» und Auswirkungen ihrer Migrationspolitik der früheren Jahrzehnte.

Die historische Entwicklung der Immigration nahm ihren Anfang Mitte der 1950er-Jahre vor allem mit der Rekrutierung von Saisonarbeitskräften. Die Binnensektoren Bauwirtschaft, Gastgewerbe und Landwirtschaft waren die am stärksten rekrutierenden Branchen. In den 1960er-Jahren bis Anfang der 1970er-Jahre erreichten die

Jahreskontingente zeitweilig 200 000 Saisonarbeitskräfte. Der Saisonnier konnte neun Monate in der Schweiz in einer ihm zugeteilten Branche arbeiten und musste dann für drei Monate zurück in sein Herkunftsland. Ein Familiennachzug war ebenso ausgeschlossen wie der freie Arbeitswechsel in eine andere Branche. Nach fünf Jahren, später (seit den 1980er-Jahren) nach vier Jahren Arbeit im Saisonnierstatus wurde dem Ausländer ein Jahresaufenthalt mit Familiennachzug und freier Branchenwahl gestattet. Viele von ihnen verliessen darauf die Tieflohn-Saisonbranche und suchten sich besser bezahlte Arbeitsstellen in der schweizerischen Industrie oder in anderen Branchen. In der Folge rekrutierten die Saisonnier-Branchen Bau, Landwirtschaft und Tourismus (Gastgewerbe) wieder neue, ungelernte Arbeitskräfte im Ausland. Das Saisonnierstatut stand bis in die 1990er-Jahre während vier Jahrzehnten als Tor für mehrheitlich ungelernte ausländische Arbeitskräfte offen, die dann in der Mehrzahl in der Schweiz verblieben sind. → **Grafik 9.2**

Die männlichen Ausländer kamen in der überwiegenden Zahl nicht als Flüchtlinge in die Schweiz, wie man heute fälschlicherweise wahrnimmt. Vielmehr sind sie als

---

Statistische Irritationen in der Ausländerfrage

Ende 2009 lebten in der Schweiz rund 1,71 Millionen Ausländerinnen und Ausländer aller Aufenthaltskategorien, was rund 22 der gesamten Wohnbevölkerung in der Schweiz entspricht.[1] Diese Ausländerzahl widerspiegelt die sogenannte ständige Wohnbevölkerung der Schweiz.

Nicht in der ständigen Wohnbevölkerung inbegriffen sind die Grenzgänger, die Funktionäre internationaler Organisationen, die ausländischen Diplomaten und die Kurzaufenthalter mit weniger als 12 Monaten Aufenthalt in der Schweiz. Der Einbezug / Nichteinbezug dieser Kategorien führt häufig zu statistischen Irritationen.

Nur etwa 3 Prozent der ausländischen Wohnbevölkerung in der Schweiz befinden sich im Asylprozess. Zählt man die rund 23 000 anerkannten Flüchtlinge dazu, (welche zur ständigen Wohnbevölkerung zählen), beträgt die Zahl der unter dem Asylrecht Zugewanderten oder Aufgenommenen rund 4,2 Prozent.[2] → **Grafik 9.1**

Im Vergleich zu dieser statistisch tiefen Bedeutung wird der Asylfrage in der öffentlichen Diskussion und Wahrnehmung ein überdimensionierter politischer Stellenwert zugemessen. Mehr als 95 Prozent der Ausländerinnen und Ausländer in der Schweiz sind aufgrund der Arbeitsmarktmigration und der natürlichen Bevölkerungsbewegung (Geburten, Heiraten, Familiennachzug) im Land.

Eine weitere statistische Irritation besteht im Einbürgerungssystem: Ein Viertel der statistischen Ausländerinnen und Ausländer sind nämlich in der Schweiz geboren. Zusammen mit den seit mehr als 15 Jahren in der Schweiz lebenden Ausländerinnen und Ausländern ergibt dies mehr als die Hälfte, nämlich 53 Prozent. Nach dem Einbürgerungsrecht der meisten europäischen Staaten wären sie mit diesem Status längst eingebürgert worden, und der Ausländerbestand wäre statistisch nur halb so hoch. → **Grafik 9.1**

Die Einbürgerungen sind in den 1990er Jahren von 10 000 auf 20 000 pro Jahr angestiegen. Seit dem Jahr 2000 nahmen sie von 30 000 auf rund 45 000 im Jahr 2008 zu. Etwa 10 000 davon waren erleichterte Einbürgerungen für Personen der zweiten und dritten Generation.[3]

Arbeitskräfte mit Hilfe des Bundes und der Branchenverbände im Ausland vor allem für Hotels und Restaurants, für Baustellen und Landwirtschaftsbetriebe aktiv rekrutiert worden. Über Jahre wurden erst in Lissabon und später in Belgrad und anderen jugoslawischen Städten schweizerische Rekrutierungsbüros unterhalten. Während der Jugoslawienkrise (ab 1991) folgten dann den Arbeitsmarkt-Zuwanderern natürlich auch deren Familienangehörige, Verwandte sowie später auch Flüchtlinge. Doch das Gros der Eingewanderten ist von der schweizerischen Wirtschaft, und zwar vornehmlich von den erwähnten strukturschwachen Branchen, aus dem Ausland geholt worden. Dies zeigt die → **Grafik 9.3** deutlich. Auch in Kapitel 6 über die Produktivität sind die Folgen der Ausländerrekrutierung für strukturschwache Branchen aufgezeigt. → **Grafiken 6.9 und 6.10** Im Jahr 2002 wurde das Saisonnierstatut aufgehoben und durch den Status des Kurzaufenthalters für EU-Arbeitskräfte ersetzt.

Das Migrationsverhalten richtet sich primär nach den bisherigen Migrationsströmen. Mit andern Worten: Man wandert dorthin aus, wo es schon bekannte Landsleute, Verwandte oder Migranten aus dem gleichen Dorf hat. Dadurch, dass die schweizerische Wirtschaft mit ihrer Immigrationspolitik vor allem ungelernte Arbeitskräfte aus wirtschaftlich schwachen Gebieten rekrutierte, erzeugte sie darauf auch die Folgeimmigration aus den strukturschwachen Problemregionen Süditaliens, Spaniens, Portugals und des Balkans.

Zuwanderung von Ungelernten

Die Auswertung früherer Volkszählungsergebnisse zeigt, dass zwei Drittel der damals zugewanderten Ausländerinnen und Ausländer über keinen Berufsabschluss und keine nachobligatorische Ausbildung verfügten. 1980 waren von den damals Zugewanderten 62 Prozent Ungelernte. (Über frühere Zahlen verfügen wir nicht, aber 1960 war der Anteil der Ungelernten noch bedeutend höher.) Im Jahr 2009 sank diese Rate auf rund 20 Prozent. Demgegenüber besteht die neuere Einwanderung mehrheitlich aus Personen mit Berufsabschluss und über 50 Prozent Hochqualifizierten mit Tertiärabschlüssen, ausser den Migranten und Migrantinnen aus Portugal, das weiterhin Personen mit ungenügender Ausbildung in die Schweiz schickt. Auch heute sind unter den Portugiesen in der Schweiz am meisten Ungelernte vertreten. Im Bestand der Ausländergruppen in der Schweiz zeigten die Volkszählungsergebnisse vom Jahr 2000 (die den letztverfügbaren Totalzensus darstellen) folgende Bildungsstruktur: In der Gruppe der Portugiesen waren 81 Prozent Ungelernte, bei den Serben 67 Prozent, bei den Türken 63 Prozent und bei den Spaniern 57 Prozent. Demgegenüber waren unter den Deutschen nur 5 Prozent und unter den Franzosen 16 Prozent ohne nachobligatorische Ausbildung, aber mehr als die Hälfte mit höheren Berufsabschlüssen. → **Grafik 9.4**

Die neuen, im Zeichen der EU-Personenfreizügigkeit zugezogenen Ausländerinnen und Ausländer kamen in den Hochkonjunktur-Jahren 2005 bis 2007 vor allem aus

Deutschland, Portugal, Frankreich, Grossbritannien und Polen. Demgegenüber war die Rückwanderung von Personen nach Spanien und Italien grösser als die Neuzuwanderung.[4]

Soziale Folgelasten der früheren Einwanderung

Wie bereits in Kapitel 4 dargestellt, ist eine ungenügende Berufsbildung statistisch erhärtet der Hauptfaktor für Arbeitslosigkeit, für Sozialhilfeabhängigkeit und für den IV-Rentenbezug. Diesem Zusammenhang entsprechend ist die Belastung des Sozialstaats durch die vor dem Jahr 2000 eingewanderte Ausländergeneration überproportional hoch:

Der Ausländeranteil beträgt bei den Erwerbstätigen in der Schweiz 22 Prozent, aber bei den *Erwerbslosen* beläuft er sich auf 42 Prozent. → **Grafik 9.5**

Der Ausländeranteil an der Wohnbevölkerung in der Schweiz beträgt 22 Prozent, aber bei den *Sozialhilfebezügern* macht er 44 Prozent aus. In den Kantonen Basel und St. Gallen wurden von den Amtsstellen auch die eingebürgerten Personen mit Migrationshintergrund hinzugezählt, worauf der Ausländeranteil bei den Sozialhilfe-Bezügern auf 60 Prozent geschätzt werden muss. → **Grafik 9.5**

Bei den IV-Renten beträgt der Ausländer-Anteil bei Inlandbezügern und mit Einbezug der ins Ausland transferierten IV-Renten etwa 35 Prozent. → **Grafik 9.5**

Weil die ausländische arbeitende Wohnbevölkerung jünger ist als die schweizerische, zahlt sie bei der Altersvorsorge (AHV und Pensionskassen) vorläufig mehr ein, als sie bezieht. Momentan ist ihre Leistung wegen der Altersstruktur überproportional zur schweizerischen Wohnbevölkerung.

Diese Befunde sind delikat und können zur ausländerpolitischen Polarisierung missbraucht werden. Im Kommentar zu diesem Kapitel gehe ich auf diese Problematik ein. Tatsache ist, dass heute das Sozialversicherungssystem infolge der früheren Immigrationspolitik und vor allem infolge der Unterlassung von Berufsbildung, beruflicher Nachholbildung oder arbeitsmarktlicher Integration strapaziert wird. Über Jahrzehnte ging die schweizerische Ausländerpolitik von der impliziten Annahme aus, die Eingewanderten würden irgendwann in ihre Herkunftsländer zurückkehren. Die massgebende Ausländergesetzgebung aus dem Jahr 1931 war hauptsächlich nach fremdenpolizeilichen Kriterien konzipiert. Unternehmer, Verbände und Staat hatten es nicht als ihre Aufgabe betrachtet, eine nachholende Berufsbildung oder gesellschaftliche Integration zu fördern; man überliess die minimale Betreuungsaufgabe den Gewerkschaften und Kirchen.

Ausländerdiskriminierung nicht ausgeschlossen

Verschiedene Verhaltenstests und Analysen deuten darauf hin, dass nicht bloss das Ausbildungsdefizit für mangelnde Arbeitsmarktintegration verantwortlich ist, sondern dass auch gesellschaftliche Diskriminierungseffekte gegen Ausländerinnen und Ausländer bei der Lehrstellensuche und Stellenbewerbungen mitspielen. Man lancierte zum Beispiel in einem Test eine grosse Zahl fiktiver Bewerbungen mit schweizerischen und ausländischen Namen. So wurde aufgrund der Bewerbungsintensität berechnet, dass bei vergleichbaren Qualifikationen ausländische Jugendliche der ersten Generation etwa um den Faktor 4 schlechter berücksichtigt werden als Jugendliche mit Schweizer Eltern und schweizerischen Namen. Bei ausländischen Jugendlichen der zweiten Generation lag die Berücksichtigung etwa um den Faktor 2 tiefer.[5] Auch auf dem Arbeitsmarkt wurden Diskriminierungseffekte analysiert.[6]

Aus diesem Grund ist das individuelle *Coaching* oder *Case Management* zugunsten von ausländischen Jugendlichen durch Berufs- respektive Personalberaterinnen und -berater absolut entscheidend. Lehrkräfte der Oberstufen und Berufsberater und -beraterinnen üben heute schon eine absolut wichtige Scharnierfunktion zwischen Schule und Arbeitsmarkt aus. Ihre Bedeutung wird in der Wirtschaftspolitik häufig unterschätzt oder übergangen. Ebenso sind für Erwachsene die Funktionen der Regionalen Arbeitsvermittlungszentren (nach Arbeitslosenversicherungsgesetz) und IV-Stellen (nach Invalidenversicherungsgesetz) von Bedeutung. → **Grafik 5.2**

Kurswechsel in der Ausländerpolitik

Mit der Beendigung des Saisonnierstatuts (2002) und der schrittweisen Einführung der Personenfreizügigkeit wurde ein Paradigmenwechsel in der schweizerischen Migrationspolitik eingeleitet. An sich war dieser Wechsel zum Zwei-Kreise-Modell schon ein Jahrzehnt früher mit dem Beitritt zum Europäischen Wirtschaftsraum EWR vorgesehen, wurde aber nach der EWR-Ablehnung (6.12.1992) immer wieder verschoben.

Das *Zwei-Kreise-Modell* der Ausländerpolitik realisiert eine Zweiteilung der Einwanderungspraxis: Personen aus dem ersten Kreis der Herkunftsländer (EU-/EFTA-Staaten) erhalten schrittweise einen freien Zugang zum Arbeitsmarkt Schweiz, und die Kontingente und Restriktionen werden aufgehoben. Demgegenüber wird die Zuwanderung aus dem *zweiten Länderkreis,* aus allen Staaten ausserhalb der EU/EFTA, eingeschränkt auf Spezialisten und hoch qualifizierte Personen, und zwar begrenzt mit einem jährlichen Kontingent (derzeit rund 15 000 Personen). Für Ungelernte und Hilfskräfte aus dem zweiten Länderkreis besteht praktisch Immigrationsstopp. → **Grafik 9.6** Die Zuwanderung von Personen, die um Asyl ersuchen, erfolgt nach dem Asylrecht und dem Humanitären Völkerrecht und untersteht nicht der Regulierung des ersten und zweiten Kreises.

Personenfreizügigkeit nach EU-Recht

Die Personenfreizügigkeit nach EU-Muster wird seit der Annahme der Bilateralen Verträge durch die Schweiz schrittweise eingeführt und erst im Jahr 2014 voll und irreversibel neues Recht darstellen. Für die 15 «alten» EU-Länder (plus Malta und Zypern) sind im Jahr 2007 die Zuwanderungskontingente weggefallen. Für die acht EU-Länder Osteuropas (Estland, Lettland, Litauen, Polen, Slowakei, Slowenien, Tschechien und Ungarn) soll dies bis Ende April 2011 der Fall sein.

Für beide Ländergruppen wurde im Jahr 2009 die Möglichkeit eines fakultativen Referendums eröffnet, in welchem die Weiterführung der Personenfreizügigkeit bestätigt wurde. Aufgrund der bilateralen Verträge I könnte die EU als Retorsionsmassnahme gewisse Verträge mit der Schweiz künden, wenn sie die Personenenfreizügigkeit nicht weiterführt (sogenannte «Guillotine-Klausel», diese gilt rechtlich nur für die EU-15, nicht für die EU-8 der acht Osterweiterungsländer). → **Grafik 9.7**

Volle Personenfreizügigkeit mit Zuwanderungsschub – und mit Verdrängungseffekt?

Mitte 2007 sind für die alten EU-Länder (EU-15) alle zahlenmässigen Zuwanderungsbeschränkungen (Kontingente) weggefallen. Im Rückblick wird seit dieser vollständigen Liberalisierung der Personenfreizügigkeit ein zahlenmässiger Anstieg des Wanderungssaldos registriert (Zuwanderung abzüglich Rückwanderung von Ausländern/-innen, die zur ständigen Wohnbevölkerung gezählt werden). Selbst in den Krisenjahren 2008 und 2009 lag die Zuwanderung höher als vor der mittels Kontingentierung limitierten Personenfreizügigkeit. → **Grafik 9.8**

In diesen Zuwanderungszahlen sind die Kurzaufenthalter (unter 12 Monate Aufenthalt) und die Grenzgänger nicht inbegriffen. Neben der Nettozuwanderung (Kategorie der Aufenthalter) nahm im Krisenjahr 2009 auch die Zahl der Grenzgänger/-innen weiter zu.[7] Diese Zunahme war vor allem durch den Dienstleistungsbereich verursacht.

Entsteht mehr Arbeitslosigkeit durch die Zuwanderung? Oder führt die Zuwanderung zu mehr Wachstumseffekten und mehr Arbeitsplätzen in der schweizerischen Wirtschaft? Diese Streitfrage beschäftigt die Wirtschaftspolitik, wobei weltanschauliche und aussenpolitische Grundhaltungen (pro/kontra EU) eine wichtige Rolle spielen.

Wir glauben, dass ein Verdrängungseffekt indirekt und im Konjunkturzyklus wirksam wird: Es werden nicht direkt einheimische Erwerbstätige entlassen, um sie durch Ausländer/-innen zu ersetzen. Hingegen kann im Konjunkturablauf ein Verdrängungseffekt stattfinden: Im Aufschwung werden besser qualifizierte ausländische Erwerbstätige rekrutiert, im Abschwung werden sodann eher schwächere, weniger qualifizierte Schweizer/-innen oder Ausländer/-innen entlassen und in die Sozialversicherung abgedrängt. Längerfristig führt dies zum Anstieg der Sockelarbeitslosigkeit. → **Grafik 12.1**

Eine sichtbare Erfahrung im Sinne dieser These entnehmen wir den Trends im Gastgewerbe: Im Verlaufe des Jahrzehnts 2000 bis 2010 wurde in Hotels und Restaurants Personal aus Ex-Jugoslawien oder Portugal durch Qualifiziertere und Sprachgewandtere aus Nordeuropa ersetzt, – mit Folgen relativ hoher Arbeitslosenquoten im Gastgewerbe. Die aus dem Arbeitsmarkt Verdrängten finden sich heute in der Sozialversicherungsstatistik.

Die Erweiterung der Personenfreizügigkeit auf die beiden (vorläufig) letzten EU-Beitrittsländer Rumänien und Bulgarien war Gegenstand eines separaten, dem Referendum unterstellten bilateralen Abkommens zwischen der Schweiz und der EU sein. Weil die Wirtschaftsstruktur dieser beiden Länder noch stark auf traditionellen Sektoren mit einem hohen Anteil an schlecht ausgebildeten Arbeitskräften basiert, ist ab dem Zeitpunkt des Wegfalls zahlenmässiger Zuwanderungsbeschränkungen (2011) eine verstärkte Immigration von Ungelernten aus Rumänien und Bulgarien in unseren traditionellen Tieflohnbranchen (vor allem in die Landwirtschaft, das Gastgewerbe, die Reinigung und den Bau) und in das schweizerische Sozialsystem nicht auszuschliessen. Die Zuwanderung aus diesen strukturschwachen, armen Regionen sowie aus Portugal bringt vermutlich – erhärtet durch die historische Erfahrung – eine überproportionale Belastung für das Sozialversicherungssystem und das Erziehungswesen der Schweiz.

Widerstände und Schutzmassnahmen

Bedingt durch das neue Migrationsregime hat ein kompletter Wechsel der Herkunftsländer von Neueinwanderern stattgefunden. Wie bereits erwähnt, stammen heute die meisten arbeitsmarktlichen Zuwanderer aus Deutschland, weitere aus Portugal, Frankreich, England und Polen. Demgegenüber zeigt die Statistik per Saldo einen Rückwanderungsüberschuss von Personen aus Serbien, Italien, Spanien, Bosnien und Herzegowina sowie der Türkei.

Es ist offensichtlich, dass die Einwanderung eine dämpfende Wirkung auf das Lohnniveau in der Schweiz ausübt respektive ausüben wird. Dieser Druck kann in der Unterbietung von bisherigen branchenüblichen Lohnstandards bestehen oder in der Verhinderung von Lohnsteigerungen in der Hochkonjunktur. So hat die starke Zuwanderung von mehrheitlich höher qualifizierten Arbeitskräften aus Deutschland in der Hochkonjunkturphase der Jahre 2006/2007 den Lohnauftrieb bei Mittelschichtenstellen und Kaderstellen sicher gedämpft oder sogar verhindert (was ja unausgesprochen immer auch die Absicht der Personenfreizügigkeit war). Die Zuwanderung wird, wenn er in einer Rezession besonders spürbar wird, auch zu politischen Rückwirkungen, zum Widerstand gegen weitere Marktöffnungen führen. → **Grafik 9.8**

Flankierende Massnahmen zum Lohnschutz

Im Zuge der Einführung des freien Personenverkehrs sind die sogenannten *flankierenden Massnahmen* zum Schutz vor starkem Lohndruck («Lohndumping») und vor dem Unterlaufen schweizerischer Sozialversicherungsstandards («Sozialdumping») eingeführt worden. Die nachfolgend dargestellten drei Massnahmenbündel des Bundes dienen vorwiegend dem Schutz der niedersten Einkommen in den Tieflohnbranchen (zum Beispiel Gastgewerbe, Reinigung, Bau) und haben auf mittlere und höhere Lohnklassen keinen Einfluss. Obschon solche Schutzmassnahmen eigentlich nur die Tieflohnbranchen und Tiefstlöhne betreffen, werden sie von den Gegnern der Personenfreizügigkeit ebenso bekämpft wie von ideologisch auf die Arbeitsmarkt-Deregulierung fixierten Ökonomen. → **Grafik 9.9**

Die flankierenden Massnahmen ermöglichen die nachträgliche Kontrolle der Einhaltung der minimalen oder üblichen Arbeits- und Lohnbedingungen. Werden wiederholt Missbräuche aufgrund von Arbeitnehmerbefragungen und von Lohnbuchkontrollen festgestellt, können Massnahmen ergriffen werden, die zwingende Mindestbedingungen festlegen. Diese Massnahmen schützen nicht nur die Arbeitnehmenden (inländische und zugewanderte), sondern bieten auch einen Schutz für die hiesigen KMU, insbesondere für die Gewerbebetriebe, vor Lohnunterbietung und Wettbewerbsverzerrung durch fremde Firmen, welche die grossen Lohnunterschiede mit Hilfe von Migranten ausnützen.

Wie die flankierenden Schutzmassnahmen umgesetzt werden

Die tripartite Kommission des Bundes und diejenige der Kantone, jeweils dreiteilig zusammengesetzt aus Vertretern von Behörden, Arbeitgebern und Gewerkschaftern, beobachten den Arbeitsmarkt, kontrollieren die Einhaltung von zwingenden Normalarbeitsverträgen, melden Verstösse an die kantonalen Vollzugsbehörden und können Massnahmen beantragen. Kontrolleure im Auftrag der kantonalen tripartiten Kommissionen haben das Recht, bei Arbeitsplätzen, Baustellen etc. Lohnkontrollen und bei den Arbeitgebern Lohnbuchkontrollen durchzuführen. Zusätzlich mit der Ausdehnung der Personenfreizügigkeit auf die neuen EU-Staaten (Osterweiterung) sind die Massnahmen verstärkt worden:

- Rund 150 Inspektoren gehen in den Kantonen gegen Lohn- und Sozialdumping vor. Ihre Zahl soll weiter auf etwa 270 erhöht werden. Die Zahl der einzelnen Lohnkontrollen soll von rund 20 000 pro Jahr (2007) weiter erhöht werden.
- Die Strafen gegen ausländische Arbeitgeber, die gegen schweizerische Gesetze verstossen, wurden verschärft. Sie können leichter vom Markt ausgeschlossen werden. Die fehlbaren Firmen werden auf der Website des Seco veröffentlicht.
- Die Allgemeinverbindlicherklärung von Gesamtarbeitsverträgen wurde zusätzlich erleichtert.
- Ausländische Arbeitgeber, welche Angestellte vorübergehend in die Schweiz entsenden, müssen den zuständigen kantonalen Behörden schriftlich Angaben über deren Identität, Tätigkeit, Arbeitsort usw. liefern.
- Wichtige Aspekte des Arbeitsverhältnisses (wie Lohn oder Arbeitszeit) müssen den Arbeitnehmenden schriftlich mitgeteilt werden.
- Temporärangestellte und Arbeitnehmende von Verleihbetrieben werden besser geschützt.
- Selbständigerwerbende unterstehen den flankierenden Massnahmen nicht. Sie müssen aber neu bei der Arbeitsaufnahme in der Schweiz die Selbständigkeit nachweisen (zum Beispiel durch eine Buchhaltung), um Umgehungen zu verhindern.

1. Entsendung ausländischer Arbeitnehmender in die Schweiz: Entsendearbeit liegt dann vor, wenn Erwerbstätige von einem ausländischen Arbeitgeber im Rahmen einer grenzüberschreitenden Dienstleistung (zum Beispiel Bauarbeiten, Reinigungsarbeiten) in die Schweiz geschickt werden. Das sogenannte Entsendegesetz verpflichtet den ausländischen Arbeitgeber (Entsender) zur Einhaltung von minimalen Arbeits- und Lohnbedingungen entsprechend den schweizerischen Vorschriften gemäss dem Grundsatz «gleicher Lohn für gleichwertige Arbeit am gleichen Ort».

2. Allgemeinverbindlicherklärung von Gesamtarbeitsverträgen: Bei wiederholter missbräuchlicher Lohnunterbietung können Bestimmungen eines Gesamtarbeitsvertrages, welche Mindestlöhne, Arbeitszeiten und paritätischen Vollzug betreffen, leichter für allgemeinverbindlich erklärt werden. Dann gilt diese Massnahme für alle Betriebe der Branche. Damit werden auch «schwarze Schafe» unter den Arbeitgebern und «Trittbrettfahrer-Firmen» erfasst.

3. Mindestlöhne für Branchen ohne Gesamtarbeitsvertrag: Für Branchen ohne Gesamtarbeitsvertrag können in den Kantonen bei wiederholter missbräuchlicher Lohnunterbietung verbindliche Mindestlöhne in den sogenannten Normalarbeitsverträgen NAV festgelegt werden. Diese Massnahme gilt dann für alle Betriebe. Allerdings muss das System der Mindestlöhne in jedem Kanton noch gesetzlich festgelegt und eingeführt werden.

Diese flankierenden Schutzmassnahmen sind vor allem bei Tieflohn-Branchen und strukturschwachen Branchen (Gastgewerbe, Reinigung, Bau) wirksam. Zur Verhinderung des Lohndrucks bei Mittelschichten sind sie unwirksam.

9.1 Hoher Ausländeranteil in der Schweiz ist Ausdruck des Einbürgerungsstaus

Ausländische Wohnbevölkerung nach Aufenthaltsbewilligung und Aufenthaltsdauer in der Schweiz, 2009

Nach Aufenthaltsstatus

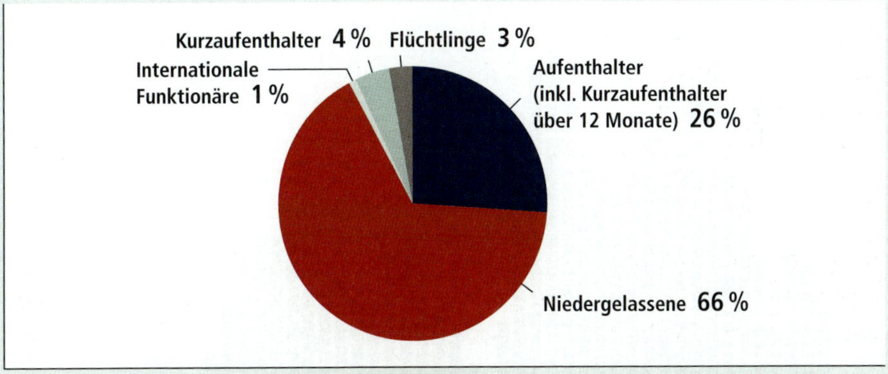

Nach Aufenthaltsdauer

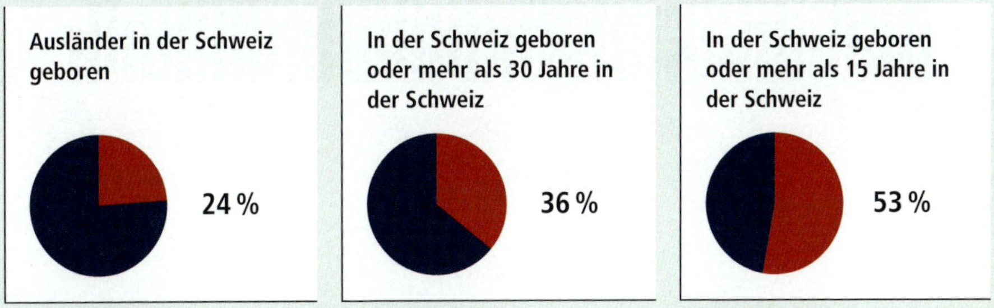

Quelle: BFS © Strahm / hep verlag

In der Schweiz leben rund 1,7 Millionen Ausländerinnen und Ausländer, was rund 22 % der Wohnbevölkerung ausmacht. Zwei Drittel (66 %) der ausländischen Staatsangehörigen in der Schweiz haben eine unbegrenzte Niederlassungsbewilligung. Nur 3 % der Ausländer sind im Asylprozess. Der hohe Ausländeranteil ist ein Ausdruck für die verzögerte Einbürgerung: 53 % der ausländischen Wohnbevölkerung sind in der Schweiz geboren oder leben mehr als 15 Jahre in der Schweiz. In andern Ländern wären sie eingebürgert.

9.2 Das ehemalige Saisonnierstatut als Ursprung der Einwanderung von ungelernten Beschäftigten

Historische Entwicklung der Zahl der Saisonarbeiter, 1955–2010

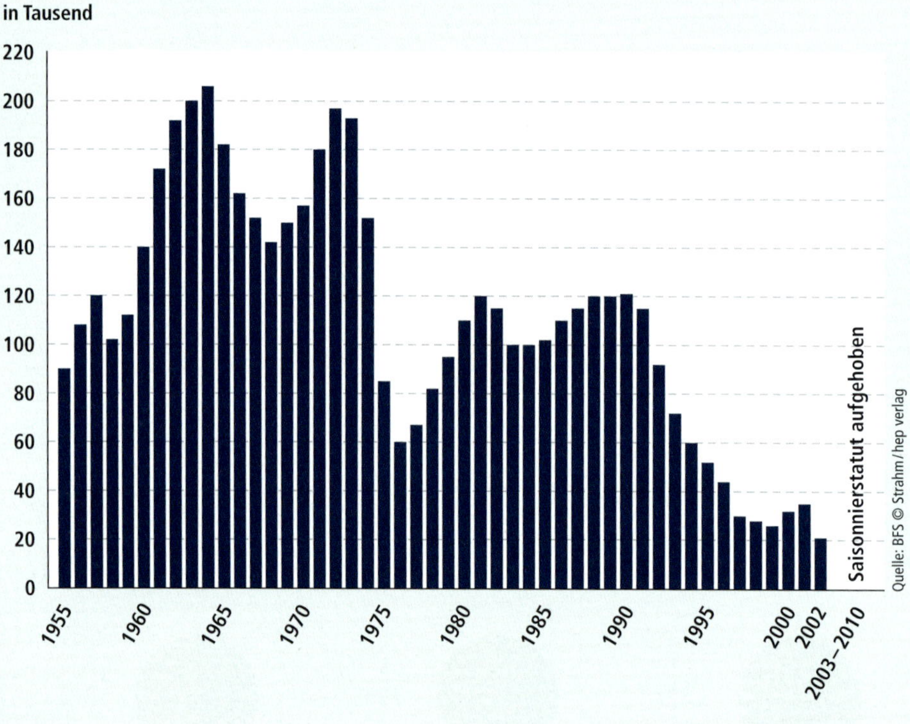

Die Immigration in die Schweiz begann historisch mit den sogenannten Saison-Arbeitern. In den 1960er- und 1970er-Jahren wurden jährlich 200 000 meist ungelernte Saisonniers in Italien, später auch Spanien und Portugal rekrutiert. Darauf folgte in den 1980er- und 1990er-Jahren die Rekrutierung in Jugoslawien und Nachfolgestaaten sowie in Portugal. Nach vier Saisons wurde ein Verbleib in der Schweiz mit Daueraufenthalt und Familiennachzug gewährt. Vor allem Bau, Gastgewerbe und Landwirtschaft nutzten die ungelernten Saisonarbeitskräfte.

9.3 Gastgewerbe und Baugewerbe holten am meisten ausländische Arbeitskräfte

Einreisen von ausländischen Erwerbstätigen nach Wirtschaftszweigen, Historische Betrachtung 1991 – 2003

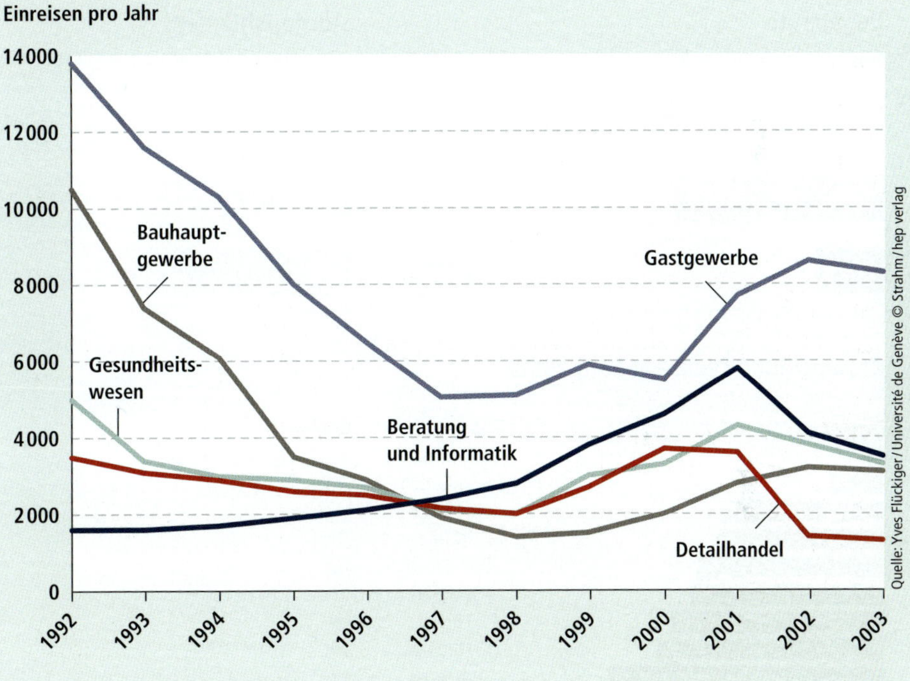

Hotels und Restaurants, Baugewerbe und (hier statistisch nicht erfasst) Landwirtschaft haben am meisten ausländische ungelernte Arbeitskräfte in die Schweiz geholt. Spitäler, Detailhandel und Reinigung nützten die nachfolgende natürliche Einwanderung durch Familiennachzug und Heiraten. Erst gegen 2000 stieg die Einwanderung von Qualifizierten wie Beratungsfachleuten, Informatikern und Spezialisten. → Über die Auswirkungen in strukturschwachen Branchen siehe Grafiken 6.9 und 6.10

9.4 Das Bildungsniveau der neu Eingewanderten: von 1980 bis 2009 weniger Ungelernte – mehr Qualifizierte

Ausbildung der neu Immigrierten in der Schweiz in den Jahren 1980 und 2009 sowie Bestand 2000

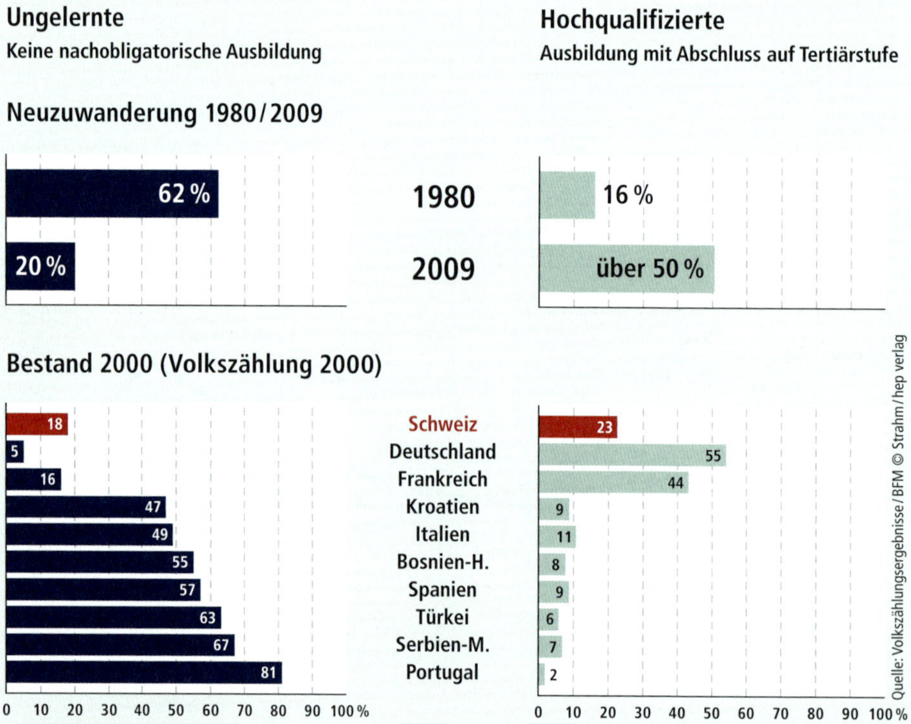

Von den neu eingewanderten Ausländerinnen und Ausländern waren im Jahr 1980 noch 62 % Personen ohne nachobligatorische Ausbildung («Ungelernte»). Bis ins Jahr 2009 fiel deren Anteil auf rund 20 %. Entsprechend stieg der Anteil der höher Qualifizierten mit Tertiärabschluss bis 2009 auf über 50 %. Bestandeszahlen (unten): Die Mehrzahl der früher Zugewanderten aus Südeuropa und dem Balkan waren bei der Volkszählung 2000 Ungelernte. Dagegen hatten schon 2000 die Neuen aus Deutschland und Frankreich mehrheitlich höhere Berufsabschlüsse.

9.5 Die mangelnde Arbeitsmarktintegration der früher Zugewanderten belastet das Sozialstaatsystem überdurchschnittlich

Arbeitslosigkeit

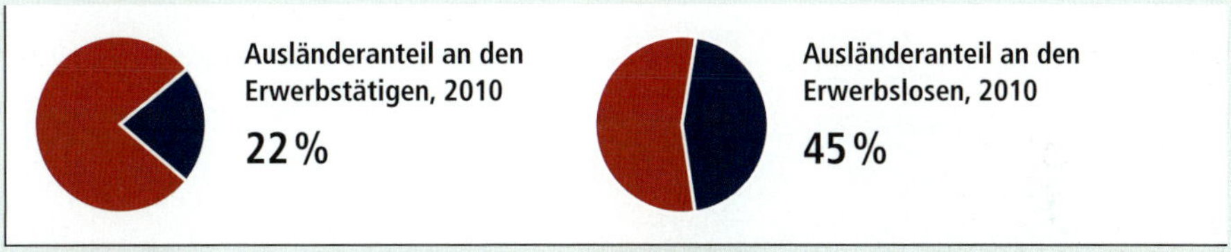

Sozialhilfe

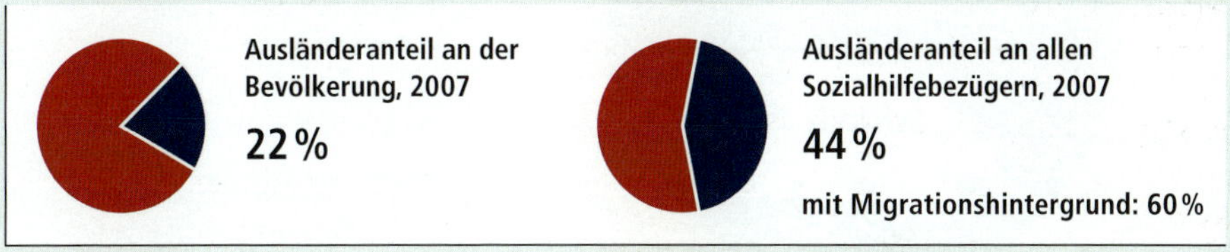

Invalidität

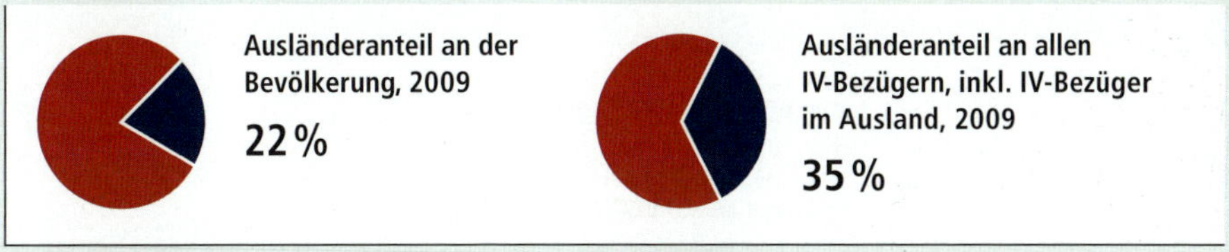

Quellen: BFS/BFM © Strahm/hep verlag

Während der Anteil der Ausländer/-innen an den Erwerbstätigen in der Schweiz 22 % ausmacht, ist ihr Anteil an allen Erwerbslosen 45 %. Bei einem Ausländeranteil von 22 % an der Wohnbevölkerung beträgt ihr Anteil an allen Sozialhilfebezügern 44 % (unter Einbezug der Eingebürgerten mit Migrationshintergrund ca. 60 %). Bei den IV-Bezügern/-innen beträgt der Ausländeranteil inklusive IV-Renten an Bezüger/-innen im Ausland rund 35 %. Die schwächere Arbeitmarktsintegration und ungenügende Ausbildung der Ausländerinnen und Ausländer brachten höhere Soziallasten.

9.6 Neues Migrationskonzept mit dem Zwei-Kreise-Modell

Schweizerisches Migrationsrecht für EU-Länder (1. Kreis) und Nicht-EU-Länder (2. Kreis) seit 2002, Jahr 2010

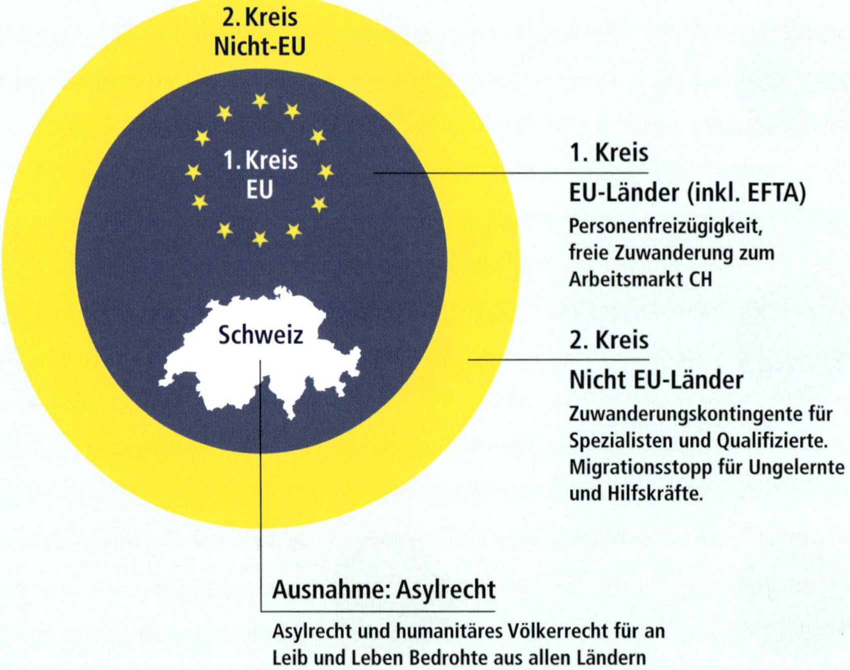

Quelle: Ausländergesetz / Bilaterale Verträge / Asylgesetz © Strahm / hep verlag

Mit den Bilateralen Verträgen Schweiz – EU, dem neuen Ausländergesetz und dem neuen Asylgesetz wendet die Schweiz das Zwei-Kreise-Modell der Migration an: Während die Ein-und Auswanderung durch den freien Personenverkehr mit EU-/ EFTA-Staaten Europas schrittweise erleichtert wird (1. Kreis), wird die Zuwanderung aus Nicht-EU-Staaten (2. Kreis) mit Kontingenten für Spezialberufe begrenzt. Ausnahmen bestehen für Familiennachzüge, Heiraten und Flüchtlinge, allerdings mit eingeschränkter und teils restriktiver Praxis.

9.7 Schrittweise Einführung des freien Personenverkehrs mit der EU

Einführung der Personenfreizügigkeit in der Schweiz für Arbeitnehmende aus bisherigen EU-Ländern (EU-15) und neuen EU-Ländern (EU-10)

Aus bisherigen EU-Ländern (EU-15, plus Malta und Zypern)

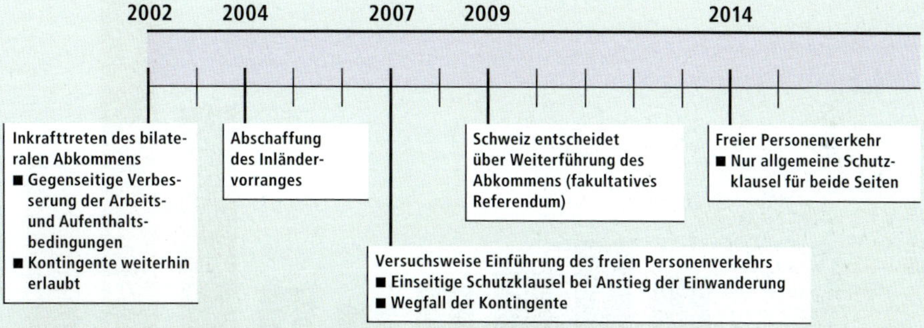

Aus den neuen EU-Ländern (EU-8), Osterweiterung inkl. Bulgarien und Rumänien

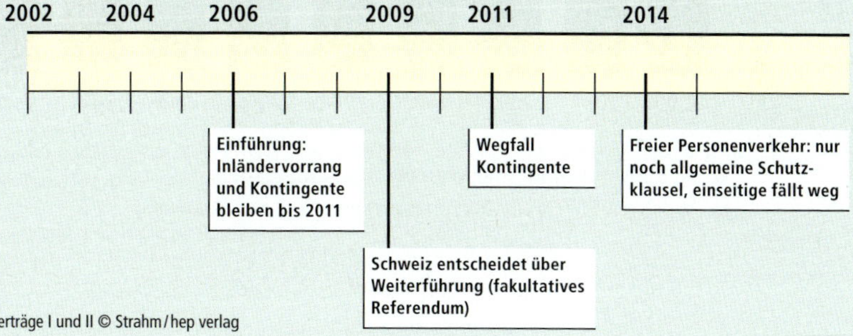

Quelle: Bilaterale Verträge I und II © Strahm / hep verlag

Die Personenfreizügigkeit der EU (1. Zuwanderungskreis) bringt in der Schweiz schrittweise eine freie Arbeitsaufnahme durch Erwerbspersonen aus der EU. Für die «alten» EU-Länder (EU-15 plus Malta und Zypern) fiel die zahlenmässige Einwanderungsbeschränkung Mitte 2007 weg. Für die Länder der EU-Osterweiterung (EU-8 plus zusätzlich Rumänien und Bulgarien) sind Zuwanderungskontingente bis 2011 vorgesehen. Mit dem freien Personenverkehr können sich Erwerbspersonen aus der EU ohne Bewilligung auf dem Arbeitsmarkt Schweiz bewerben.

9.8 Volle Personenfreizügigkeit seit 2007 brachte Zuwanderungsschub

Wanderungssaldo in der Schweiz 2000 bis 2009 (Zuwanderung abzüglich Rückwanderung von Ausländern/-innen in der ständigen Wohnbevölkerung)

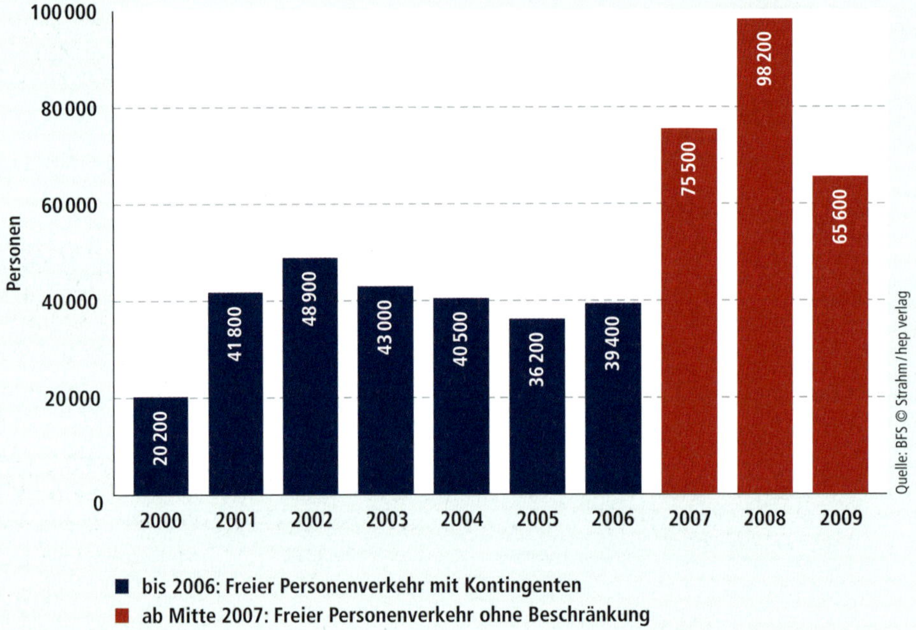

Ab Mitte 2007 wurde die volle Personenfreizügigkeit mit den alten EU-Ländern (EU-15) eingeführt. Die bisherige zahlenmässige Zuwanderungsbeschränkung wurde aufgehoben. Seither hat die Zuwanderung netto (Zuwanderung abzüglich Rückwanderungen von Ausländern/-innen) einen deutlichen Sprung, beinahe eine Verdoppelung erfahren. Selbst im Krisenjahr 2009 war die Rekrutierung ausländischer Arbeitskräfte durch die schweizerische Wirtschaft bedeutend höher als früher vor der vollen Freizügigkeit. Beim nächsten Aufschwung ist mit noch stärkerer Immigration zu rechnen. Verdrängungseffekte sind nicht von der Hand zu weisen.

9.9 Schutz vor Lohnunterbietung durch ausländische Erwerbstätige hilft den tiefen Einkommen

Flankierende Massnahmen zum Lohnschutz im Rahmen der Personenfreizügigkeit mit der EU ab 2006

Entsendearbeit wird kontrolliert

Für in die Schweiz entsandte ausländische Beschäftigte gilt das Prinzip «gleicher Lohn für gleichwertige Arbeit am gleichen Ort».

Gesamtarbeitsverträge werden für alle verbindlich

Die Regierung kann Schutzbestimmungen, Löhne, Arbeitszeiten in einem Gesamtarbeitsvertrag (GAV) für alle Firmen dieser Branche verbindlich erklären.

Mindestlöhne werden festgelegt

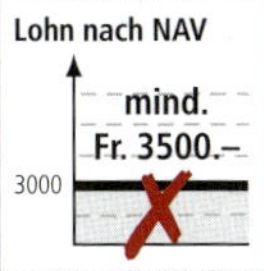

In Branchen mit tiefen Löhnen und ohne Gesamtarbeitsvertrag können Lohnuntergrenzen für alle kantonal in sogenannten Normalarbeitsverträgen (NAV) festgelegt werden.

Quelle: seco © Strahm / hep verlag

Zum Schutz vor Lohn- und Sozialdumping (Unterbietung von Löhnen / Sozialabgaben) hat der schweizerische Gesetzgeber sogenannte flankierende Massnahmen als Sicherungskomponente für den freien Personenverkehr eingeführt. Die drei wichtigen flankierenden Massnahmen schützen sowohl die Arbeitnehmenden mit tiefen Einkommen als auch die schweizerischen Arbeitgeber vor Unterbietung durch ausländische Firmen. Diese Schutzmassnahmen entfalten ihre Wirkung nur bei den unteren Einkommen und Minimaleinkommen, nicht aber bei Löhnen von Qualifizierten.

Kommentar zur Migrationsproblematik

Ungelöstes Integrationsproblem

Die mangelnde Integration eines namhaften Teils der ausländischen Bevölkerung stellt wirtschaftspolitisch und gesellschaftlich eines der grössten anzugehenden Probleme in der Schweiz dar. Die Unterlassung einer Integrations- und Berufsbildungspolitik in den vergangenen Jahrzehnten hat bis heute wirtschaftliche, gesellschafts- und sozialpolitische Probleme zur Folge. Bis zum neuen Ausländergesetz AuG (2007 vom Volk angenommen, seit 2008 in Kraft) hat der Bund während Jahrzehnten nur aufgrund fremdenpolizeilicher Erlasse (das Gesetz stammte aus dem Jahr 1931) eine Immigrationspolitik für die Wirtschaft – vor allem für die strukturschwachen Branchen – betrieben. Niemand im Staat, aber auch nur wenige in den Arbeitgeber- und Arbeitnehmerorganisationen, hatten sich vor 1990 je Gedanken über die berufliche Nachholbildung und Berufsbildung der im Ausland rekrutierten Arbeitnehmenden gemacht, geschweige denn sich um die Bildung und Arbeitsmarktintegration der ausländischen Frauen gekümmert. Diese Migrationskonzeption wurde schon früh von zukunftsorientierten Schweizern bemängelt. Fast visionär schrieb der Schriftsteller Max Frisch im Jahr 1965: «Ein kleines Herrenvolk sieht sich in Gefahr: Man hat Arbeitskräfte gerufen, und es kommen Menschen.»[8]

Den ausländerintensiven Branchen (vor allem Gastgewerbe, Baugewerbe) hat man mit der freien Rekrutierung von Arbeitskräften aus dem Ausland ohne jegliche Ausbildungspflichten keinen guten Dienst erwiesen, denn mit der Rekrutierung Ungelernter wurde die Produktivitätsentwicklung gebremst und die Strukturschwäche verlängert. → **siehe Grafiken 6.9 und 6.10**

Heute tragen wir die Folgelasten einer fehlenden gesellschaftlichen und arbeitsmarktlichen Integration. Auf der Schule und der Lehrerschaft lastet ein grosser Teil der sozialen Integrationsarbeit, die sich der Staat und die Wirtschaft vom Hals gehalten haben. Die damalige Rekrutierung ungelernter, billiger Arbeitskräfte spiegelt sich heute in der überproportionalen Belastung der Arbeitslosenversicherung, der Sozialhilfe und der Invalidenversicherung. → **Grafik 9.5**

Über die «Political Correctness» und die Polarisierung in der Ausländerfrage

Dieses Kapitel hat die sozialen Folgekosten der fehlenden Ausländerintegration in früheren Jahrzehnten beleuchtet. Es besteht die Gefahr, dass die in diesem Zusammenhang gemachten Aussagen und die wiedergegebenen Zahlen zur politischen Polarisierung missbraucht werden. Es braucht aber eine nüchterne und unvoreingenommene Bestandesaufnahme ohne Scheuklappen und Verdrängung der Probleme. Das Erkenntnisinteresse besteht hier in der Analyse, was die Unterlassung der Nachholbildung und die mangelnde Integration der ausländischen Bevölkerung uns heute kosten. Mein Anliegen ist die Schaffung einer Arbeitsgesellschaft, die nicht ausschliesst, sondern integriert.

Ich erlaube mir eine Anmerkung zur politischen Polarisierung: Wie dieses Kapitel aufzeigt, ist das Gros der ungelernten ausländischen Arbeiterinnen und Arbeiter in den letzten Jahrzehnten von Wirten, Hoteliers, Baumeistern und – in kleineren Zahlen – von Landwirten aus dem Ausland geholt worden. Und diese Arbeitgeber sind doch häufig in jener politischen Partei beheimatet, welche in der Ausländerfrage landesweit am stärksten polarisiert und für Ausbildungs- und Integrationsleistungen am wenigsten ausgeben will.

Die Integrationspolitik ist als wirtschaftspolitische und bildungspolitische Aufgabe in Zukunft nur lösbar, wenn nichts, gar nichts mehr verdrängt wird, – die früheren Unterlassungen nicht und die heutigen sozialen Folgekosten nicht.

Integrationskonzept des Bundes

Die Ausländerintegration ist heute ein Traktandum der Politik. Fast alle politischen Parteien haben in den vergangenen zwei Jahren ihre entsprechenden Rezepte und Vorstellungen präsentiert. Der Bundesrat hat erste Schritte zu einer koordinierten Integrationsstrategie unternommen. Der ehemalige Vorsteher des EJPD, Christoph Blocher, legte das Schwergewicht der bundesrätlichen Integrationsstrategie auf den Spracherwerb und die arbeitsmarktliche und berufliche Integration. Diese Schwerpunktbildung ist zu befürworten und war längst fällig, nachdem die Integrationspolitik auf Bundesebene zu lange hauptsächlich auf die Finanzierung von Kulturkontakten und kulturellen Anlässen beschränkt wurde. Das neue Ausländergesetz AuG (in Kraft seit 2008) enthält – erstmals in der Bundesgesetzgebung – Grundsätze für die Ausländerintegration.[9]

Die *Hauptpunkte der Integrations-Gesetzgebung und Integrationspolitik* des Bundes sehen wie folgt aus:

- Die Förderung der Integration von Ausländerinnen und Ausländern ist neu eine *Verbundaufgabe* von Bund, Kantonen und Gemeinden. Die Sozialpartner,

Nichtregierungs- und Ausländerorganisationen sollen beigezogen werden. Die Integration dient der Teilhabe der ausländischen Bevölkerung am öffentlichen Leben in der Schweiz.

- Gefördert werden explizit insbesondere der Spracherwerb, das berufliche Fortkommen, die Gesundheitsvorsorge sowie das gegenseitige Verständnis unter den Kulturen. (Nötig wäre zusätzlich die Vermittlung von zivilrechtlichen Grundkenntnissen, zum Beispiel bezüglich Eherecht, Scheidungsrecht usw.)
- Es braucht ein Doppelkonzept: *Fördern und Fordern.* Der Verbleib in der Schweiz (Aufenthalts- oder Kurzaufenthaltsbewilligung) kann neu an Bedingungen geknüpft werden wie Sprach- und Integrationskurse.
- Mit einer individuell und massgeschneidert ausgestalteten *Integrationsvereinbarung* zwischen der kantonalen Ausländerbehörde und den Ausländerinnen und Ausländern können Verpflichtungen für den Besuch von Kursen und Bildungsveranstaltungen festgelegt werden. Der Aufenthalt in der Schweiz kann an eine solche Integrationsvereinbarung gebunden werden.
- Ausländerinnen und Ausländer sollen über die Lebens- und Arbeitsbedingungen in der Schweiz informiert werden. Sie müssten von der kantonalen Ausländerbehörde unter Umständen auch an die Berufsberatungen und Integrationsangebote verwiesen werden.
- Die Behörden in den Bereichen Arbeitslosenversicherung, Berufsbildung und Gesundheitswesen müssen ihre Förderaufgaben besser koordinieren (sogenannte *Interinstitutionelle Zusammenarbeit IIZ*). Für schulisch schwächere Jugendliche und für Frauen, die am Arbeitseinstieg interessiert sind, braucht es ein individuelles Coaching durch Fachpersonen (sogenanntes «Case Management»). Auch die Früheinschulung der Kinder ist wichtig (Projekt «Harmos»).

Die Integrationsvereinbarung als neuartiges Instrument der Integrationspolitik ist von Ausländerorganisationen bekämpft worden, weil sie einen gewissen Zwang zu Integrationsanstrengungen auferlegen kann. Aus arbeitsmarktpolitischer Sicht ist es sehr wünschbar, ja unabdingbar, dass gewisse Vorgaben durchgesetzt und Verpflichtungen seitens der Ausländerinnen und Ausländer eingehalten werden («Fördern und Fordern»). Wer einreist und in der Schweiz verbleiben will, hat auch gewisse Eigenanstrengungen zu unternehmen, um eine wirtschaftliche Eigenständigkeit zu erlangen. Der Staat hat dazu die nötigen Angebote für Sprachkurse, Nachholbildung, Zivilrechtskurse (insbesondere auch für Frauen) und für den Einstieg in eine berufliche Nachholbildung bereitzustellen. Deswegen kommt der Interinstitutionellen Zusammenarbeit IIZ der verschiedenen berufsberatenden Behörden eine sehr grosse Bedeutung zu. Kapitel 5 weist auf diese Funktion hin. → **Grafik 5.2**

Die Verpflichtung der Arbeitgeber zur Unterstützung und Freistellung bei Kursteilnahme ihrer ausländischen Beschäftigten wurde leider in der Gesetzesberatung für das Ausländergesetz gestrichen. Ebenfalls aus dem Gesetz gestrichen wurde die Verpflichtung von Betrieben mit vielen ausländischen Beschäftigten zur eigenen Ausbildungstätigkeit (zum Beispiel Lehrstellenangebote). Ausländische Firmen, die in der Schweiz ihre Produktion aufnehmen und vom schweizerischen Berufsbildungssystem profitieren, wären so auch in die Pflicht genommen worden.[10]

Vollzug steht erst bevor (Reformvorschläge)

Die wichtigste Änderung in der Integrationspolitik des Bundes besteht darin, die Ausländerintegration endlich als Arbeitsmarkt-Integration zu betrachten. Viel zu lange war die Integration am Ideal der interkulturellen Verständigung ausgerichtet. Kulturelles Verständnis ist wichtig, aber in einem Land, in dem sich das Wertesystem so stark über die Arbeit definiert, ist eine gesellschaftliche Eingliederung und Akzeptanz des Fremden ohne arbeitsmarktliche Integration wirkungslos.

Der Bundesrat hat, noch vor der Inkraftsetzung des neuen Ausländergesetzes, bereits im August 2007 einen Massnahmenplan zur Integrationsförderungspolitik des Bundes vorgestellt. Dabei wurden die Berufsbildung (Bundesamt für Berufsbildung und Technologie BBT), die Arbeitslosenversicherung (Staatssekretariat für Wirtschaft Seco), die Gesundheitspolitik (Bundesamt für Gesundheit BAG) und weitere Bundesämter (insgesamt deren acht) in den Massnahmenplan einbezogen.[11]

Der entscheidende Punkt wird nun die Durchsetzung in den Kantonen und Städten sein. In jedem Kanton ist ein Integrationsdelegierter oder eine Integrationsdelegierte vorgeschrieben, und die Interinstitutionelle Zusammenarbeit zwischen allen betroffenen Stellen ist unumgänglich. Heute weiss bei der Berufsberatung und Ausländerbetreuung oft die eine Hand nicht, was die andere tut. → siehe Grafik 5.2

Einige Kantone und Städte – allen voran Basel-Stadt, Stadt Zürich und Genf – sind mit zahlreichen Integrationsprojekten mit Pilotcharakter vorausgegangen. Aus persönlicher Erfahrung mit dem Vollzug von bundesgesetzlichen Aufgaben würde ich weiter vorschlagen, dass eine ständige Delegation des Bundesrats zusammengesetzt aus den Chefs EVD, EJPD und EDI die Implementierung der Integrationspolitik begleitet und führt. Ebenso muss in jedem Kanton analog dazu eine Delegation der zuständigen Regierungsrätinnen und -räte (Bildung, Volkswirtschaft, Soziales, Polizei) die Integrationsstrategie führen und koordinieren. Die Ausländerintegration muss zur Chefsache werden, sonst bleibt ihre Bedeutung und Wirkung marginal.

Obschon nun im Ausländergesetz erstmals ein Integrationskapitel enthalten ist und in drei anderen Gesetzen (BBG, AVIG, IVG) die behördliche Zusammenarbeit vorgeschrieben wird, ist der Erlass eines Bundesgesetzes über die Integration hinausgeschoben worden. Die Frage der Führung der Koordinationsanstrengungen und die Verpflichtung zu diesen ist nämlich in der bisherigen Gesetzgebung nicht gelöst.

Neben der Bundesgesetzgebung sind aber auch unzählige private Integrationsinitiativen der Zivilgesellschaft zu erwähnen, so etwa von Arbeitnehmerorganisationen und Verbänden bis hin zum Projekt von KMU-Unternehmern «Speranza 2000». Dieses Projekt, initiiert vom Unternehmer und Nationalrat Otto Ineichen, hat 2006–2009 viele tausend Lehrstellen und Praktikumsplätze für schulisch schwächere Jugendliche (zum Beispiel für Berufslehren mit Attest) bereitstellen können.

Die Integrationspolitik wird im Zeichen der internationalen Migration noch lange ein gesellschaftliches und wirtschaftspolitisches Erfordernis bleiben. Nicht nur aus gesellschaftspolitischen und kulturellen Gründen, sondern schlicht auch, weil der Verzicht auf die aktive Arbeitsmarktintegration den Sozialstaat und die Gesellschaft teuer zu stehen kommt. Es gibt wohl keine Unterlassung, die so kostspielig ist wie die Nichtintegration der zweiten und dritten Ausländergeneration in der Schweiz. Die Wissenschaft spricht von «gesellschaftlichen Kosten unzureichender Integration von Zuwanderinnen und Zuwanderern» – sie gehen in die Milliarden. Wir haben bereits in Kapitel 4 auf den Integrationsbericht des Bundes hingewiesen, der die Kosten der fehlenden Berufslehre bei Jugendlichen schätzte: Wenn 3000 jugendliche Ausländer und Ausländerinnen in jedem Jahrgang, die derzeit keine Berufslehre absolvieren können, durch Berufsbildung zusätzlich in den Arbeitsmarkt integriert werden könnten, liessen sich wie bereits im Kapitel 4 dargestellt laut Integrationsbericht des EJPD in der Schweiz jährlich zwischen 50 und 100 Millionen Franken (jedes Folgejahr für jeden Jahrgang) einsparen.[12]

Personenfreizügigkeit als Konjunkturpuffer?

Der Strategiewechsel zum Zwei-Kreise-Modell wird in Zukunft mehr Zuwanderung aus den EU-Ländern bringen, – und damit die Zuwanderung von höher Qualifizierten mit Berufsabschlüssen und höherer Bildung aus Deutschland und anderen EU-Staaten ermöglichen. Die Zuwanderung von Personen aus den alten EU-Ländern wird den Integrationsaufwand bei den neu Zugewanderten kleiner werden lassen. Doch die Zuwanderung aus den Armutsgebieten Osteuropas im Zeichen der erweiterten Personenfreizügigkeit kann, wie früher dargestellt, auch eine zusätzliche Zuwanderung ins Sozialversicherungssystem bringen.

Die Arbeitsmarktmigration bleibt ein Thema. Ich gehe davon aus, dass die freie Zuwanderung auf den Schweizer Arbeitsmarkt längerfristig auch die *Sockelarbeitslosigkeit* und damit die Sozialkosten erhöhen wird. Beim Konjunkturaufschwung → **siehe Grafik 12.1** werden zehntausende von Arbeitskräften aus dem Ausland neu eingestellt. Beim nächsten Abschwung werden entsprechend viele Entlassungen vorgenommen. Entlassungen gibt es nicht unbedingt bei den zuletzt Rekrutierten, sondern bei bisherigen, fachlich schwächeren schweizerischen und früher eingewanderten ausländischen Beschäftigten, die in der nächsten Rezession aus dem Arbeitsmarkt gedrängt werden. Mit dem neuen Regime der Personenfreizügigkeit ist keine Verhinderung von Migration als Konjunkturpuffer der Unternehmen verbunden. → **Grafik 9.8**

Personenfreizügigkeit zwischen nichtkompatiblen Bildungssystemen

Wie in → **Grafik 9.4** dargestellt, bringt die Personenfreizügigkeit neuerdings zu mehr als der Hälfte eine Zuwanderung von hochqualifizierten Erwerbspersonen aus Deutschland und Nordeuropa, während die Zuwanderung weniger Qualifizierter aus Portugal weiterläuft. Die vollständige Liberalisierung der Arbeitsmärkte mit den alten EU-Ländern lässt die Unterschiede in den Bildungssystemen und Diplomen zum Problem werden. Mit der Personenfreizügigkeit werden die arbeitsmarktlichen Grenzen mit Ländern beseitigt, die über 40 % (Deutschland) oder über 50 % (Frankreich) Maturitätsquoten aufweisen, während die gymnasiale Maturität in der Schweiz bei 18 % liegt, unter Einschluss der Berufsmaturitäten bei 26 %. → **siehe Grafik 5.7** Zwar erreicht die Schweiz auch eine Quote von annähernd 60 % bei den Tertiärbildungsstufen. → **Grafik 5.5** Doch die Absolventen/-innen von Höhern Fachschulen HF und von eidgenössischen Berufs- und Fachprüfungen können sich nicht mit akademischen Titeln (Bachelor) ausweisen, obschon sie im Vergleich zu ausländischen universitären Bachelor-Titeln ebensolche oder bessere Spezialqualifikationen ausweisen.

Die Personenfreizügigkeit wurde ohne Berücksichtigung der unterschiedlichen Berufsbildungs- und Bildungssysteme eingeführt. Nun braucht es Korrekturen: Entweder muss die Schweiz die Maturitätsquoten (vor allem die Berufsmaturitäten) massiv anheben oder sie muss die nichtakademischen Abschlüsse der höhern Berufsbildung (Fachhochschulen, eidgenössische Berufs- und Fachprüfungen, höhere Berufsprüfungen) sprachlich den ausländischen Abschlüssen angleichen.

Nach unserer Einschätzung besteht nicht generell ein Akademikermangel in der Schweiz. Vielmehr besteht ein spezifischer Arbeitsmarktbedarf für Ingenieure, für Naturwissenschafterinnen, Mathematiker und Ärztinnen. Ebenso besteht ein Mangel an Personal in Pflege- und Heimberufen. Diese spezifischen Lücken sind zum grossen Teil durch innerschweizerische Fehlentwicklungen im Ausbildungswesen verursacht, so etwa durch den Numerus Clausus bei der Medizinerausbildung, durch jahrelange Vernachlässigung der Pflegeausbildung nach deren Zentralisierung und nach der Ablösung des Roten Kreuzes als Ausbildungsinstitution, durch einseitige, sprachlastige Notengebung in der Sekundarstufe II und Vernachlässigung der mathematisch-naturwissenschaftlichen Fächer. – Schweizerischen Jugendlichen bringt die Inkompatibilität der Bildungssysteme im Zeichen der Personenfreizügigkeit im Einzelfall erhebliche Berufsnachteile, die vermutlich in Zukunft auch politisch zur Geltung gebracht werden.

Quellen Kapitel 9

[1] BFS: Bevölkerung. Provisorische Ergebnisse zur Bevölkerungsentwicklung im Jahr 2009. Die Bevölkerung der Schweiz wächst weiter an. Medienmitteilung BFS vom 25.02.2010.

[2] BFS: Ausländerinnen und Ausländer in der Schweiz. Bericht 2006. Neuchâtel 2006, S. 18.

[3] BFM/HWWI: Studie zur Einbürgerung und Integration in der Schweiz: Eine arbeitsmarktbezogene Analyse der Schweizerischen Arbeitskräfteerhebung. Friedrich Steinhardt, Thomas Straubhaar, Jan Wedemeier. Hamburg/ Bern 2010. Abbildung 1, Seite 16.

[4] EJPD/BFM: Ausländerstatistik per Ende August 2007. Medienmitteilung BFM Bern, 8.10.2007. Und BFS: Schweizerische Arbeitskräfteerhebung 2007, Medienmitteilung BFS Neuchâtel 19.2.2008.

[5] Haeberlin, Urs et al.: Chancenungleichheit bei der Lehrstellensuche. Der Einfluss von Schule, Herkunft und Geschlecht. Synthese 7 NFP 43. Zit. nach: EJPD: Probleme der Integration von Ausländerinnen und Ausländern in der Schweiz. Bestandesaufnahme. Bern 2006, Tab. A II. 2.3, S. 157.

[6] Seco: Ausländer/-innen, Erwerbslosigkeit und Arbeitslosenversicherung. Studie Büro BASS und Büro a&o im Auftrag der Studienkommission für den Ausgleichsfonds der Arbeitslosenversicherung. Teilbericht 1, Mai 2006, S. 77f.

[7] BFS: Beschäftigungsbarometer im 4. Quartal 2009. Stabiler Arbeitsmarkt und positive Signale zum Jahresauftakt 2010. Medienmitteilung BFS 25.02.2010, T1, S. 7.

[8] Frisch, Max: Überfremdung I (1965) in: Gesammelte Werke in zeitlicher Folge, Band 5, Suhrkamp Verlag 1986, S. 374.

[9] Bundesgesetz über die Ausländerinnen und Ausländer AuG, vom 16.12.2005, Kapitel 8: Integration, Art. 53–58.

[10] Der Autor war an der neuen Ausländergesetzgebung beteiligt und präsidierte eine Subkommission der nationalrätlichen Kommission für Wirtschaft und Abgaben zur Frage des Ausländergesetzes.

[11] Laufende Informationen des Bundesamts für Migration BFM über: www.bfm.admin.ch → Themen → Integration

[12] Bundesamt für Migration: Probleme der Integration von Ausländerinnen und Ausländern in der Schweiz. (Integrationsbericht). BFM/EJPD, Juli 2006, S. 37. Bundesrat: Bericht vom 5. März 2010 zur Weiterentwicklung der Integrationspolitik des Bundes. Seite 20f. Fritschi, Tobias (Büro Bass) und Jann, Bern (ETH Zürich): Gesellschaftliche Kosten unzureichender Integration von Zuwanderinnen und Zuwanderern in Deutschland. Büro Bass, Bertelsmann-Stiftung.de 2008.

- **Grafik 9.1** – BFS: Ausländerinnen und Ausländer in der Schweiz, Neuchâtel 2006, G. 1.2.1, G. 1.3.1, S. 15–17. Nachführung: BFS: Statistik des jährlichen Bevölkerungsstandes (ESPOP) und der natürlichen Bevölkerungsbewegung. BFS Aktuell, Neuchâtel März 2010, S. 5f.
- **Grafik 9.2** – BFS: Ausländerinnen und Ausländer in der Schweiz 2004. Neuchâtel 2004, G. 1.5.2, S. 21.
- **Grafik 9.3** – Flückiger, Yves et al.: Analyse der Auswirkungen der Ausdehnung der Personenfreizügigkeit auf die neuen Mitgliedsländer der Europäischen Union in Bezug auf den schweizerischen Arbeitsmarkt. Schlussbericht im Auftrag des Bundesamts für Migration. Université de Genève, 18.12.2005, S. 53f.
- **Grafik 9.4** – Vergleich 1980/2000: Flückiger, Yves/Falter, Jean-Marc: Bildung und Arbeit. Entwicklung des Arbeitsmarktes in der Schweiz. Eidg. Volkszählung 2000. Neuchâtel 2004, G. 15, G. 16, S. 31–32. Bestand 2000: BFM: Probleme der Integration von Ausländerinnen und Ausländern in der Schweiz. Bestandesaufnahme. Bundesamt für Migration. Bern 2006, Tab. AII. 3.4, S. 162. Jahr 2009: George Sheldon in NZZ am Sonntag, 10.1.2010 und 4.2.2010, S. 37.
- **Grafik 9.5** – Seco: Die Lage auf dem Arbeitsmarkt. Monatlich, Tab. 1a.
  Sozialhilfe: BFS: Die schweizerische Sozialhilfestatistik 2007. Nationale Resultate. BFS Aktuell. Neuchâtel, Mai 2009, S. 13.
  Invalidenversicherung: BSV: IV-Statistik 2009. Bern 2009, Tab. 6.1, S. 15.
- **Grafik 9.7** – Integrationsbüro EDA/EVD: EU-Bürgerinnen und -Bürger in der Schweiz. Informationen zur Personenfreizügigkeit. Bern 2007, S. 6f.
- **Grafik 9.8** – BFS: Gleiche Quelle wie Grafik 9.1 (BFS Aktuell 2009).
- **Grafik 9.9** – Seco: Flankierende Massnahmen. Merkblätter. www.seco.admin.ch → Themen → Arbeit → Flankierende Massnahmen.

Bild S. 207: ullstein bild

KAPITEL 10

Unternehmen: Spielball von Aktionären und die Corporate Governance

Das Kapitel im Überblick

Das Spannungsverhältnis zwischen den Unternehmen und den Aktienmärkten ist schwieriger geworden. Unternehmen können zum Spielball von Aktionären, kurzfristigen Spekulationsinteressen oder Börsenraidern werden. Die Führungskultur und die Kontrolle der grossen Unternehmen sind Betrachtungsgegenstand in diesem Kapitel.

Durch Gehaltsexzesse von Managern und Verwaltungsräten in manchen Grosskonzernen hat sich die Einkommensschere in der Wirtschaft vergrössert. Ebenso erleben wir eine Umverteilung des volkswirtschaftlichen Ertrags zugunsten der Aktionäre. Die Globalisierung und Liberalisierung der Aktienmärkte hat dazu geführt, dass Börsenraider und Private-Equity-Gesellschaften grosse, traditionelle Unternehmen in aller Stille – oft mit geborgten Finanzmitteln – unter ihre Kontrolle bringen, deren Leitungsorgane destabilisieren, die Unternehmensreserven abziehen oder das Unternehmen aufspalten, fusionieren oder mit Gewinn veräussern können. Dieser «Heuschrecken-Kapitalismus» machte auch in der Schweiz traditionelle Unternehmen wie SIG, Sulzer, Saurer, Oerlikon-Unaxis, Ascom, Implenia oder Valora zu Zielscheiben von Attacken oder unfreundlichen Übernahmeversuchen. Ein neuer Megatrend wird in den internationalen Aktienmärkten wirksam: Im Osten warten in sogenannten Staatsfonds (Sovereign Funds) tausende von Milliarden Dollar an Investitionsmitteln, um Beteiligungen an westlichen Unternehmen oder ganze Firmenübernahmen zu finanzieren.

Die Führung und die Machtbalance in der Unternehmung zwischen Aktionariat, Verwaltungsrat und Management bezeichnet man als «Corporate Governance». Deren Grundsätze und denkbare Schutzregeln zum Substanzerhalt der Unternehmen werden hier vorgestellt.

Traditionelle Schweizer Unternehmen wie SIG, Sulzer, Saurer, Oerlikon-Unaxis, Ascom, Implenia oder Valora wurden zum Spielball von Börsenraidern und Private-Equity-Gesellschaften, die oft mit geborgtem Geld die Konzerne unter ihre Kontrolle zu bringen versuchen. Aktionärsmacht und Corporate Governance gehören heute zu den Top-Themen in der Welt der grossen Unternehmen und sie prägen die Unternehmenskultur.

Wachsende Disparitäten

Die Lohn- und Gehaltsschere hat sich in der schweizerischen Wirtschaft in den letzten Jahren weit geöffnet. Vor allem sind in grossen Konzernen die Entschädigungen der Manager und Verwaltungsräte stark angehoben worden. Die durchschnittlichen Entschädigungen (Löhne, Boni, Aktien, Optionen) der Geschäftsleitungsmitglieder und zum Teil auch der Verwaltungsräte sind im Verlauf des Jahrzehnts 2000 bis 2010 massiv – oft um das Zehn- bis Fünfzigfache – angehoben worden. Demgegenüber stiegen in diesem Jahrzehnt die Durchschnittslöhne und die Kaderlöhne nur mässig. → **Grafik 10.1**

Die Gehaltsschere hat sich geöffnet: Während in den 1980er-Jahren noch die Faustregel galt, dass der höchste Lohn des Direktors in einer grossen Firma höchstens zehnmal höher als der ausbezahlte Mindestlohn des gleichen Unternehmens betragen sollte (also ein Verhältnis 10 zu 1), gilt heute eine Gehaltsspreizung von 40 zu 1 in den Top-50-Firmen und sogar von 150 zu 1 in den 10 Spitzenkonzernen als Durchschnitt (von den absoluten Extrem-Entschädigungen für Konzernchefs wie die Herren Ospel, Vasella und von den Bonuszahlungen im Investment-Banking ganz zu schweigen).

Aus der wachsenden Einkommenskluft in der Wirtschaft entstand ein Reputationsproblem: Wie lässt sich die Frage der «gerechten» Arbeitsentschädigung beantworten? Wie kann und soll die tragende Kader-Elite der Angestellten, wie kann die Qualitätsarbeit der Berufsfachleute, wie die Leistung der Zulieferer-Kleinbetriebe aus der KMU-Szene gerecht abgegolten werden, wenn derart exorbitante, ökonomisch kaum zu rechtfertigende Diskrepanzen bei der Arbeitsentschädigung praktiziert werden?

Hinter dem System der Managerentschädigung, das sich seit der Jahrtausendwende in Einzelfällen verselbständigt und zu einem System der «Selbstbedienung» entwickelt hat, zeigt sich der häufig diskutierte «Prinzipal-Agent-Konflikt», nämlich der Interessenkonflikt zwischen dem Eigentümer/Auftraggeber («Prinzipal») und dem Manager/Auftragnehmer («Agent»). Dahinter wiederum verbirgt sich das Problem der Kontrolle und Machtverteilung in der Grossunternehmung, besonders bei den an der Börse kotierten (das heisst bei der Börse eingetragenen und gehandelten) Aktiengesellschaften.

Die gleiche Problemlage zeigt sich bei der Verteilung des erwirtschafteten Kuchens zwischen den Aktionären und den Arbeitnehmenden: Während von 1990 bis 2007 die Arbeitnehmerentgelte aufgrund der volkswirtschaftlichen Gesamtrechnung um

Interessen-Dreieck in der Corporate Governance

- Für den **Aktionär,** vor allem für den reinen Kapitalanleger, zählt in erster Linie der Aktionärswert oder der Shareholder Value der Aktie. Es ist der in Zukunft erwartete Wert der Eigenkapitalrendite oder **Return on Equity ROE,** berechnet als Gewinn in Prozent des Eigenkapitals (= Aktienkapital + Reserven). Vor allem die kurzfristig (und kurzsichtig) orientierten Kapitalanleger, die Banker des Private Investment und die Anlagegesellschaften (Private-Equity-Gesellschaften, Anlagefonds, Kapitalbeteiligungsgesellschaften) betrachten die Aktiengesellschaften als blosses Anlageobjekt. Es geht ihnen nicht primär um Produktion, Arbeitnehmerschaft, Kunden, sondern ihre Optik bezieht sich auf Finanzwerte, Finanzkennziffern, (erwartete) Gewinne und Börsenentwicklungen, eben auf den Shareholder Value. Bei den grossen Aktiengesellschaften verlangen Bankiers und Anleger die Rechnungsablage sogar vierteljährlich, was in dieser Kurzfristigkeit jeder praktischen Geschäftsoptik in der Industrie widerspricht. Diese kurzfristige Sichtweise stellen wir bei den kleinen Anlegern und den Anlagegesellschaften und Fonds fest, nicht so bei den industriellen Investoren oder Familien-Aktiengesellschaften. Letztere sind eher auf eine langfristige Optik und eine nachhaltige Firmenentwicklung ausgerichtet.
- Das **Management,** und mit ihm oft auch der Verwaltungsrat, haben demgegenüber eine durch die Produktionstechnologie und die Geschäftspraxis geprägte Optik, die auf den längerfristigen Erhalt der Firma, aber auch auf qualifizierte Beschäftigte, die Kunden und Lieferanten (sogenannte Stakeholder) ausgerichtet ist. Durch Konjunkturschwankungen entstehen Einbrüche bei Verkäufen. Technologische Rückstände müssen oft über längere Zeit ausgeglichen werden. Dies schafft vorübergehend auch Durststrecken und erfordert langfristiges Denken. Die kurzfristige Optik des Shareholder Value steht oft im Gegensatz zur Logik des industriellen Prozesses und der Stakeholder. Das Management braucht deshalb eine gewisse Autonomie gegenüber der kurzfristigen Aktionärsoptik. Diese Autonomie kann aber nicht so weit gehen, dass sich das Management de facto gleich auch noch selber die Entschädigungen zuschanzt.
- Der **Verwaltungsrat** wiederum ist das Scharnierorgan zwischen Aktionariat und Management. Er ist zuständig für die strategischen Entscheidungen und als Organ verantwortlich gegenüber den Aktionären. Er ist aber ebenso verantwortlich für den nachhaltigen und langfristigen Bestand der Unternehmung und muss sich in diesem Interessenkonflikt oft gegen die kurzfristigen Anlegerinteressen bestimmter Aktionäre zur Wehr setzen.
- Zum Interessen-Dreieck im Rahmen der Corporate Governance von Aktiengesesellschaften gehört an sich ein vierter Player, nämlich das **Revisorat.** Die externe Revisionsfirma wird von der Generalversammlung bestimmt und ist bei grossen Konzernen eigentlich die einzige Instanz ausserhalb des Managements, welche die komplexe Bilanz und die Finanzlage à fonds und detailliert kennt. Sie hat eine ganz besondere Vertrauensstellung. Sie sollte vom Management unabhängig prüfen und keine anderen Aufträge ausüben (Audit only).

Diese bis in die 1990er-Jahre unbestrittene Sichtweise wurde gestört und in Frage gestellt durch die erwähnten, an einen Selbstbedienungsladen erinnernden Gehaltsexzesse von Managern und Verwaltungsräten. Vor allem von Aktionärsgruppen und vom Börsenjournalismus, aber auch von Arbeitnehmerseite wurde die Rechtmässigkeit dieser «amerikanischen Abzocker-Methoden» bestimmter Top-Manager zu Recht in Zweifel gezogen. Der Ruf nach stärkerer Kontrolle der Manager wurde laut. Doch gleichzeitig entstand durch das Aufkommen von spekulativen Investoren auch die Gefahr, dass das Management nun zum Spielball von spekulationsinteressierten Grossaktionären wird.

insgesamt 66 Prozent gesteigert worden sind – ein Ausdruck auch der gesteigerten Arbeitnehmer-Produktivität –, wurden die ausbezahlten Dividenden in den börsenkotierten Unternehmungen der Schweiz gemäss Bank Vontobel um 426 Prozent angehoben – also eine klare Umverteilung der Entschädigung vom Faktor Arbeit zum Faktor Kapital. → **Grafik 10.2**

Problem der Führungskultur in Unternehmen

Es geht bei dieser statistischen Analyse der Einkommensverteilung nicht um eine politische Panikmache und auch nicht um eine «Neidökonomie», wie die Verteilungsproblematik von neoliberalen Dogmatikern herabgemindert und karikiert wird. Vielmehr weist die Entwicklung auf die innert eines Jahrzehnts aufgetauchte Problematik der «Corporate Governance» hin: «Corporate Governance» (übersetzt: Führung der Aktiengesellschaft) beschreibt die Machtbalance im Führungsdreieck zwischen Aktionären (Generalversammlung), Verwaltungsrat und Management (Geschäftsleitung), also die Führungsregeln im Prinzipal-Agent-System. Die Problematik der Corporate Governance ist sowohl in der Industriewelt als auch in der Gesetzgebung aufgegriffen worden. → **siehe Box auf vorangehender Seite**

Spekulative Investoren im Angriff

In den Jahren 2004–2008 sind bekannte Industriefirmen, traditionelle Flagschiffe der schweizerischen Maschinenindustrie und andere Grossfirmen zu Zielobjekten von ausländischen spekulativen Investoren geworden: Nacheinander wurden zum Beispiel Maschinenfirmen wie SIG, Oerlikon (Unaxis), Sulzer, Saurer, Ascom, aber auch der Baukonzern Implenia oder der Detailhandelskonzern Valora, von Private-Equity-Gesellschaften attackiert. Die Angreifer hiessen Laxey (London), Victory (Wien), Renova (Zürich und Moskau) oder Golden Peaks. Bereits in den 1990er-Jahren gab es Kontrollversuche seitens spekulativer Kapitalbeteiligungsgesellschaften (zum Beispiel der sogenannten «Visionen» von Martin Ebner) gegenüber Grosskonzernen, allerdings mit etwas anderen Verhaltensmustern. Diese sind dann beim Zusammenbruch der Spekulationsblase 2001 stark dezimiert worden.

Wir zeigen mit → **Grafik 10.3**, wie spekulative Private-Equity-Gesellschaften als Börsenraider traditionelle Industrieunternehmen ausnehmen und teilweise demontieren konnten. Sie suchten nach Industriefirmen, deren Aktien (vorübergehend) unterbewertet oder sogar durch gezielte Publizität schlecht gemacht worden waren. Dann bauten sie in aller Stille einen Aktienanteil von rund 20 Prozent oder mehr auf, oft mit Hilfe von Strohmännern oder von Banken (die sogenannte versteckte Cash-Settlements-Obligationen vermittelten und deren Manager generös entschädigten) oder mit Hilfe von Hedge Fonds. → **siehe Kapitel 11** Oft stammte ein Grossteil der nötigen Finanzmittel von befristeten Bankkrediten. Damit die Unternehmensleitungen, die Börsenaufsicht oder andere Investoren nichts bemerkten, wurde die Kapitalbeteiligung heimlich aufgebaut.

Nach diesem heimlichen Aktienerwerb wurde dann auf einen Schlag dem Management oder dem Verwaltungsrat mitgeteilt, der neue Investor kontrolliere nun 20, 25 oder 30 Prozent der Aktionärsstimmen. Weil an den Generalversammlungen der meisten kotierten Gesellschaften in der Regel nur 20 bis 40 Prozent des stimmberechtigten Aktienkapitals vertreten sind, genügt oft ein recht tiefer Aktienanteil eines aktivistischen Aktionärs von einem Fünftel oder einem Viertel, um eine GV zu beherrschen, eine ausserordentliche GV einzuberufen, missliebige Verwaltungsräte auszuwechseln, Verantwortlichkeitsklagen zu führen und eine Firmenleitung zu destabilisieren. → **Grafik 10.3**

Wir haben in der Schweiz im Jahrzehnt 2000–2010 von Börsenraidern und aktivistischen Grossaktionären so ziemlich alles erlebt, was die Börsenklaviatur an unethischem Verhalten, verdeckten Operationen und «unfreundlichen Übernahmen», wie sich der Finanzjournalismus ausdrückt, hergibt. Der deutsche Vizekanzler Günther Müntefering prägte deshalb den Ausdruck des «Heuschrecken-Kapitalismus» europaweit zu einem gängigen Begriff, in Anlehnung an die Vorstellung von Heuschrecken-Schwärmen, die in die Landschaft einbrechen, alles abräumen und von dannen ziehen.

Damit ist ein neuartiges Verhaltensmuster in die Unternehmenswelt und den Werkplatz Schweiz eingebrochen: Börsenkotierte Industriefirmen, die keinen langfristigen, beherrschenden Besitzer-Aktionär oder eine beherrschende Besitzer-Familie kennen, können zum Spielball kurzfristig orientierter spekulativer Investoren werden, die mit geborgtem Geld Aktienpakete kurzfristig erwerben (sogenannte Leveraged Buyouts). Diese sind dann in der Lage, durch ihre kurzfristige Beherrschung der Aktiengesellschaft gefügige Verwaltungsräte einzusetzen, Reserven und Vermögenswerte aus ihr abzuziehen, die Gesellschaft aufzuspalten oder Fusionen einzuleiten. Wir haben erlebt, dass in gewissen Fällen Vermögenswerte im Umfang von hunderten von Millionen Franken durch solche Börsenraider aus den Firmen respektive den Börsengewinnen abgezogen wurden. Dies sind jedenfalls Dimensionen, die die publizistisch hochgefahrene «Abzockerei» durch Managerlöhne schon klein erscheinen lassen.

Firmen werden zum Spielball

Unter dem Druck von aktivistischen Investoren werden Firmen zum Spielball von kurzfristigen Aktionärsstrategien und Fusionen. In der Schweiz erleben wir jährlich hunderte von Fusionsfällen und Übernahmen. Weltweit stiegen vor der globalen Finanzmarktkrise 2008 die Transaktionsvolumina der Fusionen und Firmenübernahmen (sogenannte Mergers und Acquisitions) auf mehrere tausend Milliarden Dollar. → **Grafik 10.4**

Bereits in den 1990er-Jahren hatten wir vor dem Börsenzusammenbruch 2001 eine riesige Fusionswelle erlebt. Eine Nachevaluation dieser Fusionen durch die internationale Revisionsgesellschaft KPMG zeigte allerdings, dass sich sowohl in der Schweiz als auch weltweit die Mehrheit der Fusionsvorgänge bereits nach einem Jahr als Flop erwiesen, d.h., dass mehr Kapital vernichtet, als positive Wertschöpfung für die Aktionäre geschaffen worden ist. → **Grafik 10.4**

Firmenzusammenschlüsse (Mergers und Acquisitions) werden also häufig nicht aufgrund von langfristigen wirtschaftlichen Überlegungen bewerkstelligt, sondern sie folgen kurzfristigen Aktionärs- oder Managerinteressen oder werden auf Druck aktiver (spekulativer) Aktionäre abgewickelt. Öfters spielt auch die Absicht eine Rolle, auf bestimmten Teilmärkten eine marktbeherrschende Stellung aufzubauen und den Wettbewerb auszuschalten. Solche Fusionen von Unternehmen und Umstrukturierungen haben immer auch auch tiefgreifende Auswirkungen auf die Firmenkultur und die Arbeitnehmenden: Da werden eingespielte Abteilungen auseinandergerissen und neu zusammengesetzt, die Betriebsabläufe immer wieder von ständig wechselnden Managern umgestaltet. Die Produktivitätsverluste und Kosten von solchen Umstrukturierungen gehen oft in dreistellige Millionenbeträge. Und neben den bezifferbaren Umstrukturierungskosten geht etwas verloren, das nur Betriebskenner zu schätzen wissen, nämlich ein Stück Identifikation der Kader und Arbeitnehmenden mit der Firma – was ja für jede Firma einen wichtigen Produktivitätsfaktor darstellt.

Bedrohliche Milliarden am Markt

Diese beschriebenen neueren Börsenvorgänge in den liberalisierten und globalisierten Märkten sind allerdings nur ein Anfang eines Mega-Trends: In Zukunft wird das Firmenkapital in der Schweiz und in andern hoch entwickelten Industrieländern noch stärker zum Zielobjekt von globalen Investoren, die über hunderte von Milliarden Dollar verfügen. Diese Investoren sind internationale Investmentgesellschaften, Ölscheichs aus dem Nahen Osten, Oligarchen aus Russland, neureiche Milliardäre aus Asien und vor allem staatliche Investment-Fonds (sogenannte Sovereign Funds) von Export-Überschussländern des Nahen und Mittleren Ostens und Asiens (China, Singapur). Deren Regierungen haben grosse staatliche Investment-Fonds angehäuft, mit dem Zweck von Beteiligungen oder der Übernahme von ertragreichen westlichen Industriefirmen und Geschäftsbanken, oft auch mit dem Ziel, westliche Technologie für das eigene Land abzuziehen. Das Volumen der vierzig bekannten staatlichen, investitionswilligen Fonds wurde 2007 von der Deutschen Bank mit insgesamt 3100 Milliarden Dollar beziffert. Zum Vergleich: Diese Summe entspricht achtmal dem Bruttoinlandprodukt der Schweiz. Oder das ganze Arsenal aller 230 börsenkotierten Schweizer Konzerne könnte damit zu Börsenwerten zweimal aufgekauft werden. Weltweit betragen diese astronomischen Investitionsmittel nur wenige Prozente der globalen Börsenkapitialisierung; aber man rechnet mit einer Verdoppelung dieser astronomischen Investitionsmasse der Staatsfonds schon in den nächsten Jahren. Jedenfalls werden sie als Grossaktionäre international zu den wichtigsten Playern der Finanzmärkte werden. → **Grafik 10.5**

Aus dieser Perspektive ist davon auszugehen, dass sich die Börsenlandschaft in der Welt gewaltig verändern wird: Die grossen und vor allem die innovationsaktiven Industrie- und Dienstleitungskonzerne sehen sich auf den liberalisierten Aktienmärkten in den nächsten Jahren und Jahrzehnten mit einer völlig veränderten Beteiligungs- und Eigentümerschaft konfrontiert und werden unter Umständen globalen Investment-Gesellschaften ausgeliefert sein. Die Finanzmarktkrise von 2008/2009, die wir in Kapitel 11 vertiefend erklären, hat zu starken Beteiligungen von Staatsfonds auch bei notleidenden Banken geführt. Derzeit verhalten sich die meisten dieser Staatsfonds defensiv, sie greifen nicht in die Geschäftstätigkeit ein und verhalten sich wie langfristige Investoren passiv. Aber sie werden natürlich zu Miteigentümern westlicher Unternehmen. Deshalb ist davon auszugehen, dass westliche Industrieländer gesetzliche und aktienrechtliche Abwehrstrategien aufbauen werden. Mit den diskutierten Schutzmöglichkeiten werden wir uns im Kommentar weiter hinten befassen. → **Grafik 10.6**

10.1 Lohnschere in der Wirtschaft wird durch Gehaltsexzesse bei Managern vergrössert

Gesamtvergütungen von Topmanagern und Kaderleuten 2009 sowie mittlere Löhne (Median) in der Schweizer Wirtschaft 2008

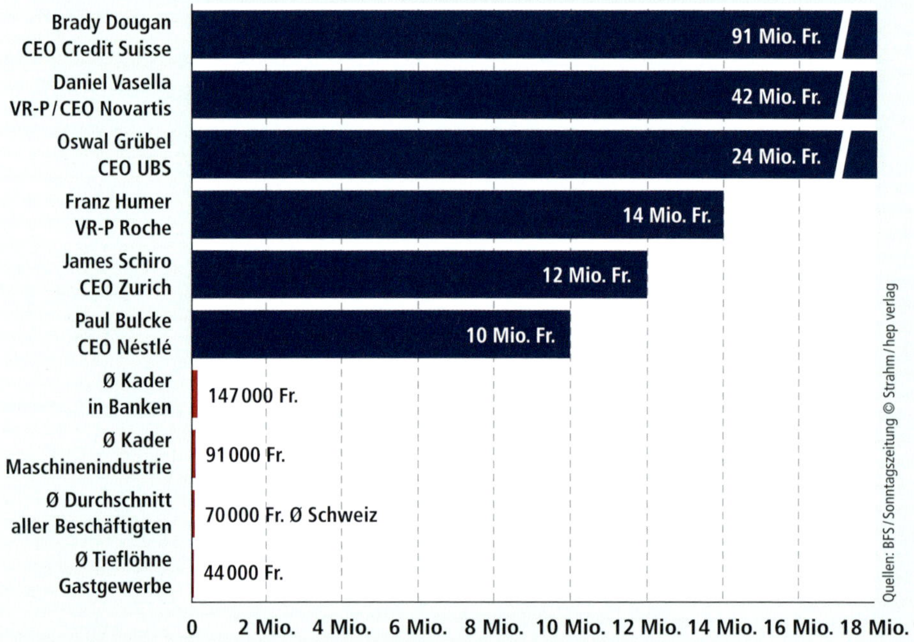

Durch die Übernahme der amerikanischen Entschädigungssysteme hat sich die Lohnschere in den grossen, börsenkotierten Unternehmen der Schweiz enorm geöffnet. Während sich Topmanager (CEOs) und Verwaltungsratspräsidenten jährlich trotz Wirtschaftskrise (2009) Entschädigungen in Millionenhöhe in Form von Löhnen, Boni und weitern Entschädigungen zuschanzten, betrug der mittlere Jahreslohn aller Beschäftigten 2008 rund 70 000 Franken. (Der Median ist der Lohn bei Vollzeitarbeit, bei welchem die Hälfte der Bezügerinnen und Bezüger darüber und die Hälfte darunter liegen). Die Topgehälter erreichen mithin das Hundertfache oder mehr als der Lohn eines Durchschnittsbeschäftigten.

10.2 Aktionäre erhielten immer mehr – Dividenden von Aktiengesellschaften stiegen überproportional

Entwicklung der Bardividenden von börsenkotierten Aktiengesellschaften und der Arbeitnehmerentgelte nach volkswirtschaftlicher Gesamtrechnung 1990–2007.

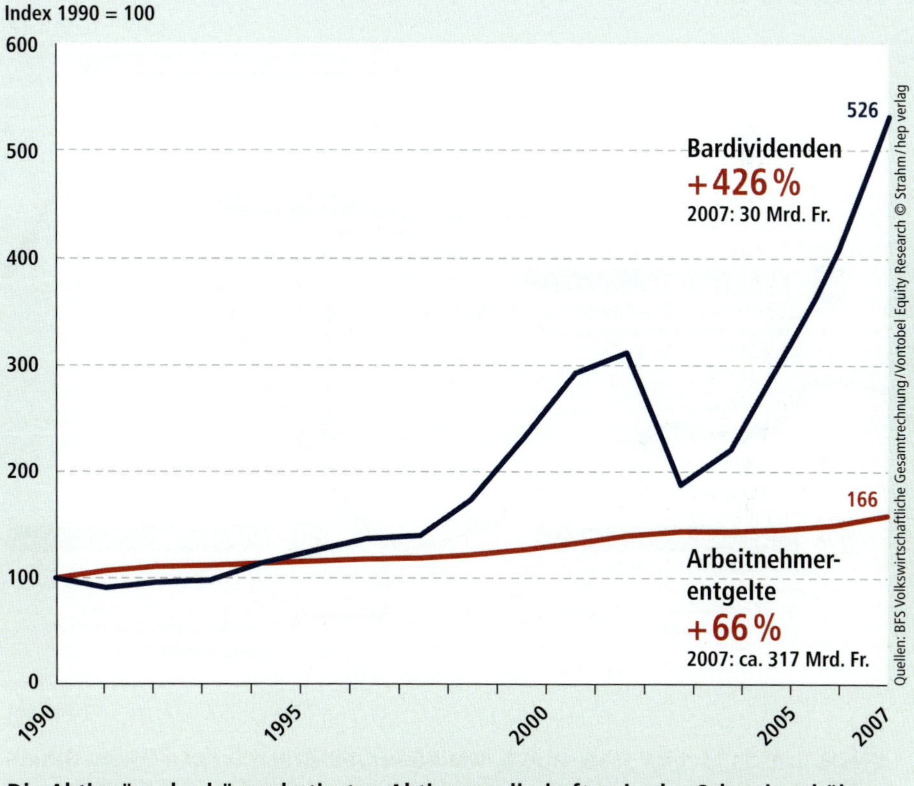

Die Aktionäre der börsenkotierten Aktiengesellschaften in der Schweiz erhöhten ihren Anteil am erarbeiteten volkswirtschaftlichen Kuchen viel stärker als die Arbeitnehmenden. Während von 1990 bis 2007 die ausbezahlten Bardividenden (ohne Aktienrückkäufe) bei den grossen Gesellschaften um 426 % gesteigert (also verfünffacht) wurden, nahmen die Arbeitnehmerentgelte nominell gemäss volkswirtschaftlicher Gesamtrechung um 66 % zu. Dies lässt auf eine neue Machtverteilung zwischen Kapital und Arbeit in den grossen Aktiengesellschaften schliessen.

10.3 Wie spekulative Investoren alte Industriefirmen ausnehmen und demontieren

Schematischer Verlauf bei Attacken von Private-Equity-Gesellschaften (PEG) gegen traditionelle Industrie-Unternehmen («Heuschrecken-Problematik»)

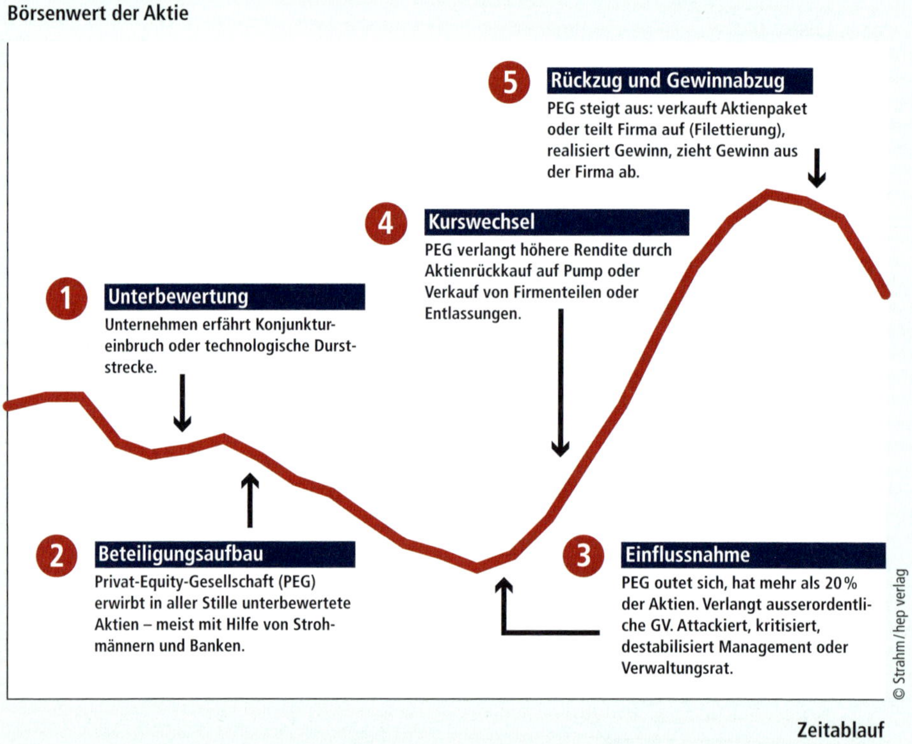

Dieses Schaubild zeigt schematisch, wie Börsenraider und Private-Equity-Gesellschaften traditionelle Industriekonzerne unter ihre Kontrolle bringen und anschliessend ausnehmen: Eine (vorübergehende) Unterbewertung der Aktien wird ausgenützt, um in aller Stille – oft auf Pump und mit Hilfe von Strohmännern, Bankiers und Hedge-Fonds – einen Aktienanteil von 20 Prozent zu erwerben, was bereits eine Beherrschung der AG erlaubt. Danach wird die Leitung ausgewechselt, dem Unternehmen werden die Reserven entzogen oder es wird aufgeteilt, fusioniert oder mit Gewinn verkauft.

10.4 Vom Kapitalmarkt getriebene Fusionen und Firmenübernahmen explodierten vor der Krise und waren häufig ein Flop

Weltweite Fusionen und Firmenübernahmen gemessen in Milliarden $ Transaktionsvolumen, 2001–2006

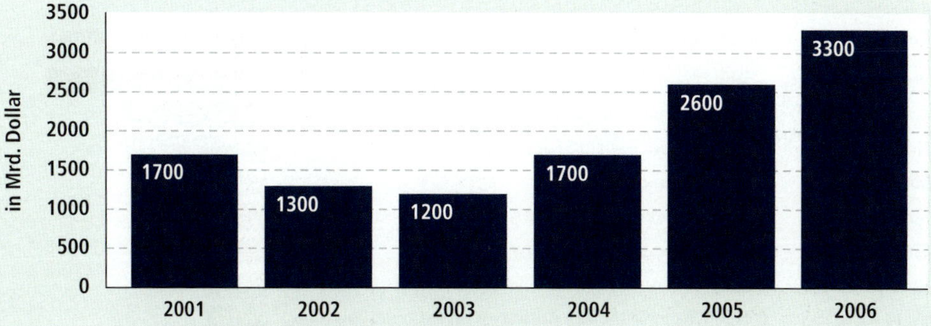

Resultat der Fusionswelle der 1990er-Jahre

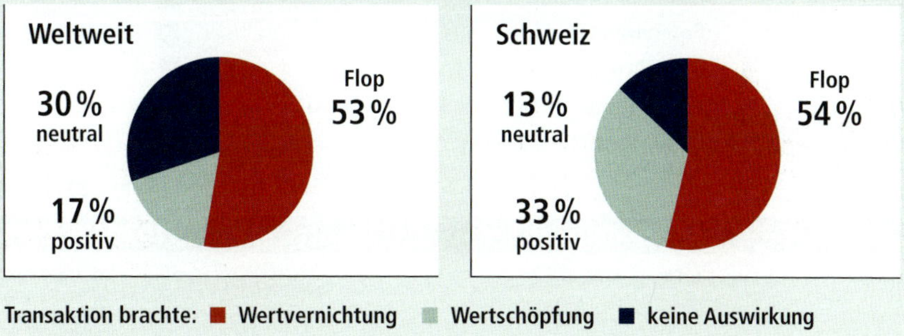

Quelle: Sal. Oppenheim/KPMG © Strahm/hep verlag

Firmen werden zum Spielball der Aktienmärkte. Im Jahr 2006 wurden vor der Krise weltweit mehrere tausend (2007 in der Schweiz 530) Fusionen und Firmenübernahmen mit einem Gesamttransaktionsvolumen von 3300 Milliarden Dollar abgewickelt, viele davon mit geborgtem Geld (sogenannten Leveraged Buyouts). Die im Fusionstaumel der 1990er-Jahre angekündigten Synergien und Aktienwertsteigerungen erwiesen sich im Rückblick mehrheitlich als Flops. Von 47 untersuchten Fusionen in der Schweiz waren 54 % wertvernichtend und nur 33 % marktwertsteigernd.

10.5 Neuer Megatrend: Staatsfonds des Ostens suchen Beteiligungen an und Übernahmen von westlichen Grossfirmen

Anlagevolumen der grössten Staatsfonds von Ölländern und asiatischen Exportstaaten, vor der Finanzkrise 2007

Land	Staatsfonds	Anlagevolumen in Mrd. $
Ver. Arab. Emirate	Abu Dhabi Investment Authority	875
Singapur	Government of Singapore Investment Corporation	330
Norwegen	Government Pension Fund – Global	322
Saudi-Arabien	Various Funds	300
Kuwait	Kuwait Investment Authority	250
China	China Investment Company Ltd.	200
Russland	Stabilization Fund of the Russian Federation	144
Hong Kong	Hong Kong Monetary Authority Investment Portfolio	140
Singapur	Temasek Holdings	108
Australien	Australian Government Future Fund	50
Libyen	Reserve Fund	50
Katar	Qatar Investment Authority	40
USA	Alaska Permanent Reserve Fund Corperation	40
Brunei	Brunei Investment Agency	35
		0 100 200 300 400 500
Total	**40 Staatsfonds**	**3107 Mrd. US-Dollar**
Schätzung	Total im Jahr 2012	5000 Mrd. US-Dollar

Quelle: Deutsche Bank Research © Strahm/hep verlag

Im Osten warten gewaltige Milliardensummen in staatlichen Fonds und Investment-Gesellschaften auf Beteiligungen und Firmenkäufe im Westen. Erdölexportierende Scheichtümer und Exportüberschussländer Asiens, wie China und Singapur, haben aus ihren Exporterlösen staatliche Investmentfonds angehäuft, die Firmenkäufe und Unternehmensbeteiligungen in westlichen Industrieländern zum Ziel haben. Mit ihren derzeit 3100 Milliarden Dollar (achtmal das BIP der Schweiz) könnten sie zum Beispiel alle 230 börsenkotierten Konzerne der Schweiz zweimal aufkaufen. Japan, Deutschland und Frankreich haben schon Schutzregeln erlassen.

10.6 Corporate Governance und Schutz vor Industriedemontage durch Raider

Gesetzliche Schutzmechanismen gegen spekulative Übernahme und «Heuschrecken»

Schutz-Mechanismus	Mögliche Schutzregeln

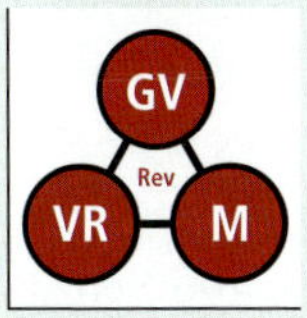

Corporate Governance

- Richtige Machtbalance zwischen Aktionärsversammlung (GV), Verwaltungsrat (VR) und Management (M)
- Unabhängiges Revisorat (Rev)
- Kontrolle der Gehälter durch die GV
- Stabiler Verwaltungsrat auf mehrere Jahre gewählt

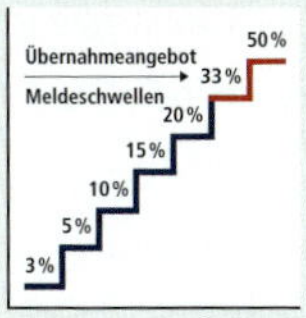

Offenlegungspflicht für Beteiligungen

- Bekanntgabe des Aktienanteils jeweils bei Überschreiten der Meldeschwellen
- Nichteintrag bei Umgehung der Meldepflicht mit Gruppenbildung oder Strohmännern
- Hohe Sanktionen und Bussen

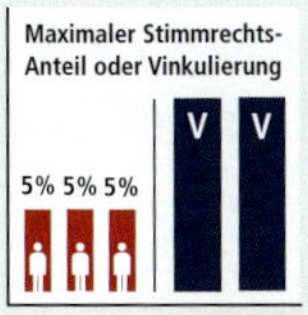

Stimmrechtsbeschränkungen

- Möglichkeit, Stimmrecht des einzelnen Aktionärs (z. B. auf 5 %) zu beschränken
- Beschränkung des Eintrags (Vinkulierung)

Geschäftsplan für Industriestrategie

- Wer eine Firma erwerben will (z. B. über 20 %), muss mit Geschäftsplan langfristige Strategie offenlegen

In fast allen hoch entwickelten Industrieländern werden Schutzmechanismen gegen spekulative Übernahmen durch Börsenraider, «Heuschrecken»-Investoren und gegen Staatsfonds des Ostens diskutiert. Die hier wiedergegebenen möglichen Schutzregeln sind nur exemplarisch. Das Industriekapital braucht zur nachhaltigen Sicherstellung der industriellen Substanz und des Werkplatzes einen gewissen Schutz vor dem kurzfristigen (und kurzsichtigen) Börsenkapitalismus. Die wirtschaftspolitische Auseinandersetzung steht erst bevor.

Kommentar zur Frage der Aktienmarktregulierung:

Gibt es einen Firmenschutz vor «Heuschrecken» und Raidern?

Es gehört zum Credo der liberalen Ökonomie, dass sich die Kapital- und Finanzmärkte in der globalisierten Wirtschaft nicht protektionistisch abschotten dürfen; jedem Investor müsse der freie Zugang gewährt werden, die Aktienmärkte müssten sich durch Selbstregulierung und Eigenverantwortung Ordnung verschaffen. Ohne mir eine Prophezeiung anmassen zu wollen, bin ich überzeugt, dass sich diese Haltung unter dem Druck von Erfahrungen und im Interesse des Erhalts der Industriesubstanz korrigieren wird.

Wir haben im ersten Teil des Kapitels gezeigt, wie Raider und international operierende Private-Equity-Gesellschaften («Heuschrecken») jede Ethik und Selbstkontrolle vermissen lassen und jede Gesetzeslücke mit immer neuen Tricks ausreizen, um spekulative Börsenangriffe gegen Industrie- und Finanzkonzerne zu reiten. Wir haben auch gezeigt, dass bereits 2007 die Staatsfonds aus China und Singapur und jene der Erdöl exportierenden Scheichtümer eine Investitionssumme geäufnet haben, mit der sie alle 230 börsenkotierten Aktiengesellschaften der Schweiz gleich zweimal zu Börsenwerten erwerben könnten. Diese Dimension des Firmenübernahmepotenzials wird sich im nächsten Jahrzehnt massiv erhöhen. Die Kaufkraft- und Zahlungsbilanz-Ungleichgewichte in der Welt belegen diesen globalen Megatrend.

Man wird weitere Raidergeschäfte erleben, die Industriefirmen werden schmerzhafte Erfahrungen mit Beteiligungen durch Staatsfonds aus dem Osten, durch russische Oligarchen oder auch nur durch kleine Jongleure und Nachahmer ihrer Vorbilder Martin Ebner und Tito Tettamanti machen müssen, bis sich Korrekturen und Schutzmechanismen gegen das Raidertum abzeichnen. Deutschland, Frankreich und die USA denken zunächst an regulatorische Abwehrmassnahmen gegen die fremde Übernahme von strategisch wichtigen Aktiengesellschaften in den Bereichen Infrastruktur, Energieversorgung und Rüstung. In Japan wird von Investoren, welche die Schwelle von 20 Prozent Aktienanteil überschreiten, ein langfristiger Geschäftsplan mit der Offenlegung der Eignerstrategie verlangt. In den USA ist man, wie die Erfahrung lehrt, jederzeit und rasch zu protektionistischen Staatseingriffen und zu jeder «Schandtat» gegen das liberale Credo bereit (siehe zum Beispiel den Sarbanes Oxley Act oder die Sanierung der Subprime-Krise mit öffentlichen Mitteln). Der im Jahr 2007 erfolgte Einstieg des Staatsfonds *Government of*

Singapore Investment Corporation aus Singapur als zukünftiger Grossaktionär bei der grössten Schweizer Bank UBS hat die Doppelbödigkeit der Beteiligung gezeigt: Einerseits war man froh über die reichen Retter aus dem Osten, anderseits holte man sich den Regierungseinfluss eines Diktaturstaates ins Haus, welchen man sich aus «ordnungspolitischen Gründen» beim schweizerischen Staat vehement verbieten würde.

Ein erster regulatorischer Schritt zur Abwehr, 2007 in unhelvetisch raschem Tempo vollzogen, bestand in der Verbesserung der *Offenlegungspflicht der Beteiligungen* an börsenkotierten Aktiengesellschaften. Seit dem 1. Dezember 2007 muss jeder Aktionär bereits bei 3 Prozent Stimmrechtsanteil der Börse und der AG Meldung erstatten. Eine versteckte Gruppenbildung und der verdeckte Einbezug einer Bank (zum Beispiel mittels Optionen) sind neu meldepflichtig, nachdem gewisse Raider bisherige Gesetzeslücken ausgenutzt hatten, um ihren heimlichen Aktienerwerb zu verbergen. Vorher hatten gewiefte Börsenraider die alte Meldeschwelle von 5 Prozent umgangen, indem sie über verschiedene Helfer, Strohmänner und Bankiers simultan mehrmals je 4,9 Prozent Aktienanteile unter ihre Kontrolle brachten und dann mit kumulierter Stimmkraft die Gesellschaft vor ein Fait accompli der Kontrolle stellten (publizierte Erfahrungen gab es mit Private-Equity-Gesellschaften wie Laxey, Victory, Renova). Diese sinnvolle parlamentarische Blitzreform mit einer Revision des Börsengesetzes hat etwas mehr Transparenz bei Beteiligungsgesellschaften gebracht, aber die firmeneigenen Abwehrstrategien nicht ersetzen können.

Nachsichtige Bankenaufsicht

Allerdings hatte die Eidgenössische Bankenkommission EBK als staatliche Aufsichtsbehörde während langer Jahre eine bemerkenswerte Nachsicht bei Verstössen gegen die börsenrechtliche Meldepflicht geübt. Nichtmeldung, irreführende, unvollständige oder verspätete Meldungen über Beteiligungen sind als «Kavaliersdelikte» behandelt und mit «Kameraderie» bewältigt worden. In den zehn Jahren 1998–2007 sind von der Schweizer Börse SWX insgesamt 450 Fälle von Meldepflichtverstössen an die EBK weitergeleitet worden. Von diesen reichte die EBK in nur 30 Fällen Strafanzeige beim Eidgenössischen Finanzdepartement EFD ein, welches für die Bussenverfügungen zuständig ist. Dieses wiederum sprach bis Ende 2007 in nur gerade einem Fall eine Busse aus, die mit 50 000 Franken den Betrugswert massiv unterschritt.[1] Erst als die Wirtschaftspresse aufgrund gravierender Verstossfälle und sogar das Direktorium der Schweizerischen Nationalbank («Die Bankenaufsicht war offenbar nicht überall kritisch genug.»)[2] die Nachsicht der Aufsicht kritisierte, wurde die einseitig zusammengesetzte Aufsichtsbehörde strenger in ihrer Praxis.
Aufgrund dieser Erfahrung kann man den Schluss ziehen, dass nicht – wie von den Verantwortlichen rechtfertigend ins Feld geführt – die mangelnde Zahl von Mitarbeitern der EBK (neu ab 2009: der Finanzmarktaufsicht Finma) und nicht deren Entlöhnung das Hauptproblem darstellen, sondern die Schonkultur und Entscheidschwäche, die von der Spitze ausgeht.

Überlegungen für Schutzmechanismen (Reformvorschläge)

Was können Unternehmen, was können das Aktien- und das Börsenrecht tun, um Schutzmechanismen gegen spekulative Übernahmen durch Raider, Oligarchen oder Staatsfonds zu errichten? Wir stellen hier die wichtigsten der in der Schweiz und in andern OECD-Staaten diskutierten Schutzmassnahmen vor aktivistischen, spekulativen Investoren dar. → **Grafik 10.6**

1. Aktienbewertung

Eine wichtige Strategie besteht sicher darin, dass ein Unternehmen an der Börse nicht unterbewertet ist, damit nicht eine spekulative Übernahme quasi auf dem Serviertеller ermöglicht wird. Allerdings sind Industriekonzerne und auch zahlreiche Dienstleistungsfirmen konjunkturabhängig. Sie können die Börsenkennziffern ihrer Aktiengesellschaft, wenn sie nicht manipulieren wollen, nur bedingt steuern. Es gehört nun einmal zur Natur der Konkurrenzwirtschaft, dass das Geschäft zyklischen Schwankungen ausgesetzt ist, und schon nur deswegen sind gewisse Schutzmechanismen gegen Raider, welche diese Schwankungen ausnützen, industriepolitisch gerechtfertigt.

2. Corporate Governance

Die richtige Machtbalance im Dreieck Aktionäre (Generalversammlung), Verwaltungsrat und Management trägt sicher zur Vertrauensbildung bei. Die Aktionärsversammlung muss über die Spitzenentschädigungen des Verwaltungsrats und eventuell des Managements befinden können. Die Gehälter- und Bonusgenehmigung durch die Generalversammlung kann global durch Genehmigung des Entschädigungsberichts oder, im strengeren Fall, durch Einzelabstimmungen realisiert werden. Das Anreizsystem ist zudem umzubauen, indem nicht nur Boni ausbezahlt werden, sondern dass ein Bonus-Malus-System für Manager, Verwaltungsräte und Investment-Banker eingeführt wird. – Falsch ist eine Destabilisierung des Verwaltungsrats: Es wäre geradezu verantwortungslos gegenüber den Industriefirmen – und in der ganzen Welt einzigartig – wenn sich die Verwaltungsratsmitglieder jedes Jahr einzeln in der Generalversammlung zur Wiederwahl stellen müssten. Dies würde den Verwaltungsrat respektive die einzelnen Persönlichkeiten zum Spielball von Angreifern, Raidern und Börsenmanipulatoren machen. Die Verwaltungsräte würden zur Sicherung ihrer Wiederwahl nur noch auf kurzfristige (einjährige) Erfolgsindikatoren setzen. Die Wahl des Verwaltungsrats auf drei Jahre sichert eine gewisse Stabilität in der strategischen Ausrichtung der Unternehmung. (Eine Volksinitiative, die «Abzocker-Initiative», die eine einjährige Einzelwiederwahl jedes Verwaltungsratsmitglieds fordert, ist in diesem Punkt geradezu industriefeindlich.)

Zur *Corporate Governance* gehört auch die Unabhängigkeit des Revisorats. Die Revisionsfirmen dürfen nicht noch von anderweitigen Aufträgen derselben Firma abhängig sein, sie müssen unabhängig operieren und rapportieren können. In komplexen Grossfirmen ist die Revisionsfirma die einzige Instanz, die (nach einer mehrwöchigen Geschäftsrevision) überhaupt den wahren Wert und die ehrlichen Business-Kennziffern kennt. Verwaltungsrat, Aktionäre, Steuerämter und staatliche Aufsicht müssen sich auf ein unabhängiges, unbestechliches Revisorat verlassen können. Dieses muss für Fehlbeurteilungen haften und soll auch bestraft werden können, wenn es Zustände verschleiert. Für die Zukunft müsste der Grundsatz des «Audit only» verwirklicht werden, das heisst: die Revisionsfirma darf nur Revisionen (Audits) durchführen und soll nicht durch weitere Firmenaufträge geködert und abhängig gemacht werden. (Die USA haben die privaten Revisionsfirmen einer strengen Staatsaufsicht unterstellt).

3. Offenlegungspflicht für Beteiligungen

Die Meldeschwellen für die Stimmrechtsanteile sind wichtig. Sie liegen neu bei 3, 5, 10, 15, 20, 25, 33⅓, 50 und bei 66⅔ Prozent Aktienbeteiligung. Das Überschreiten dieser Aktienanteile ist der Börse zu melden, welche dies publiziert. Wer diese Meldeschwellen verletzt oder umgeht, sollte das Recht auf Eintrag ins Aktienregister (das heisst auf die Ausübung des Stimmrechts), verlieren. Banken und Finanzintermediäre, die mit Finanzmarktinstrumenten und Verschleierungstricks bei der Umgehung mitwirken, sollten mit börsenrechtlichen Sanktionen belegt werden. Die fehlbaren Personen sind öffentlich zu nennen (Reputationsrisiko). Die traditionelle schweizerische Schonungskultur und Kameraderie zwischen der Bankenaufsicht und den Finanzintermediären hat lange Zeit zu Umgehungsgeschäften geradezu eingeladen.

4. Stimmrechtsbeschränkungen

Die Firmen respektive Unternehmensführungen sollten die Möglichkeit haben und nutzen, Stimmrechtsbeschränkungen zu erhalten oder einzuführen. Stimmrechtsbeschränkungen können zum Beispiel heissen: Kein Aktionär soll mehr als 5 Prozent Stimmenanteil ausüben können. In der weitesten Variante können – wie früher – Vinkulierungen möglich und sinnvoll sein: Die Stimmrechtsausübung wird von einem Entscheidmechanismus abhängig gemacht. Dies ist zum Beispiel bei Firmen von strategischer Bedeutung denkbar (Elektrizitätsgesellschaften, Stromnetze, Wasser-, Infrastruktur- und Telekommunikationsfirmen, Rüstungsfirmen). Die Stimmrechtsbeschränkungen und Vinkulierungspraxis sind bei den Investment-Bankiers, den Börsenjournalisten und den dogmatischen Wirtschaftsliberalen zwar verpönt, aber in der Realität sind dank dieser Praxis Dutzende von Firmen in der Schweiz nicht untergegangen und vor Raidern und Verkäufen ins Ausland gerettet worden.

Eine besondere Form der Verfügungsbeschränkung im weiteren Sinn sind sogenannte Aktionärsbindungsverträge, mit denen zum Beispiel Familien oder

Aktionärsgruppen gegenseitig auf einen Aktienverkauf verzichten und eine Stimmrechtsbündelung anstreben. Die Pharmafirma Roche wäre wahrscheinlich längst an Finanzinvestoren verschachert oder mit andern Branchengiganten fusioniert worden, wenn die alten Besitzer-Familien nicht durch einen Aktionärsbindungsvertrag eine erlaubte und legitime Abwehr gegen Übernahmeversuche errichtet hätten.

Eine weitere Schutzmöglichkeit besteht in der Schweiz heute schon in der statutarischen Festlegung, dass beim Überschreiten der Beteiligungsschwelle von 33⅓ Prozent kein Übernahmeangebot an die andern Aktionäre zwingend ist.

5. Geschäftsplan – Vorlage

In Japan ist eine sehr intelligente Selektionierung von Beteiligungsinteressenten eingeführt worden: Über 200 grosse japanische Unternehmen haben festgelegt, dass Aktionäre, die mehr als 20 Prozent der Aktien erwerben wollen, ihre konkreten, langfristigen Geschäftspläne vorlegen müssen. Damit können langfristig interessierte, industrielle Investoren von kurzfristigen Raidern getrennt werden. Es versteht sich, dass fremde Investmentgesellschaften und Börsenpublizisten auch diese Art von «Protektionismus» an den Pranger stellen.

Vom Sinn des Protektionismus

Für Dogmatiker unter den Aktienrechtlern, die jede Aktie als blosses Wertpapier und jede Firmenbeteiligung als beliebig auswechselbare, flexible Kapitalanlage betrachten, ist jede Veräusserungs- oder Stimmrechtsbeschränkung ein Gräuel. Der Börsenjournalismus denunziert jeden Industriellen als verkappten Protektionisten, der mit solchen Schutzvorkehren für seine Firma liebäugelt.

Zur Rechtfertigung von Börsenliberalisierungen werden – manchmal auch von der politischen Linken und vom Investmentfonds Ethos propagiert – die Rechte der Kleinaktionäre in den Vordergrund geschoben. Die Erfahrungen (zum Beispiel bei Saurer) haben indes gezeigt, dass die gewieften Raider und Private-Equity-Manager nicht nur die Firmenleitungen, sondern auch alle Kleinaktionäre austricksen und benachteiligen können. Wer vorgibt, den Kleinaktionär mit aktienrechtlichem Regelverzicht schützen zu wollen, kennt die Wirtschaftswirklichkeit nicht.

Aus volkswirtschaftlicher und industrieller Sicht sind moderate Schutzmechanismen gegen sogenannte aktivistische Aktionäre (oft ein Deckname für spekulative Interessen), gegen Raider und spekulative Kapitalbeteiligungsgesellschaften durchaus gerechtfertigt. Denn hinter den Aktien respektive Aktienpaketen steht langfristige Industriesubstanz, steht Technologie-Knowhow, steht Management-Erfahrung, stehen durch Berufsbildung erworbene Präzision, Skills, Loyalität und Humankapital, stehen wichtige Kunden- und Lieferantenbeziehungen. Häufige Eigentümerwechsel, Strategiewechsel, wiederholte Umstrukturierungen, Filettierung von Unternehmensteilen, Abspaltung von Vermögenswerten (Asset Stripping) kosten. Sie können ein Unternehmen zurückwerfen, ja zerstören. Die Erfahrung hat wiederholt auch dies gezeigt: Wo ausländische Manager in Schweizer Industriefirmen eingesetzt werden, werden Lehrstellen abgebaut, wird aus Kostengründen auf Aus- und Weiterbildung verzichtet, wird Humankapital vernichtet – alles Werte und Tugenden, die bisher die «Swissness» ausgemacht und den Industriestandort Schweiz und dessen Konkurrenzfähigkeit trotz hoher Löhne gesichert haben.[3]

Ich rede hier nicht einer Enteignung oder Verfügungsbeschränkung der Aktionäre das Wort. Ich stelle hier dem modischen Banken- und Finanzmarktjournalismus bloss eine *volkswirtschaftliche und industrielle Sichtweise* gegenüber. Stabile Rahmenbedingungen für die Wirtschaft werden häufig als Quelle des Reichtums der Schweiz genannt – zu Recht. Dieses Stabilitätserfordernis gilt aber nicht nur für die staatlichen und gesellschaftlichen Rahmenbedingungen, sondern es muss auch bezüglich der Eigentümerverhältnisse und Eigentümerschaft gelten. Viele so-

Wie das Publikum die Spekulation bezahlt: Das Beispiel Cablecom

Die Kabelnetzfirma Cablecom gibt in der Schweiz ein historisches Lehrbuch-Beispiel dafür, wie Infrastrukturfirmen, die zum Spielball von spekulativen Aktionären werden, die Volkswirtschaft viel kosten.

Die Firma Cablecom wurde aus den ehemaligen Fernsehkabelnetzen der Rediffusion und weiteren Netzzukäufen gebildet. Viele dieser Netze wurden schon in den 1960er- und 1970er-Jahren investiert und abbezahlt. Nach einer kürzeren Eigentümerschaft durch die Swisscom wurde die Cablecom 1999 zu einer exorbitanten Transfersumme mit Hilfe der UBS Warburg an die internationale Risikogesellschaft NTL Europe verkauft. Sie zog darauf aus ihrer gut situierten und reichen Schweizer Tochter Cablecom eine Summe von 2 Milliarden Franken ab (oder mehr, der genaue Betrag wurde nie transparent), liess sie durch Bankkredite verschulden und finanzierte sich so den Cablecom-Kauf und weitere teure Akquisitionen im Zeichen des New-Economy-Börsenbooms. Als ein gutes Jahr später die Internet-Finanzblase platzte (2001), geriet der Mutterkonzern NTL Europe an den Rand des Ruins, verlor Milliarden und veräusserte die nunmehr hoch verschuldete Cablecom an drei amerikanische Private-Equity-Gesellschaften, die sie in kurzfristiger, spekulativer Absicht erwarben und nach bloss drei Jahren an den amerikanischen Telecom-Konzern Liberty Global weiter veräusserten.

Weil die Cablecom hoch verschuldet war und dazu auch grosse Neuinvestitionen in der Digitaltechnologie zu finanzieren hatte, wurden die Kabelnetz-Gebühren für die 1,5 Millionen gebundenen Schweizer Kunden innert weniger Jahre massiv erhöht. Der Preisüberwacher musste solche Gebühren absegnen, weil die Cablecom nunmehr bilanzmässig die hohen Schuldzinsen und Amortisationen geltend machen konnte. Volkswirtschaftlich beurteilt, haben die Schweizer Haushalte ein Kabelnetz erneut amortisiert, das sie in den Jahrzehnten zuvor längst durch ihre Monatsgebühren abbezahlt hatten. – Der Handwechsel dieses wichtigen Infrastrukturbetriebs Cablecom von Investor zu Investor kam die Kunden und die Volkswirtschaft im Endeffekt sehr teuer zu stehen.[4] Die Milliardenwerte, die vom ausländischen spekulativen Investor (völlig legal) aus der Firma herausgezogen worden waren, müssen nun von den Kunden wieder bezahlt werden. Spekulation mit Firmenwerten ist kein Nullsummenspiel, sondern schädigt die Unternehmen und deren Stakeholder.

genannte aktivistische Aktionäre, spekulative Investmentgesellschaften und grosse Player an den Aktienmärkten denken nur kurzfristig. Die industrielle Firmenkultur jedoch ist gerade auf Langfristigkeit und eine mehrjährige Stabilität ausgerichtet. Wenn Eigentümer ständig wechseln, wenn Firmen zum Spielball wechselnder Besitzer werden, werden ebenso wirtschaftliche Werte vernichtet wie bei instabilen Rahmenbedingungen des Staates. Aus diesem Grunde wird die Auseinandersetzung um das Börsenrecht und die Finanzmarktaufsicht im Zeichen der «Heuschrecken» und der dominanten ausländischen Staatsfonds – sie wurden als «unheimliche Investoren» (NZZ) und «bedrohliche Milliarden» (NZZ am Sonntag) bezeichnet – die Wirtschaftspolitik in den nächsten Jahren stark beschäftigen. Im Grunde geht es dabei auf dem Werkplatz Schweiz um eine Interessenausmarchung und Balance zwischen Industriekapital und Finanzkapital.

Debatte um Abzocker, Boni und Aktionärsrechte geht weiter

Die Finanzmarktkrise 2007–2009 und die Gehaltsexzesse in Banken und Grossunternehmen haben die Diskussion um Boni und deren Kontrolle zu einem emotionalen wirtschaftspolitischen Dauerthema werden lassen. Einerseits hat die sogenannte «Abzocker-Initiative» des Kleinunternehmers Thomas Minder («Trybol») die Frage der Boni an die Topmanager politisch aufs Tapet gebracht, anderseits wird die Frage der Corporate Governance auch im Rahmen einer Revision des Aktienrechts (Obligationenrecht) behandelt (Jahre 2008–2010). Es geht bei der Volksinitiative und der parallel behandelten Aktienrechtsrevision vor allem um folgende Punkte:

- Abstimmung über die Löhne und Entschädigungen des Verwaltungsrats und der Geschäftsleitung in börsenkotierten Firmen (welches Organ entscheidet?).
- Offenlegung der Löhne von Verwaltungsrats- und Geschäftsleitungsmitgliedern (einzeln oder nur Gesamtlohnsummen?).
- Abgangsentschädigungen («goldene Fallschirme») und Sonderprämien für Firmenkäufe und -verkäufe (Verbot oder Zulassung?).
- Wahlen der Verwaltungsräte durch die Generalversammlung (Wahl auf drei Jahre oder ein Jahr, Einzelwahl oder Gesamtwiederwahl?).
- Stimmrechtsausübung und Stimmrechtsvertretung an der Generalversammlung (Stimmrecht der Depotbanken oder Firmenorgane ja oder nein?).
- Strafbestimmungen bei Zuwiderhandlungen und Manipulationen durch fehlbare Akteure in der Unternehmung.

Neben der emotionalen Frage, wer die Boni festlegt, ist vor allem die Problematik der Wahl/Wiederwahl von Verwaltungsräten industriepolitisch von Bedeutung. Die jährliche Einzelwiederwahl von Verwaltungsräten führt zu einer Art «Diktatur des Kurzfristigen» in den Industrieunternehmen. Die Einzelabwahl kann auch dazu führen, dass missliebige Verwaltungsräte durch aktivistische Aktionäre («Heuschrecken») entfernt werden können.

Die Festlegung der Boni und Entschädigungen durch das Aktionariat ist sicher im Interesse der Unternehmungen. Hingegen kann die stärkere Einflussnahme von aktivistischen Aktionären und Private-Equity-Gesellschaften, die nur am kurzfristigen Erfolg interessiert sind, zu einer Destabilisierung von Industrieunternehmen führen. Letztlich wird wohl das Volk über die Ausrichtung des Aktienrechts entscheiden.

Quellen Kapitel 10

[1] NZZ am Sonntag vom 13. Januar 2008, S. 29, und vom vom 16. März 2008, S. 35.

[2] Jean-Pierre Roth, Präsident des Direktoriums der SNB, in: Sonntag.ch vom 13. Januar 2008, S. 3

[3] Die Firmengschichten und Erfahrungen liessen sich mit zahlreichen Presseartikeln aus den Jahren 2005–2007 anhand der Fälle SIG, Sulzer, Saurer, Oerlikon, Ascom, Implenia, Valora belegen. Wir verweisen hier bloss auf drei schweizerische Fallstudien, die wie Sittenbilder der schweizerischen Wirtschaft dastehen: Catrina, Werner: ABB. Die verratene Vision. Orell Füssli, Zürich 2003. Steiger, Erwin: Mit festem Schritt zum Abgrund. Buchvertrieb, Stansstaad 2004 (betrifft die Winterthur-Versicherung). Lüchinger, René: Der Fall Swissair. Bilanzverlag, Zürich 2001.

[4] Strehle, Res. Wie Cablecom zum Feindbild der Nation wurde. In: Das Magazin, Nr. 11/2007, Zürich, vom 17./23.3.2007; sowie Unterlagen Preisüberwachung und div. Quellen.

- **Grafik 10.1** – Topkader: Sonntags-Zeitung, 21. März 2010, S. 51. Medianlöhne – BFS: Lohnstrukturerhebung 2008. BFS Aktuell, November 2009, S. 13.
- **Grafik 10.2** – Arbeitnehmerentgelte Gesamtwirtschaft – BFS: Volkswirtschaftliche Gesamtrechnung. BIP nach Einkommensarten (Arbeitnehmerentgelte). Nach Statistischem Jahrbuch der Schweiz, diverse Jahrgänge, sowie: www.bfs.admin.ch/portal/de/themen, 4. Jahr 2007 provisorische Schätzung.
  Bardividenden börsenkotierter Gesellschaften – Vontobel Equity Research. Diverse Mitteilungen, sowie: Handelszeitung vom 2.1.2008, S. 31,und: Neue Zürcher Zeitung vom 22.2.2008, S. 31 (für 2007)
- **Grafik 10.4** – Weltweites Transaktionsvolumen – Neue Zürcher Zeitung vom 11. Dezember 2006, S. 22 (Quelle: Sal. Oppenheim). Schweiz: Handelszeitung Nr. 3 vom 16.–22.1.2008, Beilage Special Mergers, S. 61.
  Fusionserfolge – KPMG: Mergers and Acquisitions. Erfolg oder Misserfolg? Research Report, Zürich Dezember 2000, S. 8.
- **Grafik 10.5** – Deutsche Bank Research: Staatsfonds – Staatliche Auslandsinvestitionen im Aufwind. DB Aktuelle Themen Nr. 405, 18. Dezember 2007, S. 4.

Bild S. 235: ullstein bild

KAPITEL 11

Finanzmärkte, Finanzmarktrise und ihre wirtschaftspolitischen Folgen

Das Kapitel im Überblick

Der schweizerische Finanzplatz ist einer der stärksten und grössten Vermögensverwalter der Welt. Er ist allerdings sehr stark internationalisiert, insbesondere die Grossbanken haben einen grossen Teil ihrer Aktivitäten im Ausland, namentlich im angelsächsischen Bereich. Die Banken allein erbrachten vor der Krise, im Jahr 2007, rund 8 bis 9 Prozent der Wertschöpfung (Anteil am Bruttoinlandprodukt) in der schweizerischen Volkswirtschaft. Dies ist ein beträchtlicher Anteil, aber im Inland und international wird die Stärke der Banken trotzdem oft überschätzt. Oft werden neben den Banken auch die Versicherungen, Pensionskassen, Treuhandfirmen und die weiteren Dienstleistungen im Finanzbereich zum Finanzplatz gezählt.

Die starke Internationalisierung der beiden Schweizer Grossbanken brachte allerdings, wie die Finanzmarktkrise 2007 bis 2009 gezeigt hat, auch beträchtliche Risiken und Kosten für die schweizerische Volkswirtschaft. In diesem Kapitel wird die Finanzkrise nachgezeichnet, werden die strukturellen Faktoren und Mechanismen der globalen Finanzmärkte dargestellt und schliesslich werden auch die Folgen und wirtschaftspolitischen Konsequenzen aus der Krise entwickelt. Dabei wird nicht nur das Versagen der Grossbanken, sondern auch das der staatlichen Finanzmarktaufsicht beleuchtet.

Neben der Finanzmarktaufsicht ist als zunehmend bedeutender Akteur auch die Schweizerische Nationalbank in Erscheinung getreten. Im Zeichen der Globalisierung sind die Notenbanken aller Länder entscheidende Regulatoren, die auch globalisierte Spielregeln für alle internationalen Finanzplätze durchsetzen.

Banken bescheren hohe Löhne und Wohlstand, aber der Finanzplatz Schweiz und die internationalen Finanzmärkte bringen auch beträchtliche Risiken für die Volkswirtschaft. Die Finanzmarktkrise 2007 bis 2009 bringt enorme Folgelasten, die noch Jahre die Wirtschaft belasten. Die wirtschaftspolitischen Konsequenzen sind noch nicht gezogen worden.

Dimensionen und Funktionsweisen der Finanzmärkte

Der Bankenplatz Schweiz ist einer der grössten und attraktivsten der Welt. Die Schweizer Banken werden in aller Welt als Ursache für den Reichtum der Schweiz herausgestrichen – zusammen mit Schweizer Uhren, Käse und dem Matterhorn gehören sie gewissermassen zum Klischee, das die Völker über die Schweiz pflegen. Die Banken tun ihrerseits alles, ihre führende Rolle für den Wohlstand der Schweiz werbemässig hervorzustreichen. Es wird oft unterstellt, die Schweiz sei nur dank der Grossbanken reich.

Die Stärke des schweizerischen Finanzplatzes besteht vor allem in der Verwaltung von Privatvermögen. Bei den weltweit grenzüberschreitend verwalteten Privatvermögen nimmt der Finanzplatz Schweiz den ersten Rang ein. Bei den total verwalteten Vermögen, die auch Kapitalien von institutionellen Anlegern (Versicherungen, Pensionskassen, Firmen, Banken) beinhalten, ist die Schweiz in etwa im dritten Rang aller globalen Finanzplätze. → **Grafik 11.1**

Von den 330 Banken in der Schweiz sind allerdings nur etwa 30 bis 40 Institute aktiv an der Akquisition von ausländischen Privatvermögen namhaft beteiligt. Dies sind die beiden Schweizer Grossbanken (UBS und Credit Suisse), die 14 Privatbanken und weitere 10 bis 20 ausländische Banken mit ihren Filialen in der Schweiz. Der Grossteil der lokal tätigen Banken (Kantonalbanken, Regionalbanken, Raiffeisenbanken, Mi-

Wie gross ist der Wohlstandsbeitrag des Finanzplatzes?

Die Schweizer Banken hatten vor der Finanzmarktkrise insgesamt rund 8 Prozent Anteil an der volkswirtschaftlichen Wertschöpfung, die mit dem Bruttoinlandprodukt gemessen wird. Dieser Anteil ist 2008 und 2009 auf etwa 7 Prozent gesunken. Dies geht aus der volkwirtschaftlichen Gesamtrechnung hervor. Zusätzlich tragen die Versicherungen 3–4 Prozent zum Bruttoinlandprodukt bei, weitere Prozente stammen von Vermögensverwaltungen, Pensionskassen und Beratungstätigkeiten. Insgesamt kann man die Bedeutung des gesamten Finanzsektors auf etwa 12–14 Prozent, je nach Konjunkturlage, schätzen. Die Bedeutung des Finanzplatzes im Kleinstaat Luxemburg ist viel höher als in der Schweiz, in den USA etwa gleich hoch und in anderen Finanzplatz-Staaten Europas (Grossbritannien, Frankreich, Deutschland) ist er einige Prozente tiefer. → **Grafik 11.2 und 1.8**

gros-, Coop-Bank) sind nicht aktiv oder nur marginal an der Verwaltung ausländischer Privatvermögen beteiligt. Demzufolge hat das Bankgeheimnis auch nur bei etwa 30 bis 40 Banken eine wirklich grosse Bedeutung. → **Grafik 11.1**

Starke internationale Nationalisierung des schweizerischen Bankensektors

Im Verhältnis zur Landesgrösse ist der Bankensektor in der Schweiz von allen globalen Finanzplätzen am mächtigsten. Vor der Krise, im Jahr 2008, war die Bilanzsumme aller Schweizer Banken rund das Achtfache des schweizerischen Bruttoinlandprodukts. Die beiden Grossbanken UBS und Credit Suisse hatten zusammen im Vergleich zum BIP etwa eine sechsfache Bilanzsumme. Im Vergleich dazu umfassten alle britischen Banken zusammen etwa das Vierfache des Bruttoinlandprodukts. Der amerikanische Bankensektor erreichte insgesamt bilanzsummenmässig nicht einmal das riesige amerikanische Bruttoinlandprodukt. → **Grafik 11.3**

Die beiden Schweizer Grossbanken, UBS und Credit Suisse, haben ihre Hauptaktivität im Ausland. Obschon sie 73 Prozent der Aktiven aller Schweizer Banken betreuen, beträgt ihr Marktanteil bei Inlandkrediten (Inlandaktiven) bloss 34 Prozent.

Aufgrund dieser Dimensionen und der Erfahrungen mit der Finanzmarktkrise spricht man heute bei den Grossbanken von einer gefährlichen Überdimensionierung nach dem Motto «too big to fail» oder «too interconnected to fail» Dies bedeutet, dass die Grossbanken wirtschaftspolitisch zu bedeutend und international zu verflochten sind, als dass man sie noch fallen lassen könnte. Über die wirtschaftspolitischen Konsequenzen dieser Problematik sprechen wir später. → **Grafik 11.3**

Trotz einem starken Finanzplatz haben schweizerische Firmen im Inland oft einen schweren Zugang zu Bankkrediten und Risikokapital. Grosse Banken pflegen, selbst wenn sie international stark in Risikogeschäften engagiert sind, gegenüber Betrieben und vor allem Firmengründern eine recht grosse Risikoaversion im Inland. Unser Land liegt beim Zugang zu Bankkrediten («access to credit») für Unternehmer nach dem WEF-Ranking nur im 23. Rang, nach dem IMD-Ranking im 22. Rang aller Industriestaaten. → **Grafik 11.5**

Finanzmärkte sind viel stärker den konjunkturellen Schwankungen unterworfen als die Realwirtschaft. Doch diese Schwankungen wirken sich dann auf die Produktion und den Konsum aus. Der starke Finanzplatz Schweiz verursacht eben auch starke Schwankungen beim wirtschaftlichen Wachstum. Dieser Einfluss ist nicht nur die Folge der schwankenden Wertschöpfung bei den Banken, sondern wirkt auch indirekt über die Zinsen, die Wechselkurse und die Kredittätigkeit gegenüber der übrigen Wirtschaft.

Der Übertragungsmechanismus von Krisen vom Finanzsektor auf die Realwirtschaft (Produktion, Investitionen, Arbeitsplätze) wird später beschrieben. → **Grafik 11.5 und 11.6**

Internationale Kapitalverflechtung als Voraussetzung zur globalen Finanzkrise

Die globale Finanzwelt zeichnet sich durch enorme, im Vergleich mit der produzierenden Wirtschaft, geradezu astronomische Kapitalverflechtungen und Finanzströme aus. Ohne diese starke internationale Bankenverflechtung ist die Finanzmarktkrise, die zu einer Globalkrise ausartete, nicht erklärbar.

Vor der Krise, im Jahr 2007, umfassten die ausstehenden Kreditpositionen aller Banken gegenüber dem Ausland eine astronomische Dimension, die das Zweieinhalbfache des Bruttoinlandprodukts der USA, respektive dass Neunzigfache des schweizerischen BIP ausmachte. Diese grenzüberschreitenden Kreditpositionen der Banken hatten sich in den 15 Jahren zuvor in etwa vervierfacht. → **Grafik 11.7**

Solche gegenseitigen Kreditpositionen der international tätigen Banken bestehen aus verschiedensten Verpflichtungen: Es kann sich um ganz kurzfristige Geldmarktanlagen von 1 bis 3 Tagen, um gegenseitige Depositen oder Schuldverpflichtungen bis zu langfristigen Kapitalmarktpapieren handeln, die sich die Banken gegenseitig handeln und halten.

Ein im letzten Jahrzehnt massiv gewachsenes Segment der globalen Finanzmärkte sind die sogenannten Derivative, Optionen und Hedge-Fonds. Die von den Bankhäusern kreierten sogenannten Finanzmarkt-Instrumente haben eine Vielfalt erreicht, die nur noch von professionellen Anlegern überschaubar ist. Die verschiedenen Ausgestaltungen und Kombinationen werden an der Terminbörse als «strukturierte Produkte» bezeichnet. Deren Risiken und Gewinnpotenzial ist oft nicht mehr durchschaubar. → **Grafik 11.8**

Um der Leserin, dem Leser ein Grundverständnis von Termingeschäften (Hedging) zu vermitteln, versuche ich mit pädagogischer Absicht in → **Grafik 11.9** darzustellen, wie ein Derivatgeschäft mit einer einfachen Call-Option, dem einfachsten Finanzmarktinstrument, abläuft. Mit diesem vereinfachten Ablaufschema möchte ich den finanzpolitischen Laien das Grundkonzept eines Termingeschäfts mit Derivaten, also mit abgeleiteten Werten, aufzeigen. (Derivate kommt von lat. derivare = ableiten).

Tatsache ist, dass die astronomischen, spekulativen Finanztransaktionen mit Risikocharakter eine doppelte Auswirkung in der Weltwirtschaft zeigen: Erstens verstärken sie mit ihrer Hebelwirkung (Leverage-Wirkung) die sogenannte Volatilität, also die Schwankungsintensität der Finanz- und Rohstoffmärkte. Und zweitens verstecken sich darin auch sogenannte «systemische Risiken», die dadurch entstehen, dass sich alle oder viele Marktakteure gleichgerichtet verhalten und damit für das gesamte Finanzsystem systemische Verluste bringen können. Die Risiken des Finanzmarktes sind nicht einmal mehr von den Bankenaufsichts- und Währungsbehörden und auch nicht von den Professionellen der Finanzwelt einschätzbar, wie die Hypothekarkreditkrise 2007/2008 in den USA offenbarte. → **Grafik 11.9**

Die amerikanische Hypothekenkrise 2007/2008

Der Mechanismus der amerikanischen Subprime-Krise 2007/2008 förderte die gegenseitige Abhängigkeit und Systemrisiken der Finanzmärkte zu Tage. (Unter «Subprime» versteht man minderwertige oder drittklassige Hypotheken). ➔ **Grafik 11.10**

In der Zeit von 2002 bis 2007 wurden in den USA die Preise der Liegenschaften durch Spekulationen und tiefere Zinsen in die Höhe getrieben. Im Unterschied zur europäischen oder schweizerischen Praxis, welche die Hypothekardarlehen bei Hauskäufen limitiert, haben amerikanische Hypothekarinstitute die teuren Liegenschaftskäufe bis zu 100 Prozent des Marktwerts der Häuser mit Krediten zu tiefen Zinsen abgedeckt. Sogar abbezahlte Einfamilienhäuser konnten wieder mit Krediten belehnt werden, was den Hausbesitzern einen vorübergehenden Zusatzkonsum ermöglichte. Die Makler der Institute erhielten dafür saftige Boni und Provisionen. Wer zum Beispiel eine Liegenschaft von dreihunderttausend Dollar besass, bekam rund dreihunderttausend Dollar Hypothekardarlehen. Wenn sich die Liegenschaft auf vierhunderttausend Dollar verteuerte, erhielt der Besitzer nochmals hunderttausend Dollar an Kredit, und zwar praktisch durch Vermittlung an der Haustür. Diesen Zusatzkredit konnte er dann konsumtiv, etwa für den Erwerb eines Autos, einer Jacht oder zur Studiumsfinanzierung, verwenden.

Die Hypothekarinstitute ihrerseits refinanzierten ihre Darlehen an die Hausbesitzer durch die Ausgabe einer neuen Art von Wertpapieren, den sogenannten «Mortgage Backed Securities» (MBS). Diese Finanzmarktpapiere verkauften sie an Banken und Finanzhäuser. Diese wiederum schufen zur Finanzierung ein neues Papier, dass sie als «innovatives Finanzmarktinstrument» mit dem Namen «Collateralized Debt Obligations» (CDO) bezeichneten. (CDO heisst «Verbundschuld-Obligation», was eine Risikostreuung und höhere Sicherheit vortäuscht.) ➔ **Grafik 11.10**

In einem Pool wurden Hypothekarkredite verschiedener Herkunft vermischt und daraus wurde ein neues Wertpapier, eben die CDO kreiert. Diese wiederum wurde nach verschiedenen Bonitäten (Sicherheiten) tranchiert und die als am sichersten deklarierte Tranche wurde dann als gutes Wertpapier an Anleger veräussert. Mit den restlichen CDOs wurde in einem neuen Pool eine neue Vermischung und Tranchierung vorgenommen. Bis 6-mal wurden solche Tranchiervorgänge hintereinander geschaltet, immer mit dem Ziel, die Herkunft und Risiken der Wertpapiere und Ursprungsschuldner zu verschleiern. ➔ **Grafik 11.11**

Mithilfe von Ratingagenturen (wie Standard&Poors, Moody's, Fitch), die ihrerseits von den Wertpapier-Emittenten dafür bezahlt wurden, wurden solche Wertpapiere mit bestimmten Ratingnoten bewertet. Die besten wurden zu exorbitanten Zinssätzen von 9 bis 11 Prozent Jahreszins an ausländische Banken vermittelt.

Wenn man die ganze Wirkungskette der Kreditgewährung in den Jahren 2004–2007 nachzeichnet, zeigt sich, dass am Anfang (bei den amerikanischen Hypothekenschuldnern) ein Zins von etwa 4 bis 5 Prozent verrechnet worden ist, und am

Schluss derselben Schuldenkette (nämlich bei den europäischen Käufern der neu zusammengesetzten Wertpapiere wie CDOs) ein Zins von 9 bis 11 Prozent bezahlt wurde. Durch ein mit mathematischen Formeln und Ratings getarntes Täuschungssystem wurde ein Kreditkartenhaus aufgebaut, das irgendwann zusammenbrechen musste. → **Grafik 11.12**

Boni als falsches Anreizsystem

Die Bankleute des Investment Banking, welche in den Jahren 2004–2007 solche traumhaften Renditen ihrer Anlagen und Finanzmarktvehikel auswiesen, wurden von den Banken mit enormen Boni in Milliardenhöhe entschädigt. Niemand in diesem Gewinntaumel hatte ein Interesse, die Risiken korrekt einzuschätzen und Alarm zu schlagen. Die Boni wurden kurzfristig, meist Ende Jahr schon ausbezahlt, während die aufgebauten Risiken eher mehrjähriger Natur waren. Diese zeitliche Inkongruenz zwischen sofortiger Bonizahlung und langfristigen Risiken war ein falsches Anreizsystem, in dem immer grössere Risiken der Bank respektive dem Finanzsystem überbürdet wurde. Kritiker dieses falschen Anreizsystems traf sehr bald der Vorwurf, in «Neidökonomie» zu verfallen.

Trendumkehr als Auslöser

Die Stunde der Wahrheit kam Mitte 2007 mit der Trendwende der Liegenschaftenpreise in den USA: Fallende Preise einzelner Liegenschaften deckten eine Überschuldung mit Hypotheken auf. Dadurch wurden Anleger verwirrt, Häuserpreise sanken. Ende 2007 war nach einem Preissturz der Immobilien der Schuldenberg höher als der korrigierte Wert der finanzierten Liegenschaften. In der Folge wurden Millionen von Hausbesitzern mit einem Schlag überschuldet, sie wurden zahlungsunfähig, ihre Liegenschaften wurden zwangsversteigert. Hypothekarinstitute mussten schliessen oder wurden zahlungsunfähig. Damit brach das Vertrauen schlagartig zusammen, nach drei Monaten traute keine Bank mehr der anderen. Nur Dank dutzender Milliarden von Dollars, welche die Notenbanken in aller Welt den grossen Geschäftsbanken vorübergehend als Liquiditätshilfe zur Verfügung stellten, wurde eine sofortige Illiquidität des Bankensystems verhindert. In England und Deutschland wurden nicht nur Überbrückungshilfen, sondern staatliche Zuschüsse gewährt, um Banken vor dem Konkurs zu retten. Ein sichtbares Symptom für den Vertrauensschwund unter den Banken waren die plötzlich angestiegenen Kosten für Anleihen durch die als gefährdet betrachteten Banken. Die Zinsüberhöhung von Bankanleihen (Spread) gegenüber Staatsanleihen werden als Zeichen des Vertrauensschwunds beurteilt. Im Falle der gefährdeten Banken, in der Schweiz der UBS und der Credit Suisse, stieg im Verlauf des Jahres 2008 die

Zinsüberhöhung (Spread) um 3 bis 4 Prozent, was diesen Banken die Refinanzierung mit neuen Krediten verteuerte und die Liquidität schmälerte. → **Grafik 11.13**

Am 15. September 2008 geschah etwas, dessen Folgen für die globalen Finanzmärkte von kaum jemand abgeschätzt werden konnten: Der Zusammenbruch einer grösseren Investmentbank, der Lehman Brothers in den USA, führte schlagartig zu einem Stillstand des gesamten globalen Interbankgeschäfts. Die Banken trauten einander nicht mehr, liehen sich keinen Kredit und keine Geldanlagen mehr aus und verstrickten sich dadurch in Liquiditätsengpässe. Vier Wochen später mussten alle Regierungen mit namhaften Finanzplätzen und sogenannt risisystemrelevanten, grossen Banken mit Kreditzusagen das Finanzsystem vor einem Kollaps retten. Diese koordinierte Aktion unter den Notenbanken der starken Finanzmarktländer hat einen pandemischen Flächenbrand von weiteren Bankzusammenbrüchen verhindert. In der Schweiz mussten in einer Nacht- und Nebel-Aktion Mitte Oktober zweierlei Kredite an die UBS zur Verfügung gestellt werden: Einerseits erklärte die Schweizerische Nationalbank, bis zu 62 Milliarden Franken einzusetzen, um der UBS die notleidenden Papiere («Ramschpapiere» oder «vergiftete Papiere») abzukaufen. Zusätzlich erklärte sich der Bund bereit, aus Steuergeldern 6 Milliarden Franken direkt in die UBS zu pumpen, damit diese mit einer sogenannten «Wandelanleihe» wieder mehr Eigenkapital zur Verfügung hatte. Diese Wandelanleihe war auf die Dauer von maximal 30 Monaten angelegt und musste mit 12 Prozent verzinst werden. Sie wurde etwa ein Jahr später vom Bund abgelöst, in dem er die aus der Wandlung hervorgegangenen Aktien auf dem Markt verkaufen konnte, mit einem gewissen Gewinn dank der Aktienkurserhöhung. Die von der Nationalbank übernommenen Ramschpapiere (CDOs, MBS) beliefen sich schlussendlich wertmässig nach dem Kauf auf rund 24 Milliarden Franken. Durch wertmässige Erholung dieser Wertpapierpreise wurde dass Engagement der Nationalbank schlussendlich auf unter 30 Milliarden vermindert. Diese Wertpapiere sind immer noch im Besitz der Schweizerischen Nationalbank (Stand 2010). Sie wird sie früher oder später wohl auf den Markt bringen und veräussern.

Internationale Koordination rettet vor Zusammenbruch

Europäische Geschäftsbanken in England, Deutschland, der Schweiz und asiatische Banken verloren mit der Subprime-Krise in den USA mehrere hundert Milliarden Dollars, die durch öffentliche Gelder von Regierungen und Notenbanken refinanziert wurden. In einigen Ländern (namentlich in England, teilweise auch in Deutschland und den USA) wurden Banken, die sonst konkurs gegangen wären (vorübergehend) vom Staat übernommen. Alle Industrieländer schnürten riesige Finanzpakete aus öffentlichen Mitteln, die zunächst zur Rettung der Banken und Finanzinstitute, später auch für die Konjunkturankurbelung eingesetzt worden sind. Die Industriestaaten der G-20 (Gruppe der 20) steigerten in diesen 3 Jahren die öffentliche Gesamtschuld von

78 auf 107 Prozent ihres gesamten Bruttoinlandprodukts. Es wird Jahre bis Jahrzehnte dauern, bis diese Staatsschulden abgetragen sein werden. → **Grafik 11.20**

Entscheidende Grösse: Eigenkapital der Banken

Bei Krisen und Verlusten stellt das Eigenkapital der Banken quasi den wichtigsten Stossdämpfer dar. Eigenmittel bestehen aus Aktienkapital und weiteren Reserven. Die UBS hatte vor der Finanzmarktkrise im Jahr 2008 eine Eigenmittel-Decke von nur 1,6 Prozent der Bilanzsumme. Mit anderen Worten: Mit Fr. 1.60 an eigenen Mitteln wälzten sie Fr. 98.40 an Krediten um. Man spricht von einer Hebelwirkung, wenn die Eigenmittel in Relation zum umgewälzten Kreditvolumen gesetzt werden. Die UBS hatte eine Hebelwirkung von 1 zu 62, dass heisst: Mit einem Franken generierte sie 62 Franken an Krediten. Die Zahl von 1,6 Prozent wird etwa auch als «Leverage Ratio» bezeichnet. → **Grafik 11.14**

Die Credit Suisse hatte vor der Krise 2,9 Prozent Eigenmittel in Prozent der Bilanzsumme, also eine Hebelwirkung von 1 zu 34. Demgegenüber hatten die Kantonal-, Raiffeisen- und Regionalbanken meist 7 bis 9 Prozent an Eigenmitteln, immer gemessen an den Bilanzsummen. Sie waren also sicher und solide und wurden im Gefolge der Finanzmarktkrise mit massiven Kapitalzuflüssen belohnt, welche verunsicherte Anleger und Firmen von den Grossbanken abgezogen hatten. → **Grafik 11.14**

Weshalb haben die Grossbanken im Vergleich zu den Inlandbanken derart tiefe Eigenmittelbestände, obschon gerade sie mit dem Investment-Banking in Risikofeldern engagiert waren? Der Hauptgrund für diese Eigenkapitalschwäche lag und liegt in der Grundformel des «Shareholder Value», die die Eigenkapitalrendite oder «Return on Equity» (ROE) ausdrückt. Die Eigenkapitalrendite ist definiert aus Gewinn in Prozent des Eigenkapitals (Aktienkapital plus Reserven). Wenn nun mit diesem Quotienten das Eigenkapital reduziert wird, kann dass Gesamtresultat der Eigenkapitalrendite rein rechnerisch erhöht werden. Für Banken wurden in der Hochphase der Spekulation Eigenkapitalrenditen von 20 bis 30 Prozent anvisiert. Durch Eigenmittelsenkung konnte also der Quotient rechnerisch erhöht werden. Tieferes Eigenkapital heisst aber nicht nur höhere Eigenkapitalrendite, sondern aufsteigender Aktienkurs und höhere Boni für Topmanager. Allerdings musste die Eigenkapitalrendite erkauft werden durch tiefere Sicherheiten und kleinere Puffer im Falle von Krisen. Aber bis Mitte 2007 dachte niemand in der Finanzwelt an diesen Zusammenhang.[1] → **Grafik 11.15**

Versagen der Finanzmarktaufsicht

Die eidgenössische Bankenkommission EBK (heute Finanzmarktaufsicht Finma) hat im Jahr 2004 das Risiko-Modell der UBS abgesegnet. Der damalige UBS-Präsident, Marcel Ospel, berief sich nach kritischen Rückfragen über die tiefe Eigenkapital-Ausstattung der Bank auf den Segen der Finanzmarktaufsicht: «Wir bekämen doch nicht von den Regulatoren bzw.den Rating-Agenturen dieses Rating, wenn das eine risikobelastete Bilanz wäre. Die schauen ja das immer im Detail an». (Auskunft 07.07.2005)[2]

Das eigentliche Täuschungsmanöver in Bezug auf die Eigenkapitalausstattung hatte seinen Ursprung in den Vorschriften des «Basler-Ausschusses», der im Rahmen der Bank für Internationalen Zahlungsausgleich BIZ (Basel) eine Koordination der Banken-Aufsichtsbehörden bewerkstelligt. Diese Empfehlungen des «Basler-Ausschusses» figurierten unter dem Kürzel «Basel II». Die Eigenmittelquote nach «Basel II» wurde definiert aus dem Eigenkapital in Prozent der risikogewichteten Aktiven. Nun war die Risikogewichtung eine Ermessensfrage, weil die Ausfallrisiken und die Eintrittswahrscheinlichkeit eines Verlusts natürlich nur grob geschätzt werden können. Die guten Aktiven in der Bankbilanz, zum Beispiel Staatsobligationen, wurden mit 0 Prozent Risiko eingesetzt, selbst Aktiven in Form von Ausleihungen an andere Banken wurden stark herabgesetzt. Durch Herabsetzung des Nenners in diesem Quotienten wurden die Eigenmittelquoten nach «Basel II» nach oben gedrückt und der Quotient «Tiers-1-Ratio» erhöht.

Eine weniger manipulierbare Eigenmittelquote ist die «Leverage Ratio», die das Eigenkapital in Prozent der Bilanzsumme misst. Die Bilanzsumme ist weniger gut manipulierbar, weist allerdings je nach Rechnungslegungsstandard auch unterschiedliche Werte auf.

Wenn man die beiden Eigenmittelangaben vergleicht, zeigt sich folgendes Bild: 1995 bis 2008 ist die Eigenmittelquote der Grossbanken UBS und Credit Suisse nach «Basel II» von 9,5 auf 12,5 Prozent angehoben worden. Dieser Wert wurde auch stets publiziert und als Garant für die Bankensicherheit dargestellt. Gleichzeitig ist aber in diesem Zeitraum die «Leverage Ratio» der UBS und Credit Suisse von 7 Prozent auf unter 3 Prozent gesenkt worden. Mit anderen Worten: Anhebung der Eigenmittel nach «Basel II» und gleichzeitig grössere Unsicherheit, gemessen mit der «Leverage Ratio».

Mit diesem Täuschungsmanöver konnte die Finanzwelt die Risiken verschleiern. Die Finanzmarktaufsicht täuschte nicht nur die andern, sonderen auch sich selbst. In ihrem nachträglichen Bericht über die Krise und ihre Bewältigung hat die Finma kaum zu einer kritischen Eigenbeurteilung gefunden. → **Grafik 11.16**

Im Rückblick hat allerdings die Schweizerische Nationalbank festgestellt, dass die beiden Schweizer Grossbanken im internationalen Vergleich praktisch die tiefsten Eigenmittel in Prozent der Bilanzsumme («Leverage Ratio») aufgewiesen haben, obschon sie optisch und publizistisch die Eigenmittel nach «Basel II» sehr hoch auswiesen. → **Grafik 11.17**

Grössere Verluste in der Schweiz

Von allen internationalen Banken hatte die UBS in der Krise 2007/2008 die grössten krisenbedingten Abschreibungen zu bewerkstelligen, nämlich 139 Prozent der Eigenmittel. Durch die sehr geringe Haltung von Eigenmitteln überstieg der Abschreibungsbedarf deren Gesamtsumme um 39 Prozent. Die Credit Suisse jedoch konnte dank etwas höheren Eigenmitteln und tieferem Abschreibungsbedarf die Verluste auf 40 Prozent der Eigenmittel begrenzen. → **Grafik 11.18**

Weil die Schweizer Banken und der Versicherungssektor in Relation zum schweizerischen Inlandprodukt viel grösser sind als in andern Staaten, erwies sich der Abschreibungsbedarf aus der Finanzkrise grösser als in anderen Ländern, wenn man diesen an der Wirtschaftskraft misst. So umfasste der Abschreibungsbedarf der Banken und Versicherungen in der Schweiz im Jahr 2007 rund 18 Prozent des Bruttoinlandsprodukts, demgegenüber war er in den USA 5,4 oder in Grossbritannien 3 Prozent. Einzig der Offshore-Finanzplatz Bermudas überstieg die Schweiz um ein Vielfaches beim Abschreibungsbedarf. → **Grafik 11.19**

Die Welt finanzierte die USA

Europäische Geschäftsbanken und asiatische Banken verloren mit der Suprime-Krise in den USA Milliarden von Dollar. Diese Art von Verlustmechanismus ist nichta anderes als eine versteckte Form, wie die Europäerinnen und Europäer die amerikanische Wirtschaft subventionieren. Jahrelang lebte die amerikanische Wirtschaft und Konsumentenschaft auf Pump nach dem Motto «Kaufe heute, zahle später». Dieser «Pump-Kapitalismus» (Ralf Dahrendorf) erlaubte jahrelang höhere Wachstumsraten, die durchs Ausland finanziert wurden und deren Kredite sich schlussendlich ins Nichts auflösten.

Das internationale Finanzsystem begünstigt nicht alle Länder gleich und gerecht. Länder wie die USA, die die Spielregeln bestimmen und sich in eigener Währung verschulden können, sind in der Lage, höhere Risiken einzugehen. Sie lassen sich ihre Defizite durch andere Länder bezahlen.

Der grösste, aber nicht einzige Mechanismus der globalen Vermögensumverteilung über die Finanzmärkte läuft seit Jahren bis heute über die Abwertung des amerikanischen Dollars. 1970 hatte die amerikanische Währung einen Wert von 4,33 Franken pro Dollar. Ende 2009 war der Gegenwert noch rund 1 Franken pro Dollar. In Raten und verbunden mit Schwankungen und technischen Erholungen wurde die internationale Anlagewährung «Dollar» seit 1970 immer wieder abgewertet – und von den anderen Ländern finanziert.

Wer 1970 in den USA eine Million Dollar anlegte, zum Beispiel in Form von Schatzscheinen (Staatsobligationen), wofür er 4,33 Millionen Schweizer Franken zahlen

Rückblick in die jüngste Wirtschaftgeschichte

Die Schweiz hat Konjunkturzyklen, die von den Finanzmärkten ausgingen, mehrmals durchgemacht. Hier ein kurzer Abriss der Konjunkturwirkungen, die allesamt mit Turbulenzen auf den Finanzmärkten respektive Fehlleistungen der Nationalbank zusammenhingen: ➔ **siehe Grafik 11.23**

- 1978 gibt es Turbulenzen auf den internationalen Finanzmärkten mit einer Spekulation gegen den Schweizer Franken, mit anschliessender Frankenaufwertung und folgender Geldmengenexpansion, danach eine Bremsung durch die Nationalbank. Gleichzeitig offenbart sich eine Verschuldungskrise in Lateinamerika mit negativer Wirkung auf die Exporte. Die Folge davon ist die Rezession 1982.
- 1987 erfolgt nach einer Spekulationsphase ein Börsencrash. Die Nationalbanken erweitern zum Auffangen die Geldmenge. Dies verstärkt die Bauland- und Liegenschaftsspekulation bis 1991. Darauf reagiert die Nationalbank mit extremer Hochzinspolitik. Wendepunkt der Konjunktur 1991. Die Folge ist eine Frankenaufwertung und eine extreme Verteuerung der Bauten und der Investitionen. Daraus folgt eine lange Rezession 1991–1996, mit siebenjährigem Fast-Nullwachstum. Erst 1996 erfolgt eine Korrektur und 1998 eine formelle Abkehr vom monetaristischen Dogma durch eine neue Nationalbankleitung.
- Die langsame Erholung der schweizerischen Wirtschaft wird vorübergehend unterbrochen durch Exportrückgänge nach der Schuldenkrise in Mexiko 1994 und Asien 1997.
- 1997 bis 2001 entwickelt sich erneut eine Börsenspekulation und eine Finanzblase vor allem im Internetbereich (Dot-com-Blase); der Wendepunkt beginnt in den USA durch Platzen der Finanzblase 2001/02, danach eine Rezession 2003 bis in die Schweiz. Diesmal reagiert die Nationalbank pragmatisch und hilft der Wirtschaft mit tiefen Zinsen. Dank tiefen Zinsen und tieferem Frankenkurs entsteht ein Exportboom in den Jahren nach 2005.
- 2007 beginnt in den USA die Subprime-Hypothekenkrise mit grossen Folgeverlusten für die europäischen Banken. Die Nationalbank und Währungsbehörden anderer Länder stützen die Banken mit Liquiditätshilfen und verhindern einen Bankencrash.
- Im Herbst 2008 beginnt, ausgelöst durch den Vollkonkurs der US-Bank Lehman Brothers, die heisseste Phase der Bankenkrise. Innert weniger Tage müssen im Oktober alle Staaten und Notenbanken, die Finanzplätze beherbergen, mit astronomischen Summen eingreifen und die Banken retten, teils durch Verstaatlichung und teils durch Übernahme von Ramschpapieren (wertlosen, unverkäuflichen Werttiteln) oder durch Kapitaleinschüsse aus den Staatskassen.
- Im Gefolge dieses Ereignisses gerät die Weltwirtschaft in eine Rezessionsphase mit negativen Wachstumsraten im Jahr 2009. Dieser Konjunktureinbruch wird in Europa und Nordamerika mit massiven Staatsgeldern und Stützungsaktionen teils abgefedert, zum Beispiel durch Investitionen in die Infrastruktur, durch die Rettung von Firmen und durch Verschrottungsprämien von Altautos. Die alte, keynesianische Konjunkturpolitik erfährt auf einen Schlag eine Wiederbelebung.

Dieser kurze Abriss basiert auf einer historischen Betrachtung der Konjunkturpolitik der Eidgenössischen Kommission für Konjunkturfragen KfK und einer Konjunkturrückschau des Bundesamts für Statistik. ➔ **Quellen zu Grafik 11.23**

musste, erhielt 1980 bei der Rückzahlung für diese Dollar-Million nur noch einen Gegenwert von 1,67 Millionen Schweizer Franken – Verlust: 61 Prozent.

Oder, wenn eine schweizerische Pensionskasse im Jahr 2000 eine Million Dollar (= 1,69 Millionen Franken) in amerikanischer Währung anlegte, erhielt sie Ende 2009 den Gegenwert von 1,00 Millionen Franken zurück – Verlust: 690 000 Franken oder 41 Prozent. → **Grafik 11.21**

Diese historischen Mechanismen der schleichenden Dollar-Abwertungen seit 1971, aber auch jene der Hypothekenkrise 2007/2008 zeigen: Die USA liessen und lassen sich ihren Konsum, ihre Rüstungsaufwendungen, ihr Wirtschaftswachstum auch durch das Ausland mitfinanzieren, und dies seit Jahrzehnten. Modellrechnungen, die in Frankreich gemacht wurden, zeigen folgenden Umverteilungsmechanismus: Wenn der Dollar gegenüber den wichtigsten anderen Währungen um 10 Prozent sinkt, bringt dies einen realen Nettovermögenstransfer von 700 Milliarden Dollar vom Ausland in die USA.[3]

Die europäischen und schweizerischen Anleger und Pensionskassen, neu auch asiatische Fonds, tragen also unbemerkt und systeminhärent ständig zur Finanzierung des amerikanischen Wirtschaftswachstums bei. Deswegen ist der Ruf berechtigt, man solle den schweizerischen Pensionskassen, welche zwangsersparte Gelder der Arbeitnehmer und -geber verwalten, die Anlagen in Dollar untersagen, weil die Versicherten in der langfristigen Betrachtung stets auch Verluste tragen müssen.

Konjunkturübertrag vom Finanzmarkt zur Realwirtschaft

Diese exemplarisch beschriebenen Mechanismen der Finanzmärkte zeigen die globale Dimension und die systemischen Risiken der Finanzmärkte. Das grösste Risiko bei Finanzmarkt-Schocks ist jedoch die Übertragung auf die Realwirtschaft. Keine der grösseren Finanzmarktkrisen blieb ohne Wirkung auf die reale Wirtschaft, also die Produktion, Exporte und Arbeitsplätze der Industrieunternehmen und der produzierenden Dienstleistungsanbieter wie Gastgewerbe, Tourismus und Verkehr.

Der Übertragungsmechanismus läuft typischerweise etwa wie folgt ab. → **Grafik 11.22** Die Finanzkrisen nehmen ihren Anfang stets mit Spekulationsphasen. In den letzten Jahrzehnten gab es nacheinander spekulative Entwicklungen von Vermögenswerten bei Aktien, bei Bauland und Liegenschaften und später mit Finanzmarktinstrumenten (sogenannte «Asset Price Inflation»). Getrieben durch Gier und falsche Anreize mit dem Bonussystem der Banken, werden Käufe auf Pump getätigt und Preise von Anlageobjekten (Bauland, Liegenschaften, Aktien) bis zum Wendepunkt auf die Spitze getrieben. Mit dem Preiszusammenbruch entstehen den Anlegern oder Banken Verluste, daraus folgen Liquiditätsprobleme im Finanzsektor mit anschliessender Kreditverknappungfür alle.

Aus der Kreditverknappung der Banken folgen Zinserhöhungen und eine grössere Risikoaversion der Banken. Damit überträgt sich die Krise auf die Realwirtschaft und die Beschäftigung: Kredite für Investitionen und Bauten werden teurer, die Investitionstätigkeit und mithin die Beschäftigung gehen zurück. Mit dem Arbeitsplatzabbau – und oft von pessimistischem Krisengerede verstärkt – sinkt die Konsumentenstimmung, sinken die Verkäufe und sinkt das Wachstum des Bruttoinlandprodukts bis hin zur Rezession. Aus der ungesteuerten Finanzmarktszene mit legalen, aber falschen Anreizen für bestimmte Bankiers (Boni, Provisionen, Kickbacks) und verbunden mit spekulativem Gewinnstreben entsteht schlussendlich ein Schaden für die gesamte Volkswirtschaft. → **Grafik 11.22** Wir haben bereits in → **Grafik 11.6** die Wechselwirkungen von Bankenkonjunktur und Gesamtkonjunktur aufgrund der Ergebnisse der OECD aufgezeigt.

Die Schweizerische Nationalbank hat eine entscheidende Steuerungsfunktion gegen die Übertragung von Finanzmarktkrisen auf die Realwirtschaft und mithin auf die Beschäftigungslage. Sie ist heute quasi die einzige Steuerungsinstanz bei konjunkturellen Schwankungen und Krisen, nachdem der Staat mit fiskalischen Steuerungsinstrumenten immer stärker zurückgebunden worden ist. Wir werden diesen Mechanismus im letzten Kapitel über die Wachstumspolitik betrachten. → **Grafik 12.14** Die historische Betrachtung lässt folgenden Schluss zu: Die internationalen Finanzmärkte und mithin auch das Geschehen auf dem Finanzplatz Schweiz stellen das grösste Risiko für die Konjunktur und damit für die Wohlstandsentwicklung in der Schweiz dar. Das Verhalten der Nationalbankleitung ist der entscheidenste, aber auch risikobehafteste Faktor in der Wirtschaftspolitik, um die Krisen dieser Art zu steuern.

11.1 Der Finanzplatz Schweiz gehört zur Spitzengruppe der globalen Vermögensverwalter

Verteilung von verwalteten Vermögen weltweit nach Finanzplätzen, vor der Krise 2005

Verwaltete Privatvermögen

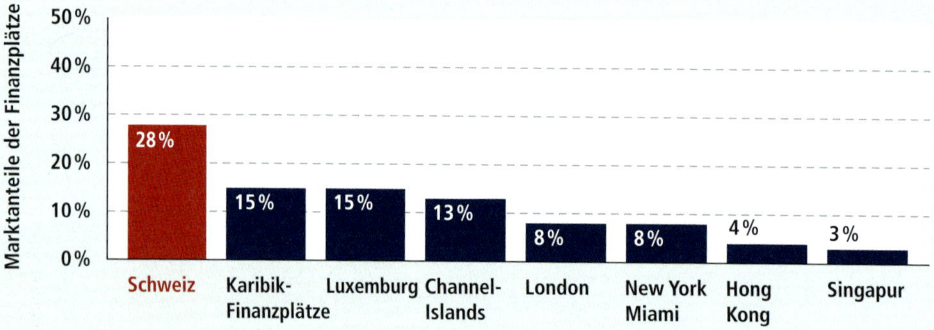

Total verwaltete Vermögen (von Privaten, Firmen, Institutionen)

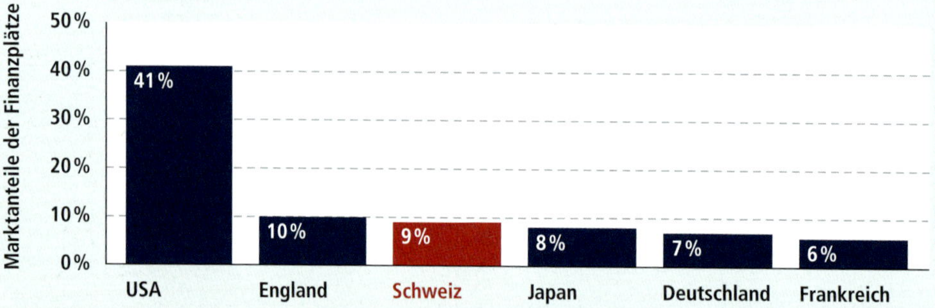

Quelle: Schweizerische Bankiervereinigung © Strahm / hep verlag

Der Finanzplatz Schweiz ist mit rund 5000 Milliarden Franken Vermögen (2006) – mehr als zehnmal dem Bruttoinlandprodukt der Schweiz entsprechend – weltweit in der Spitzengruppe. Von allen verwalteten Privatvermögen liegt er mit einem Marktanteil von 28 % weltweit auf dem 1. Platz. Bei der Verwaltung aller bankenmässig verwalteten Vermögen (private, institutionelle und Geschäftsvermögen) liegt er auf Platz 3. Nach der Finanzkrise ist das Gesamtvolumen der Vermögensverwaltung gesunken. Die Schweiz nimmt aber immer noch einen Spitzenplatz ein.

11.2 Der Finanzsektor ist bedeutend – und wird oft überschätzt

Bedeutung des Finanzsektors in ausgewählten Ländern, Anteil der Wertschöpfung am Bruttoinlandprodukt, 2007

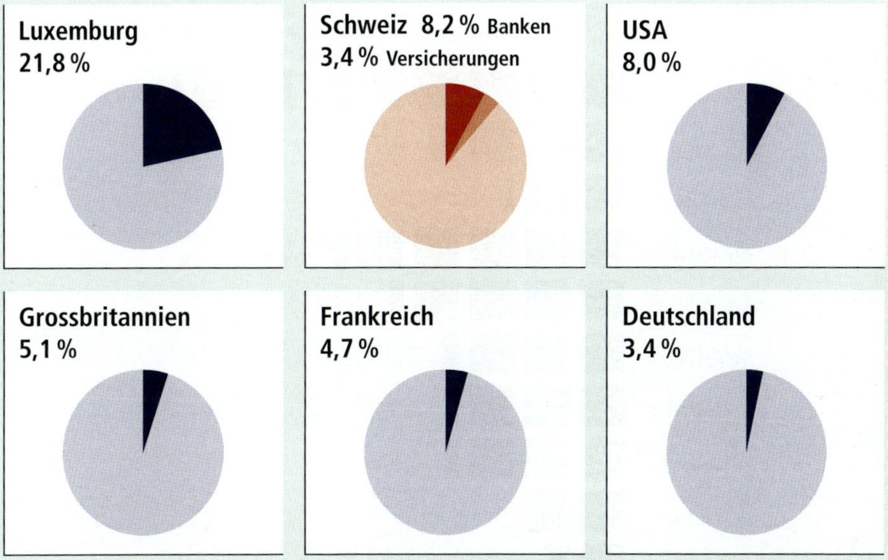

Quelle: seco / Die Volkswirtschaft © Strahm / hep verlag

Der Anteil des Finanzsektors am Reichtum (an der Wertschöpfung resp. am Bruttoinlandprodukt) ist bedeutend. Aber er wird gleichzeitig auch überschätzt, weil die Meinung vorherrscht, die Schweiz sei nur wegen der Banken reich. Der Wertschöpfungsanteil der Banken (Kreditinstitute) ist in der Schweiz grösser als in den Nachbarstaaten, aber bedeutend kleiner als im Kleinstaat und Finanzplatz Luxemburg. Vor der Finanzkrise 2007 betrug der Anteil der Banken allein am Bruttoinlandprodukt nach Seco noch 8,2 % und jener der Versicherungen 3,4 %. Der Wertschöpfungsanteil der Banken fiel infolge der Finanzkrise 2007 – 2009 markant auf schätzungsweise 7 %. Von Finanzkreisen wird oft auch die ganze Versicherungswirtschaft samt Vermögensverwaltungen und Treuhandgewerbe zum Finanzplatz hinzugezählt.

→ Grafik 1.8 (Seco und BFS präsentieren leicht unterschiedliche Zahlen)

11.3 Der Bankensektor ist in der Schweiz im Verhältnis zur Landesgrösse am mächtigsten

Stärke des Bankensektors (Summe aller Aktien) im Verhältnis zum Bruttoinlandprodukt des betreffenden Landes, 2008

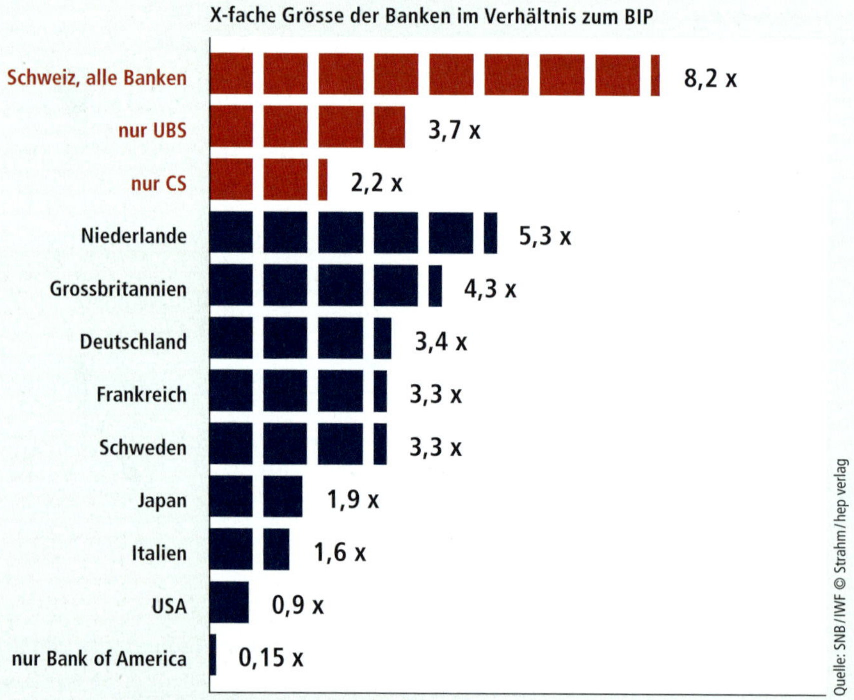

In keinem Industrieland nimmt der Bankensektor einen so grossen Anteil am Bruttoinlandprodukt (BIP) ein wie in der Schweiz. Mit der Folge übergrosser Risiken für die Volkswirtschaft. Alle Banken in der Schweiz hatten zusammen 2008 eine Bilanzsumme, die 8,2-mal dem schweizerischen BIP entspricht. Die UBS umfasste Ende 2008 das 3,7-fache, die Credit Suisse das 2,2-fache des schweizerischen BIP. Im Vergleich dazu umfasst in den USA der ganze Bankensektor 0,9-mal des amerikanischen BIP. Und die grösste US-Bank, die Bank of America, hat eine Bilanzsumme, die nur einem Sechstel des BIP entspricht.

11.4 Die zwei Schweizer Grossbanken sind dominierend im Auslandgeschäft aber schwächer bei Inlandkrediten

Anteile der zwei Grossbanken UBS und Credit Suisse, 2008

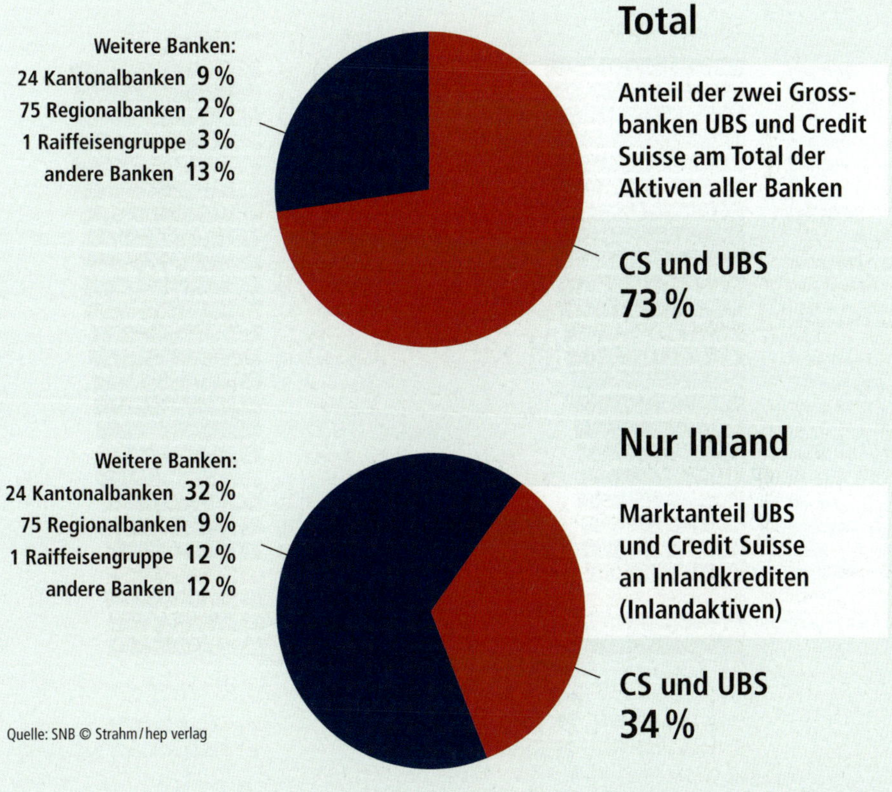

Die UBS und Credit Suisse beherrschen 73 % des Totals aller Ausleihungen (Aktiven) aller Schweizer Banken. Hingegen haben die zwei Grossbanken nur 34 % Marktanteil an der Kreditversorgung im Inland. Die 24 Kantonalbanken gewähren zusammen 32 % der Kredite im Inland, die Raiffeisengruppe 12 %, die 75 Regionalbanken 9 % Kreditanteil. Die grosse Streuung der Kreditgeber in der Schweiz stabilisiert die Kreditversorgung im Inland.

11.5 Trotz starkem Finanzplatz haben Schweizer Firmen im Ländervergleich schweren Zugang zu Bankkrediten und Risikokapital

Zugang der Unternehmen zu Bankkrediten, 2007

Schweiz nach WEF: 23. Rang
Schweiz nach IMD: 25. Rang

Zugang der Firmengründer zu Risikokapital, 2007

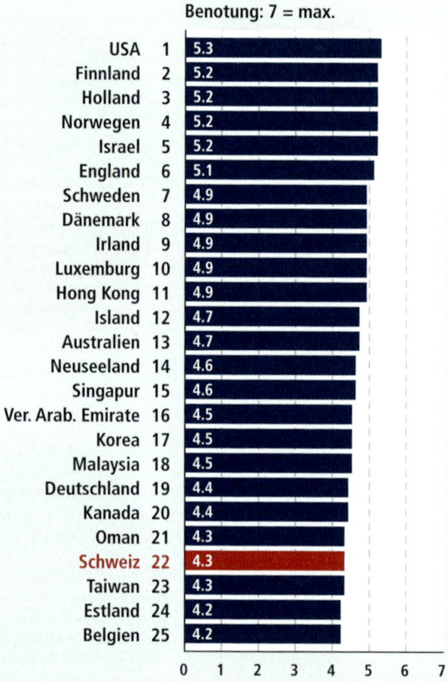

Schweiz nach WEF: 22. Rang
Schweiz nach IMD: 29. Rang

Quelle: WEF Global Competitiveness Report © Strahm/hep verlag

Die Schweizer Banken verhalten sich im internationalen Vergleich knausrig und risikoscheu gegenüber Unternehmen und Firmengründern im Inland. Nach dem Ranking des World Economic Forum WEF liegt die Schweiz mit dem Zugang zu Betriebskrediten («Access to loans») weit hinten auf dem 23. Rang, mit der Verfügbarkeit von Risikokapital («Venture capital availability») auf dem 22. Rang. (Nach dem IMD-Rating ist sie sogar im 25. respektive 29. Rang.) Die Banken sind im Inland viel risikoscheuer als im Ausland.

11.6 Der starke Finanzplatz verursacht Schwankungen im wirtschaftlichen Wachstum

Fluktuation bei der Wertschöpfung der Finanzintermediäre (Banken) und beim Bruttoinlandprodukt BIP, 1991–2009

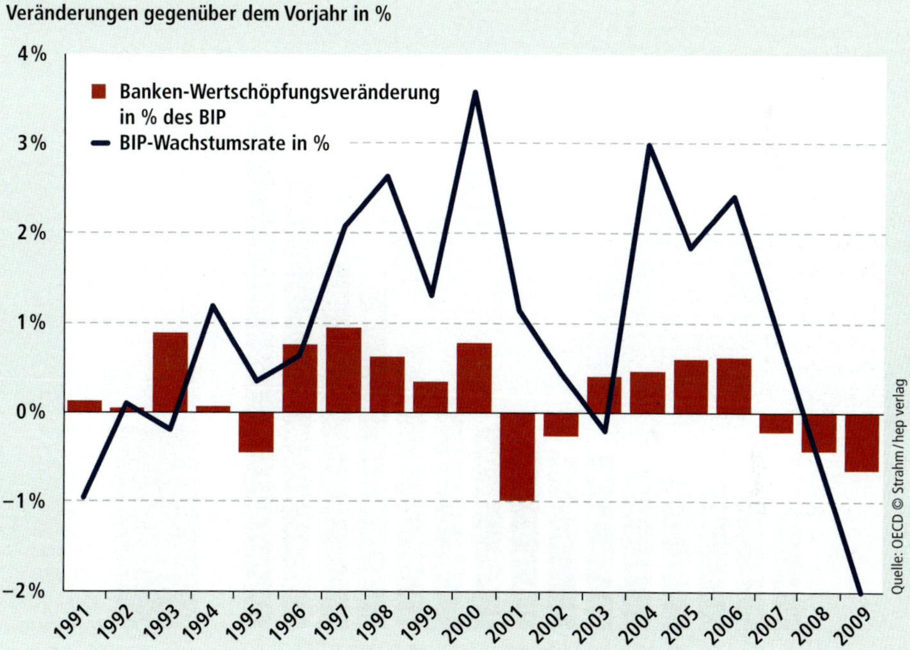

Die Banken bringen zusätzlichen Wohlstand, aber die zyklischen Schwankungen der Finanzmärkte bedeuten für die Realwirtschaft und das Wirtschaftswachstum ein teures Konjunkturrisiko. Die Finanzmarktschwankungen übertragen sich durch die Veränderung der Banken-Wertschöpfung auf das Bruttoinlandprodukt. Und zusätzlich beeinflusst der Finanzplatz mit Zinsschwankungen, Risikoaversion und durch den Wechselkurs des Frankens die produzierenden Unternehmen und damit die Arbeitsplätze stark. Diese OECD-Grafik zeigt deutlich: Einbrüche im Bankensektor bringen konjunkturelle Einbrüche beim Wirtschaftswachstum.

11.7 Die Globalisierung brachte eine Vervierfachung der internationalen Bankenverflechtungen und mehr gegenseitige Abhängigkeiten

Ausstehende Kreditpositionen aller Banken gegenüber dem Ausland von 1993 bis zur Krise 2007 und Vergleich mit Bruttoinlandprodukt USA und Schweiz

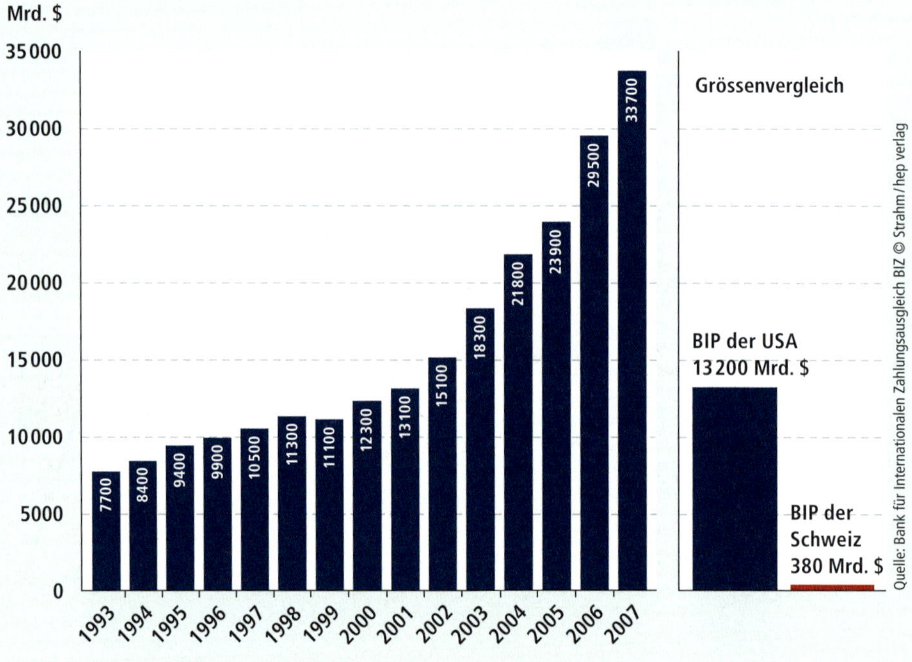

Hintergrund der Finanzkrise bildete die zuvor aufgebaute, enorme Kreditverflechtung der Banken. Von 1993 bis 2007 haben sich die internationalen Kreditpositionen aller Banken gegenüber dem Ausland mehr als vervierfacht. Mit einem totalen Auslandskreditvolumen von 33700 Milliarden Dollar (2007) wurde vor der Krise das Bruttoinlandprodukt der Weltmacht USA um das Zweieinhalbfache und jenes der Schweiz um das Neunzigfache überschritten. Mit dieser starken Verflechtung übertrugen sich die Liquiditätsengpässe rasch auf alle Kontinente.

11.8 Das spekulative schnelle Geld der Derivatmärkte und Hedge Fonds destabilisiert die Weltwirtschaft

Durchschnittlicher Tagesumsatz weltweit auf Derivaten und Hedge-Fonds, 1998 bis zur Krise 2007

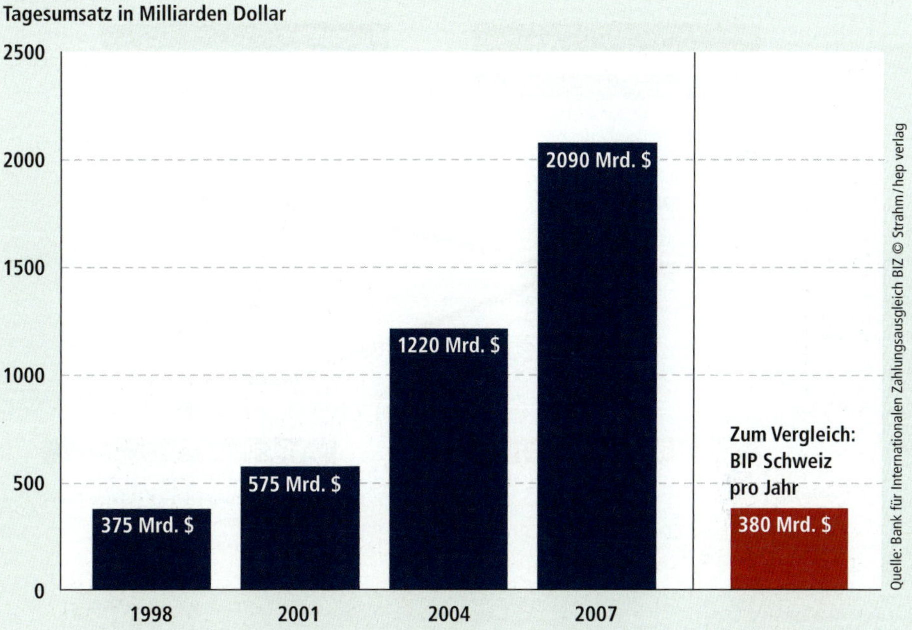

Man beachte: Das sind die durchschnittlichen Umsätze pro Tag!

Die Kapitalien mit kurzfristiger, spekulativer Absicht hatten sich vor der Krise innert eines Jahrzehnts weltweit mehr als verfünffacht. Die durchschnittlichen Umsätze von derivativen Finanzmarktinstrumenten (Optionen, Hedge-Fonds) waren weltweit auf 2090 Milliarden Dollar pro Handelstag – man beachte: pro Tag! – angestiegen (Erhebung April 2007). Weltweit tummelten sich über 10 000 Hedge-Fonds, die mit einer unüberschaubaren Vielfalt an Kreditderivaten und «strukturierten Produkten», und zwar mit einer geschuldeten Kreditsumme von über 500 000 Milliarden Dollar, die Schwankungen und Risikopotenziale auf den internationalen Finanz- und Rohstoffmärkten verstärkten.

11.9 Wie der Derivathandel funktioniert

Schematischer Ablauf der spekulativen Abwicklung eines einfachen Optionsgeschäfts (Call-Option)

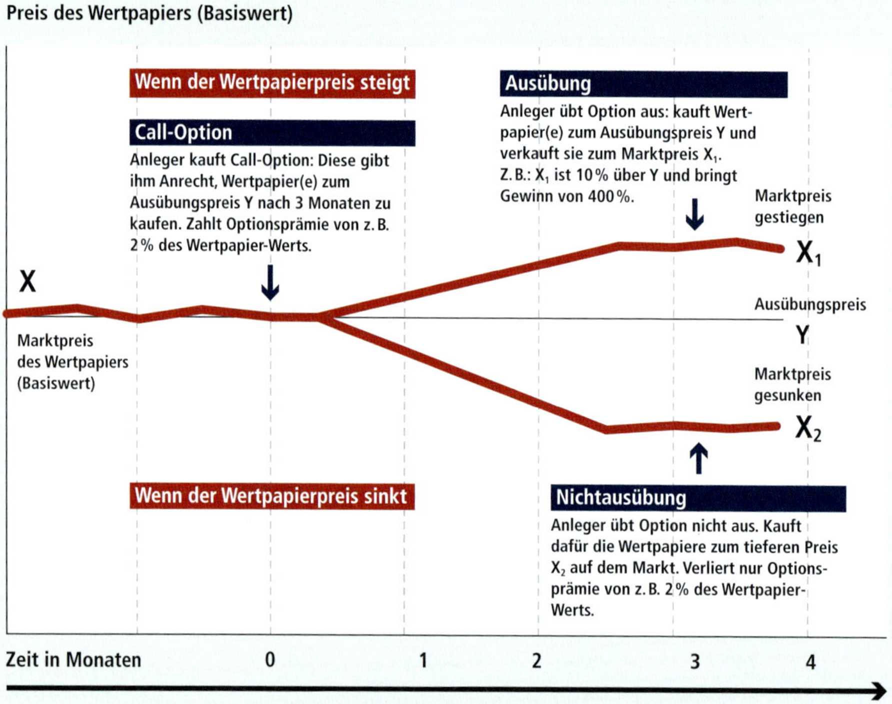

Zum Verständnis des Systems derivativer Finanzgeschäfte ist hier die einfachste Form, nämlich eine simple Call-Option, schematisch dargestellt: Mit einer Call-Option erwirbt der Anleger von der Bank das Recht (aber nicht die Pflicht), nach einer vereinbarten Frist ein Wertpapier (sogenannter Basiswert, zum Beispiel Aktie) zu einem fixierten Ausübungspreis Y zu erwerben. Für dieses Anrecht (Option) zahlt er der Bank eine Prämie von 2 bis 3 % des Basiswerts. Wenn der Wertpapierpreis von X auf X_1 steigt, übt er die Option aus, das heisst kauft (virtuell) das Papier zum Preis Y, um es gleich wieder zum höheren aktuellen Preis X_1 mit mehrfachem Gewinn abzustossen. Wenn der Preis in dieser Zeit aber von X auf X_2 sinkt, verzichtet der Anleger auf die Ausübung der Option und verliert nur die Optionsprämie.

11.10 Wie die amerikanische Hypothekenkrise die Europäer zur Mitfinanzierung zwang

Mechanismus der USA-Subprime-Krise 2007 / 2008

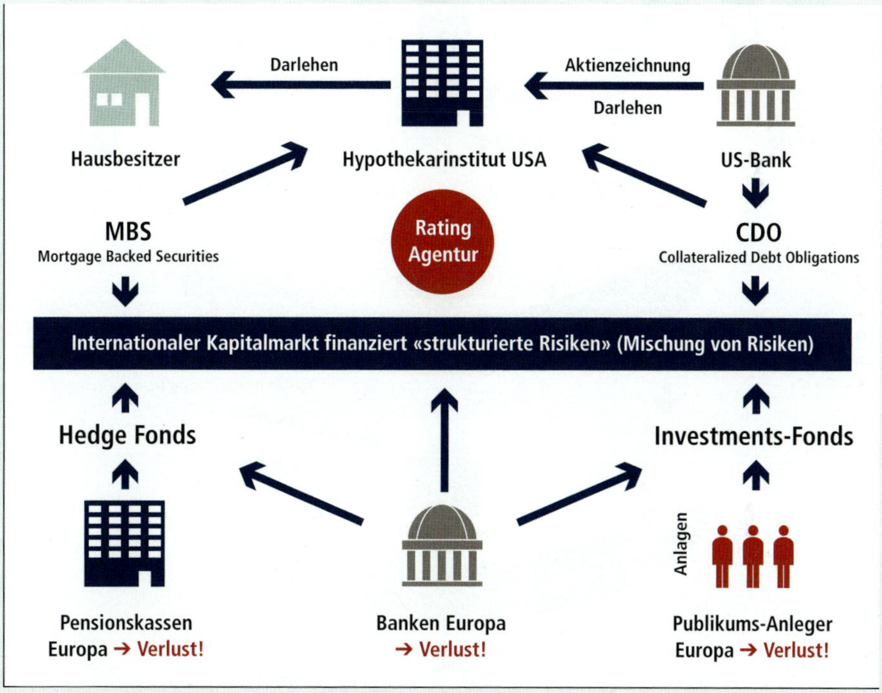

So entstand die Hypothekenkrise der USA: US-Hypothekarinstitute gewährten Darlehen für Häuser jeweils bis 100 % der (steigenden) Liegenschaftspreise. Sie gaben dafür Aktien aus und liessen sie von Banken finanzieren. Diese wiederum kombinierten die unsicheren Kredite (subprime) zu einem Mix in Form von Obligationen (CDO) oder Investment-Vehikeln (MBS). Diese Wertpapiere wurden von bezahlten Ratingagenturen als sicher bewertet und an Anleger in Europa (Pensionskassen, Banken, Hedge-Fonds, Publikum) mit 9 bis 11 % Zinsertrag weitergegeben. Auch Staatsfonds in China und in den Golfstaaten investierten dreistellige Milliardenbeträge.

11.11 Wie die Kreditrisiken durch Verbriefung verschleiert wurden

Verbriefungskaskade bei USA-Hypothekarkrediten (schematisch)

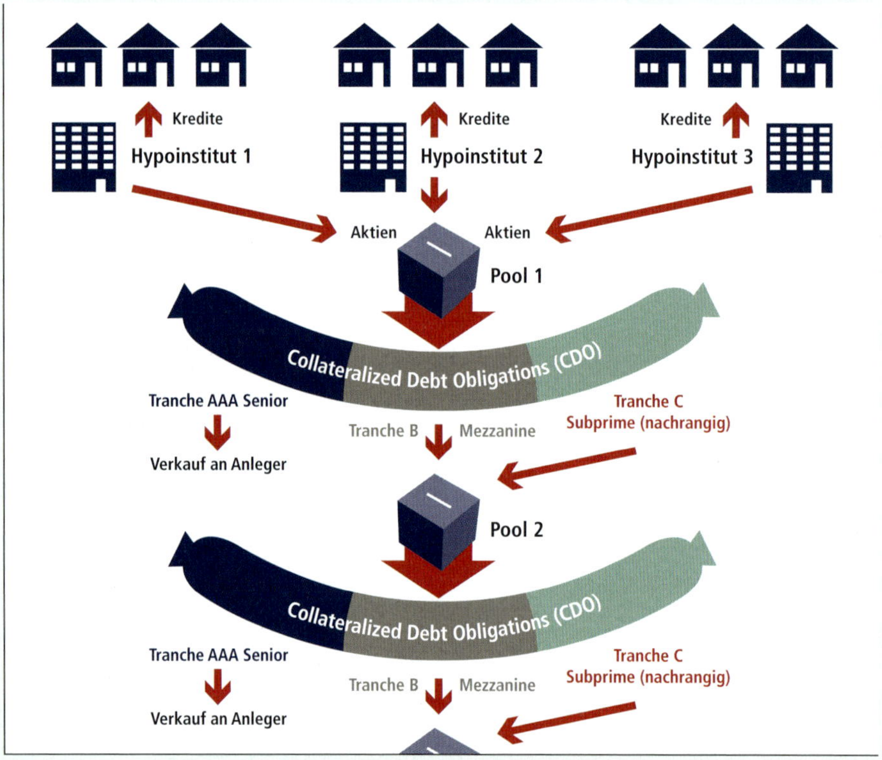

Verbriefung oder Securitization durch die Hypothekarinstitute ist eine Kapitalbeschaffung durch die Ausgabe von Aktien und deren Verkauf an der Börse. Damit wird das Kreditrisiko vom Hypothekarinstitut auf den Kapitalgeber überwälzt. Um die Risiken zu verschleiern, wurden die Aktien verschiedener Institute in einem Pool zu sogenannten «Collateralized Debt Obligations» (CDO) gemischt – wie bei einer Wurstfabrik, die verschiedene Fleischsorten mixt. Die besten Tranchen mit AAA-Rating wurden an Anleger verkauft, die anderen Tranchen wurden in einem neuen Pool gemixt und dieser Verschleierungsvorgang mittels Tranchierung wurde von den Investment-Banken bis zu sechsmal wiederholt.

11.12 Sturz der USA-Liegenschaftspreise führte zu Überschuldung und zur Bankenkrise

Weltweiter Markt für CDO-Papiere (linke Skala) und Preisindex für amerikanische Liegenschaften (Case-Shiller-Index, rechte Skala), 1995–2008

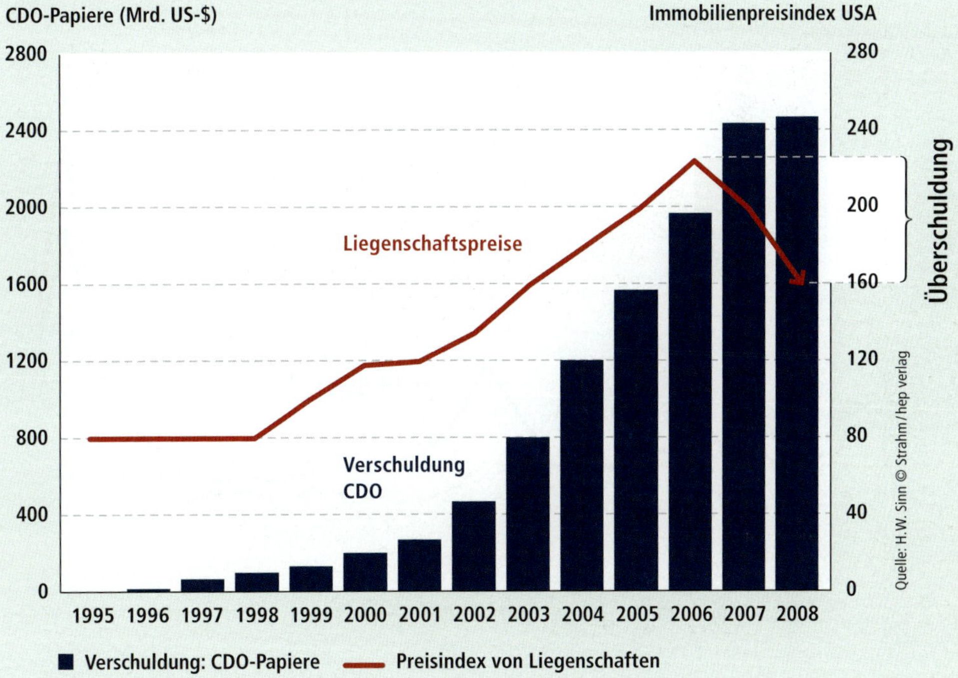

Mit steigenden Liegenschaftspreisen in den USA wuchs auch die Verschuldung. Die Collateralized Debt Obligations (CDO) waren die wichtigsten Vehikel zur Finanzierung des amerikanischen Häusermarkts. Die Summe aller CDO (inklusive der Derivate) erreichte vor der Krise rund 2400 Milliarden Dollar – oder das Fünffache des Bruttoinlandprodukts der Schweiz. Mitte 2006 begannen die Häuserpreise zu sinken, und zwar bis Ende 2008 um 30 %. Damit wurden die Schulden schlagartig grösser als die Werte der Liegenschaften. Die Banken wurden überschuldet.

11.13 Vertrauensschwund bei Kriseneinbruch erhöhte Anleihenskosten für Grossbanken schlagartig

Überhöhung der Rendite (Spread) von Bankanleihen gegenüber Staatsanleihen als Zeichen des Vertrauensschwunds, 1998–2009

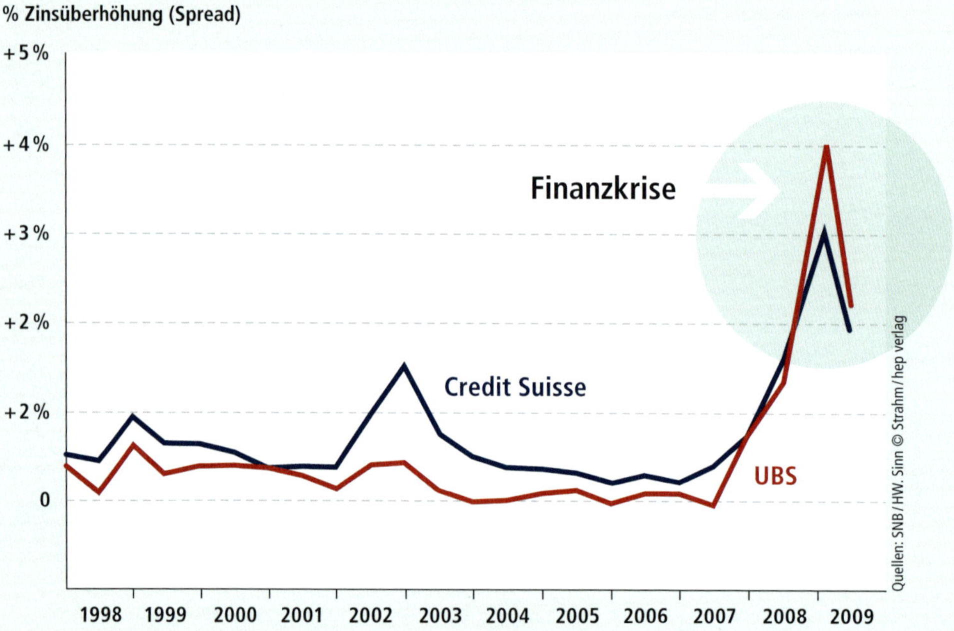

Erste Folge der Überschuldung der Banken war ein Vertrauenseinbruch unter den Geldinstituten. Die Banken vertrauten einander nicht mehr. Damit stiegen die Zinsen für Bankenanleihen auf dem Kapitalmarkt schlagartig an, bei den Schweizer Grossbanken um 3 bis 4 % über den Zins von Staatsanleihen. Höhere Zinsen bedeuteten noch mehr Liquiditätsprobleme bei den Banken und noch mehr Kosten.

11.14 Grossbanken unterlegten vor der Krise ihre Kredite mit zu wenig Eigenkapital

Eigenmittel der Bank in Prozent der Bilanzsumme und Hebelwirkung, 2008

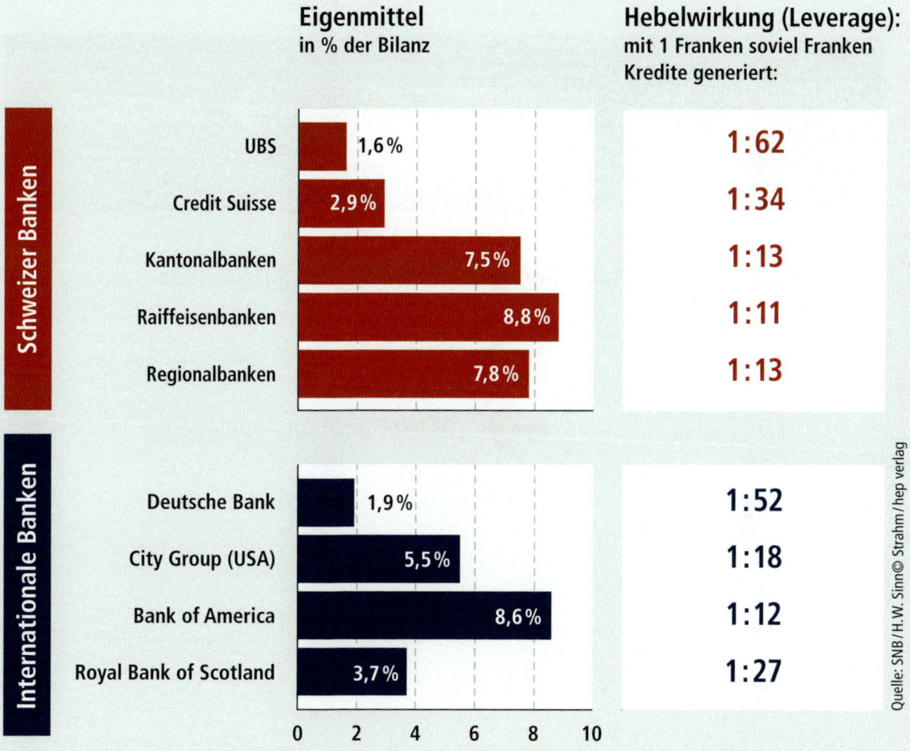

Vor der Krise hatte die UBS nur 1,6 % Eigenmittel gemessen an der gesamten Bilanzsumme. Mit andern Worten: Mit 1.60 Franken Eigenmittel hatte sie rund 98.40 Franken an Krediten entgegengenommen respektive ausgeliehen. Man spricht von einer Leverage Ratio von 1,6 % oder (reziprok) einer Hebelwirkung (Leverage) von 1 zu 62: Mit 1 Franken an Eigenmitteln werden also 62 Kreditfranken generiert. Die Credit Suisse stand Ende 2008 mit 2,9 % Eigenmitteln auf 100 Franken Bilanzsumme nur leicht besser da. Die Schweizer Grossbanken gehörten weltweit zu den Banken mit der tiefsten Eigenmittelunterlegung gemessen an der Bilanzsumme. → Grafik 11.16

11.15 Weniger Eigenkapital der Bank erhöht rechnerisch die Eigenkapitalrendite – und die Boni der Banker

Formel des «Shareholder Value»: Grundformel für die Eigenkapitalrendite oder Return on Equity (ROE)

$$\text{Eigenkapitalrendite / Return on Equity (ROE)} = \frac{\text{Gewinn} \times 100}{\text{Eigenkapital (Aktienkapital und Reserven)}} \rightarrow \text{Ziel: 20–30 \%}$$

Senkung Eigenkapital bringt → höhere Eigenkapitalrendite

→ steigenden Aktienkurs

→ höhere Boni für Topmanager

→ weniger Sicherheit bei Krisen

Das ist die Grundformel für den «Shareholder Value» (Aktionärswert): Die Eigenkapitalrendite berechnet sich als Quotient: Gewinn in Prozent des Eigenkapitals. Wenn das Eigenkapital gesenkt wird, erhöht sich die Eigenkapitalrendite. Dies bedeutet einen steigenden Aktienkurs und damit höhere Boni für die Geschäftsleitung der Banken. Doch gleichzeitig wurden die Banken unsicherer bei Krisen. Denn das Eigenkapital ist quasi der Puffer. Vor der Finanzkrise strebten viele internationale Banken eine Eigenkapitalrendite von über 20 Prozent an, – und verminderten damit bewusst ihr Sicherheitspolster.

11.16 Eigenmittelquoten sind manipulierbar: Ein Vergleich «Basel II» und «Leverage Ratio»

Eigenmittelquote nach «Basel II» (Tiers-1):
% Eigenkapital in % der risikogewichteten Aktiven

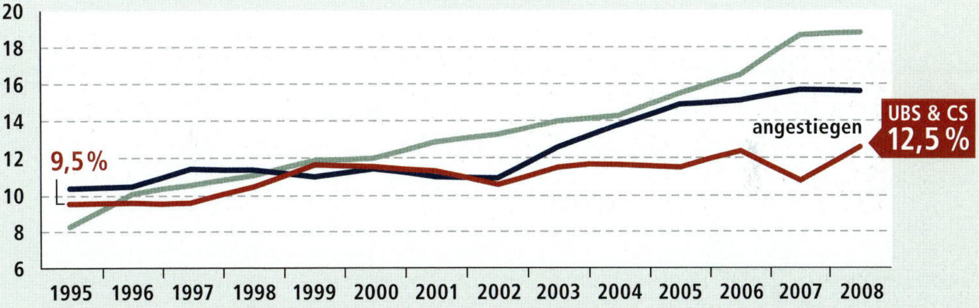

Eigenmittelquote nach «Leverage Ratio»:
% Eigenkapital in % der Bilanzsumme (nicht gewichtet)

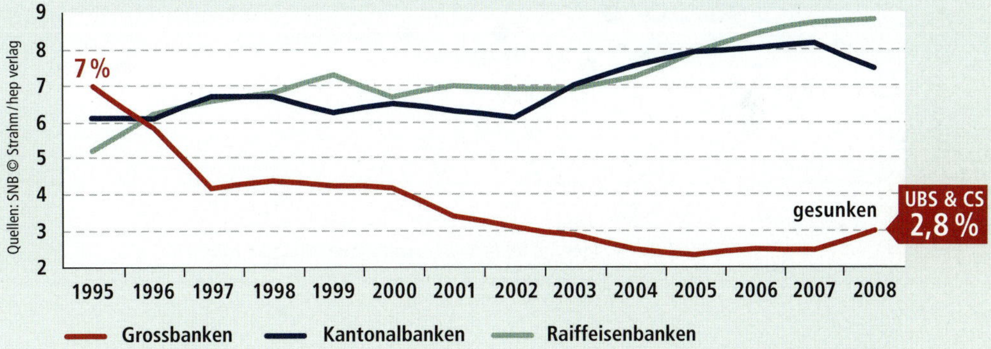

Die Angaben über die Eigenmittelquoten der Banken sind manipuliert worden. Oben ist die Eigenmittelquote der Banken nach der Vorschrift von «Basel II» dargestellt. Diese rechnet die Eigenmittel in Prozent der risikogewichteten Ausleihungen und Aktiven. Die Risikogewichtung ist eine Ermessensfrage und manipulierbar. Bei den beiden Grossbanken stieg sie von 9,5 auf 12,5 % und täuschte Sicherheit vor. Unten ist im Vergleich dazu die Entwicklung der Eigenmittelquote der beiden Banken in Prozent der Bilanzsumme. Diese fiel demgegenüber von 7 auf unter 3 %.

11.17 Schweizer Grossbanken mit höchsten Eigenmittelquoten aufgrund von «Basel II» – aber tiefsten aufgrund der Bilanzsummen

Eigenmittelquoten der wichtigsten internationalen Banken, 2008

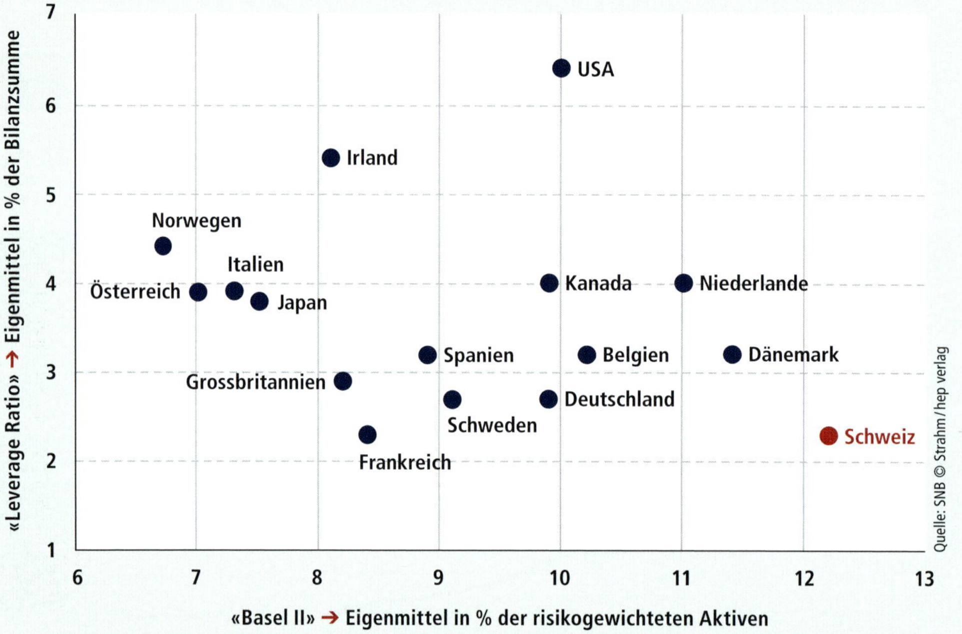

Die Grossbanken der Schweiz hatten vor der Krise im internationalen Vergleich der grössten Banken die tiefste Eigenmittelquote in Prozent der Bilanzsumme. In der senkrechten Achse sind diese Vergleichswerte («Leverage Ratio») wiedergegeben. In der waagrechten Achse sind die Eigenmittel in Prozent der risikogewichteten Aktiven gemäss den Vorschriften von «Basel II» aufgeführt, wie sie 2008 von der Eidgenössischen Bankenkommission (heute: Finanzmarktaufsicht Finma) verlangt und publiziert wurden. Die Aufsichtsbehörde trägt eine Mitverantwortung an der Krise.

11.18 Die UBS hatte von allen internationalen Banken prozentual die grössten Eigenkapitalverluste

Krisenbedingte Abschreibungen von Banken in Prozent des Eigenkapitals von 2007 (kumuliert bis Februar 2009)

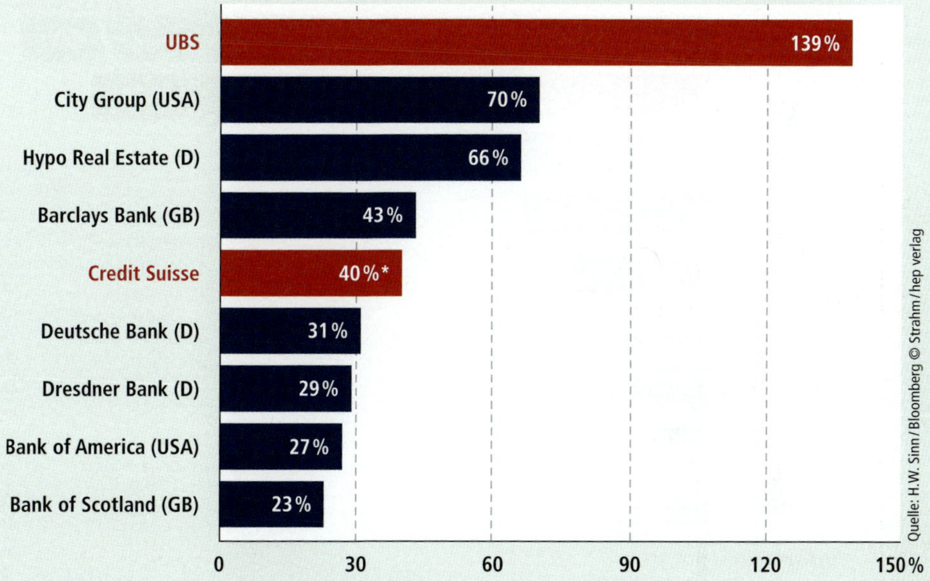

*Credit Suisse geschätzt

Die durch die internationale Finanzkrise erforderlichen Abschreibungen in Prozent des Eigenkapitals waren bei der UBS von allen globalen Grossbanken am höchsten. Die UBS wäre ohne Staatshilfe illiquid geworden, ja sogar Pleite gegangen. Die Credit Suisse war weniger stark betroffen, aber auch sie lag beim Abschreibungsbedarf in der Spitzengruppe. Seit Ausbruch der Krise ist der Abschreibungsbedarf durch die Kurserholung einzelner Aktien zurückgegangen.

11.19 Verluste aus der Finanzkrise waren in der Schweiz prozentual am höchsten

Abschreibungen aus der Finanzkrise im ganzen Banken- und Versicherungssektor in Prozent des jeweiligen Bruttoinlandprodukts 2007 (kumuliert bis Februar 2009).

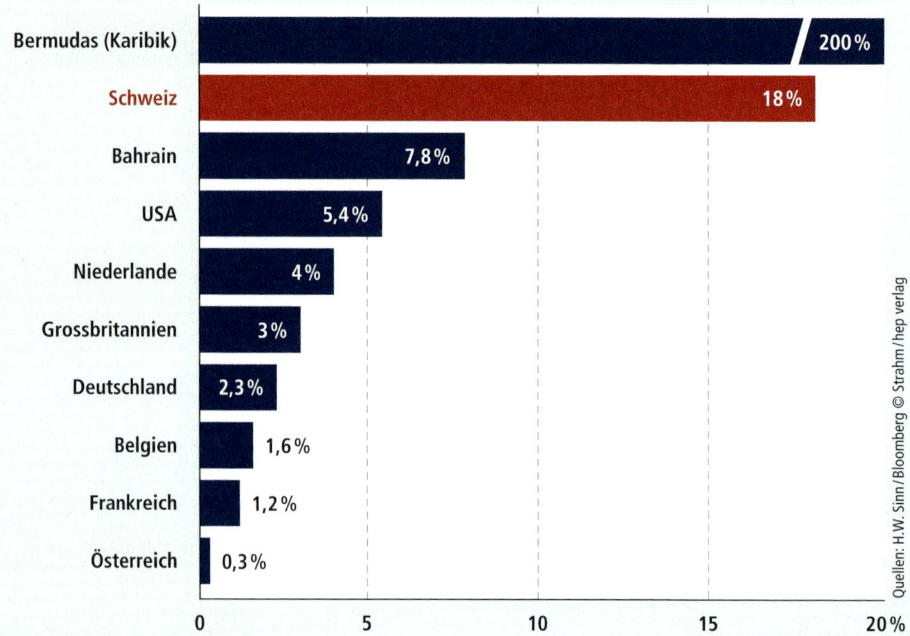

Ausser dem Karibik-Finanzplatz Bermuda hatten die Banken und Versicherungen in der Schweiz mit 17,9 % des Bruttoinlandprodukts weltweit die höchsten Abschreibungsverluste, – grösser als die Verluste in den USA, England und Deutschland. Dies ist darauf zurückzuführen, dass die Grossbanken im Vergleich zur kleinen schweizerischen Volkswirtschaft viel grösser sind. → siehe auch Grafik 11.3

11.20 Finanzkrise hinterlässt gigantische Staatsschulden in den Industriestaaten

Öffentliche Schulden in Prozent des Bruttoinlandprodukts vor und nach der Krise 2007 bis 2014 (Schätzung IWF)

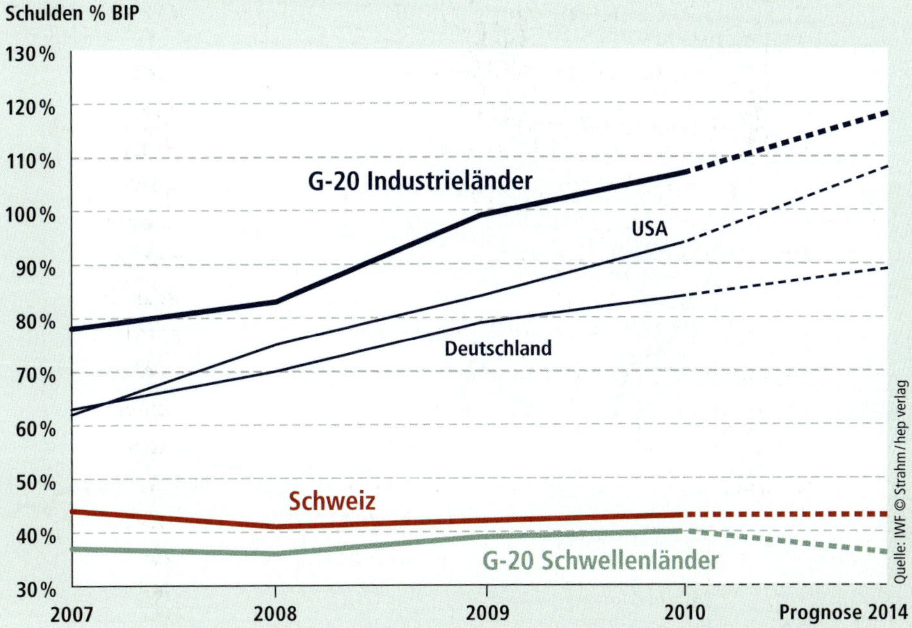

Die Finanzkrise 2007 / 09 erforderte Rettungsaktionen durch die Regierungen und die Notenbanken, später auch gigantische Konjunkturprogramme. Dies führte zu einem sprunghaften Anstieg der öffentlichen Schulden in den Industriestaaten. In den grossen Industrieländern der G-20 erreichten die Staatsschulden 107 % ihres Bruttoinlandprodukts, – eine riesige Last für die nächste Generation. Demgegenüber haben die Schwellenländer der G-20 (China, Brasilien, Indien, Südkorea) ihre Staatsschulden bei durchschnittlich 40 % des BIP tief halten können. Aus früheren Schuldnernationen wurden Gläubiger und aus Gläubigern wurden Schuldner.

11.21 Internationale Finanzmärkte finanzieren Wachstum und Konsum in den USA durch Dollaranlagen und Dollarabwertung

Wechselkurs des US-Dollars in Schweizer Franken von 1966 bis 2010. Schematische Erläuterung des Wechselkurs-Verlusts europäischer und asiatischer Anleger und Pensionskassen

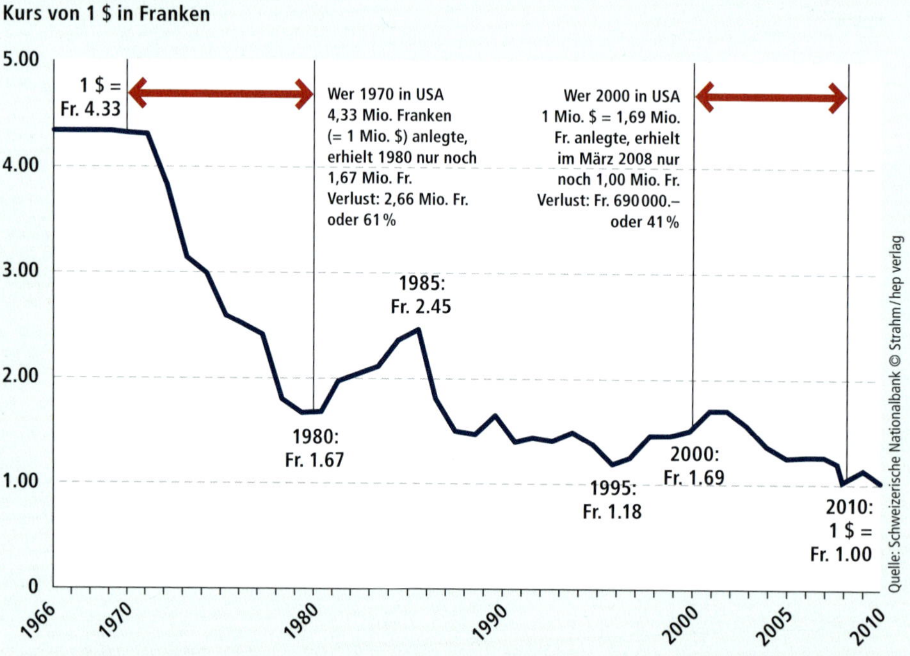

Die USA lassen sich seit Jahrzehnten ihr Wachstum, den Konsum oder die Rüstungsausgaben vom Ausland durch Anleihen auf den internationalen Finanzmärkten und durch ständige Dollarabwertung finanzieren. Wer zum Beispiel im Jahr 1970 bei einem Wechselkurs von 1 Dollar = 4,33 Franken zehnjährige US-Staatsobligationen kaufte, verlor bis 1980 beim Umtausch 61 % des Werts. Oder wer im Jahr 2000 für 1 Million Dollar achtjährige Staatspapiere unterzeichnete, verlor bis 2008 rund 41 % des Werts. Als Schuldnernation haben die USA ein verstecktes Interesse an Dollarabwertungen.

11.22 Wie sich die Spekulation der Finanzmärkte auf die Gesamtwirtschaft überträgt

Wirkungsschema einer spekulativen Preisentwicklung mit der Übertragung auf Realwirtschaft und Beschäftigung

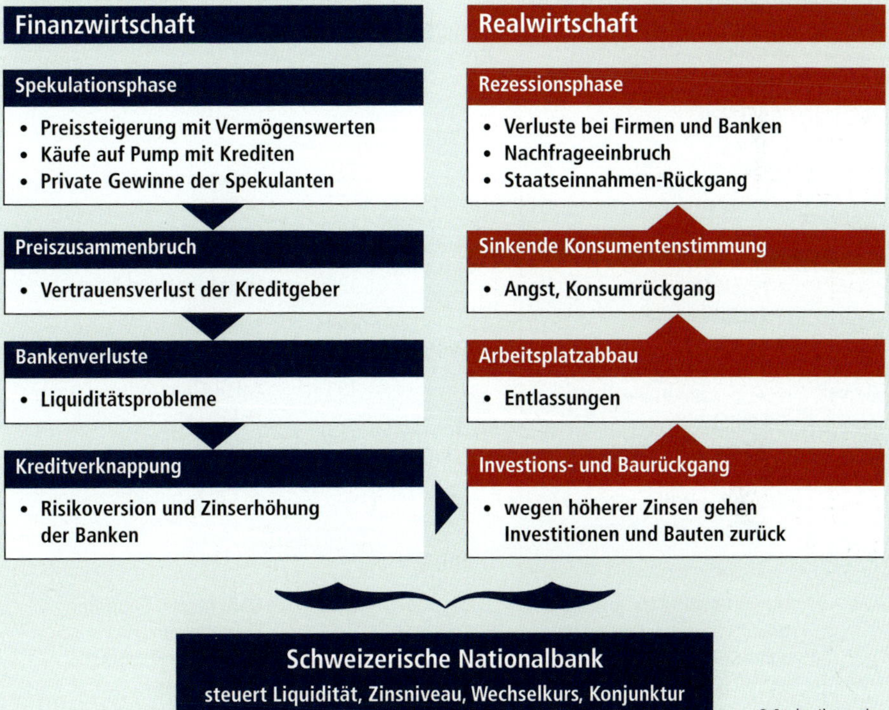

© Strahm / hep verlag

Die Finanzwirtschaft wirkt auf die Realwirtschaft, also auf Produktion und Arbeitsplätze, zurück: Es beginnt mit spekulativen Preisentwicklungen bei Bauland, Liegenschaften, Aktien oder Devisen (Asset Price Inflation) mit exzessiven Gewinnen. Nach dem Preiszusammenbruch entstehen Verluste bei Kreditgebern und Banken. Letztere verknappen und verteuern darauf ihre Kredite, was in der Realwirtschaft zu Investitions- und Baukrise, Arbeitsplatzabbau, Konsumentenangst und in die Rezession führt. Die Gewinne gehen an wenige, die Verluste zahlen alle. Entscheidend ist die Gegensteurerung der Nationalbank.

11.23 Wirtschaftsgeschichtlich geht von den Finanzmärkten und der Geldpolitik das grösste Risiko für die Konjunktur aus

Historisch-schematische Darstellung der Finanzkrisen, 1980–2010

Nationalbank-Politik			Finanzmärkte	
1978–82	Frankenaufwertung → Geldmengenexpansion → Bremsung → Rezession	1980	1982	Schuldenkrise Lateinamerika → CH: Exporteinbruch
		1985		
1987	Geldmengenexpansion → Inflation → Baulandspekulation		1987	Aktienspekulation → Börsencrash
		1990	1986–91	CH: Bauland-, Häuserspekulation
1991–96	Hochzinspolitik → Frankenkurssteigerung → Exporteinbruch → Rezession (6 Jahre Nullwachstum)		1990	USA: Junk Bond Krise
		1995	1994	Schuldenkrise Mexiko → CH: Exportrückgang
ab 1996	neue, pragmatische Geldpolitik → Wirtschaftswachstum		1997	Asien-Finanzkrise → CH: Exporteinbruch
ab 2001	SNB reagiert auf Konjunktureinbruch mit tiefen Zinsen → Wirtschaftswachstum	2000	1999–01	Internet-Finanzblase 2001 Platzen Börsenblase → CH: Konjunktureinbruch
		2005		
2007–09	Liquiditätshilfe für internationale Grossbanken. Übernahme von Ramschpapieren der UBS, Liquiditätshilfen.	2010	2007	USA: Beginn Subprime-Hypothekenkrise → Globale Finanzkrise → Rezession → Staatsverschuldung

Quellen: KfK/BFS/Eigene © Strahm/hep verlag

Historisch betrachtet, gingen die meisten Konjunktureinbrüche und Krisen von den Finanzmärkten aus und verbreiteten sich über die ganze Wirtschaft. Zahlungskrisen im Ausland und jede spekulative Entwicklung (gegen den Schweizer Franken, bei Liegenschaften oder Aktienmärkten) führten in der Schweiz später zu Wachstumsschwäche, Arbeitslosigkeit und Rezession. Bei der Steuerung hatte und hat die Schweizer Nationalbank eine entscheidende Funktion. Sie kann die Wirtschaftskrise durch Fehlleistungen verstärken (wie 1991–96), oder sie kann sie durch eine kluge pragmatische Politik auffangen wie 2001–03 und in der grössten Finanzkrise 2007–09.

Kommentar zur Finanzmarkt-Regulierung

Mythenbildung im Finanzmarkt-Journalismus

Abgesehen von der Kriegsberichterstattung gibt es kaum ein Gebiet der Medien-Publizistik, in dem häufiger auf tendenziöse Art Stimmungen erzeugt, Mythen gebildet, gezielte Manipulationen betrieben werden als bei der Börsen- und Finanzmarkt-Berichterstattung. Die volkswirtschaftliche Bedeutung der Banken oder bestimmter Firmen und Teilmärkte werden von den Medien zeitweilig geradezu mythologisch überhöht – um sie dann nach einer Krisensituation durch Skandalisierung umso mehr herabmindern und abstrafen zu können.

Die Wirtschaftspublizistik stellt das Börsengeschehen quasi in den Mittelpunkt der Wirtschaftsberichterstattung. Radio- und Fernsehnachrichten berichten stündlich über den Stand des Swiss Market Index, des Nikkei- und Dow Johnson-Index, obwohl sich die allerwenigsten eine wirtschaftspolitische Meinung aus den abstrakten Zahlenwerten ableiten können. Gefährlich und irreführend ist diese Art von börsenorientierter Wirtschaftspublizistik deshalb, weil Stimmungen an der Börse als Realitätsmesser für die Wirtschaft gehalten werden, und damit sogar die Stimmungslage in der Realwirtschaft ungebührlich beeinflussen.

Börsenjournalisten und Finanzmarkt-Berichterstatter sind nicht selten bei bestimmten Anlageformen selber involviert, zumindest sind sie – aufgrund der selektiven Informationspraxis – vom Goodwill der PR-Abteilungen der börsenkotierten Konzerne, über die sie berichten, abhängig.

Aufgrund jahrelanger Beobachtung und Erfahrung mit zahlreichen unschönen Vorfällen halte ich die Finanzmarkt-Berichterstattung für einen grossen Missstand in der weltweiten Kommunikationsgesellschaft. Sie ist deshalb so gravierend, weil dieses Gebaren der internationalen Finanzmärkte angesichts ihrer astronomischen Dimensionen einen zwangsläufigen Hebeleffekt auf die Realwirtschaft ausübt, mit Wirkungen auf die produzierende Industrie, die Exporte und die Arbeitsplätze.

Irrationale Verhaltensmuster

Die Börsen sind beherrscht, ja fast determiniert, vom Herdenverhalten, von irrationalen psychischen Exzessen, von der «irrational exuberance» (Alan Greenspan), also vom irrationalen Überschwang der Finanzmärkte. Das Penible am Ganzen: Diese Exzesse finden ihren Ausdruck auch in der Börsenpublizistik der Medien.

Die Bonität (also die Sicherheit) von börsengehandelten Wertpapieren respektive Schuldnern wird durch private Ratingagenturen eingeschätzt und publiziert, welche ihrerseits von den zu beurteilenden Firmen für ihr Rating bezahlt werden, – ganz nach dem Motto: «Die Kontrollierten kontrollieren ihre Kontrolleure».

Die Krisen mit diversen Hedge-Fonds und die Subprime-Hypothekenkrise in den USA sind stark mit dem System der Ratingagenturen in Verbindung gebracht worden. Wir haben erlebt, wie Rating-Agenturen bestimmte Finanzmarkt-Wertpapiere von der höchsten Auszeichnung AAA innert weniger Tage auf den Ramschstatus CCC herunterstuften – und damit die gutgläubigen Anleger geradezu in die Verluste trieben, ohne eine Haftung für ihre Fehlbenotung zu übernehmen. Wir erinnern auch daran, wie die ehemalige Swissair von einer Ratingagentur noch als hochgradig kreditwürdig eingestuft wurde, und innert kurzer Zeit erwies sich die hochverschuldete Firma als zahlungsunfähig.

Während des Booms vertrauen alle den Bonitätsbewertungen und Ratings – im Nachhinein bedauern es alle unisono. «Die Wurzel des Übels liegt in dem kaum vermeidbaren Umstand, dass die Agenturen von den Emittenten bezahlt werden, deren Wertpapiere sie bewerten», beklagt ein Börsenberichtserstatter. «Die Rating-Agenturen wurden zu regelrechten Rating-Maschinen: Je mehr Bewertungen sie vergaben, desto mehr Honorare flossen ihnen zu.»[3]

Die hoch komplexen, mathematischen Modelle des «Risk Assessment» dienen eigentlich nur als Werbeargument für unwissende Kunden und Pensionskassenverwalter, aber als wirksames Risikokontrollinstrument taugen sie nichts, wenn nicht Intuition und Erfahrung – eben der gesunde Menschenverstand – das Verhalten leiten.

Wie im ersten, deskriptiven Teil dieses Kapitels dargestellt, sind die internationalen Finanzmärkte und die Vorgänge auf dem Finanzplatz Schweiz das grösste Risiko für die Konjunktur und die Wohlstandsentwicklung in der Schweiz. Zwar werden bei Banken, vor allem im Investment-Banking, grosse Gewinne erwirtschaftet. Wo aber grosse Gewinne möglich sind, gibt es auch grosse Risiken. Nur sind sie ungleich verteilt: Die Gewinne fallen bei den wenigen Finanzmarktakteuren und Bonus-Bezügern an – die Risiken und Folgelasten tragen Alle.

Als quasi einzige Steuerungsinstanz hat die Schweizerische Nationalbank (SNB) eine zentrale Funktion beim Risikoausgleich. Sie kann Kreditrisiken ausgleichen, Währungsschocks steuern, den Wechselkurs des Frankens beeinflussen, Vertrauen schaffen oder auch zerstören. Die Politik des dreiköpfigen SNB-Direktoriums wird dadurch selber zum zentralen Steuerungs- und Risikofaktor in der Volkswirtschaft. Die Fehlleistungen nach 1987 und in den Jahren 1991–1996, anderseits aber auch der kluge und erfolgreiche Pragmatismus der Jahre 2001–2003 und der Jahre 2007–2009 beim Auffangen der Börsenkrisen sind Belege dafür.

Zu gross zum Versagen

Die internationalen Banken und Finanzkonglomerate sind so gross geworden, dass sie gar nicht faillieren können. Sie sind «too big to fail». Früher galt es geradezu als Blasphemie (als Gotteslästerung), dies öffentlich zu behaupten. Heute sagen das alle. Ich vertrete mit anderen schon seit 1997 zur Bankenpolitik diese These und ich bemühte mich auch, dass die EBK die Schweizer Grossbanken zu mehr Eigenmitteln verpflichtet als der Minimalstandard der Basler Empfehlungen (BIZ) vorgibt.[4] Damals, 1998, wurde dieses Anliegen von der EBK als böse Unterstellung bestritten, heute hat uns die Erfahrung eingeholt und die These steht unbestritten im Raum.

Die grossen Banken sind so gross, man kann sie gar nicht in den Konkurs gehen lassen. Denn durch die Kreditverflechtungen würden dutzende anderer Banken und tausende von Unternehmen plötzlich zahlungsunfähig. Würde eine schweizerische Grossbank oder ein grosser Lebensversicherer in der Schweiz in Insolvenz- oder Liquiditätsprobleme geraten, müssten sie vom Staat oder von der Nationalbank gestützt werden. Sie müssten mit öffentlichen Mitteln des Staates respektive mit den Währungsreserven der Nationalbank finanziert werden. Faktisch ist dies eine neue Art von Staatsgarantie. Die 2007 benötigte Beanspruchung von Liquiditätshilfen und einer Kapitalspritze durch einen Staatsfonds in Singapur seitens der UBS, aber auch die Rettungsaktionen des englischen und des deutschen Staates sowie der US-Währungsbehörde gegenüber ihren inländischen Banken haben dafür erneut Beweise geliefert.

Es besteht also de facto eine Staatsgarantie gegenüber privaten Banken. Wenn schon faktisch eine Staatsgarantie für Banken und grosse Finanzmarktakteure gewährt werden muss, besteht auch eine staatspolitische Legitimation, regulatorisch in das Geschehen der Finanzmärkte einzugreifen und Sicherungen vor Exzessen und volkswirtschaftlichen Krisen einzubauen. Man kann aus übergeordnetem volkswirtschaftlichem Interesse die Finanzmärkte gerade nicht der Selbstregulierung, die sie für sich beanspruchen, überlassen. Der NZZ-Kommentator sieht dies so: «Diese Selbstkorrektur des marktwirtschaftlichen Systems funktioniert in der Bankenwelt offensichtlich nicht, sonst käme es nicht mit derartiger Regelmässigkeit zu Finanzkrisen.»[5]

Weltweit scheint sich ein Gesinnungswandel bezüglich der Finanzmarktregulierung anzubahnen: Die Einsicht beginnt sich abzuzeichnen, dass die Steuerung respektive Schadensminderung allein mit geldpolitischen Instrumenten (Zinspolitik, Liquiditätshilfen) der Notenbanken nicht genügt oder zu teuer ist. Vielmehr muss die Banken- und Finanzmarktaufsicht ihre Aufsicht verstärken und engere Grenzen bei der Risikogestaltung auferlegen. Die Finanzmärkte müssen stärker diszipliniert werden, nachdem die Selbstregulierung versagt hat.

Ich denke beim Regulierungsauftrag des Staates in der Finanzmarktaufsicht an die folgenden wirtschaftspolitischen Postulate. Sie sind allesamt auch bereits von verschiedenen Seiten zur Diskussion gestellt worden.

Sowohl die Schweizerische Nationalbank als auch die neue Finanzmarktaufsicht *Finma* (bisher: Eidg. Bankenkommission EBK) haben bei der Regulierung und Aufsicht der Finanzmärkte eine klare, volkswirtschaftlich begründete Funktion. Die Deregulierungsrhetorik seitens der Finanzmarkt-Lobbyisten, die jedem und jeder Spekulanten/-in möglichst freie Hand geben möchten, hat angesichts der realen Finanzmarkterfahrungen jede Legitimation verspielt.

Too big to fail – welche Strategien? (Reformvorschläge zur Stabilität der Finanzmärkte)

Im Gefolge der Finanzmarktkrise 2007 bis 2009 sind im Rahmen der grossen Weltwirtschaftsmächte (G-20) und der Bank für internationalen Zahlungsausgleich BIZ (Financial Stability Board (FSB) und Basler-Ausschuss) neue Strategien diskutiert worden, um die Finanzmärkte global zu stabilisieren und neue epidemische Finanzkrisen zu verhindern. Bei Redaktionsschluss dieser 2. Auflage sind die Entscheide noch nicht im Detail gefällt worden. Hier eine Aufzählung sinnvoller, international diskutierter Reformvorschläge:

- Mehr Transparenz bei der Kredittätigkeit der Banken, und zwar unter Einbezug des Risikoengagements und der Verbindlichkeiten ausserhalb der Bankbilanzen. Gefordert sind klare Rechnungslegungsvorschriften, die ein Ausgliedern von Risikopositionen aus der Bank verhindern.
- Eigenmittelvorschriften für die grossen, international tätigen Banken, die mehr Sicherheitspolster und Finanzpuffer innerhalb der Bank gewährleisten. Neben den bisherigen Eigenmittelvorschriften nach «Basel II» (Eigenmittel in Prozent der risikogewichteten Aktiven) soll auch neu eine «Leverage Ratio» eingeführt werden, also eine bestimmte Eigenmittelquote in Prozent der Bilanzsumme. Man spricht von 4 bis 5 Prozent «Leverage Ratio». Für die Schweiz mit ihrer kleinen Volkswirtschaft halten wir allerdings einen «Leverage Ratio» von 7 bis 10 Prozent für die international tätigen Grossbanken für nötig.
- Alle Boni und Entschädigungen im Finanzmarktbereich sollen transparent gemacht und zumindest von der Aktionärsversammlung genehmigt werden. Die Bonus-Kultur soll durch ein Bonus-Malus-System ergänzt werden: Nicht nur gute Leistungen sind mit Entschädigungen abzugelten, sondern auch Fehlleistungen der Manager und Investment-Banker sind mit einem Malus zu sanktionieren. Die zugesprochenen Boni sind erst nach einem zeitlichen Aufschub von mehreren Jahren auszuschütten, um ein längerfristiges Risikoverhalten anzureizen.
- Wichtig ist zudem eine Sanktionierung und Bekanntmachung der schwarzen Schafe bei Banken und in der Finanzwelt, wenn sie Banken- und börsenrechtliche Regulierungen verletzen und nicht «Gewähr für einwandfreie Geschäftsführung» abgeben. (Reputationsrisiko für den Banker).

- Verbot des Eigenhandels der Bank mit Wertpapieren, um Marktmanipulationen zu verhindern.
- Unterstellung der Hedge-Fonds unter öffentliche Aufsicht und minimala Vorschriften für Eigenmittel. (In der Schweiz sind Hedge-Fonds der Finanzmarktaufsicht nicht unterstellt und jeder gestrauchelte Banker kann einen Hedge-Fonds gründen ohne Eigenkapitalvorschrift.)
- Festlegung eines Börsenplatzes auch für Hedge-Fonds-Anlagen und andere «gehedgte» Finanzmarktgeschäfte, indem eine Gegenpartei festgelegt wird und Manipulationsgeschäfte unterbunden respektive transparent gemacht werden können. Dies entspricht einer Art «Börsenpflicht» auch für Hedge-Fonds-Produkte.
- Mehr Unabhängigkeit, Eigenständigkeit und weniger personelle Verflechtung der Finanzmarktaufsicht gegenüber den zu beaufsichtigenden Banken und Finanzintermediären. Meldepflicht von Rating-Agenturen in Europa und Einführung einer Haftung für Fehlbeurteilung. (EU)
- Verstärkung der Haftung der Revisionsfirmen im Falle von Fehlbeurteilungen und stärkere Unabhängigkeit dieser Firmen («Audit Only»)
- Lösung für das Problem einer Insolvenz einer Bank («Konkurs-Lösung»): Diskutiert werden unter anderem die Einführung eines vorgezeichneten «geordneten» Konkurs- respektive Sanierungsverfahrens für Grossbanken; oder Einführung einer Holdingstruktur für Grossbanken, indem Investment-Banking und Vermögungsverwaltung getrennt werden; oder Zwangsaufspaltung einer Bank in Investment-Banking und andere Bankgeschäfte; oder (ein extremer Eingriff) eine Grössenbegrenzung der Bank.
- Auch für andere Anlagenformen, zum Beispiel für Pensionskassen und zwangsersparte Vermögen braucht es zum Schutz der Kundengelder strengere und engere Anlagevorschriften.

Die Jahre 2010/2011 werden zeigen, zu welchen koordinierten Verhaltensregeln sich die G-20-Staaten einigen können. Es ist davon auszugehen, dass die Schweiz, obwohl nicht Mitglied im Club der G-20, die international anerkannten neuen Spielregeln der Bankenaufsicht übernehmen oder nachvollziehen wird.

Persönlich halte ich nicht alle dieser Vorschriften für politisch realisierbar. Die wohl wirksamste und wichtigste Forderung ist jene nach Erhöhung der Eigenmittel für alle Banken und Finanzmarktakteure. Die erhöhten Eigenmittel mit der Messgrösse der «Leverage Ratio» sind für alle machbar, sie sind ein liberales Instrument und sie sind auch überprüfbar und justiziabel. Lieber weniger Vorschriften, aber dafür feste, überprüfbare und rechtlich durchsetzbare Eigenmittelvorschriften. Ermessensgrössen wie die Vorschriften nach «Basel II» sind letztlich nichts wert und können von der Regulatorbehörde nie durchgesetzt werden.

Es besteht politisch wohl ein enges Zeitfenster, strengere Regeln zur Verhinderung neuer Finanzkrisen durchzusetzen. Die Finanzwelt ist enorm stark und rüstet sich – gerade dank der Staatshilfe in den meisten Ländern – nach Erholung zu neuen Wachstums- und Entschädigungsoffensiven.

Anpassungszwänge in der Bekämpfung von Steuerflucht

Jahrelang konnte die Schweiz ihr Regime in Bezug auf Bankgeheimnis und Steuerfluchtgelder selbst gestalten. In einzelnen Fällen hatte sie allerdings seit den 1970er-Jahren das Bankgeheimnis bereits gelockert, weil der Druck aus dem Ausland zunahm. → siehe Box «Anpassungszwänge» (Seite 300)

Ausgelöst durch die Finanzmarktkrise und die enorme Verschuldung der Industriestaaten, die ihre Banken retten und die Konjunktur stützen mussten, ist die Schweiz international allerdings stark unter Druck geraten. Sie hatte 1999 die neuen OECD-Empfehlungen gegen unlauteren Steuerwettbewerb («Harmful Tax Competition») und dann 2003 das entsprechende OECD-Musterabkommen über die Doppelbesteuerung nicht übernommen. Obschon es schon 1999 Kritik an diesem Abseitsstehen gab, blieb der Bundesrat dezidiert bei seiner Meinung, die Schweiz müsse im internationalen Steuerwettbewerb ihr eigenes Steuerregime und das Bankgeheimnis bewahren. Durch eine juristische Konstruktion wurde in der Schweiz zwischen Steuerhinterziehung und Steuerbetrug unterschieden, indem die blosse Steuerhinterziehung kein Straftatbestand, sondern nur ein verwaltungsrechtlich geahndetes Vergehen darstellte. Diese Unterscheidung wird vom Ausland seit Jahren nicht verstanden.

Es stellt sich nun die Frage, welche Auswirkungen die Einführung einer Amtshilfe in Fragen der Steuerflucht auf die Banken und den Finanzplatz haben wird. Dabei gehen die Meinungen und Einschätzungen ausserordentlich stark auseinander. Die unterschiedliche Beurteilung hat sehr stark auch mit dem Mythos «Bankgeheimnis» und der Dimension des Finanzplatzes zu tun, wie wir dies Anfangs des Kapitels beschrieben haben.

Insbesondere gehen die Einschätzungen über die Dimension des Schwarzgeldanteils an ausländischen Geldern, die im Finanzplatz Schweiz angelegt sind, weit auseinander. Einigermassen objektiv lassen sich die Gesamtsummen der Auslandgelder und verwalteten Vermögen beurteilen. Sie wurden in den letzten Jahren mit zunehmender Verfeinerung von der Schweizerischen Nationalbank erfasst. → siehe Box «Wie viel Vermögen» (Seite 299)

Finanzplatzregulierung vom Ausland bestimmt

Die regulatorischen Rahmenbedingungen, die der Staat für den Finanzplatz Schweiz erlassen hat, werden immer stärker international geprägt. Die Globalisierung, von

Wie viel Vermögen liegen bei Schweizer Banken?

Die Schweizerische Nationalbank SNB hat für Ende Dezember 2009 folgende Vermögensbestände bei allen Banken registriert.[6]

	Total	Aus dem Ausland	
		Betrag	in % des Totals
Einlagen von Kunden in Spar- und Anlagenform	426 Mrd. Fr.	30 Mrd. Fr.	7 %
Kundenvermögen auf Sicht	566 Mrd. Fr.	302 Mrd. Fr.	53 %
Wertschriften in Kundendepots	4355 Mrd. Fr.	2410 Mrd. Fr.	55 %
Davon: Von institutionellen Anlegern	2831 Mrd. Fr.	1579 Mrd. Fr.	56 %
Von Privatkunden	1159 Mrd. Fr.	681 Mrd. Fr.	59 %
Von kommerziellen Kunden	364 Mrd. Fr.	150 Mrd. Fr.	41 %
Treuhandanlagen (Anlagen im Auftrag und Risiko des Kunden)	252 Mrd. Fr.	202 Mrd. Fr.	80 %
Anlagen ausserhalb der Banken:[7] Fonds, Hedge-Fonds, Lebensversicherungen		516 Mrd. Fr.	

Wegen Doppelzählungen, Überschneidungen der einzelnen Asset-Formen und Auslassungen verzichten wir auf eine Addition dieser Vermögenswerte.

Als Faustregel lässt sich grössenordnungsmässig sagen: Die verwalteten Vermögen auf dem Bankenplatz Schweiz betrugen Ende 2009 rund 5000 Mrd. Franken (etwa das 9-fache des schweizerischen Bruttoinlandprodukts). Rund 60 Prozent aller verwalteten Vermögen stammten aus dem Ausland, und von diesem wiederum stammten etwa 60 Prozent von institutionellen Anlegern (Banken, Versicherungen, Pensionskassen, Konzerne) und 40 Prozent von privaten und kommerziellen Kunden (Letztere sind definiert aus Anleger und Organisationen ohne Erwerbszweck). Man kann generell sagen, dass institutionelle Anleger und ein Teil der kommerziellen Kunden nicht auf das Bankgeheimnis angewiesen sind, weil bei ihnen Steuervermeidungspraktiken keine Rolle spielen. Hingegen können Vermögen von ausländischen Privatkunden sehr wohl mit Steuerhinterziehungspraktiken in Zusammenhang stehen (Steuerhinterziehung, Steuerbetrug, Hinterziehung des Vermögens bei der Entstehung als Einkommen usw.).

Ausländische Vermögen, bei denen das Bankgeheimins (Steuerhinterziehung) potenziell eine Rolle spielen kann, machen also höchstens ein Fünftel aller verwalteten Vermögen aus. Bei den Wertschriften in Kundendepots betragen die Depotbestände von ausländischen Privatkunden nur noch ein Sechstel aller von Banken verwalteten Wertschriftenvermögen.

Die Bedeutung des Bankgeheimnisses für die Vermögensverwaltung durch den Finanzplatz wurde lange Zeit überschätzt. Siehe auch Kommentare zu → **Grafiken 1.8 und 11.2**

der auch der Finanzplatz Schweiz enorm profitiert, zwingt längerfristig auch zu globalen Spielregeln. Ein autonomer Nachvollzug ist oft eine Illusion, weil die Harmonisierung auf Druck des Auslandes erzwungen wird. Aufgrund dieser historischen Erfahrungen in den letzten Jahrzehnten ist davon auszugehen, dass auch in Zukunft der Harmonisierungszwang im Bereich der Finanzmärkte und der Aufsicht zunehmen wird. Dies betrifft sowohl die Frage der Steuererfassung (Bankgeheimnis) als auch die Frage der Sicherung gegen Finanzmarktrisiken (zum Beispiel Eigenmittelvorschriften, Transparentregeln etc.). Die wesentlichen Spielregeln der internationalen Finanzmärkte werden nicht von der Schweiz, sondern von den Grossmächten bestimmt und weltweit durchgesetzt.

Im Gefolge der Finanzkrise haben sich vor allem die Gruppe der G-20 als Regelgeber etabliert und auch die OECD hat sich wegen der Steuerfluchtfrage (unlauterer Steuerwettbewerb) stark in Szene gesetzt. → **siehe Box zu den Auslandszwängen**

Anpassungszwänge vom Ausland her – Schweiz ständig unter Druck

Die Schweiz musste in den letzten Jahren und Jahrzehnten wichtige Änderungen der Finanzmarktaufsicht und Lockerungen des Bankgeheimnisses hinnehmen. Die Anpassungen wurden nie aus eigener Kraft, sondern stets auch auf Druck des Auslandes vollzogen. Einige Beispiele aus der jüngsten Wirtschaftsgeschichte:

- 1972 gewährte die Schweiz den USA im Rahmen des Rechtshilfeabkommens Schweiz–USA beim «Organized Crime» (Mafiagelder) erstmals Rechtshilfe unter Aufhebung des Bankgeheimnisses, nachdem die Nixon-Regierung der Schweiz mit Retorsionsmassnahmen gegen Uhren und Käse gedroht hatte.
- In den 1980er-Jahren wurde in der Schweiz auf Druck der USA eine Strafnorm für Insidergeschäfte eingeführt, nachdem schweizerische Banken (u.a. die Schweizerische Volksbank) in den USA von der Börse verbannt worden waren.
- 1988 musste die Schweiz auf Druck der USA einen Gesetzesartikel gegen Geldwäscherei einführen. Diese Strafnorm wurde später im Geldwäschereigesetz vervollkommnet.
- 1998/99 mussten sich die Schweizer Grossbanken, nach jahrelangem hartem Widerstand, zur Entschädigung von Holocaust-Opfern (Zahlung von 1,25 Milliarden Dollar) bereit erklären, nachdem schweizerische Banken von institutionellen Anlegern in den USA auf die Boykottliste für Aktienkäufe (respektive deren Androhung) gesetzt worden waren und die US-Administration massiven Druck auf die Schweiz ausübte.
- Im Doppelbesteuerungsabkommen (DBA) Schweiz – USA von 1997 geriet das Bankgeheimnis weiter unter Druck. Die schweizerischen Banken mussten sich als «Qualified Intermediary» bereit erklären, dem amerikanischen Fiskus für die Vermögen amerikanischer Bürger und Doppelbürger die Quellensteuer in der Schweiz zu erheben und diese direkt den USA abzuliefern.
- Auch bei der Anerkennung der Revisoratsaufsicht für börsenkotierte Gesellschaften musste die Schweiz gegenüber den USA Konzessionen machen und 2005/2007 ihre Gesetzgebung dem Sarbanes-Oxley-Act anpassen. Die USA drohten zuvor, die an der New Yorker Börse kotierten schweizerischen Gesellschaften (UBS, Credit Suisse, ABB, Nestlé usw.) nicht mehr bei der Revision zu anerkennen, wenn die Schweiz ihr Revisionsrecht nicht dem amerikanischen anpasst.
- Mit dem Bilateralen Abkommen II musste sich die Schweiz 2003 gegenüber der EU verpflichten, die Zinsen von Kapitalien europäischer Bürger auf Schweizer Banken mit einer Quellensteuer auf Zinser-

trägen zu besteuern und diese an die EU-Länder abzuliefern. Das Bankgeheimnis konnte vorläufig gewahrt werden, aber eine Renegotiationsklausel wird das Thema «Bankgeheimnis» später wieder zum Verhandlungsthema machen.

- Ende 2008 kam die UBS seitens der US-Regierung unter Druck, weil man ihr (teils aufgrund von Aussagen von Kronzeugen und ehemaligen UBS-Kadermitgliedern) eine systematische Steuerfluchthilfe für amerikanische Kunden vorwarf. Die USA verlangten von der UBS sofort die Auslieferung von 240 Kundendaten, die dann aufgrund einer (rechtlich umstrittenen) Verfügung der Finanzmarktaufsicht tatsächlich an die USA geliefert wurden. Kurz darauf verlangten die USA weitere Kundendaten von (angeblich) 52000 US-Bürgerinnen und -Bürgern, die bei der UBS Konten unterhielten. Daraus wurde im August 2009 ein Abkommen mit den USA abgeschlossen, welches die Lieferung von rund 4400 Kundendaten vorsah, bei denen (angeblich) Steuerbetrug im Spiel war. Dieses Spezialabkommen zwischen der schweizerischen und der amerikanischen Regierung ist bei Redaktionsschluss noch hängig.
- Ebenfalls im Frühjahr 2009 verdichtete sich der Druck der OECD auf die Schweiz und andere Steuerfluchtinseln für eine Anpassung der Amtshilfe in Steuersachen. Die Drohung, die Schweiz auf eine schwarze Liste zu setzen, führte im März 2009 zu einer Kehrtwende des Bundesrates durch die Deklaration, in Zukunft bei Amtshilfeverfahren keine Unterscheidung mehr zwischen Steuerhinterziehung und Steuerbetrug anzuwenden. Mit anderen Worten: Auch bei Steuerhinterziehung sollte die Schweiz in Zukunft Amtshilfe leisten.
- Aufgrund dieser Deklaration wurden in den Jahren 2009/2010 eine Reihe bilateraler Abkommen mit Industriestaaten im Sinne der OECD-Richtlinien (OECD-Musterabkommen über Amtshilfe in Steuerfragen, Artikel 26) angepasst. Diese Anpassung von 25 bis 30 bilateralen Doppelbesteuerungsabkommen erfordert je eine Ratifikation durch die Bundesversammlung. Die betreffenden Ratifikationsbeschlüsse haben Gesetzescharakter und werden einzeln dem fakultativen Referendum unterstellt.
- Die hängigen Probleme mit der EU bezüglich Auskunft in Steuerfragen, Holdingbesteuerung in der Schweiz und Steuerbetrugsabkommen sind zur Zeit des Redaktionsschlusses der 2. Auflage noch im Gang (Frühjahr 2010). Die Steuer- und Fiskalfragen werden das bilaterale Verhältnis der Schweiz mit der EU und mit einzelnen EU-Staaten weiterhin stark belasten. Diese Belastung wird auch verstärkt durch rechtswidrige Datenlieferungen durch einzelne Bankangestellte an ausländische Staaten (Datenklau).

Quellen Kapitel 11

[1] Sinn, Hans-Werner: Kasino-Kapitalismus. Wie es zur Finanzkrise kam, und was jetzt zu tun ist. Berlin 2009, 2. Auflage.

[2] Hässig, Lukas: Der UBS-Crash. Wie eine Grossbank Milliarden verspielte. Hamburg 2009, S. 65.

[3] NZZ vom 4. Februar 2008, S. 17.

[4] Strahm, Rudolf H.: Arbeit und Sozialstaat sind zu retten. Werd Verlag Zürich, 1997, S. 84 f. Nationalrat: Motion Strahm Nr. 98.3480: Eigenmittelvorschriften zur Abdeckung der Systemrisiken bei global tätigen Banken, vom 8. Oktober 1998 (Curia Vista: www.parlament.ch).

[5] Müller, Felix E. in: NZZ am Sonntag, 20.1.2008, S. 19.

[6] SNB: Statistisches Monatsheft. Nr. 2/2010, Februar 2010, Tabelle D1.1 (Einlagen, Sichteinlagen), D4 (Treuhandpassiven), D5.2 (Wertschriftenbestände in Depots). Die hier aufgeführten Vermögenswerte ausserhalb der Banken in Fonds, Hedge-Fonds, Lebensversicherungen sind nicht von der Nationalbank sonder von einer privaten Analyse-Firma inoffiziell zusammengezählt

[7] Martin A. Sullivan: Offshore Explorations: Switzerland. Tax Notes International 10.12.2007 zitiert nach: Bilanz Nr. 3/2010, S. 30 (diese Vermögenswerte sind geschätzt)

- **Grafik 11.1** – Swiss Bankers Association: Wealth Management in Switzerland. Industry Trends and Strategies. Basel, Januar 2007, S. 9.
- **Grafik 11.2** – Simon Jäggi, Seco. Volkswirtschaftliche Auswirkungen der Finanzkrise. In. Die Volkswirtschaft, Nr. 12-2008. Grafik 1.
- **Grafik 11.3** – SNB: Bericht zur Finanzstabilität, Zürich 2009, Box3, S. 30. Sowie Bankbilanzen UBS und CS.
- **Grafik 11.4** – SNB: Bericht zur Finanzstabilität, Zürich 2009, Box 3, S. 30–31
- **Grafik 11.5** – World Economic Forum WEF: The Global Competitiveness Report 2007–2008. Genf 2007, Tab. 8.03 / 8.04 S. 470–471. IMD: IMD World Competitiveness Yearbook 2004, Lausanne 2004, Tab. 3.3.07 / 3.3.08 S. 665.
- **Grafik 11.6** – OECD Economic Surveys Switzerland. Vol. 2007 / 19, November 2007. Supplement No. 1, Fig. 1.3, S. 24 (Quelle: seco) sowie: http://dx.doi.org/10.1787/138487654826. OECD Economic Survey Switzerland. Vol. 2009 / 20. December 2009. Supplement No. 2. Paris 2009, Fig. 1.3, p. 23.
- **Grafik 11.7** – Bank for International Settlements BIS: Quarterly Review. Statistical Annex, je Tab. 1, div. Nummern. www.BIS.org.
- **Grafik 11.8** – Bank for International Settlements BIS: Quarterly Review. December 2007, S. 25.
- **Grafik 11.11** – Sinn, Hans-Werner: Kasino-Kapitalimus. Berlin 2009. 2. Auflage, S. 138 f.
- **Grafik 11.12** – CDO-Papiere: SIFMA, Securities Industry and Financial Markets Association. Immobilienpreise: Case-Shiller HOme Price Indices, Nach: Sinn, Hans-Werner: Kasino-Kapitalismus, 2.Auflage, Berlin 2009, S. 49, 140.
- **Grafik 11.13** – SNB: Bericht zur Finanzstabilität. August 2009. Grafik 22, S. 43.
- **Grafik 11.14** – SNB: Bericht zur Finanzstabilität, August 2008. S. 40. Hans-Werner Sinn: Kasino-Kapitalismus. Berlin 2009. S. 160.
- **Grafik 11.16** – SNB: Bericht zur Finanzstabilität. August 2009, Grafiken 18 und 19. S. 39–40.
- **Grafik 11.17** – SNB: Bericht zur Finanzstabilität. August 2009, Grafik 20, S. 41.
- **Grafik 11.18** – Hans-Werner Sinn: Casino-Kapitalismus. Berlin 2009. Tab. 8.1. S. 196.
- **Grafik 11.19** – Hans-Werner Sinn: Casino-Kapitalismus. Berlin 2009. Abb 8.2. S. 190. (Quelle: Bloomberg).
- **Grafik 11.20** – International Monetary Fund: The State of Public Finances Cross-Country Fiscal Monitor: November 2009. IMF Staff Position Note. Nov. 3, 2009. Annex Tab. 1. S. 35.
  Schweiz: Eidg. Finanzdepartement: Öffentliche Finanzen 2009. Bund, Kantone, Gemeinden. Taschenstatistik. April 2009. S. 8.
- **Grafik 11.21** – Wechselkurse Franken / Dollar: Nach Schweizerischer Nationalbank: Statistisches Jahrbuch der Schweiz, diverse Jahrgänge.
- **Grafik 11.23** – Kommission für Konjunkturfragen (KfK): 75 Jahre KfK. Ein umfassender Rückblick auf die Konjunkturentwicklung und -politik der Schweiz. Jahresbericht 2007, vom 21. September 2007, S. 17 ff. BFS: Die Schweizer Wirtschaft von den Neunziger Jahren bis heute. Wichtige Fakten und Konjunkturanalysen. Neuchâtel 2005, S. 18 ff, und S. 59 ff.

Bild S. 257: Keystone, Martin Ruetschi

KAPITEL 12

Konjunkturen und Wachstum: Aufgaben und Grenzen der staatlichen Wirtschaftspolitik

Das Kapitel im Überblick

Die staatliche Wirtschaftspolitik zur Beeinflussung des Wirtschaftswachstums ist hochgradig kontrovers. Die Politik präsentiert und fordert zwar unzählige Massnahmen, aber im Grunde sind die Möglichkeiten der Wirtschaftspolitik des Staates zur langfristigen Beeinflussung des wirtschaftlichen Wachstums äusserst beschränkt und es stehen nur wenige langfristig wirksame Massnahmen zur Verfügung.

Anders ist es bei der kurzfristigen Stabilisierung der Konjunktur, vor allem bei der Bekämpfung von konjunkturellen Wachstumseinbrüchen. In der Konjunkturstützung durch die staatliche Wirtschaftspolitik haben wir durch die Weltwirtschaftskrise 2007 bis 2009 einen grundlegenden Meinungswechsel erfahren. Während in den 1990er-Jahren der Mainstream der Ökonomen-Meinungen gegen jede staatliche Konjunkturpolitik gerichtet war, brachte die Finanzmarktkrise, die sich gegen Ende 2007 aufbaute und 2008/2009 mit voller Wucht die Wirtschaft traf, eine Wiederbelebung der staatlichen Eingriffe in die Wirtschaft: Zunächst wurden massive Kredite und Liquiditätshilfen der Notenbanken (auch der Schweizerischen Nationalbank) zur Stabilisierung des Finanzsystems eingesetzt. Später lancierte man auch staatliche Beschäftigungsprogramme zum Auffangen des Konjunktureinbruchs, der in der Schweiz die Exportindustrie besonders traf. In diesem Kapitel werden die Stabilisierungsprogramme des Bundes und ihre Wirkungsweise vorgestellt.

Was die langfristige Wachstumspolitik betrifft, fokussieren wir in diesem Kapitel auf die zwei wichtigsten, wachstumsrelevanten Strategien: Erstens ist die Steigerung der Produktivität entscheidend. Hauptinstrumente des Staates sind die breite Berufsbildung der Bevölkerung, die Bildung allgemein, die Weiterbildung, Forschung und Innovation. Zweitens ist der verstärkte Wettbewerb die treibende Kraft für Innovationen. Dies schliesst insbesondere Importwettbewerb und Korrekturen der Hochpreisinsel Schweiz mit ein, weil die teureren Importe die Wachstumsressourcen wegfressen und den Produktionsstandort Schweiz zusätzlich verteuern.

Während den Jahren 2008 und 2009 gab es mehrere Konjunkturstützungsmassnahmen, die unterschiedliche Wirkungsweisen hatten. Eine kurzfristige Stabilisierung der Konjunktur kann der Staat übernehmen, aber die Möglichkeiten der staatlichen Förderung des langfristigen Wirtschaftswachstums sind begrenzt. Die Wachstums- und Konjunkturpolitik des Staates ist stets kontrovers und ideologisch besetzt.

Sichtweise der Ökonomen

Wirtschaftswachstum wird mit der hochkomplexen und abstrakten Grösse des Bruttoinlandprodukts BIP gemessen. Nicht nur die Messung des BIP selber ist mit Unsicherheiten und Fehlern behaftet, sondern auch die Grundsatzfrage ist umstritten, ob das BIP überhaupt die richtige Messgrösse für die Lebensqualität sei. → **siehe Grafiken 1.5 und 1.6**

Wir haben bereits ausführlich aufgezeigt, dass das *Niveau* der Beschäftigung nicht nur vom BIP-Wachstum abhängt, sondern vor allem auch vom berufspraktischen Bildungsstand. Je mehr und besser die Bevölkerung durch die Berufsbildung arbeitsmarktfähig ist, desto höher ist die Erwerbsquote. Selbstverständlich schwankt die Arbeitslosigkeit mit der konjunkturellen Entwicklung, aber das Beschäftigungs*niveau* ist nicht einfach von den Wachstumsraten, sondern vor allem von der Arbeitsmarktfähigkeit, der «Employability», der breiten Aktivbevölkerung abhängig. → **Siehe vergleichende drei Grafiken 2.1, 2.2 und 2.3**

Die Wachstumsökonomie – auch als Makroökonomie bezeichnet – ist eine abstrakte und mit vielen weltanschaulichen Urteilen besetzte Wissenschaft. Der Streit um Angebots- oder Nachfrageökonomie, um monetaristische oder Taylor'sche Geldpolitik ist legendär und Jahrzehnte alt. Wir versuchen hier, jenseits der ideologischen Debatte (auf diese gehen wir im Kommentar am Schluss des Kapitels ein), die wichtigsten Faktoren für das wirtschaftliche Wachstum herauszuarbeiten. Diese Faktoren sind in der Schweiz erstens die Produktivitätsentwicklung und zweitens die Innovationsfähigkeit. Die erste wird vom Bildungsumfeld und die zweite von den Wettbewerbsbedingungen geprägt. Als entscheidenste Rahmenbedingung wirkt drittens die Geldpolitik der Nationalbank mit. Hingegen ist das Steuerniveau, um das so oft gestritten wird, kein entscheidender Faktor in der langfristigen Wachstumsstrategie.

Zyklische Schwankungen und deren Folgelasten

Das Wirtschaftswachstum verläuft nicht stetig, sondern mit wiederkehrenden, zyklischen Schwankungen. Jeder Rückgang des Wirtschaftswachstums, das längere Zeit unter etwa 1,5 Prozent BIP-Zuwachs pro Jahr fällt, erhöht die Arbeitslosigkeit; und jeder

Wachstumsanstieg über etwa 1,8 Prozent pro Jahr bringt einen Rückgang der Arbeitslosenquote. Wachstumsspitzen mit tiefen Arbeitslosenquoten erlebte die schweizerische Wirtschaft in den Jahren 1981, 1990, 2001 und 2008. Wenn das Wirtschaftswachstum am höchsten ist, geht die Arbeitslosigkeit zwar zurück, aber es bleibt auch bei hohem Wachstum ein Sockel an Arbeitslosen. Diese sogenannte Sockelarbeitslosigkeit steigt mit jedem Konjunkturzyklus treppenförmig auf ein höheres Niveau. → **Grafik 12.1**

Wenn zwei Quartale hintereinander das BIP-Wachstum negativ ausfällt, spricht man von Rezession. Jede Rezession beschert der öffentlichen Hand Folgelasten in Form von höheren Arbeitslosengeldern, Sozialhilfeleistungen und Invalidenversicherungszahlungen. Arbeitslosigkeit wiederum verstärkt den Konjunkturabschwung, weil sie eine negative Wirkung auf die Stimmung der Konsumenten hat, die Haushalte vermindern aus Vorsicht ihre Konsumausgaben, und die Nachfrage nach Produkten geht zurück, was wiederum die Krise verstärkt. Fazit: Arbeitslosigkeit verstärkt also die Arbeitslosigkeit durch diesen Kreislaufeffekt. Arbeitslosigkeit ist, gesamtwirtschaftlich gesehen, die teuerste Form von Arbeitszeitverkürzung. Und deshalb ist die Bekämpfung von Arbeitslosigkeit wirtschaftspolitisch gerechtfertigt.

Sockelarbeitslosigkeit

Diese Mindestarbeitslosigkeit erreichte jeweils in der Wachstumsspitze am Ende des Wirtschaftsaufschwungs folgende Werte:[1]

1981	6 000 Arbeitslose (0,2 % Arbeitslosenquote)
1990	18 000 Arbeitslose (0,5 %)
2001	67 000 Arbeitslose (1,7 %)
2008	105 000 Arbeitslose (2,7 %)

Dieser treppenförmige Anstieg der Sockelarbeitslosigkeit von Mal zu Mal lässt sich u.a. wie folgt erklären: Personen, die längere Zeit arbeitslos waren, sind durch die Arbeitslosigkeit beeinträchtigt und damit schwerer in den Arbeitsmarkt integrierbar. Ungelernte ausländische Arbeitskräfte werden zudem früher und länger aus dem Arbeitsmarkt gedrängt und sind statistisch häufiger und länger arbeitslos. Der durch den rascheren Strukturwandel in der Wirtschaft erzwungene Berufswechsel wird von (ausländischen) ungelernten Personen weniger gut bewältigt (sogenannte «strukturelle Arbeitslosigkeit»). Mit der weiteren Grenzöffnung des Arbeitsmarktes im Zeichen der Personenfreizügigkeit wird die Sockelarbeitslosigkeit ansteigen, weil durch die Immigration weniger qualifizierte und schwächere Arbeitnehmende aus dem Arbeitsprozess gedrängt werden. → **Dies belegen auch die Grafiken 4.2, 4.5, 9.5**
Mit diesen Zahlen sind immer die registrierten Arbeitslosen erfasst. Ausgesteuerte, Stellensuchende ohne Arbeitslosenversicherung, Leute in Weiterbildung und erwerbslose Sozialhilfe-Empfänger/-innen sind dabei nicht inbegriffen. Sie figurieren zusammen mit den registrierten Arbeitslosen unter dem Sammelbegriff «Erwerbslose», deren Anzahl nur ungenau aus den Haushaltbefragungen (Volkszählung, SAKE) erhoben werden kann. Die Zahl der «Erwerbslosen» ist, je nach Konjunkturlage, immer etwa 50 000 bis 100 000 höher als die Zahl der registrierten Arbeitslosen.

Forscher der Konjunkturforschungsstelle KOF ETH gehen davon aus, dass das Wirtschaftswachstum in Zukunft im Zeichen des offenen Arbeitsmarkts (Personenfreizügigkeit) etwa 2 Prozent pro Jahr betragen muss, um neue Arbeitsmarktungleichgewichte (also wachsende Arbeitslosigkeit) zu vermeiden.[2] Die offenen Grenzen des Arbeitsmarkts mit der Personenfreizügigkeit geben der Arbeitgeberschaft mehr Möglichkeiten zur Rekrutierung im Ausland und ermöglichen einen gewissen Lohndruck im Inland. In der Rezession wird das Sozialversicherungssystem, namentlich die Arbeitslosenversicherung, ebenfalls stärker belastet als früher, je mehr der Arbeitsmarkt geöffnet wird.

Kurzfristige Konjunkturmassnahmen 2008 bis 2010

Der rasche Konjunktureinbruch 2008, der weltweit von der in Kapitel 11 beschriebenen Finanzmarktkrise ausgelöst worden ist, hat in der Schweiz die sogenannten konjunkturellen Stabilisierungsmassnahmen nötig gemacht. Sie wurden vom Bundesrat vorgeschlagen und vom Parlament verabschiedet.

Die Stabilisierungsprogramme des Bundes mit insgesamt rund 2 Milliarden Franken Kosten wurden in drei Phasen vom Parlament beschlossen (November 2008, Februar 2009, September 2009). Die Kantone und Gemeinden beteiligten sich durch zusätzliche Aufträge für Bauten, Energieeffizienz und Infrastruktur mit über drei Milliarden Franken. → **Grafik 12.2**

Ein Teil der Konjunkturmassnahmen bestand in vorgezogenen Aufträgen und Ausgaben in Bereichen, in denen der Bund ohnehin hätte investieren müssen. Darüber hinaus wurden auch beschäftigungswirksame Investitionsprogramme im Bereich des Energiesparens ausgelöst, indem der Bund privaten Hauseigentümern und Wohnbauträgern rasch, innert Monaten, Sanierungsbeiträge für Wärmedämmung, Heizungssanierungen, Wärmepumpen und moderne Anlagen für erneuerbare Energien zur Verfügung stellte. Diese öffentlichen Mittel lösten (beschleunigt durch hohe Erdölpreise 2008) private Investitionen im Baugewerbe, Baunebengewerbe, in der Haus- und Energietechnik aus, schufen neue Arbeitsplätze oder verminderten Entlassungen, was zu Minderausgaben bei der Arbeitslosenversicherung führte. In → **Grafik 12.3** sind der Wirkungsmechanismus und die Multiplikatorwirkung solcher konjunktureller Beschäftigungsmassnahmen dargestellt. Mit einem Subventionsfranken löste der Bund, je nach Subventionsanteil, 4 bis 6 zusätzliche Investitionsfranken der Hauseigentümer aus. Die effektiven Einsparungen für die Arbeitslosenversicherung können erst im Nachhinein evaluiert werden, was zur Zeit der Redaktion noch aussteht.

Eine wichtige Rolle bei der Krisenbekämpfung spielte auch die Schweizerische Nationalbank, die durch Liquiditätshilfen an Banken (Kredite mit extrem tiefen Zinssätzen nahe bei null) sowie mit der Zusammenstellung und Garantierung von Konsortialkrediten mittelgrosser Banken zugunsten grösserer Unternehmen eine Kreditklemme zu vermeiden suchte. Im Gegensatz zu andern Ländern ist der «Credit Crunch» (Kreditklemme) für die schweizerischen Firmen weniger dramatisch verlaufen, obschon auch bei uns viele Firmen höhere Bankzinsen zahlen mussten und seither zahlen müssen.

Die politischen Gruppierungen und Parteien, die sich in den Neunziger Jahren aus weltanschaulichen oder wirtschaftsdogmatischen Gründen jeder staatlichen Konjunkturförderung widersetzt hatten, mussten über ihren Schatten springen. Auch im früher dogmatisch gegen Konjunkturprogramme ausgerichteten Staatssekretariat für Wirtschaft Seco fand eine Korrektur statt.

Ein Konzeptionsstreit zur Konjunkturstabilisierung bestand in der Frage: Soll der Bund die Konjunktur durch Erhöhung der Kaufkraft der Haushalte (z. B. durch Steuersenkungen oder Einkommenszuschüsse) stützen – oder soll er Investitionen fördern und anregen, damit die Unternehmen mehr Aufträge erhalten? Die Schweizer Haushalte benötigen ihre verbleibenden Finanzmittel nach Abzug der (fixen, konjunkturell kaum beeinflussbaren) Wohn-, Krankenkassen- und Versicherungsausgaben zu 60 bis 70 Prozent für Haushaltsgüter, die aus dem Ausland importiert sind. Deshalb verbleiben von einer Milliarde Franken Kaufkraftstützung oder Steuersenkung an die Haushalte bloss 300 bis 400 Millionen Franken als Wertschöpfungsbeitrag im Inland. Demgegenüber lösen Investitionen im Inland, zum Beispiel für energetische Sanierungen, Infrastrukturbauten etc. eine Wertschöpfung im Inland von 1600 bis zu 2000 Millionen Franken aus (je nach Induzierung privater Mittel und je nach Multiplikatorwirkung). Diese Faustregel zeigt: Konjunkturelle Investitionsanreize des Staates sind viel arbeitsplatzwirksamer als Kaufkraftzuschüsse und Steuersenkungen für Private. → **Grafik 12.4**

In der Wirtschaftskrise 2008 bis 2010 schnellte die Arbeitslosigkeit von rund 100 000 auf 170 000 registrierte Arbeitslose. Die Zahlungen der Arbeitslosengelder wirkten wie ein automatischer Stabilisator der Konjunktur, hinterliessen allerdings eine Verschuldung der Arbeitslosenversicherung. Vor allem auch die Ausdehnung der Kurzarbeitsentschädigung durch die Arbeitslosenversicherung war wirksam bei der Verhinderung und Verminderung von Entlassungen. Die Dauer der Kurzarbeitsentschädigung wurde von 12 auf 18 Monate und später auf 24 Monate ausgedehnt. In der Spitze der Krise, im Frühjahr 2009, bezahlte die Arbeitslosenversicherung monatlich bis zu 3 Millionen Ausfallstunden an bis zu 60 000 Arbeitnehmende in Kurzarbeit. → **Grafik 12.5**

Die Schweizer Wirtschaft hat in der Rezession 2008–2009 indirekt auch einen grossen Nutzen aus den enormen Konjunkturprogrammen der Regierungen in den wichtigen Nachbarländern gezogen, so zum Beispiel aus den Investitionshilfen und Autoverschrottungsprämien in Deutschland und Frankreich, sowie aus den staatlichen Banken- und Versicherungsrettungsaktionen an fast allen Finanzplätzen. Ohne diese staatlichen Interventionsprogramme, die im Ausland zu einer enormen Verschuldung geführt haben (→ **Grafik 11.20**), hätten die schweizerische Exportwirtschaft und die Grossbanken noch grössere und langfristigere Schäden tragen müssen.

Nach der kurzfristigen Konjunkturpolitik mit den Erfahrungen von 2008–2010 wenden wir uns jetzt den eher langfristigen Wachstumsperspektiven zu.

Kreislaufbetrachtung ist entscheidend

Für das Grundverständnis des langfristigen Wirtschaftswachstums ist entscheidend, die Wirtschaft als Kreislauf zu betrachten, wie dies die Volkwirtschaftliche Gesamtrechnung VGR oder Nationale Buchhaltung darstellt. → **Grafik 12.16**

Jeder Einkommensfranken, der von den Unternehmen in Form von Löhnen oder Gewinnen an die Haushalte bezahlt wird, fliesst (nach Abzug der Haushaltersparnisse) in Form von Haushaltausgaben zurück an die Unternehmen. Rund 60 Prozent des Bruttoinlandprodukts bestehen in der Schweiz aus den Konsumausgaben der Haushalte. Der Konsum der Schweizer Haushalte ist die weitaus grösste Nachfragekomponente des Bruttoinlandprodukts und muss in der Wirtschaftspolitik besonders beachtet werden. → **Grafik 12.7**

Wenn die Haushalte wegen Angstreaktionen, zum Beispiel Angst vor Arbeitsplatzverlust, zurückhaltend werden, können sie die Konjunktur zusätzlich bremsen; denn weniger Nachfrage der Konsumenten heisst weniger Produktionsaussichten für die Unternehmen und dadurch tiefere Investitionen, was wiederum zum Abbau von Arbeitsplätzen führt.

Eine weitere wichtige Komponente des BIP und damit zweitwichtigste Stütze des Wirtschaftswachstums mit durchschnittlich rund 50 Prozent BIP-Anteil sind in der Schweiz die Exporte. (Dabei kommen im BIP allerdings die Importausgaben in Abzug.)

Erfahrungsgemäss sind die Exporte und die Rahmenbedingungen für die Exportwirtschaft – namentlich die Weltkonjunktur in den Abnehmerländern und der Wechselkurs des Schweizerfrankens – ganz entscheidende Konjunkturfaktoren. Im Weiteren sind auch die Investitionen samt Bautätigkeit mit rund einen Fünftel BIP-Anteil konjunkturbeeinflussend und langfristig wachstumsbestimmend. → **Grafik 12.7**

Beide, die Exporte und die Investitionen, beeinflussen wie der Haushaltskonsum, die volkswirtschaftliche Leistung der Unternehmen. Die Stützung des Bruttoinlandprodukts (und damit des Wachstums) ist, gesamthaft betrachtet, von zwei Seiten abhängig: Von der *Nachfrageseite,* das heisst von den Käufen der Haushalte und der öffentlichen Hand, und von der *Angebotsseite,* das heisst von der Stärke der Unternehmen und ihrer (internationalen) Konkurrenzfähigkeit. Beide Seiten, die Nachfrage- und die Angebotsseite, sind wichtig für das Wirtschaftswachstum.

Hier noch ein Blick auf die Staatstätigkeit und die Steuern: Betrachten Sie nochmals den Wirtschaftskreislauf in → **Grafik 12.6**, wie er in jedem Lehrbuch zu finden ist: Jeder Franken, der an den Staat gezahlt wird, fliesst in Form von Löhnen und Renten an die Haushalte oder in Form von Käufen und Investitionen an die Unternehmen zurück. *Jeder Steuerfranken wird also zu einem Nachfragefranken bei Unternehmen und Haushalten.* Jeder Lohn- und Rentenfranken wird wiederum zum Konsumfranken (genauer gerechnet jeweils nach Abzug der Sparquoten). Die Staatsausgaben und -einnahmen bringen zwar eine Umverteilung der Kaufkraft innerhalb der Bevölkerung, aber gesamtwirtschaftlich sind sie in Bezug auf das gesamte Bruttoinlandprodukt und dessen Wachstum in etwa neutral. ➔ **Grafik 12.16**

Diese Betrachtung des Wirtschaftskreislaufs sagt noch nichts aus über die Frage, wie und wo die Wertschöpfung in der Wirtschaft generiert wird und wächst. Deshalb müssen wir für das Verständnis der Wachstumspolitik zwei Faktoren aufführen: Einerseits die Förderung der Produktivität (also der Wertschöpfung pro Arbeitsstunde) und anderseits die wettbewerbliche Rahmenbedingung als treibende Kraft der Innovation. Als dritten, unabdingbaren Faktor werden wir darauf auch die Geldpolitik einbeziehen. Mindestens kurzfristig wirkt auch sie sich auf das konjunkturelle Wachstum aus.

Einfluss der Einkommensverteilung

Es versteht sich, dass auch die Einkommensverteilung in der Gesellschaft einen Einfluss auf das Wirtschaftswachstum haben kann: Weil Haushalte mit tieferen Einkommen einen grösseren Einkommensanteil konsumieren (eine höhere Konsumquote aufweisen), während Reiche mehr sparen (höhere Spar- und tiefere Konsumquote), kann eine wachsende Einkommensspreizung in der Gesellschaft zu einer Verminderung der Gesamtkonsumnachfrage führen. Wachsende Einkommensdisparitäten können also das Wachstum bremsen. Werden umgekehrt Einkommen den ärmsten Bevölkerungsschichten zugeführt, bringt dies gesamtwirtschaftlich betrachtet mehr Kaufkraft als die Einkommenserhöhung bei Reichen. Wenn in der Schweiz (vorwiegend durch die Reicheren) mehr gespart wird, bringt dies nicht automatisch mehr Wirtschaftswachstum im Inland, weil in unserem Land ohnehin stets ein Sparüberschuss erwirtschaftet wird. Der schweizerischen Volkswirtschaft mangelt es nicht an Kapital. Aufgrund der (recht rudimentären) Verteilungsstatistiken in der Schweiz wurde festgestellt, dass die Einkommenskluft zwischen Reich und Arm von 1999 bis 2005 insgesamt in etwa gleich geblieben ist oder sich nicht markant geöffnet hat. Hingegen ist ein enormes Auseinanderdriften der obersten 1 Prozent und untersten 1 Prozent Einkommensbezüger in der Wirtschaft feststellbar.[3] ➔ **siehe auch Grafiken 10.1 und 10.2**

Wachstumsfaktor Nr. 1: Produktivitätsentwicklung

Wenn die Zahl der Erwerbspersonen nicht einfach beliebig erhöht werden kann, entsteht höhere Produktion nur durch höhere Leistung pro Arbeitsstunde, also durch höhere Produktivität. Wir haben früher bereits die Arbeitsproduktivität definiert als Wertschöpfung pro Arbeitsstunde oder, auf das Jahr gerechnet, als Wertschöpfung pro vollzeitäquivalenten Beschäftigten im Jahr. ➔ **Grafik 6.3**

Volkswirtschaftlicher Reichtum entsteht dort, wo die Arbeitsproduktivität hoch ist und wo sie gesteigert wird. Deshalb ist die Zunahme und Förderung der Produktivität und besonders der Branchen mit hoher Produktivität wachstums- und wohlstandsentscheidend.

Man spricht dann von «strukturschwachen Branchen», wenn die Wertschöpfung pro Beschäftigten sehr tief liegt. Die Förderung oder gar Subventionierung der strukturschwachen Branchen bringt für das Wachstum wenig. Doch haben gerade sie und ihre Vertreter im Parlament am meisten Einfluss, um staatliche Mittel zu beanspruchen (sogenanntes Rent seeking). → **Die Grafiken 12.8 und 6.4 sind vergleichbar, aber nicht ganz identisch, weil sie aus verschiedenen Quellen stammen.**

Während die Wertschöpfung im schweizerischen Durchschnitt rund 123 000 Franken pro Vollzeitbeschäftigten und Jahr beträgt, liegt sie bei Elektrizitätswerken, Banken und Versicherungen sogar in der Grössenordnung von 300 000 Franken. Demgegenüber liegt die Produktivität in der Landwirtschaft etwa bei 41 000 Franken, im Gastgewerbe/Tourismus bei 57 000 Franken, im Baugewerbe bei 93 000 Franken. → **Grafik 12.8**

Für das Verständnis des Wirtschaftswachstums ist die Produktivitätsbetrachtung absolut entscheidend. Der Ökonom William W. Lewis spricht von «The Power of Productivity», von der «Kraft der Produktivität», um den Wohlstand der Völker zu erklären, beziehungsweise diesen anzuheben. Im Ländervergleich zeigt sich die wohlstandsbestimmende Produktivität eindeutig: Je höher die Arbeitsproduktivität eines Landes, desto höher ist vergleichsweise dessen Wohlstand. → **Grafik 12.9**

Wovon hängt die Produktivitätssteigerung ab? Wir haben bereits in Kapitel 6 die bestimmenden Faktoren für die hohe Arbeitsproduktivität in der Schweiz genannt: Ein hoher allgemeiner Bildungsstand, namentlich die breite berufliche Ausbildung der Erwerbsbevölkerung, aber auch Forschung, Entwicklung und Innovation. Selbstverständlich ist auch die Verfügbarkeit von Kapital für das Wachstum bedeutsam, dieses ist aber in der Schweiz angesichts der Sparüberschüsse der gesamten Volkswirtschaft genügend vorhanden (allerdings für die KMU nicht immer leicht verfügbar).

Der St. Galler Ökonom Franz Jäger hat den Zusammenhang zwischen Wohlstand und dem Wissen, gemessen mit einem Sammelindex für das Wissen, untersucht und eine enge Korrelation zwischen beiden festgestellt: Je mehr ein Land in das Wissen, in Bildung und Ausbildung investiert, desto höher ist das BIP pro Kopf. Die Schweiz ist von 120 Ländern beim Wissenskapital im 11. Rang (wobei auch hier die Berufsbildung mangels statistischer Vergleiche leider nicht separat bewertet ist). → **Grafik 12.10**

Als Fazit aus dieser Betrachtung lässt sich der Schluss ziehen: Ausbildung, Weiterbildung, Forschung und Innovation bedeuten Wirtschaftswachstum. Von allen Ausgabenkategorien des Staates sind die Investitionen in die Bildung langfristig die wirksamsten für das Wirtschaftswachstum. Allerdings ist eine solche «Bildungsrendite» nicht kurzfristig realisierbar. Bildungsinvestitionen bringen nur langfristig und nachhaltig ein «Return on Investment», in der kurzfristigen Konjunkturpolitik ist die Wirkung klein. → **Bildungsausgaben: siehe Grafik 5.8**

Wachstumsfaktor Nr. 2: Innovation und Preisdruck durch Wettbewerb

Wir haben bereits in Kapitel 7 mit vielen Beispielen dargestellt, dass der Wettbewerb ein starker Innovationsmotor ist. Die offenen Märkte und der globale Wettbewerb zwingen die Unternehmen, immer effizientere Produktionsmethoden zu suchen und qualitätsmässig immer bessere Produkte zu produzieren. Die Wachstumsbehinderung durch wettbewerblichen «Heimatschutz» haben wir im Kommentar am Schluss des Kapitels 7 am Beispiel des geschützten Telekom-Marktes dargestellt.

Wettbewerb auf den Gütermärkten ist nicht nur ein Innovationsmotor, sondern auch der beste «Preisüberwacher» (Preisreduzierer). Dies geht aus der Langfristbetrachtung hervor, die in → **Grafik 12.11** dargestellt ist: In zwei Jahrzehnten (1982–2002) sind die Preise jener Güter stabil geblieben, die einem intensiven Wettbewerb ausgesetzt waren. Demgegenüber sind die Güterpreise auf Märkten mit keinem und tiefem Wettbewerb am stärksten angestiegen. Wo die Produkte in der Zwischenzeit neu dem Wettbewerb ausgesetzt wurden – etwa im Telekombereich ab 1995 – gab es plötzlich auch hier sinkende Preise und massenweise Produkt-Innovationen. → **Grafik 12.11**

Die Wettbewerbsbehinderung, die von ihrer Dimension her volkswirtschaftlich am stärksten ins Gewicht fällt, erleben wir im Bereich der Importe. Wir importieren im Jahr Waren für etwa 180 Milliarden Franken (2009). Für diese Waren zahlen wir durchschnittlich 10 bis 20 Prozent mehr, als im Ausland für die identischen Produkte bezahlt wird. Wir zahlen also mindestens 10 bis 20 Milliarden Franken pro Jahr mehr für die Importgüter als das benachbarte Ausland. Das macht die Hochpreisinsel Schweiz aus.

Produkte, die von Schweizer Detailhandelsfirmen im Ausland beschafft werden, werden von uns besonders teurer bezahlt. Wenn Detailhandelsprodukte im Non-Food-Bereich (also ohne Nahrungsmittel) im Inland beschafft werden, sind diese in den vier Nachbarländern Deutschland, Frankreich, Österreich und Italien preislich im Durchschnitt 21 Prozent billiger als in der Schweiz. Wenn sie aber jeweils importiert werden, beschaffen die Nachbarländer ihre Produkte sogar um 41 Prozent billiger als die Schweizer. Dies geht aus einem Preisvergleich von rund 1500 Produkten des Detailhandels zwischen der Schweiz und den vier umliegenden Ländern hervor. → **Grafik 12.12**

Aus dieser Preisvergleichsanalyse ergibt sich für die Volkswirtschaft die Folgerung: Wir Schweizer und Schweizerinnen zahlen oft mehr ans Ausland für identische Produkte, dies ist eine Art «Geschenk» an die ausländischen Lieferanten und gleichzeitig eine Produktionsverteuerung am Standort Schweiz. Damit wird die Hochpreisinsel zu einem Wachstumshemmnis. Schweizerische Produzenten müssen beim Export auf Gedeih und Verderb ihre Produktepreise auf das europäische oder Weltmarkt-Niveau senken, während sie bei den Importen mehr als das Ausland bezahlen.

Die Preisüberwachung hat aufgrund von hunderten von Zuschriften und Preisbeschwerden eine Art Typologie der Marktabschottungsgründe erstellt. Es wirkt nicht ein einziges Importhemmnis, sondern es gibt immer mehrere Faktoren, welche die

Parallel-Importe – also freie Importe an den bestehenden Vertriebsstrukturen vorbei – verhindern oder verteuern. Der behinderte Importwettbewerb ist ein Faktor, der das Wirtschaftswachstum beeinträchtigt. → **Grafik 12.13**

Hochpreisinsel Schweiz: Faktoren der Marktabschottung

Viele multinationale Konzerne und ausländische Lieferanten betreiben eine Art Marktsegmentierung, indem sie die Länder einzeln bedienen und durch eine Preisdiskriminierung die Lieferpreise je nach Kaufkraft des Landes gestalten. Dies ist umso besser möglich, wenn grenzüberschreitend der Wettbewerb nicht funktioniert. In der Schweiz wirkt sich dies, weil sie ein kleiner und homogener Markt ist, besonders wettbewerbsbehindernd auf den Import aus.

Es gibt im Wesentlichen *sechs* wichtige Möglichkeiten der Importbehinderung, die jede für sich und oft hintereinander geschaltet zur Hochpreisinsel Schweiz führen und bewirken, dass die international handelbaren Güter bei uns im Vergleich mit Europa durchschnittlich 10 bis 20 Prozent teurer geliefert werden (was eine Verteuerung um mindestens 10 bis 20 Milliarden Franken oder mehr bedeutet). → **Grafik 12.13**

1. *Vertikale Lieferbindung:* Ausländische Lieferanten versorgen die Schweiz nur über einen Alleinimporteur oder einen bestimmten Abnehmer, welchem sie ihre Liefer- und Verkaufspreise vorschreiben. Abhilfe würden Leitentscheide der Wettbewerbskommission gegen vertikale Preisbindungen schaffen.
2. *Technische Handelshemmnisse:* Differenzen bei Produktenormen, unterschiedliche Anschreibepflichten, Typenbezeichnungen, Materialvorschriften, Lebensmittel-, Umweltschutz- und andere abweichende Vorschriften verhindern, dass das Produkt direkt aus einem EU-Land und parallel importiert werden kann. Jedes Mal,

Begriff und Ursachen der Hochpreisinsel Schweiz

Der mangelnde Wettbewerb bei den Güterimporten der Schweiz ist der Hauptgrund für die Hochpreisinsel. Unter Hochpreisinsel verstehen wir nicht die hohen Schweizerlöhne, die kaufkraftbereinigt im Vergleich mit den Nachbarländern oft nicht einmal viel höher sind und die häufig auch eine höhere Arbeitsproduktivität widerspiegeln. Vielmehr ist es dort gerechtfertigt, von der Hochpreisinsel Schweiz zu sprechen, wo international handelbare, identische Güter in der Schweiz bedeutend teurer sind als im benachbarten Ausland. Dabei vergleichen wir die Fabrikabgabepreise respektive die Warenbeschaffungskosten des Detailhandels mit jenen im Ausland, und zwar ohne Einbezug der lokalen Vertriebskosten und ohne Mehrwertsteuern. Der Bundesrat hat den Kampf gegen die Hochpreisinsel Schweiz zu einem seiner wirtschaftspolitischen Legislaturziele 2008–2011 erklärt und Massnahmen dazu in Aussicht gestellt: Einführung des Cassis-de-Dijon-Prinzips, des Agrarfreihandels mit der EU usw., siehe später.

wenn eine Norm abweicht, muss das Produkt abgeändert, neu angeschrieben oder umgepackt werden, was den Direktimport verunmöglicht oder verteuert. Abhilfe bringt seit 2009 das sogenannte Cassis-de-Dijon-Prinzip, welches bewirkt, dass ein Produkt, das in der EU auf dem Markt zugelassen wird, auch in der Schweiz zugelassen werden muss. Bei einseitiger Anwendung des Cassis-de-Dijon-Prinzips kann die Schweiz auch Ausnahmen für sich realisieren, zum Beispiel bei der Herkunftsdeklaration von landwirtschaftlichen Produkten oder aus naturwissenschaftlich gerechtfertigten Umweltschutzgründen.

3. *Nationale Patenterschöpfung:* Wenn ein Produkt oder eine Komponente davon patentiert ist, ist der Alleinimporteur Inhaber des Patents und er hat eine «überschiessende Rechtsmacht», das heisst das alleinige Vertriebsmonopol in der Schweiz. Durch das Verbieten von Parallelimporten patentierter Produkte konnte der Hersteller bis Mitte 2009 auch die Preise in der Schweiz allein diktieren. Abhilfe hat die regionaleuropäische Patenterschöpfung gebracht, wie dies innerhalb der EU praktiziert wird. Es wird allerdings einige Jahre dauern, bis sich im Handel Parallelimportstrukturen etabliert haben und bis ein echter Preisdruck wirksam wird.
4. *Agrarschutz:* Auf Landwirtschaftsprodukten erhebt die Schweiz Schutzzölle, damit die Importprodukte auf das Preisniveau der schweizerischen Agrarproduzentenpreise angehoben werden. Dieser Agrarschutz ist vom Gesetzgeber zum Schutz der einheimischen Landwirtschaft gewollt. Abhilfe würde ein Agrarfreihandelsabkommen mit der EU oder eine weitere Zollsenkungsrunde im Rahmen der Welthandelsorganisation GATT/WTO bringen.
5. *Pharma-Protektionismus:* Aufgrund des Heilmittelgesetzes müssen alle Medikamente in der Schweiz ein eigenes, bürokratisches Zulassungsverfahren bei Swissmedic durchlaufen, auch wenn diese in der EU oder in EU-Ländern bereits zugelassen sind. Dieser rigide Protektionismus wurde von der Pharmaindustrie so durchgesetzt. Eine Liberalisierung bestünde darin, dass die Schweiz bei importierten Medikamenten die Zulassung der EU-Behörden anerkennt. Immerhin werden 70 Prozent der in der Schweiz konsumierten Medikamente aus dem Ausland importiert, bei den 20 meistverkauften Arzneimtteln sogar 19 von 20 Präparaten. Die Preise der kassenpflichtigen Medikamente sind zudem administrierte Preise, die Behörden könnten sie noch konsequenter auf das Auslandpreisniveau senken.
6. *Verzollungshürden:* Die Verzollungsprozedur von grenzüberschreitenden Warensendungen muss neu von den Postdienstleistern (Die Post, Swisspost GLS, DHL, DPD usw.) selber abgewickelt und bezahlt werden, wobei diese Kosten dem Endempfänger mit einer separaten Rechnung fakturiert werden. Die Zollverwaltung verzichtet seit 2007/2008 auf die bisher unentgeltliche sogenannte «D'Office-Verzollung». Das führt bei Kleinsendungen zu erheblichen Importgebühren und stellt ebenfalls ein Handelshemmnis dar, das im ganzen Europäischen Wirtschaftsraum nicht existent ist.

Die meisten dieser Importhürden entstehen dadurch, dass die Schweiz gegenüber den umliegenden EU-Staaten unterschiedliches Wirtschaftsrecht kennt und das Europäische Recht («Acquis communautaire») nicht übernommen hat. Jede Differenz von Rechtsnormen schafft Handelshemmnisse, behindert den Importwettbewerb und verteuert die Importe. Die schweizerischen Konsumenten und KMU zahlen durch den Nichtbeitritt der Schweiz zum Europäischen Wirtschaftsraum EWR einen hohen Preis in Form teurerer Importe.

Konjunkturfaktor Nr. 3: Geldpolitik der Nationalbank

Je mehr sich der Staat mit seiner Fiskalpolitik aus der Wirtschaftssteuerung zurückzieht, desto grösser wird der Einfluss der Währungsbehörden, also der Nationalbanken, auf das kurzfristige Wirtschaftswachstum.

Der Einfluss der Schweizerischen Nationalbank SNB ist entscheidend: Mit ihrer Geldpolitik kann sie durch tiefe Zinsen das Wirtschaftswachstum fördern: Tiefe Zinsen verbilligen den Bau von Wohnungen sowie die Investitionen und Erneuerungen in Unternehmen und deren Produktionskosten. Sehr niedrige Zinsen ermöglichen in der Hochkonjunktur aber auch – das ist die Kehrseite – Preistreiberei und die Teuerungsentwicklung, zum Beispiel Spekulation mit Vermögensanlagen, beim Bauland, bei Liegenschaften oder mit Aktien. Bei tiefen Zinsen werden solche Käufe billiger und leichter finanzierbar.

Umgekehrt können Zinserhöhungen, wie → **Grafik 12.14** zeigt, kurzfristig das Wirtschaftswachstum bremsen: Kredite werden teurer, das Bauen und die Investitionen werden verteuert und gedrosselt, die Produktion geht zurück. In der Schweiz kam in der Vergangenheit, stärker als in andern Ländern, der Mechanismus über den Wechselkurs zusätzlich hinzu: Hohe Zinsen ziehen ausländische Anlagegelder an, der Frankenkurs steigt, die Exporte werden erschwert und gedrosselt. Ein hoher Frankenkurs bedeutet immer auch Produktionsabbau in der Schweiz, dies wiederum heisst Arbeitsplatzabbau; mehr Arbeitslose bedeutet mehr Angst der Konsumenten, schlechte Konsumentenstimmung, weniger Haushaltkonsum und wiederum gebremstes Wirtschaftswachstum. → **Grafik 12.14, rechte Seite** In der Schweiz brachte die Hochzinspolitik eine Eindämmung der Inflation nur mit einiger zeitlicher Verzögerung. Denn unser bisheriges Mietrecht führte dazu, dass höhere Hypothekarzinsen durch Erhöhung der Mieten überwälzt wurden und steigende Mieten wiederum die Teuerung anheizten. Mit einer klaren Revision des Zinsüberwälzungsmechanismus (geglätteter Zinssatz) wirken sich Zinserhöhungen nur noch verzögert auf die Mietpreise aus → **Grafik 12.14, linke Seite**

Wenn die Nationalbank also die Inflation bekämpfen will – was ihrem Auftrag entspricht – hat dies eine Nebenwirkung, nämlich Wachstumsrückgang, höhere Arbeitslosigkeit und Staatsdefizite. Das ist die Erfahrung der 1990er-Jahre: Die tiefen

Inflationsraten der Schweiz wurden mit tiefem Wirtschaftswachstum erkauft. Die Schweiz und Japan hatten im zehnjährigen Durchschnitt (Jahre 1994–2003) zwar weltweit die tiefste Teuerungsrate, aber sie erlebten unter allen OECD-Staaten auch das tiefste Wirtschaftswachstum in dieser Zeit. Tiefe Inflation muss also mit tiefem Wachstum erkauft werden. → **Grafik 12.15**

Der dogmatische Monetarismus der Neunzigerjahre berief sich auf die Doktrin, die Nationalbank hätte nur die Teuerung zu bekämpfen. Konjunkturschwäche, Arbeitslosigkeit, hoher Frankenkurs wurden vernachlässigt nach dem Motto: Lieber eine (hohe) Arbeitslosenrate als eine (hohe) Teuerungsrate. Die Opfer der Arbeitslosigkeit sind nicht die gleichen wie die Betroffenen der Teuerung. Von einer Neutralität der Geldpolitik und allgemein der Nationalbankpolitik kann deshalb nicht die Rede sein. In der Rezession 2001 bis 2003 und in der Krise 2008 bis 2009 die SNB-Leitung aus den früheren Fehlleistungen der Neunzigerjahre gelernt und früh mit tiefen Zinsen den Wirtschaftsaufschwung beschleunigt. (Weitere Erläuterungen im Kommentar zu diesem Kapitel).

Steuerpolitik als Wachstumspolitik?

In der Wirtschaftspolitik wurde und wird immer wieder der Ruf laut, der Staat müsse die Steuern senken, um das Wirtschaftswachstum zu fördern.

Eine Analyse der Fiskalquote (= Steuern und Sozialversicherungsabgaben in Prozent des Bruttoinlandprodukts) und des Wirtschaftswachstums in den OECD-Ländern zeigt eindeutig: Ein statistischer Zusammenhang zwischen der Fiskalquote (oder Fiskalquotenveränderung) und dem Wirtschaftswachstum ist nicht nachweisbar: Es gibt Länder mit hoher Fiskalquote und hohem Wachstum und Länder mit hoher Fiskalquote und tiefem Wachstum. Und es gibt Länder mit tiefer Fiskalquote und hohem Wachstum und solche mit tiefen Wachstumsraten. Sowohl die OECD als auch die (aufgelöste) eidgenössische Kommission für Konjunkturfragen haben eine statistische Korrelation zwischen Staatsquote und Wachstum verneint, wobei die KfK offenliess, ob allenfalls eine Beziehung zwischen den beiden Grössen bestehen könnte, nur sei sie nicht nachweisbar. → **Grafik 12.16**[6]

Im Vergleich der OECD-Länder gehört die Schweiz zu den Staaten mit der tiefsten Steuerbelastung. In Europa hat sie sogar die tiefste Fiskalquote überhaupt. Sowohl bei den direkten Einkommenssteuern als auch bei der Unternehmensbesteuerung ist sie immer noch steuergünstig, obschon die Fiskalquote in den Neunzigerjahren, bedingt durch die damalige Wachstumsschwäche, stärker als in andern Ländern zugenommen hat. Die Schweiz ist auch in 2010 eine Niedrigsteuer-Oase; sie wird nur von Japan, weiteren asiatischen Standorten und den USA unterboten, welche alle kein ausgebautes Vorsorge- und Sozialversicherungssystem kennen. → **Grafik 12.17**

Wachstumsorientierung in Richtung Nachhaltigkeit

Der Umweltschutz gehört zwar nicht in die begrenzte Thematik dieses Buchs. Doch eine Wachstumspolitik ohne Einbezug der Ressourcenproblematik und der Nachhaltigkeit wäre kurzsichtig und verantwortungslos. *Nachhaltigkeit* wird von der UNO wie folgt definiert: Eine nachhaltige Entwicklung ist eine Entwicklung, welche die heutigen Bedürfnisse zu decken vermag, ohne für zukünftige Generationen die Möglichkeit einzuschränken, ihre eigenen Bedürfnisse zu decken.

Nachhaltigkeit darf die Chancen der zukünftigen Generationen nicht beeinträchtigen. Ein Indikator ist, stellvertretend für viele andere Nutzungen von Ressourcen, der Energieverbrauch in Bezug zum Wirtschaftswachstum: Während von 1990 bis 2006 die Produktion in der Schweiz (gemessen am realen BIP) um 20 Prozent gewachsen ist, stieg bei uns der Energieverbrauch in dieser Zeit um 13 Prozent. Doch der Motorfahrzeugbestand hat überproportional, um 35 Prozent, zugenommen. → **Grafik 12.18**

Die Schweizer Wirtschaft hat zwar die Qualifikation der nachhaltigen Entwicklung nicht erreicht, hat es aber immerhin fertiggebracht, den Energieverbrauch vom Produktionswachstum teilweise zu entkoppeln. Die Wachstumspolitik muss mit Massnahmen zu effizienteren Energie- und Ressourcennutzung verkoppelt werden. Dies ist nicht nur ein ethischer Imperativ, nein, die Vorwegnahme der zukünftigen Energieverteuerung bringt volkswirtschaftliche Einsparungen. Denn mit weiteren Energiepreissteigerungen muss gerechnet werden.

12.1 Wirtschaftswachstum beeinflusst Arbeitslosigkeit – Arbeitslosensockel steigt

Wirtschaftswachstum des Bruttoinlandprodukts und entsprechende Arbeitslosenquote in Prozent. Mit steigendem Arbeitslosensockel nach jeder Rezession, 1980–2010

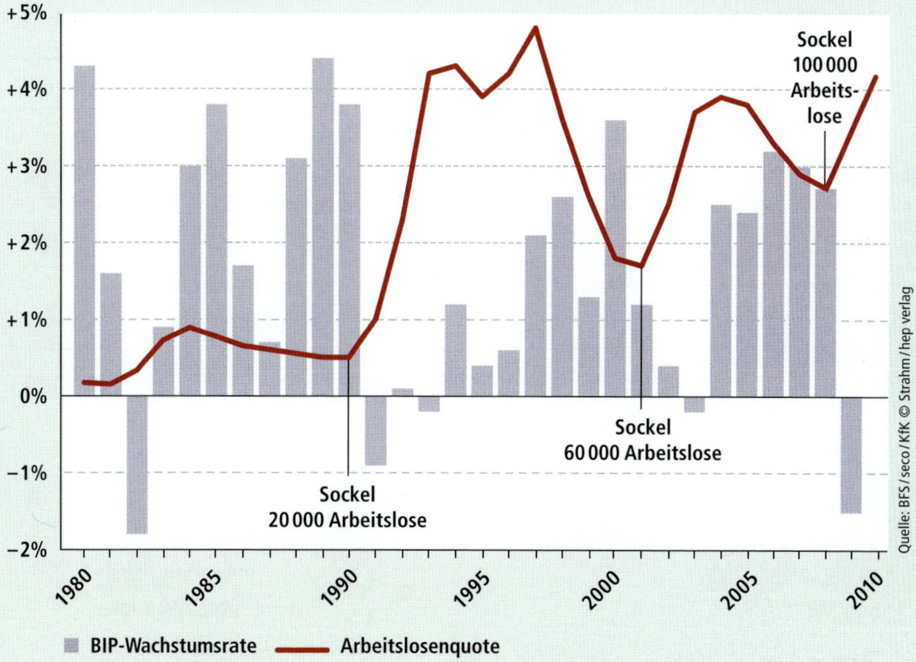

Das Wirtschaftswachstum beeinflusst die Arbeitslosigkeit direkt. Wenn die Wachstumsrate des Bruttoinlandprodukts BIP über ca. 1,8 % pro Jahr steigt, reduziert sich die Arbeitslosenquote. Allerdings bleibt auch bei gut gehender Konjunktur ein Sockel von Arbeitslosen zurück. Die Sockelarbeitslosigkeit liegt nach jeder Rezessionsphase bedeutend höher, was die Sozialwerke (Arbeitslosenversicherung, Sozialhilfe, Invalidenversicherung) immer stärker belastet. Im Ländervergleich ist die Sockelarbeitslosigkeit aber dank gutem Berufsbildungssystem in der Schweiz relativ tief. → siehe Grafik 2.2

12.2 Beschäftigungsmassnahmen des Staates in der Wirtschaftskrise 2008–2010

Übersicht über die Konjunktur-Stabilisierungsmassnahmen 2008–2010

Wann?	Was?	Aufträge
1. Phase ab November 2008 432 Mio. Fr.	**Aufträge für Baugewerbe**	Hochwasserschutz Energiesanierung Bundesbauten
	Exportförderung	Beiträge für Werbung OSEO
	Entlastung von Unternehmen	Freigabe von Rückstellungen der Firmen (Arbeitsbeschaffungs-reserven)
2. Phase ab Februar 2009 710 Mio. Fr.	**Aufträge für Baugewerbe**	Lawinenschutz Strasse Unterhalt Schiene
	Energiemassnahmen	Ersatz von Elektroheizungen
	Arbeitslosenversicherung	Kurzarbeitsentschädigung von 12 auf 18 Monate
3. Phase ab September 2009 944 Mio. Fr.	**Arbeitsmarkt**	Bekämpfung von – Jugendarbeitslosigkeit – Langzeitarbeitslosigkeit Weiterbeschäftigung nach Lehre
	Stütze für KMU	Markterschliessung
	Kaufkraft	Rückerstattung CO_2-Abgabe
2009–2010 ca. 3400 Mio. Fr.	**Kantone und Gemeinden/Städte**	Bauaufträge für Energie, Infrastruktur
2009–2010	**Nationalbank SNB**	Krediterleichterung für Firmen (Credit Easing)

Quelle: seco © Strahm/hep verlag

12.3 Wie Beschäftigungsprogramme des Staates wirksam werden

Beispiel: Impulsprogramme des Bundes für energetische Investitionen 2009–2010

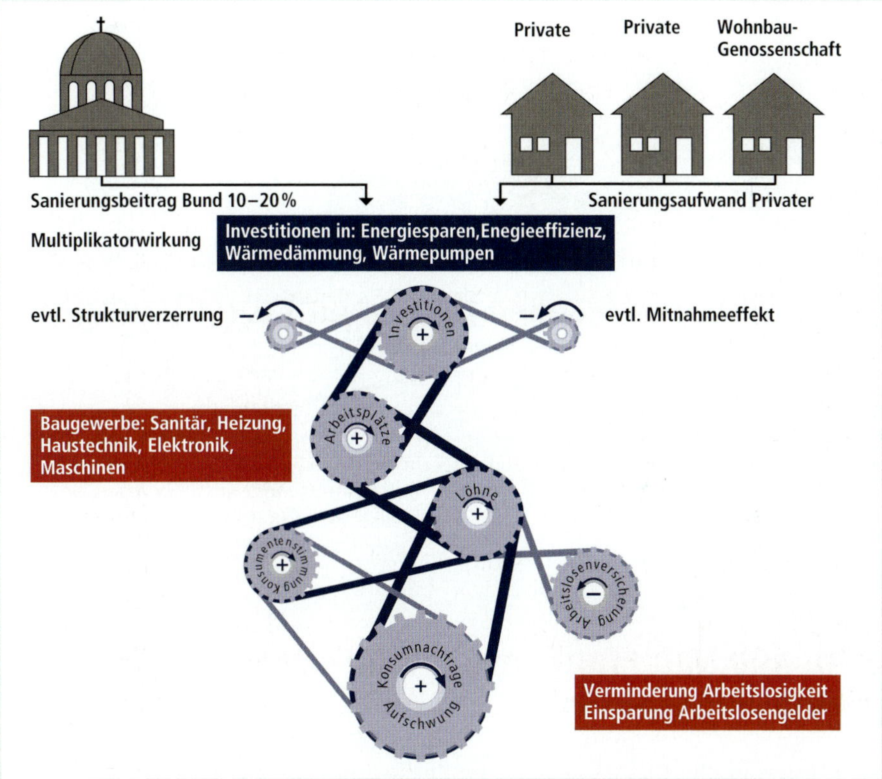

Diese Darstellung zeigt die Wirkungsweise eines staatlichen konjunkturellen Impulsprogramms, wie es in den Stabilisierungsmassnahmen 2008–2010 des Bundes eingesetzt worden ist. Mit einem Anreizbeitrag des Bundes von 10 bis 20% der Gesamtkosten (in manchen Kantonen mit zusätzlichen Kantonsbeiträgen) wird eine Energiesanierung durch private Hausbesitzer und Wohnbau-Genossenschaften ausgelöst. Im Endeffekt werden Arbeitsplätze im Bau-, Sanitär- und weiteren Haustechnikgewerbe geschaffen oder erhalten. Bei der Arbeitslosenversicherung werden dadurch Mittel eingespart.

12.4 Konjunkturpolitik: Investitionsförderung ist arbeitsplatzwirksamer als Kaufkraftförderung und Steuersenkung

Schematische Faustregel für antizyklische Beschäftigungsprogramme des Staates

1 Milliarde Franken für Konjunkturstützung
verwendet für

Kaufkraft der Haushalte
durch direkte Einkommenszuschüsse oder Steuersenkungen

↓

300–400 Mio. Franken
Wertschöpfung im Inland

Investitionen Private und Unternehmen
durch Anreize und Kostenbeiträge an Investitionen in Heizungen, Altbausanierungen, Energieeffizienz

↓

1600–2000 Mio. Franken
Wertschöpfung Im Inland

Quelle: BFS / KOF © Strahm / hep verlag

Als Faustregel gilt: Wenn der Bund im Zeichen der Konjunkturförderung 1 Milliarde Franken einsetzt, um direkt die Kaufkraft von Haushalten (durch Löhne, Zuschüsse oder Steuersenkungen) zu stützen, löst dies nur 300 bis 400 Millionen Franken Produktion (Wertschöpfung) im Inland aus. Ein grosser Teil davon fliesst durch zusätzliche Importe ins Ausland. – Wenn der Bund jedoch diese Milliarde als Investitionsbeiträge für Private im Inland einsetzt, werden durch die Auslösung privater Gelder und durch die Multiplikatorwirkung bei Zulieferern 1600 bis 2000 Millionen Franken Wertschöpfung – und entsprechend mehr Beschäftigung – im Inland generiert.

12.5 Kurzarbeit-Entschädigung verminderte Entlassungen in der Krise

Von der Arbeitslosenversicherung bezahlte Ausfallstunden von Arbeitnehmenden in Kurzarbeit 2000–2011

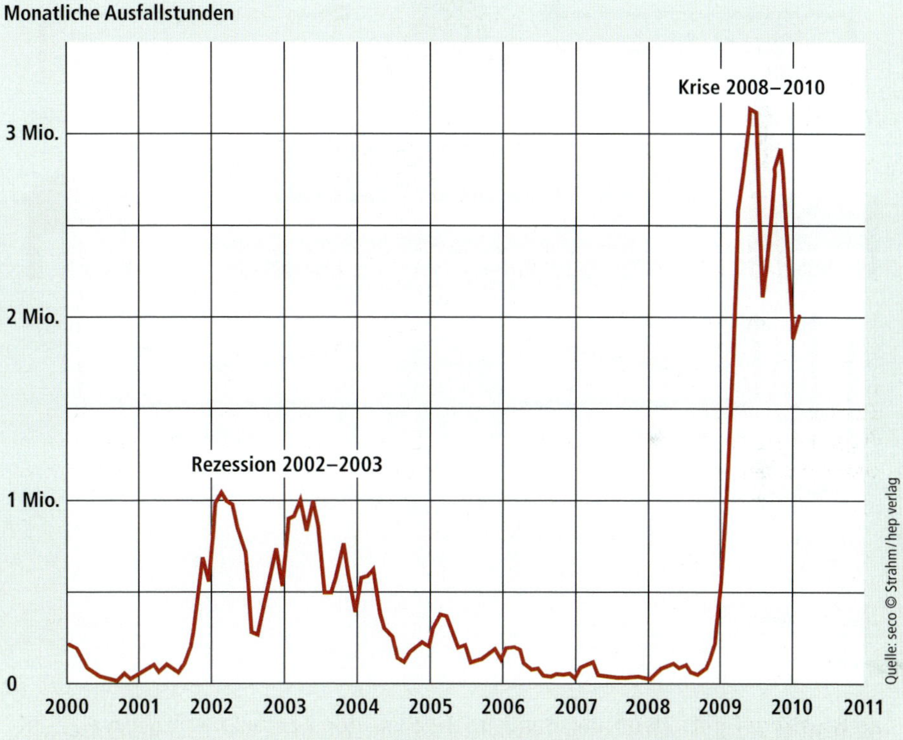

Die Arbeitslosenversicherung AlV zahlte in der Rezession 2002/2003 bis zu 1 Million Ausfallstunden, und in der Krise 2008/2009 bis 3 Millionen Ausfallstunden pro Monat bei bis zu 60 000 Arbeitnehmenden in Kurzarbeit (Spitze Frühjahr 2009). Die Kurzarbeitsentschädigung erlaubt den Unternehmen, Konjunktureinbrüche zu überbrücken, indem Arbeitnehmende nicht entlassen, sondern auf Kurzarbeit gesetzt werden. Dabei entschädigt die AlV 70 bis 80 % des ausgefallenen Lohns während der Dauer der Kurzarbeit. Diese Dauer wurde 2008–2010 von 12 auf 18 und dann auf 24 Monate erhöht.

12.6 Das Wirtschaftswachstum entsteht im Wirtschaftskreislauf

Schema des Wirtschaftskreislaufs mit seinen Geldflüssen

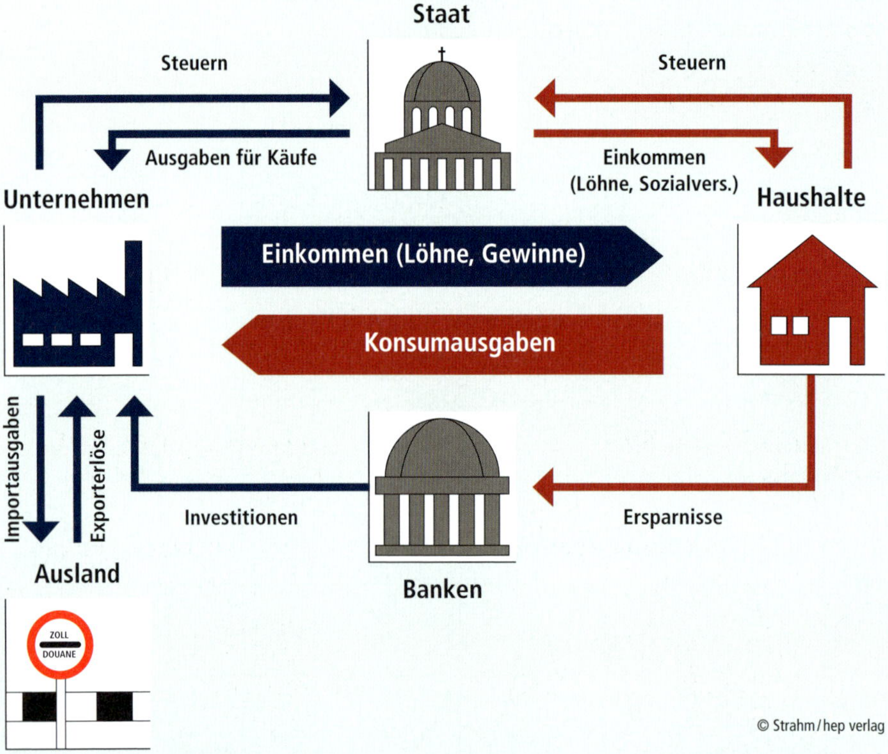

Wenn man von Wirtschaftswachstum spricht, muss man sich stets den Wirtschaftskreislauf vor Augen halten. Die Löhne und Gewinne, die die Unternehmen an die privaten Haushalte auszahlen, werden zu Konsumausgaben und fliessen zurück zu den Unternehmen in Form von Verkaufserlösen: Lohnfranken werden also zu Kaufkraftfranken. Steuern wiederum, die die Haushalte und Unternehmen dem Staat abliefern, werden in Formen von Löhnen und Renten an die Haushalte oder von Aufträgen und Käufen an Unternehmen wieder ausgeschüttet: Der Steuerfranken wird zum Kaufkraftfranken. Beides ist für das Wachstum wichtig – die Produktionsseite und die Verwendungsseite des BIP.

12.7 Die Wirtschafsaktivität wird stark von Haushaltskonsum, Exporten und Investitionen geprägt

wie sich das Bruttoinlandprodukt BIP zusammensetzt, 2008

Entstehung des BIP

Wo die Wertschöpfung entsteht

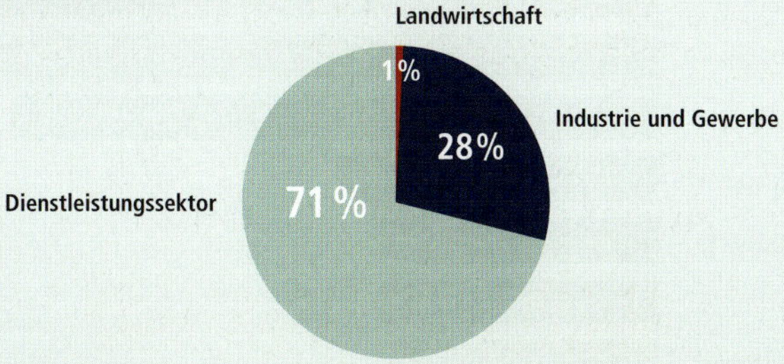

Verwendung des BIP

Wie das Einkommen verwendet wird

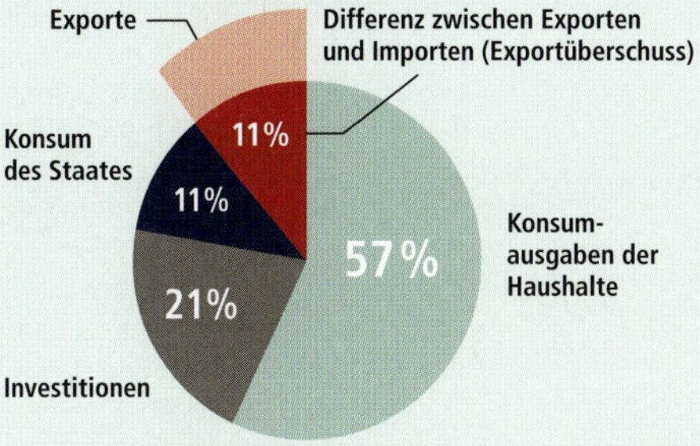

Verteilung des BIP

Wie die Produktionsfaktoren bezahlt werden

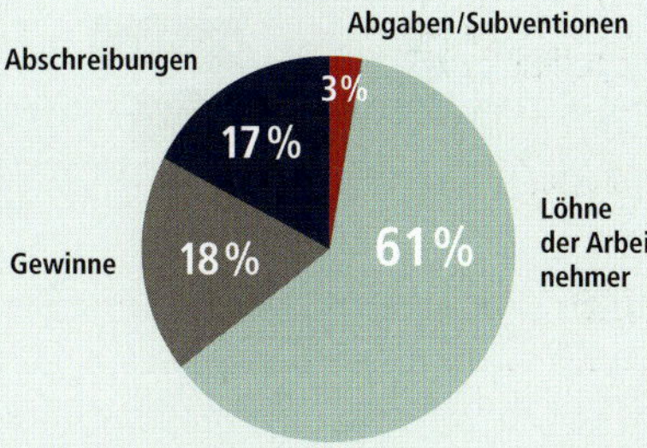

Quelle: BFS Volkswirtschaftliche Gesamtrechnung © Strahm/hep verlag

Das Bruttoinlandprodukt BIP wird gemäss dem Standard der Volkswirtschaftlichen Gesamtrechung VGR einerseits von der **Entstehungsseite** her gerechnet: Es ist die Summe aller Wertschöpfungsanteile aller Branchen (oben). – Das BIP besteht anderseits auf der **Verwendungsseite** (Nachfrageseite) aus **57 % Konsumausgaben** der privaten Haushalte, **21 % Investitionen** und aus den **11 % Exportüberschüssen** (= Differenz aus Exporten, die 56 % des BIP und Importen, die 45 % des BIP ausmachen). – Das BIP verteilt sich sodann auf Löhne, Gewinne und Abschreibungen (Zahlen von 2008).

12.8 Wirtschaftswachstum entsteht dort, wo die Arbeitsproduktivität hoch ist und ansteigt

Arbeitsproduktivität der Branchen, gemessen in Jahres-Bruttowertschöpfung pro vollzeitäquivalenten Beschäftigten (nominal 2007)

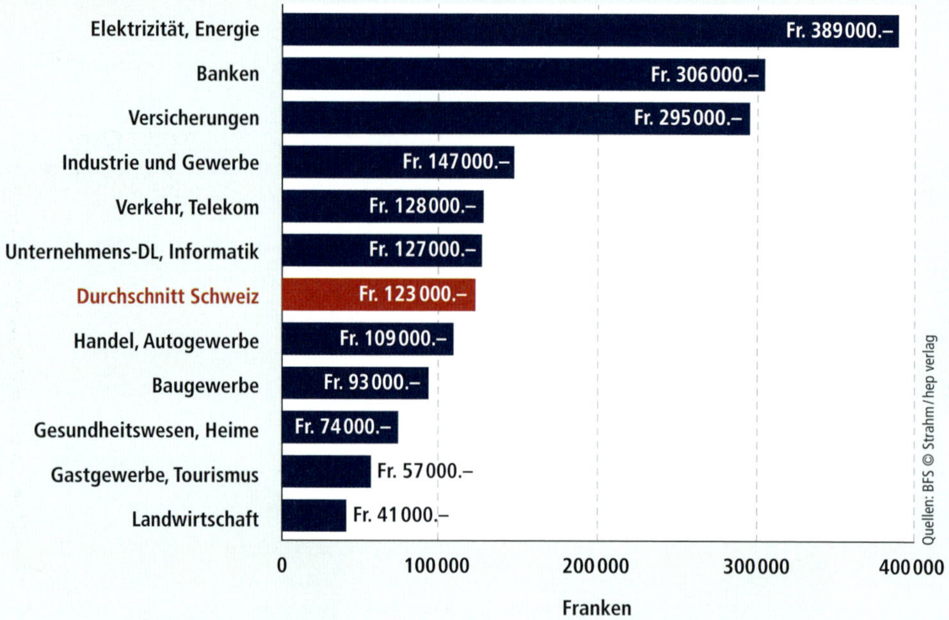

Die Arbeitsproduktivität ist das A und das O des Wirtschaftswachstums und der internationalen Konkurrenzfähigkeit. Während die Arbeitsproduktivität im Durchschnitt der Wirtschaft bei 123 000 Franken pro Vollzeitbeschäftigten liegt, variiert sie je nach Branche von 41 000 Franken bei der Landwirtschaft bis 389 000 Franken bei der Elektrizitätswirtschaft. Obwohl man auf strukturschwache Branchen nicht verzichten kann und soll, ist das Wachstum von strukturstarken Branchen mit hoher Produktivität entscheidend für das Gesamtwachstum.

12.9 Je höher die Arbeitsproduktivität, desto höher der Wohlstand der Völker

Zusammenhang von Wohlstand (Bruttoinlandprodukt pro Kopf) und durchschnittlicher Arbeitsproduktivität nach «Power of Productivity», 1996/2004, USA = 100

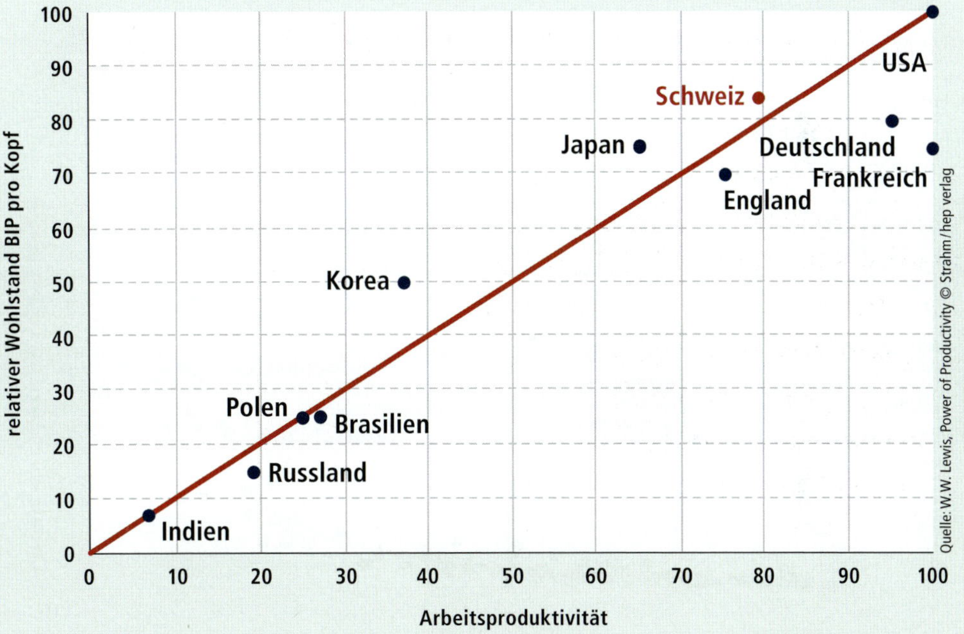

Die Arbeitsproduktivität, also die Wertschöpfung pro Beschäftigtem, ist die Schlüsselgrösse für den Wohlstand der Völker. Der Autor des hier wiedergegebenen McKinsey-Ländervergleichs, William W. Lewis, spricht von «The Power of Productivity». Höhere oder wachsende Arbeitsproduktivität ermöglicht ein hohes respektive wachsendes Einkommen pro Kopf. Das Niveau der Arbeitsproduktivität ihrerseits basiert entscheidend auf Bildung, Berufsbildung und Innovation. → Siehe auch die Grafik 12.6 über den Zusammenhang von Wohlstand und Bildung

12.10 Je mehr Investitionen in Wissen und Ausbildung, desto höher der Wohlstand der Völker

Zusammenhang zwischen Wissen (Sammelindex) und Wohlstand (Bruttoinlandprodukt pro Kopf) in 120 Ländern der Weltbank, 2005

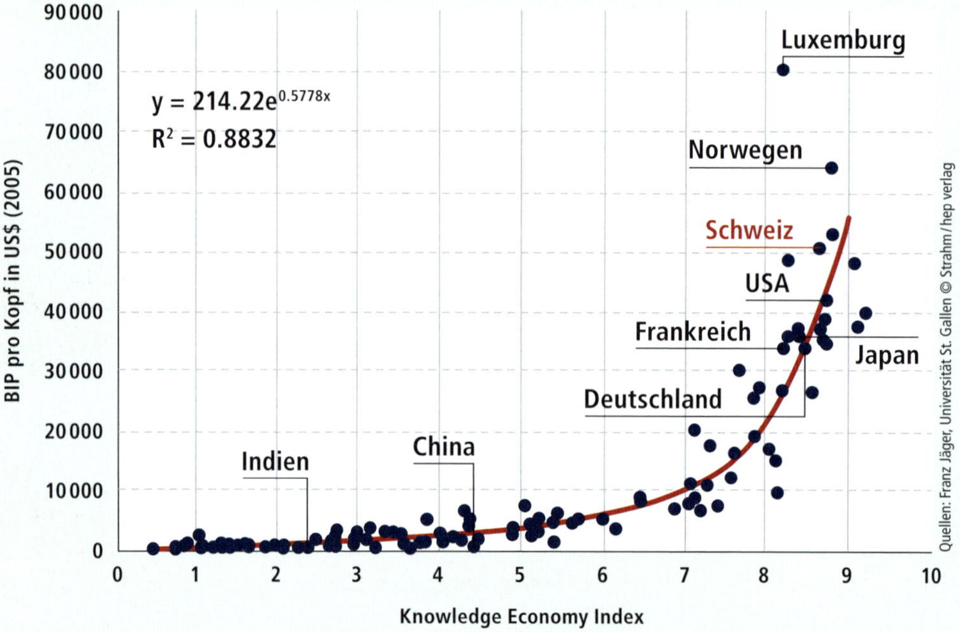

Hohe Investitionen in das Wissen und Können sind absolut entscheidend für den Wohlstand und das Wirtschaftswachstum. Nach einem Vergleich von 120 Ländern nach Weltbank besteht ein enger statistischer Zusammenhang (= hoher Korrelationskoeffizient) zwischen dem Bruttoinlandprodukt pro Kopf und den Investitionen in Wissen und Ausbildung. Der Aufwand für Bildung, Berufsbildung und Forschung ist in der langfristigen Betrachtung die Investition, die das Wachstum am stärksten beeinflusst. – Die Schweiz liegt beim Sammelindex zur Wissensgesellschaft (Knowledge Economy Index) im 11. Rang.

12.11 Wo Wettbewerb herrscht, sinken die Preise stärker und es entstehen Innovationen

Konsumentenpreis-Entwicklung von Gütergruppen nach ihrer Wettbewerbsintensität von 1982 bis 2002, Index: Dezember 1982 = 100

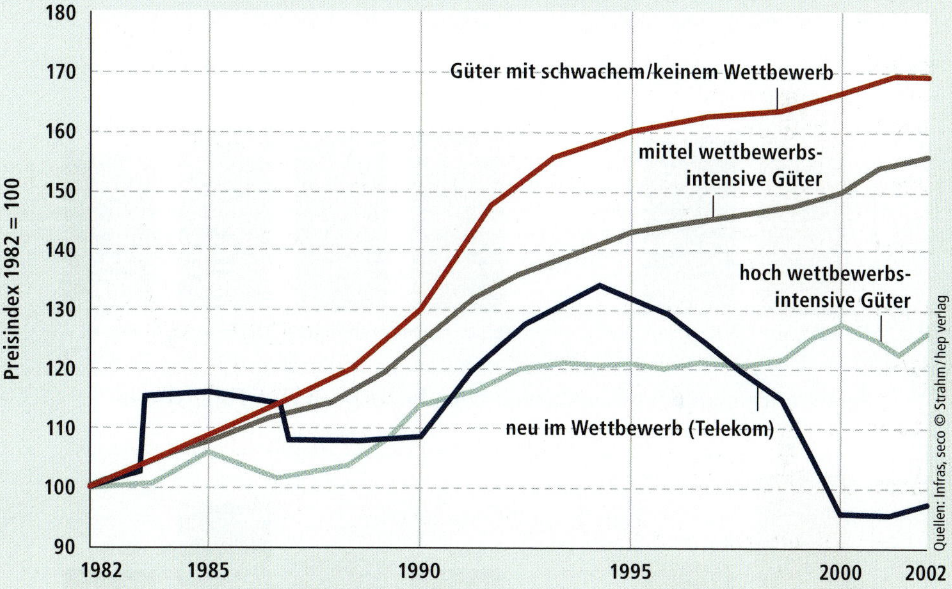

Eine Langfristuntersuchung von 1982 bis 2002 zeigt, dass der Wettbewerb für Preissenkungen und Innovationen wirksam ist. Am stärksten sind die Preise bei den wettbewerbsschwachen Gütermärkten gestiegen und am wenigsten stark bei wettbewerbsintensiven Produkten. Beim Telekom-Markt, der erst seit Mitte der 1990er-Jahre geöffnet wurde, sind die Preise danach dank Innovationen und Wettbewerb stark gedrückt worden. Es gibt allerdings Gütermärkte, bei denen Wettbewerb technisch gar nicht möglich ist, zum Beispiel alle Netze wie Stromnetz, Gas-, Wasser- und Abwassernetze, Schienennetz usw. (sogenannte natürliche Monopole).

12.12 Mangelnder Importwettbewerb schafft eine Hochpreisinsel Schweiz und behindert das Wachstum

Relative Warenbeschaffungskosten (ohne Vertriebskosten) von Non-Food-Produkten beim Bezug im Inland und aus den vier Nachbarländern, 2005

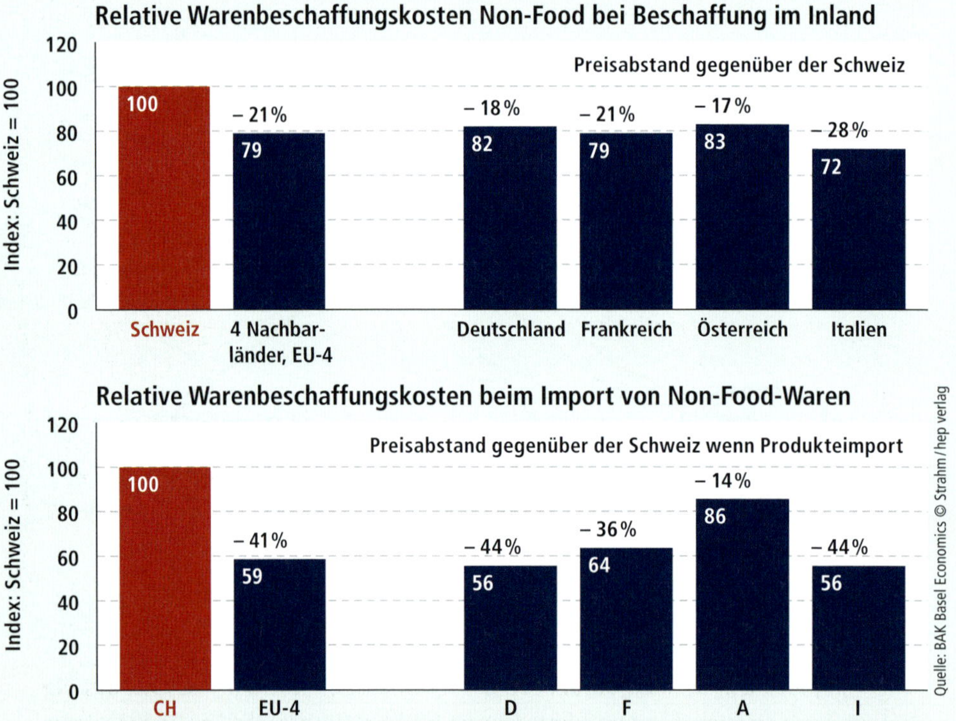

Die Schweizer zahlen für einen Grossteil der importierten Produkte bedeutend mehr, als die identischen Produkte im Ausland kosten; nicht wegen der hohen Löhne, sondern wegen der Marktabschottung durch fehlenden Importwettbewerb. In den vier Nachbarländern sind die inländischen Warenbeschaffungskosten des Detailhandels bei Non-Food-Artikelkäufen durchschnittlich 21 % tiefer als in der Schweiz. Bei Artikelbeschaffungen über den Import sind sie in den Nachbarländern sogar 41 % billiger.

12.13 Importbehinderungen führen zu Marktabschottung und zur Hochpreisinsel

Preistreibende Faktoren und Typologie der Verhinderung von Parallelimporten

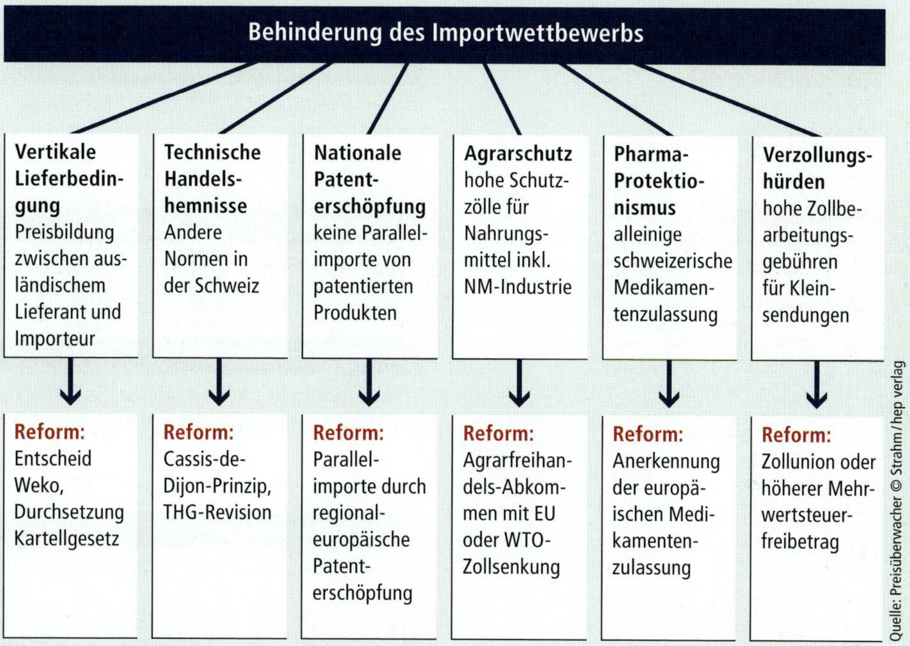

Die Hochpreisinsel Schweiz ist eine Folge der Marktabschottung, die sich aus der Nichtbeteiligung am Europäischen Binnenmarkt (EWR) ergibt. Im Durchschnitt werden die Produkte schon 10 bis 20 % teurer in die Schweiz geliefert (sogenannte Preisdiskriminierung mit Kaufkraftabschöpfung). Die preistreibende Wettbewerbsbehinderung ist vielfältig: Importe mit Preisbindungen durch die Lieferanten (zuständig ist die Wettbewerbskommission Weko), technische Handelshemmnisse (neu: Cassis-de- Dijon-Prinzip), nationale Patenterschöpfung (neu: Parallelimporte patentierter Güter), Agrarschutzzölle, die spezielle schweizerische Medikamentenzulassung oder die Zollbearbeitungsgebühren der Postspediteure.

12.14 Wie sich die Geldpolitik der Nationalbank in der Wirtschaft auswirkt

Schema des Wirkungsmechanismus der Geldpolitik bei der Inflationsbekämpfung durch Zinserhöhungen.

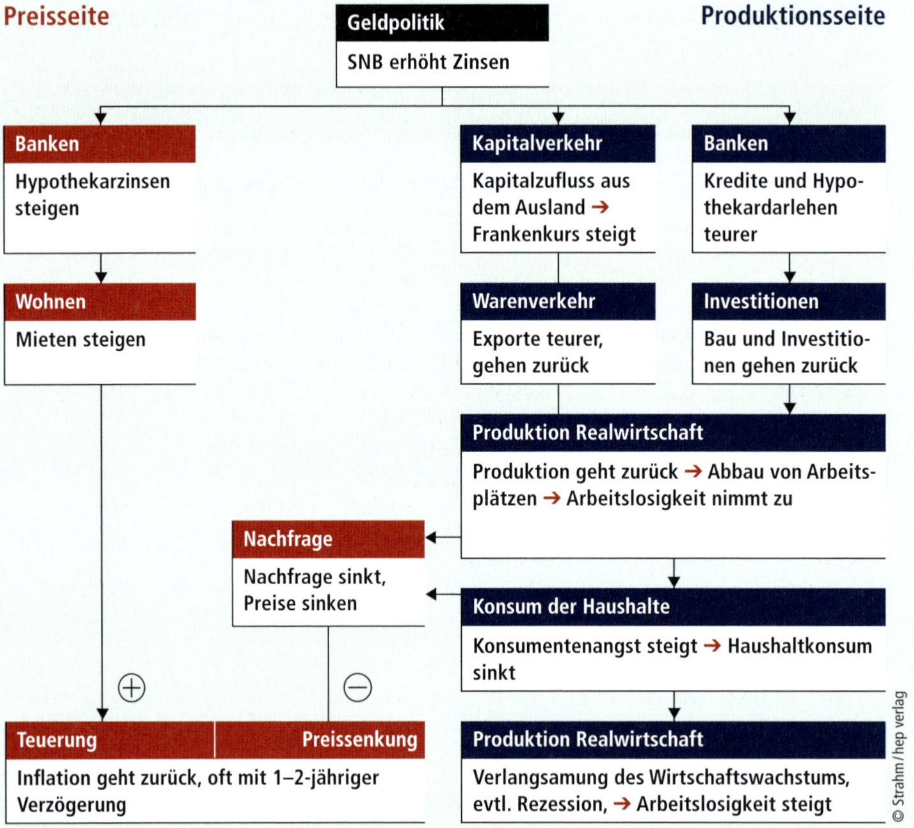

Das vereinfachte Schema zeigt den Wirkungsmechanismus, wenn die Nationalbank mit Zinserhöhungen die Teuerung bekämpfen will: Sie kann zwar durch Drosselung der Nachfrage die Teuerung senken, dies allerdings mit Verzögerung, weil meist die Mieten zunächst steigen (linke Seite). Aber gleichzeitig wird sie auch die Investitionen und den Bau drosseln und u. U. den Frankenkurs steigen lassen, was die Exporte vermindert. Diese Wirkungen beeinträchtigen das Wachstum und lassen die Arbeitslosigkeit ansteigen (rechte Seite).

12.15 Tiefste Teuerung wird mit tiefstem Wirtschaftswachstum bezahlt

Zusammenhang zwischen Inflation und Wirtschaftswachstum: Durchschnitte der Jahre 1992/1994–2003

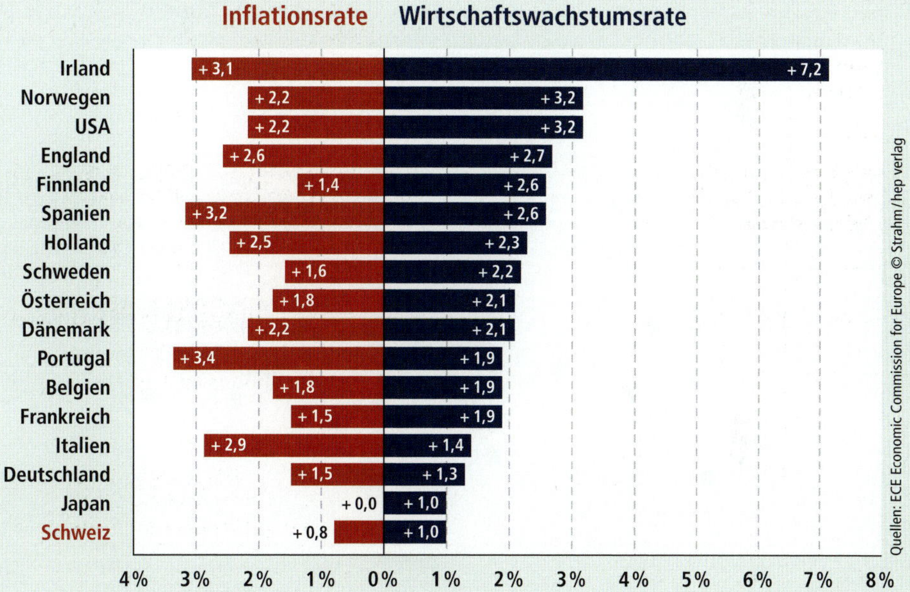

Zwischen der Teuerung und dem wirtschaftlichen Wachstum, und damit kurzfristig auch der Beschäftigung, besteht ein klarer Zusammenhang: Eine tiefe Inflationsrate ist zwar wünschbar, aber sie muss mit tiefem Wachstum und meist steigender Arbeitslosigkeit erkauft werden. Die Schweiz und Japan zeigten in der Periode 1992/94 bis 2003 die tiefste Inflation, aber gleichzeitig von allen OECD-Ländern auch das tiefste Wirtschaftswachstum. Staaten, die höheres Wachstum anstreben, nehmen in der Regel auch höhere Inflation in Kauf, wobei neben der Zinspolitik sicher auch andere Faktoren mitspielen.

12.16 Das Wirtschaftswachstum ist nicht von der Steuerbelastung abhängig

Wirtschaftswachstumsraten (Zwölfjahresdurchschnitt) und Steuerbelastung (Fiskalquote) in Prozent des BIP, 1992–2002

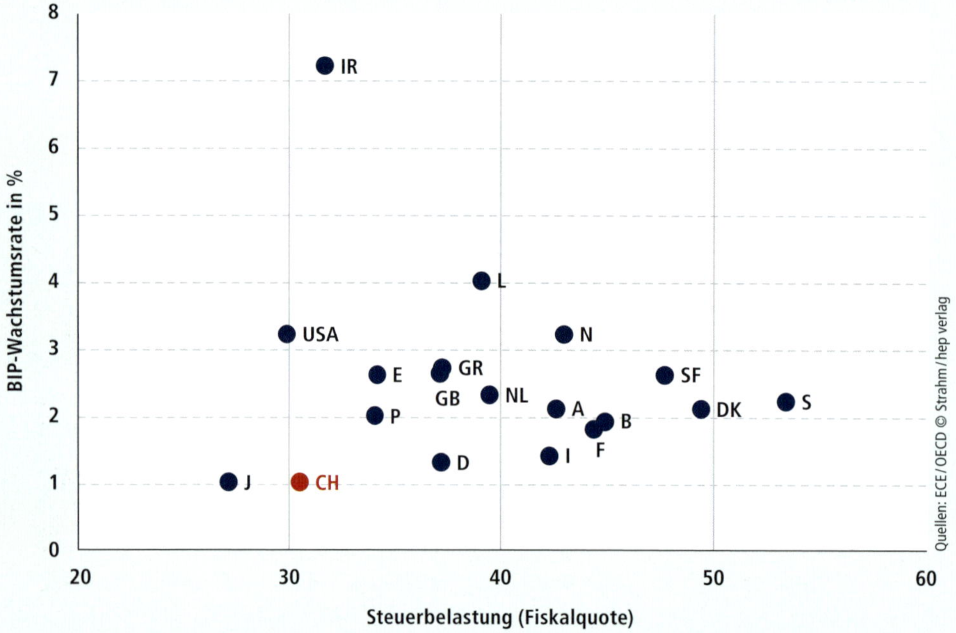

Entgegen den häufigen, staatskritisch geprägten Behauptungen behindern Steuern und Staatsausgaben das Wirtschaftswachstum nicht. Es gibt, wie das obige Streudiagramm zeigt, Länder mit hoher Steuerbelastung und hohem Wachstum und ebenso Länder mit hoher Steuerbelastung und tiefem Wachstum. Und es gibt Länder mit tiefen Steuern und hohem Wachstum und ebensolche mit tiefem Wachstum. Kurz: Zwischen der Steuerbelastung und dem Wirtschaftswachstum ist kein statistischer Zusammenhang nachweisbar. (Die Steuerbelastung wird mit der Fiskalquote gemessen, das heisst alle Steuern und Sozialversicherungsabgaben in % des BIP.)

12.17 Die Schweiz gehört zu den Tiefsteuerländern

Steuerbelastung in Prozent des Bruttoinlandprodukts BIP (Fiskalquote), 2008

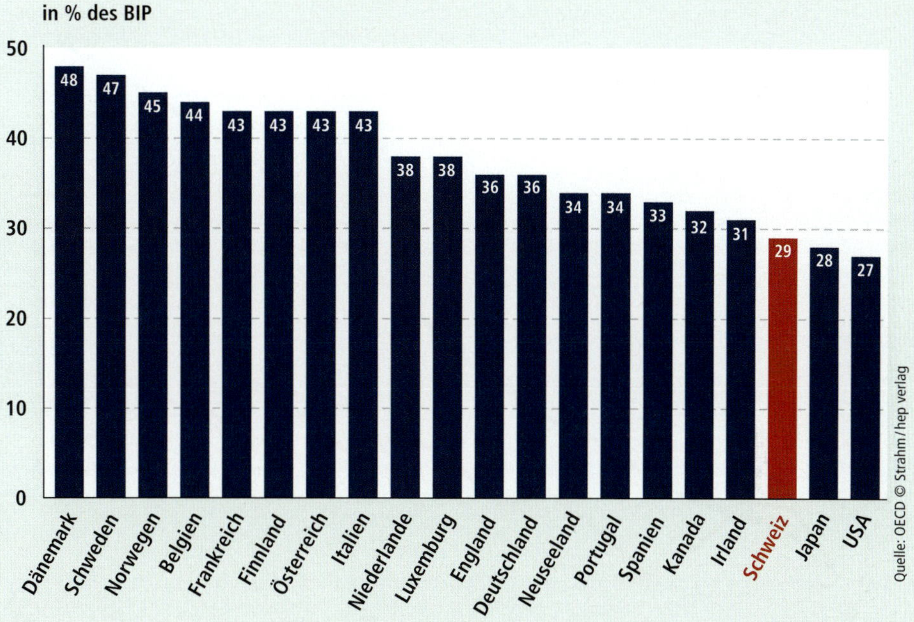

Die Schweiz gehört zu den OECD-Ländern mit der tiefsten Steuerbelastung. In Europa hat sie sogar die tiefste Fiskalquote (= alle Steuern und Sozialversicherungsabgaben an den Staat in % des BIP). Nur Japan und die USA, die kein ausgebautes Vorsorgesystem haben, liegen noch tiefer. Auch wenn man nur die Einkommenssteuern oder nur die Firmenbesteuerung oder nur die Mehrwertsteuern vergleicht, ist die Schweiz im Ländervergleich steuergünstig. Würde man allerdings die nichtstaatlichen, obligatorischen Prämien für die Krankenkassen und Pensionskassen hinzuzählen, läge die Schweiz im OECD-Mittelfeld.

12.18 Nachhaltiges Wachstum bedeutet Entkoppelung von Produktion und Energieverbrauch

Wachstum der Produktion (BIP real) des Endenergieverbrauchs und des Motorfahrzeugbestands Schweiz, 1990–2006

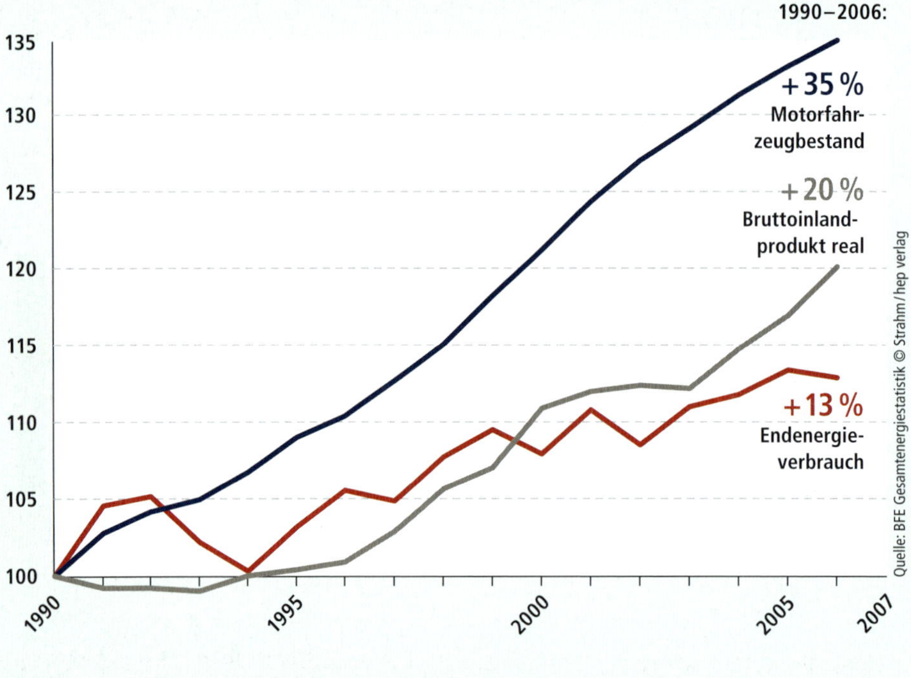

Das Wirtschaftswachstum muss nachhaltig sein. Nachhaltigkeit erfordert eine Entkoppelung des steigenden Ressourcenverbrauchs vom Produktionswachstum. Von 1990 bis 2006 ist die Gesamtproduktion (gemessen mit dem BIP) in der Schweiz um 20 % gestiegen, der Endenergieverbrauch immer noch um 13 %. Die Entkoppelung des Energieverbrauchs vom Wachstum hat also begonnen, ist aber noch ungenügend. Zudem ist in der Schweiz die «graue Energie» in Form von energiereichen Importprodukten (zum Beispiel in importierten Autos, Stahl, Kunststoffen, hier nicht mitgezählt) weiter gestiegen.

12.19 Wachstumspolitik: Was der Staat tun kann

Langfristige Rahmenbedingungen und wachstumsrelevante Wirtschaftspolitik

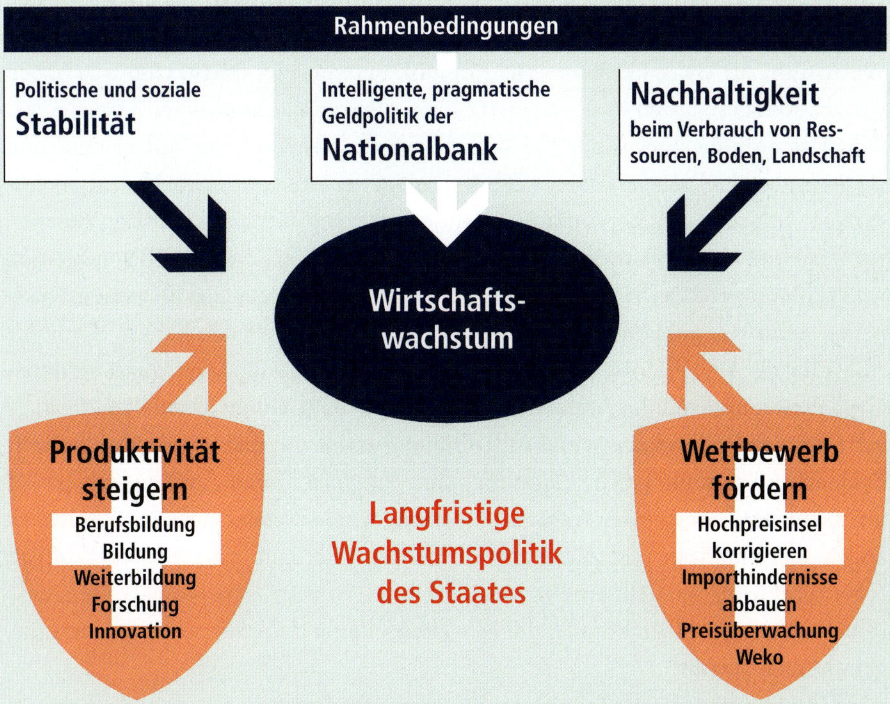

Unter den zahllosen Rezepten für die langfristige Wachstumspolitik des Staates sind zwei von hervorragender Wirkung und bei den Ökonomen fast unbestritten: Entscheidend ist erstens der Produktivitätsfaktor «Humankapital» durch Förderung von Berufsbildung, Bildung, Weiterbildung, Forschung und Innovation. Und zweitens muss der Staat für Wettbewerb sorgen, in der Schweiz vor allem auch durch den Abbau von Importhindernissen und die Ermöglichung von Parallelimporten. Wettbewerbsdruck ist ein Innovationsmotor. Die entscheidende Rahmenbedingung ist zudem eine kluge, pragmatische Nationalbankleitung, welche Wachstum und Bekämpfung von Inflation und Arbeitslosigkeit gleichermassen als Ziele verfolgt, sowie die Stabilität der Finanzmärkte sicherstellt.

Kommentar zur Wachstums- und Konjunkturpolitik

Weltanschauung und Verirrungen in der Wachstums- und Konjunkturpolitik

Die Rezepte der Wachstums- und Konjunkturpolitik sind seit jeher hochgradig umstritten und mit ideologischen Vorstellungen besetzt. Was haben wir in den letzten Jahrzehnten nicht alles an wechselnden makroökonomischen Theorien zum Wachstum, zur Geldpolitik und zur Konjunktursteuerung erlebt! Und was haben wir vor wenigen Jahren in der Schweiz nicht alles an ökonomischen Untergangsszenarien erdulden müssen. In der Wirtschaftspublizistik wurden immer neue und wechselnde Glaubensdoktrinen, oft bis zum Sektierertum vereinfacht, mit professoralem Imponiergehabe von aufsteigenden und bald verschwindenden Sternen am Ökonomenhimmel und in der Politberaterszene feilgeboten – und von Medien willig kolportiert. Was haben die Universitätsökonomen nicht alles an wissenschaftlichen Schriften publiziert, die sich als unbrauchbar erwiesen haben. Nach der Ablösung der keynesianischen Wachstumsdoktrin wurde die Welt, quasi als deren Gegenbewegung, mit der Angebotsökonomie und dem Monetarismus traktiert. Es gab Streit um Phillipskurven und Anti-Phillipskurven, um reaktivierte Kondratieff-Zyklen, um Schumpetersche Ökonomie und Handelstheorien, und danach erneut um die neokeynesianischen Ansätze – und ewig wird dabei der Gegensatz zwischen angebotsorientierten und nachfrageorientierten Theorien mit Inbrunst gepflegt. Jeder (und jede) versucht eine vorhandene Krise stets so zu diagnostizieren, dass seine bevorzugte Heilmethode, die er weltanschaulich immer schon bevorzugte, gerade auch zutrifft.

Ich beschränke mich auf die makroökonomische Debatte, die wir in der Schweiz in den letzten Jahrzehnten erlebt haben. Der Kern der Diskussion besteht in der Frage: Was kann, was soll die Wirtschaftspolitik des Staates und der Währungsbehörde ausrichten? Dabei konzentriere ich mich auf die drei wichtigsten helvetischen Streitfragen der letzten Jahre, nämlich:

- Haben *erstens* die Steuern und die Fiskalquote einen Einfluss auf das Wirtschaftswachstum?
- Welche Rolle soll *zweitens* die Nationalbank in der Wachstums- und Konjunkturpolitik spielen?
- Und soll *drittens* der Staat mit seiner Ausgabenpolitik und mit Konjunkturspritzen die Konjunktur und das Wirtschaftswachstum beeinflussen?

Gemäss dem Staatsverständnis der meisten Bürgerinnen und Bürger und aufgrund der Bundesverfassung hat die Eidgenossenschaft eine wirtschaftspolitische Aufgabe. Im zentralen Artikel 100 der schweizerischen Bundesverfassung hat der Bund einen Auftrag mit folgender Muss-Formulierung:

> *Der Bund trifft Massnahmen für eine ausgeglichene konjunkturelle Entwicklung, insbesondere zur Verhütung und Bekämpfung von Arbeitslosigkeit und Teuerung. (Artikel 100 BV).*

Der Verfassungsauftrag formuliert also ein Zieldreieck mit drei Zielen: Ausgeglichenes Wirtschaftswachstum, tiefe Arbeitslosigkeit und tiefe Teuerung. Dabei kann nie jedes Ziel maximal erreicht werden; aber die Bundesverfassung und das allgemeine Staatsverständnis verlangen vom Staat, dass er die Konjunktur und das Wirtschaftswachstum beeinflusst und steuert. Der Streit dreht sich vor allem um die Frage der richtigen und wirksamen Instrumente.

Irrtum Nr. 1: Wachstumssteuerung über Steuern

Es gehört zur Gebetsmühle der politischen Debatte, Steuersenkungen und eine tiefe Fiskalquote als Heilmittel für das Wirtschaftswachstum anzupreisen. Es ist durchaus möglich, dass Einkommenssteuersenkungen bei Haushalten (vorwiegend mit tiefen Einkommen) einen kurzfristigen Schub des Haushaltkonsums bringen können, doch trifft dies nur kurzfristig zu und bringt kein langfristiges Wachstum. Wenn die Konsumentenstimmung wegen hoher Arbeitslosigkeit schlecht ist, nützen nicht einmal kurzfristige Steuererleichterungen, weil die Haushalte dann einfach mehr auf die hohe Kante legen. Es ist auch möglich, dass Steuersenkungen für die Unternehmen die Investitionen erleichtern. Aber letztlich werden Investitionsentscheide in den Firmen nur dann getroffen, wenn eine wachsende Nachfrage vorhanden ist oder erwartet wird.

Wie bereits im Ländervergleich der → **Grafik 12.16** dargestellt, hat das Steuerniveau auf das Wachstum längerfristig kaum Einfluss. Es gibt Länder mit hoher Fiskalquote und hohem Wachstum und hoher Konkurrenzfähigkeit. Die skandinavischen Länder zum Beispiel sind beim Wachstums- und Wettbewerbsrating meist in der Spitzengruppe, obschon sie sehr hohe Fiskalquoten aufweisen. Es gibt auch Länder mit tiefer Fiskalquote und hohem Wachstum. Kurz, es gibt keine Korrelation zwischen dem Niveau der Fiskalquote (oder deren Niveauveränderung) und dem Wachstum. Dieser Tatbestand ist auch dadurch erklärbar, dass jeder Steuerfranken ja auch zu einem Nachfragefranken oder einem Investitionsfranken des Staates führt. Man beachte nochmals den Kreislaufeffekt der Steuern. → **Grafik 12.6**

Die Wissenschaft ist heute der Auffassung, dass die Höhe und die Ausgestaltung der Steuern nicht aufgrund eines wissenschaftlichen Urteils fixierbar sind, sondern eine politische Entscheidung erfordern. So sagt zum Beispiel der Steuerrechtler René Matteotti von der Universität Bern: «Die heutige Steuerrechtswissenschaft stellt sich auf den Standpunkt, dass die Wahl des richtigen Steuermasses nicht wissenschaftlich begründet werden kann und eine rein politische Entscheidung darstellt.»[7] Ähnlich zurückhaltend über die Beziehung zwischen der Höhe der Staatsquote und dem Wachstum äusserte sich der St. Galler Ökonom Gebhard Kirchgässner.[8]

Es ist nun durchaus möglich, dass einzelne Steuerarten einen lokalen Wachstumseffekt haben können. Die kantonale Besteuerung der Holdinggesellschaften zum Beispiel oder attraktive Steuern für mobile Reiche können tatsächlich eine Wettbewerbsverschiebung zwischen lokalen Standorten oder Kantonen im Steuerwettbewerb bringen. Doch, wie erwähnt, der Gesamtwachstumseffekt der Steuerbelastung ist mehr oder weniger neutral.

Obschon die OECD und neutrale wirtschaftspolitische Institutionen wie die (nunmehr aufgelöste) eidgenössische Kommission für Konjunkturfragen (KfK) eine Korrelation zwischen Fiskalquote / Staatsquote und langfristigem Wirtschaftswachstum verneint haben, wird das politische Credo «tiefe Steuern = höheres Wachstum» nicht auszurotten sein. Jedes politische Lager hat seine quasi-religiösen Glaubenssätze, und die lassen sich durch rationale Argumentation und Statistik nicht einfach korrigieren.

Irrtum Nr. 2: Konjunkturpolitische Absenz der Nationalbank

Die Bundesverfassung beauftragt die Schweizerische Nationalbank SNB mit der Geld- und Währungspolitik:

> *Die Schweizerische Nationalbank führt als unabhängige Zentralbank eine Geld- und Währungspolitik, die dem Gesamtinteresse des Landes dient; sie wird unter Mitwirkung und Aufsicht des Bundes verwaltet. (Artikel 99 BV)*

Dieser Verfassungsauftrag an die Nationalbank wurde im Nationalbankgesetz wie folgt interpretiert:

> *Die Nationalbank führt die Geld- und Währungspolitik im Gesamtinteresse des Landes. Sie gewährleistet die Preisstabilität. Dabei trägt sie der konjunkturellen Entwicklung Rechnung. (Art. 5 Nationalbankgesetz)*

Bis 1996 verfolgte die damalige Nationalbankleitung eine streng monetaristische Doktrin: Sie betrieb über die Geldmengensteuerung eine Hochzinspolitik, die die schweizerische Wirtschaft jahrelang in der Rezession festhielt, weil gleichzeitig die Zinsen hoch und durch Kapitalzuflüsse der Frankenkurs gestiegen waren. Dies führte zu einer doppelten Schädigung der Wirtschaft: Bauten und Investitionen wurden durch hohe Zinsen behindert und Exporte wurden zudem durch die Frankenaufwertung in der Grössenordnung von rund 20 Prozent massiv verteuert.

Die damalige, der monetaristischen Doktrin verpflichtete Nationalbankleitung hatte nach 1991 zwar mit Erfolg die Inflation und Baulandspekulation eingedämmt. Sie führte aber die Hochzinspolitik jahrelang weiter und nahm damit eine Rezession und die Frankenaufwertung in Kauf. Noch im Frühjahr 1994, als die Jahresteuerung schon unter 1 Prozent gefallen war, beliess sie die hohen Zinsen und sprach dogmatisch davon, man müsse «der Inflationsmentalität die Spitze brechen». Dass diese Rezessionspolitik von Wirtschaftsprofessoren, die der Nationalbank nahe standen und von ihr Aufträge erhielten, argumentativ unterstützt und von Wirtschaftsjournalisten willfährig begleitet wurden, machte die Fehlleistungen der Nationalbank zu einem wirtschaftshistorischen Krisenfall. Die in den 1990er-Jahren betriebene monetaristische Geldpolitik führte im Endeffekt zu einem siebenjährigen Nullwachstum in der Schweiz und sie war, wie die OECD damals feststellte, verantwortlich für einen zusätzlichen Wachstumsverlust von 2 bis 4 Prozent oder von zusätzlich mindestens 80 000 (von insgesamt 200 000) Arbeitslosen.[9]

Erst im Jahr 1996 wurde die rigide Geldpolitik durch das neue Direktoriumsmitglied Bruno Gehrig gelockert, und 1999 wurde unter seinem Einfluss eine neue, pragmatische geldpolitische Doktrin festgeschrieben, welche nunmehr neben dem Inflationsziel respektive der Inflationsprognose auch konjunkturpolitische Indikatoren «im Gesamtinteresse des Landes» (Artikel 99 BV) einbezieht, nämlich auch die sogenannte Kapazitätsauslastung der Wirtschaft und die Faktoren der Exportwirtschaft.

Wenn wir diese Episode der 1990er-Jahre analysieren und gleichzeitig frühere historische Fehlleistungen der Geldpolitik der Schweizerischen Nationalbank (zum Beispiel von 1936, 1971, 1980, 1987) in Betracht ziehen, erlaubt dies in der historischen Betrachtung folgenden Schluss: *Die Wirtschaftspolitik der Nationalbank gehört in der historischen Betrachtung – neben den Schwankungen und Exzessen der internationalen Finanzmärkte* → **siehe Kapitel 10** *– zu den grössten Risikofaktoren für die Wirtschaftslage.*

Heute ist man in der Geldpolitik pragmatischer geworden. Klar gehört die Inflationsbekämpfung zum primären Ziel der Nationalbank. Heute akzeptiert sie notfalls eine zweiprozentige Inflationsrate als Zielgrösse, während sie in den Zeiten des grassierenden monetaristischen Dogmas vor 1999 schon eine erwartete Inflationsrate von nur 1 Prozent als Alarmzeichen betrachtete. Man weiss heute besser, dass die Inflationsbekämpfung eben ihren Preis hat: *Hohe Zinsen behindern die Investitionen und die Bauwirtschaft, und ein rasch steigender Frankenkurs ist geradezu ein Konjunkturkiller für die Exportwirtschaft.*

Der amerikanische Ökonom Paul Krugman warf den europäischen Notenbanken-Verantwortlichen vor, sie litten an «Inflationsparanoia», an krankhafter Angst vor der Inflation. Bei dieser «Krankheitsdiagnose» der Notenbanker war die SNB inbegriffen. Die Inflationsangst des Monetarismus ist ein Phänomen aus den

USA der Siebziger- und Achtzigerjahre – mit grosser Verspätung übertrug sich der «Virus» auf die europäischen Länder, nachdem die USA-Notenbank Fed unter dem Fed-Chef Alan Greenspan schon längst davon abgerückt war.

Die Welt hat sich aber seither verändert: Wir haben heute viel mehr Wettbewerb auf den Gütermärkten. Steigende Kosten werden weniger auf steigende Produktepreise überwälzt. Und was ganz wichtig ist: Wir haben in der Schweiz einen offenen, mobilen Arbeitsmarkt. Eine vorübergehende Arbeitskräfteverknappung in der Hochkonjunktur löst in Zeiten der Personenfreizügigkeit nicht mehr in gleichem Mass Lohnsteigerungen aus. Sondern mit dem «Import» von billigeren ausländischen Arbeitskräften wird der Lohnanstieg blockiert oder stark reduziert. Teuerungskräfte gibt es zwar immer noch, sie kommen vom global steigenden Preis für Erdöl, Elektrizität und Rohstoffe (allenfalls auch von Wechselkursschwankungen). Doch diese exogenen Inflationskräfte kann und soll man nicht mit restriktiver Geldpolitik bekämpfen. Und wenn man dies tut, dann sind die volkswirtschaftlichen Schäden sehr hoch. Ich plädiere dafür, dass man als Massstab für die Geldpolitik der Nationalbank den Landesindex der Konsumentenpreise LIK nach Abzug der Ölteuerung (also die sogenannte Kerninflation) zugrunde legt, um diese externen Teuerungskräfte bei der Geldpolitik auszuklammern.

Es besteht ein klarer Zielkonflikt zwischen Inflationsbekämpfung einerseits und Wirtschaftswachstum und Beschäftigung anderseits. Die Finanzmärkte und Banken haben ein Interesse an tiefen Inflationsraten und sie haben oft die Notenbanken als ihre Verbündeten instrumentalisiert, damit diese die Geldpolitik zur Durchsetzung einer Nullinflation oder tiefen Teuerung einsetzen. Die Notenbanken, die in diesem Zielkonflikt entscheiden müssen, können sich nie einfach neutral verhalten. Sie entscheiden mit ihrer Geldpolitik immer auch zwischen Finanzmarktinteressen und Interessen der Realwirtschaft. Die Behauptung, sie seien «unabhängig», ist eine reine Schutzdoktrin zur Immunisierung gegen die Kritik von aussen.

Heute wird sowohl in den USA wie zunehmend auch in Europa die Erwartung an die Währungsbehörden deutlicher formuliert: Diese haben mit ihrer Zinspolitik zur Steuerung der Konjunktur beizutragen. Länder, die in Krisenzeiten eine gewisse Inflation (nicht eine Hyperinflation) in Kauf nehmen – um mit Krugman zu sprechen, «nicht an Inflationsparanoia leiden», – haben längerfristig mehr Wirtschaftswachstum an den Tag gelegt, wie wir in der → **Grafik 12.15** aufgrund der Länderdaten gezeigt haben.

Zusammengefasst lassen sich zur Geldpolitik vorläufig folgende Schlussfolgerungen ziehen: Der Nationalbank kann man nicht die Aufgabe übertragen, langfristig wirtschaftliches Wachstum zu fördern. Geldpolitik vermag das nicht, entscheidend sind vielmehr die Produktivitätssteigerung und der Wettbewerb. Aber die Nationalbank hat klar die Aufgabe, kurzfristig die Konjunktur zu steuern und bei ihrer Geldpolitik und bei der Inflationsbekämpfung auf die Wirtschaftslage, die Exportindustrie und die Arbeitslosigkeit ebenso Rücksicht zu nehmen wie auf die Teuerung. Es braucht im verfassungsmässigen Zieldreieck von «ausgeglichenem

Wachstum», «Bekämpfung von Arbeitslosigkeit» und «Bekämpfung der Teuerung» vom Nationalbankier, als dem wichtigsten Wirtschaftspolitiker, einfach Augenmass, Ausgleich und Intuition, um gemäss Verfassungsauftrag dem «Gesamtinteresse des Landes» zu dienen.

Die globale Finanzmarktkrise von 2007 bis 2009 hat die Bedeutung der Nationalbanken aller Länder bei der Krisenbekämpfung noch akzentuiert. Sie wurden mit neuen Aufgaben konfrontiert, nämlich mit der Rettung und Stabilisierung grosser systemrelevanter Banken, der Versorgung der Unternehmen mit Krediten (Credit Easing) und mit der teilweisen Aufsicht über die systemrelevanten Banken. Gleichzeitig wurde die Bedeutung der Inflationsbekämpfung vorübergehend heruntergefahren und der Rettung des Finanzsystems und der Konjunktur untergeordnet. In der Not der aktuellen Situation hat die Finanzkrise eine Art Paradigmenwechsel in der Notenbankpolitik gebracht. → **Siehe Kapitel 11.**

Irrtum Nr. 3: «Deficit Spending» als langfristiger Wachstumsmotor

Wenn der Staat kurzfristig seine Ausgaben, besonders die staatlichen Investitionen, hochschraubt und dies durch Verschuldung (zum Beispiel durch Obligationenanleihen) finanziert, kann er zweifellos die Konjunktur kurzfristig stützen oder ankurbeln. Die republikanischen Regierungen der USA, denen man besondere Nähe zum kapitalistischen System nachsagt, haben immer wieder mit extremen und lang dauernden Staatsdefiziten die amerikanische Konjunktur gestützt und am Laufen gehalten. Dies war in den 1980er-Jahren der Fall (Ronald Reagan) und wurde im Jahrzehnt nach 2000 ebenso praktiziert (George W. Bush).

Die Wirtschaftskrise 2007 bis 2009 hat allerdings weltweit zu einem Paradigmenwechsel bezüglich der antizyklischen Finanzpolitik geführt: In praktisch allen Industriestaaten – allen voran in den USA – wurden gigantische staatliche Rettungsprogramme zur Rettung von Banken und Versicherungen und danach Investitionsprogramme für die Stütze der Beschäftigung (Infrastrukturbauten, Verschrottungsprämien für Autos, Energiesanierungen) durchgezogen. Die keynesianische antizyklische Fiskalpolitik hat innert kurzer Zeit, der Not gehorchend, eine Wiedergeburt erfahren. Selbst der Internationale Währungsfonds (IWF), der jahrzehntelang von einer monetaristischen, antietatistischen Wirtschaftspolitik geleitet worden ist, machte einen Totalschwenker und empfahl den Regierungen der Industriestaaten ein «Deficit Spending».

Es wird wohl eine Generation dauern, bis die Schuldenlast in den Industriestaaten abgetragen sein wird. Die Schweiz ist eines der wenigen Länder, welches mit den Konjunkturmassnahmen 2008/2009 nicht einen massiven Schuldenanstieg tragen muss. Ein wichtiger Grund besteht darin, dass die Schweizer Wirtschaft mit einem guten Reservepolster und der Staat mit Finanzüberschüssen in die Krise hineingegangen sind. Die Schweizer Wirtschaft hat zudem von den gewaltigen Konjunkturprogrammen der andern OECD-Länder indirekt profitiert, weil diese auch die schweizerischen Exporte in diese Länder (zum Beispiel die Zulieferungen an die deutsche und französische Autoindustrie) stützten.

Die keynesianische Stützung der Konjunktur durch sogenanntes «Deficit Spending», also durch Staatsausgaben mittels Verschuldung, ist bei Arbeitnehmerkreisen, bei Gewerkschaften und der Linken durchaus beliebt (obschon es global gesehen immer von rechtsbürgerlichen Regierungen am meisten praktiziert wurde). In der langfristigen Anwendung ist Wachstumsförderung durch «Deficit Spending» ein wirtschaftspolitischer Irrlauf. Denn die Staatsverschuldung verursacht kumulativ Staatsausgaben für die Verzinsung und die spätere Amortisation der Staatsschulden. Eine Schuldentilgung in guten Konjunkturphasen, wie Keynes sich dies vorgestellt hatte, findet praktisch nie statt, weil die politischen Mehrheiten auf Steuersenkungen statt Schuldenrückzahlungen drängen. Schuldenanhäufung ist eine Art Lastenüberwälzung auf die nächste Generation, die unter Umständen wegen Staatsdefiziten ihrer Bildungs- und Investitionschancen beraubt wird. Ausser den USA, die sich in eigener Währung im Ausland verschulden und ihre Schuld durch das Ausland finanzieren können → **Grafik 11.21**, hat kein hoch verschuldetes Land auf die Dauer hohes Wachstum erreicht.

«Deficit Spending» des Staates während vieler Jahre ist als Wachstumsmotor aus dieser vielfachen Erfahrung heraus abzulehnen – die Linke sollte davon Abstand nehmen und die Arbeitnehmerinteressen vielmehr durch Humankapital-Investitionen, also durch Berufsbildung, Bildung, Umschulung, Weiterbildung verteidigen. Von diesem Grundsatz sollte allerdings, wie von allen Doktrinen in der Wirtschaftspolitik, durch ausserordentliche Umstände eines Nachfrageeinbruchs, wie wir ihn 2008/2009 erlebt haben, zu einer staatlichen Konjunkturstützung abgewichen werden.

Nachhaltige Energiepolitik

Zur Wachstumspolitik des Staates gehört als Begleitmassnahme eine Politik der rationellen Energieverwendung. Es ist ratsam und durchaus rational, dass die Architekten, Planer, Hausbauer und Anlagekonstrukteure nicht mit dem aktuellen Erdölpreis, sondern mit zukünftigen, viel höheren «Schattenpreisen» rechnen. Energetische Investitionen werden ja auf eine Nutzungsdauer von 20 bis 30 Jahren getätigt. In dieser Zeit ist eine Verdoppelung der Energiepreise durchaus wahrscheinlich. Wenn sich heute (2010) der Erdölpreis in der Grössenordnung von 80 bis 120 Dollar pro Barrel (entspricht etwa 80 bis 120 Franken pro 100 Liter Heizöl) bewegt, muss durchaus mit einer Verdoppelung bis ins Jahr 2025 gerechnet werden, auch wenn in der nächsten Rezession eine vorübergehende Entspannung denkbar ist. Dennoch, 200 Dollar pro Barrel Erdöl respektive 5 bis 8 Prozent jährliche

Energieteuerung, im nächsten oder übernächsten Jahrzehnt sind angesichts der globalen Ressourcenverknappung durchaus realistisch. Wer heute schon Investitionen zur besseren Energieeffizienz tätigt, wird durch die zukünftigen Kosteneinsparungen eine hohe Rendite der Sparinvestitionen realisieren. Energiespar-Investitionen haben also einen hohen «Return on Investment», und es wäre falsch, wenn sich der Staat aus der Energiepolitik abmelden würde. Zahlreiche Instrumente und Massnahmenpläne zur Eindämmung des Energieverbrauchs und ebenso zur Reduktion der Klimagase sind heute in Diskussion und haben eine wirtschaftspolitische Relevanz. ➔ **siehe Box**

Kurzfristige Konjunkturprogramme möglich

Man sollte auch bei einer kritischen negativen Beurteilung des «Deficit Spending» nicht dogmatisch werden. Kurzfristige Investitionsanreize durch den Staat können durchaus eine Wirkung erzielen, wenn es darum geht, einen kurzfristigen Konjunktureinbruch aufzufangen. Allerdings muss der Investitionsbonus auch kurzfristig wirken, es muss sich um Bauvorhaben handeln, die bereits projektiert sind und das Genehmigungsverfahren schon durchlaufen haben. Oder es müssen neue Investitionen bei Privaten ausgelöst werden, wie zum Beispiel energetische Sanierungen und High-Tech-Energieanlagen: Wärme-Kraft-Kopplung, Wärmepumpen, Solarenergie, Energieoptimierungen. Die sogenannten konjunkturellen Stabilisierungsmassnahmen des Bundes der Jahre 2008 und 2009 waren auf solche kurzfristig wirkenden Anreize ausgerichtet. Aus heutiger Sicht (2010) hat sich diese Art von Konjunkturpolitik bewährt und in einer Verminderung der Arbeitslosigkeit ausgezahlt.

Die Effekte solcher Konjunkturstützungsprogramme können jedoch erst im Nachhinein mit einer ex-post-Evaluation beurteilt werden. Allerdings haben wir Erfahrung mit früheren Beschäftigungsprogrammen der 1990er-Jahre: Die Schweiz hat in der lang dauernden, teilweise von der SNB verstärkten und verlängerten Rezession der 1990er-Jahre zwei kleinere Konjunkturprogramme realisiert. Deren Evaluation hat gezeigt, dass der Bund beim ersten Programm 1993/1995 immerhin mehr Geld bei der Arbeitslosenversicherung eingespart hat, als ihn die Investitionsbeiträge an die Kantone und Gemeinden (sogenannte Investitionsboni) gekostet hatten. Das zweite Konjunkturprogramm von 1997 kam dann allerdings zu spät, weil die Nationalbank durch Zinssenkungen den Aufschwung bereits ausgelöst hatte.[10] Es hatte insofern eine positive Strukturwirkung, weil in diesem zweiten Konjunkturpaket auch der Lehrstellenbeschluss I sowie eine technologisch orientierte Förderung der Energieeffizienz verpackt war.

Eine intelligente und pragmatische Geldpolitik durch die Nationalbank, welche der gesamtwirtschaftlichen Arbeitsmarkt- und Konjunkturlage und der Exportindustrie Rechnung trägt, ist immer noch wirksamer und günstiger als ein Beschäftigungsprogramm des Staates. Etwas zugespitzt ausgedrückt könnte man sagen: Die richtige Personalpolitik bei der Nationalbank – der Bundesrat wählt die drei Mitglieder des SNB-Direktoriums – ist wichtiger und entscheidender als eine kurzfristige Konjunktursteuerung durch eine antizyklische Fiskalpolitik. Als seinerzeitiger Mitakteur in der schweizerischen Wirtschaftspolitik kann ich bestätigen: Der wirtschaftspolitisch erfolgreiche Kurswechsel in der SNB-Geldpolitik von 1996 durch das neue SNB-Direktoriums-Mitglied Bruno Gehrig hat der schweizerischen Wirtschaft in den Folgejahren 1996–2000 konjunkturpolitisch mehr geholfen als jede fiskalpolitische Konjunkturmassnahme von Bundes-Bern. Ebenfalls von einem Glücksfall für die Schweiz kann man über das Nationalbank-Direktorium sprechen, das in den Jahren von 2007 bis 2010 entscheidend war (entscheidender als die politischen Behörden), die Schweiz durch die Finanzkrise zu führen.

Versuch einer Synthese: Was kann der Staat für das Wachstum tun?

Ich habe bisher vor allem die schlechten, riskanten oder unwirksamen Wachstumsstrategien dargestellt: Die Irrtümer bei den Steuersenkungsforderungen, die geldpolitischen Fehlleistungen der Nationalbank wegen einseitiger Inflationsbekämpfung und die Wirkungslosigkeit von «Deficit Spending» des Staates. Was bleibt denn noch? Was kann denn die Wirtschaftspolitik zur Stärkung und Konstanthaltung des Wirtschaftswachstums überhaupt noch tun?

Fast jede wirtschaftspolitische Massnahme und jeder Steuerabbau wird dem Volk als «Wachstumspaket» verkauft. Zusammengefasst gibt es dutzende von Zielen, Massnahmen, «Rahmenbedingungen» und Revisionen, die unter der Flagge «Wachstum» segeln. Der Bundesrat hat mit publizistischem Echo mehrere «Wachstumspakete» beschlossen und publiziert. Wenn man deren Nutzen redlich und in geschichtlicher Betrachtung unvoreingenommen analysiert, war er zweifelhaft

Instrumente der Nachhaltigkeitspolitik (Reformvorschläge)

Was sind die richtigen wirtschaftspolitischen Instrumente zur Reduktion des Energieverbrauchs?

- Die vom Bund im CO_2-Reduktionsgesetz vorgesehene CO_2-Abgabe hat durchaus eine Nachhaltigkeitswirkung, wenn sie genügend hoch ist und die zukünftigen Preise antizipiert.
- Bei Motorfahrzeugen ist allerdings die CO_2-Abgabe nur begrenzt wirksam. Denn beim Treibstoffverbrauch reicht die Wirkung der nach Gesetz möglichen CO_2-Abgabe kaum, um eine Verhaltensänderung zu erzielen und sparsamere Modelle auf den Markt zu bringen. Wirksamer ist wohl eine gezielte Flottenverbrauch-Senkung durch technische Vorschriften.
- Bei Mieterhaushalten ist die staatsquotenneutrale CO_2-Abgabe auf Heizöl praktisch wirkungslos, weil der Mieter, der die Abgabe durch die Nebenkostenabrechnung trägt, nicht über die Investitionen für die rationelle Energieverwendung (Isolation der Gebäudehülle, bessere Heizsysteme, Wärme-Kraft-Koppelung) entscheidet und diese auch nicht finanziert. Der Hauseigentümer wiederum, der diese Entscheide über die Sparinvestitionen fällt, hat keinen Anreiz, weil der Mieter die Kosten des Energieverbrauchs ja selber trägt. Eine staatsquotenneutrale Lösung durch Rückerstattung hat bei Mieterhaushalten, immerhin 65 Prozent aller Wohnungen in der Schweiz, aus diesem Grund kaum Wirkung. Wirkungsvoll ist jedoch der Einsatz der Erträge aus der CO_2-Abgabe für energetische Sparinvestitionen, die den Heizölverbrauch senken.

Ich plädiere für eine pragmatische Politik: Die CO_2-Abgabe, die staatsquotenneutral zurückerstattet wird, muss differenziert eingesetzt und verbunden werden mit einer gezielten Investitionsförderung nach dem Vorbild der (2001 abgelehnten) zweckgebundenen Energieabgabe oder nach dem bereits praktizierten «Klimarappen» der Erdölwirtschaft: Eine zweckgebundene Abgabe auf Energieträgern, gezielt eingesetzt für Energiesparinvestitionen, hätte eine Doppelwirkung: Man verteuert das zunehmend knappe Gut Energie und antizipiert dessen zukünftigen Preis, und gleichzeitig verbilligt man die entsprechenden Investitionen in die Energieeffizienz (wobei die zweitgenannte Wirkung wahrscheinlich grösser sein wird als die erste). Energieeffizienz kann, so erklärt der Weltenergierat dezidiert, durchaus durch die Politik gesteuert werden.[11]

oder nicht feststellbar. Es bleiben der Wirtschaftspolitik nur wenige Strategien, die in der langfristigen Wachstumsperspektive tatsächlich nutzbringend sind. → **Siehe Grafik 12.19**

Wachstumspolitik, die langfristig greift: Drei Rahmenbedingungen und zwei wirtschaftspolitische Strategien (Reformvorschläge)

Es braucht zusammenfassend drei wichtige Rahmenbedingungen, die an sich noch nicht Wachstum ankurbeln, aber als Grundbedingung für die wirtschaftliche Prosperität unabdingbar sind:

Die drei Rahmenbedingungen

- *Erstens* erfordert wirtschaftliches Wachstum eine politische und soziale *Stabilität,* insbesondere auch die Stabilität der Gesetze, des Eigentums und bei der sozialen Absicherung der Menschen, sowie die Stabilität des Finanzmarktes.
- *Zweitens* braucht es eine intelligente und pragmatische *Geldpolitik* der Nationalbank, die neben der Inflationsbekämpfung auch auf die wirtschaftliche Lage, die Beschäftigung, die Kapazitätsauslastung der Betriebe, den Frankenkurs und die Exportwirtschaft Rücksicht nimmt. Sie muss dabei auch die Systemstabilität der Finanzmärkte sicherstellen, zum Beispiel durch genügend Eigenmittel der international tätigen Banken. → **Siehe Kapitel 11**
- *Drittens* braucht es langfristig Rahmenbedingungen für ein *nachhaltiges Wachstum,* also eine Wirtschaftsentwicklung, die die Interessen der nachfolgenden Generationen berücksichtigt, zum Beispiel die Staatsschulden begrenzt, die Natur und Umwelt schont, die Landschaft erhält und den Energieverbrauch vom Wachstum entkoppelt.

Die zwei Strategien

Mit diesen Rahmenbedingungen haben wir allerdings noch keine aktive Wachstumsförderung betrieben. Hier nun die zwei verbleibenden *essentiellen Wachstumsstrategien des Staates:*

- *Erstens* die Bildungs-, Berufsbildungs- und Forschungspolitik: Der Staat muss die Produktivitätssteigerung stützen und fördern, und zwar konkret durch Investitionen in Berufsbildung, Bildung, Weiterbildung, Forschung und Innovationen. Die Investition in Bildung und Forschung ist gewissermassen die wichtigste und fast einzige langfristige Strategie, mit der ein hoch entwickeltes, fortgeschrittenes Industrieland sich in der Globalisierung behaupten kann.
- *Zweitens* die Wettbewerbspolitik: Der Staat muss den Wettbewerb stärken und die soziale, wettbewerbsorientierte Marktordnung sichern, Importhemmnisse zur Korrektur der Hochpreisinsel abbauen und den Wettbewerb als Innova-

tionsmotor spielen lassen. Wettbewerb kommt nicht von selber, er muss organisiert werden. «Niemand findet Wettbewerb angenehm», bemerkt resigniert und zugleich realistisch der legendäre, langjährige USA-Notenbankchef Alan Greenspan.[12]

Zwei Strategien verbleiben also für die Wachstumspolitik: Erstens die Bildungs- und Forschungspolitik zur Förderung der Produktivität und zweitens die Wettbewerbspolitik als Motor für Innovationen und Preissenkungen. Als entscheidende Rahmenbedingung hilft eine intelligente und pragmatische Nationalbankpolitik. Und alles andere, was der Staat tun kann, ist zwar nicht unwichtig, aber für das langfristige Wachstum zweitrangig. Dieses Programm mutet bescheiden an, aber es ist ratsam, dass sich die Wirtschaftspolitik auf wenige glaubwürdige Strategien konzentriert. → **Siehe Grafik 12.19**

Wie steht es nun mit dem alten, historischen Streit zwischen Supply-Sidern (Angebotsökonomen) und Keynesianern (nachfrageorientierten Ökonomen)? Die ersteren sehen das Heil in Begünstigungen der Angebotsseite und sie fordern Steuersenkungen, flexible Arbeitsmärkte, weniger Umweltschutz und Staatsabbau. Die zweiten blicken bloss auf die wirtschaftliche Nachfrage und rufen nach hohen Löhnen und Umverteilung durch Staat und Sozialstaat.

Der in langjähriger Wirtschaftspolitik erfahrene Betrachter neigt in diesem wirtschaftshistorischen Streit zwischen Angebots- und Nachfrageökonomie dazu, den alten, weise gewordenen Paul Samuelson zu zitieren, dessen Ökonomie-Lehrbuch Generationen von Wirtschaftswissenschaftern in der ganzen Welt gelehrt und geprägt hat:

Der liebe Gott hat den Ökonomen zwei Augen gegeben: Eins für das Angebot und eins für die Nachfrage.

Quellen Kapitel 12

[1] Frick, Andreas und Lampart, Daniel, Konjunkturforschungsstelle der ETH Zürich, KOF ETH: Entwicklung auf dem schweizerischen Arbeitsmarkt seit 1980, KOF Working Papers Nr. 158. Zürich März 2007, S. 16.

[2] Gleiche Quelle, S. 39.

[3] Caritas-Almanach 2008, nach: Neue Zürcher Zeitung vom 18.1.2008.

[4] Die Volkswirtschaft, Nr. 3/2008, EVD Bern März 2008, S. 7.

[5] Strahm, Rudolf: Hochpreisproblematik bei Wareneinkäufen. In: Die Volkswirtschaft Nr. 6/2006, S. 10–14. Erneut bestätigt in: EVD/Seco: Preisinsel Schweiz. Berichte in Erfüllung des Postulates David (05.3816). Grundlagen der Wirtschaftspolitik Nr. 16. Schriftenreihe des Staatssekretariats für Wirtschaft. April 2008. S. 57 ff

[6] Kommission für Konjunkturfragen KfK: Nachhaltigkeit der öffentlichen Finanzen. Jahresbericht 2004, 3.9. 2004, S. 42f.

[7] Neue Zürcher Zeitung vom 29./30.3.2008, S. 31

[8] Siehe Fussnote Nr. 6 und dortige Literaturverweise.

[9] OCDE: Etudes des Economiques de l'OCDE 1995–1996. Suisse. Paris 1996, S. 6.

[10] Investitionsprogramm 1993/1995: Bundesamt für Konjunkturfragen BFK: Bericht über die Beschäftigungswirkungen der Massnahmen zur Belebung der Konjunktur. EVD. o. D.
Saurer, Peter/BFK: Der Investitionsbonus 1993–1995. Schlussbericht in: Mitteilungsblatt für Konjunkturfragen, BFK Bern Nr. 3/1996, S. 3–16.
Investitionsprogramm 1997: Seco: Schlussbericht über die besonderen konjunkturpolitischen Massnahmen zur Substanzerhaltung der öffentlichen Infrastruktur und zur Förderung privater Investitionen im Energiebereich. Bern, Juni 2001.

[11] NZZ vom 2./3.2.2008, S. 27.

[12] Greenspan, Alan: Interview in Bilanz Nr. 16/2007, S. 52.

- **Grafik 12.1** – Kommission für Konjunkturfragen KfK: 75 Jahre KfK. Ein umfassender Rückblick auf die Konjunkturentwicklung und Politik der Schweiz. Jahresbericht 2007, vom 21. September 2007, S. 17f. Nachführung: SNB: Statistische Monatshefte, div. Monate, Tab. P2; Seco: Die Lage auf dem Arbeitsmarkt, div. Nummern, Tab. 1a und 1b.
- **Grafik 12.2** – Seco: Stabilisierungsmassnahmen. Papers zur 1./2./3. Phase und Übersicht. www.seco.admin.ch/Stabilisierungsmassnahmen (2010).
- **Grafik 12.4** – Schätzung nach: BFS: Haushaltbudget-Erhebung: Haushaltsausgaben nach Einkommens- und Verbrauchserhebung EVE 2004. BFS Aktuell Neuchâtel März 2004; Die Volkswirtschaft Nr. 3-2009, S. 44–45 sowie Tages-Anzeiger 13. Januar 2009, S. 25. (Die Erfahrungswerte des Investitionsmultiplikators stammen aus der simulierten Rechung aufgrund des Investitionsprogramms 1997 sowie auf internationalen Erfahrungswerten. Mitt. KOF-ETH, Hartwig).
- **Grafik 12.5** – Seco: Die Lage auf dem Arbeitsmarkt, Div. Monatsnummern, je Tabelle 13 und Grafik 8. 2009/2010.
- **Grafik 12.6** – BFS: Volkswirtschaftliche Gesamtrechnung VGR 2008. Produktionskonto/Verwendungsansatz/Einkommensansatz. www.bfs.admin.ch → Volkswirtschaft → Volkswirtschaftliche Gesamtrechung.
- **Grafik 12.7** – BFS: Volkswirtschaftliche Gesamtrechnung VGR 2008. Produktionskonto/Verwendungsansatz/Einkommensansatz. www.bfs.admin.ch → Volkswirtschaft → Volkswirtschaftliche Gesamtrechung.
- **Grafik 12.8** – BFS: Volkswirtschaftliche Gesamtrechnung. Arbeitsproduktivität nach Branchen. T4.3.4.2, Jahr 2007 prov. www.bfs.admin.ch (Arbeitsproduktivität = Bruttowertschöpfung zu laufenden Preisen pro Vollzeitäquivalenten Beschäftigten).
- **Grafik 12.9** – Lewis, William W.: The Power of Productivity. Wealth, Poverty and the Threat of Global Stability. The University of Chicago Press. Chicago & London 2004. OECD: Etudes économiques de l'OCDE. Suisse 2006. Paris 2006, Tab. 1.6, S. 47.
- **Grafik 12.10** – Jäger, Franz: Abschiedsvorlesung an der Universität St. Gallen, 30.1.2007.
- **Grafik 12.11** – Iten, Rudolf, et. al./Infras: Hohe Preise in der Schweiz. Ursache und Wirkung. Seco. Strukturberichterstattung Nr. 19. Seco, Bern 2003, S. 19.
- **Grafik 12.12** – BAK Basel Economics: Internationaler Vergleich der Kosten und Preis bestimmenden Faktoren im Detailhandel. (Studie für Detailhandelsfirmen), Basel, September 2006, Abb. 18 und 19, S. 41–42.

- **Grafik 12.13** – Strahm, Rudolf: Hochpreisproblematik bei Wareneinkäufen, in: Die Volkswirtschaft. EVD Bern, Nr. 6 / 2006, S. 10 f.
- **Grafik 12.15** – Economic Commission for Europe ECE: Economic Survey of Europe 2005, No. 1. Genf 2005. App. Tab. A1, A11, S. 117. www.unece.org.
- **Grafik 12.16** – BIP-Wachstum Durchschnitt 1992–2003: Economic Commission for Europe ECE: Economic Surveys of Europe 2005, No. 1, Genf 2005, App. Tab. A1, S. 117.
  Fiskalquote (Staatseinnahmen in % des BIP 2000): OECD, in: Botschaft zur Staatsrechnung des Bundes 2006, Bern 2007, S. 653.
- **Grafik 12.17** – EFD: Fiskalquote 2008. Rohstoff 24.November 2009. (Quelle OECD, Zahlen für 2008, Japan und Niederlande 2007).
- **Grafik 12.18** – Bundesamt für Energie: Schweizerische Gesamtenergiestatistik 2006. Bern 2006, Tab. 43 b, S. 51.

Bild S. 305: hep verlag, Michael Egger

Ein entwicklungspolitischer Epilog zu «Warum sie so arm sind»/«Warum wir so reich sind»

Sonderfall oder Kopiermodell?

Vor Jahrzehnten habe ich mit den Büchern «Überentwicklung-Unterentwicklung» (1976) und «Warum sie so arm sind» (1985) die Mechanismen der Armut in der Dritten Welt auf verständliche Art darzustellen versucht. Diese Titel wurden damals zu Bestsellern und in viele Sprachen übersetzt.

Nun versuche ich mit diesem Buch, quasi spiegelbildlich, den Ursachen des schweizerischen Reichtums auf den Grund zu gehen und die Mechanismen und Zusammenhänge in der schweizerischen Volkswirtschaft darzustellen.

In diesem Buch habe ich die Bedeutung des schweizerischen Berufsbildungssystems für den Wohlstand aufgezeigt. Ich bin weit davon entfernt, die Schweiz deshalb als Sonderfall zu bezeichnen. Doch die berufspraktische Ausrichtung der Grundbildung, das Dualsystem der Berufslehre mit der Kombination Betrieb/Schule, dürfte man ohne Bescheidenheit als Vorbild und Schlüssel zur wirtschaftlichen Prosperität für alle Erwerbsfähigen, nicht nur für eine geschulte Elite, betrachten. Jedenfalls könnte sie als Erfolgsmethode gegen die massenhafte Jugendarbeitslosigkeit in manchen Ländern dienen.

Ich bin der Meinung, Teile des schweizerischen Berufsbildungssystems mit seiner berufspraktischen Ausrichtung, mit der Berufslehre und der arbeitsmarktorientierten, betriebsnahen Arbeitsmarktintegration hätten sehr wohl auch für die Entwicklungspolitik Vorbildcharakter. In Afrika gibt es Hunderttausende von Universitätsabgängern und -abgängerinnen, die zu nichts anderem als zu Administrationsstellen im aufgeblähten Staatsapparat befähigt werden. Und in Osteuropa und in Schwellenländern wie Indien gibt es viele gute Ingenieure und Ingenieurinnen, aber zu wenig berufspraktisch ausgebildete Fachleute. In allen diesen Ländern könnte ein praxisorientiertes Berufsbildungssystem einige wirtschaftspolitische Defizite beheben.

Die oft von praxisfremden Funktionären und akademischen Sachbearbeitern geprägte schweizerische Entwicklungszusammenarbeit hat von diesen Chancen wenig Gebrauch gemacht. Aber ich wäre nicht erstaunt, wenn gewisse Investoren und wache Wirtschaftspolitiker aus aufstrebenden Transformations- und Schwellenländern in Zukunft einen Blick auf das schweizerische Berufsbildungssystem werfen und dieses als Vorbild nutzen würden.

Rudolf H. Strahm